U0071397

〔韓〕權悳永——著　樓正豪——譯

遣唐使研究

古代韓中外交史

推薦序

拜根興
陝西師範大學歷史文化學院教授

去年 9 月收到樓正豪君發來信息，希望我給他翻譯韓國學者權悳永教授的著作作序，不久收到譯著列印本，但當時卻有點為難。究其原因，權教授是韓國學界研究古代中韓關係史的代表學者，二十餘年前我在韓國國立慶北大學留學，權教授是博士論文答辯的五名答辯委員之一，他是我的座主；回國後我多次赴韓國學術交流及出席國際學術會議，權教授亦頻繁來西安等地學術考察，我們時常見面。期間曾收到權教授贈送的《在唐新羅人社會研究》、《譯注 三國史記》（全五冊）、《新羅的大海：黃海》、《韓國古代金石文索引》，以及這部《古代韓中外交史：遣唐使研究》，深切感受到權教授是一位專注學問、勤於耕耘、著作等身、熱情好客的學問大家。《古代韓中外交史：遣唐使研究》（以下簡稱《遣唐使研究》）是最早收到的贈書，更因其主旨與我的專攻方向貼近，故在韓國撰寫博士論文過程中曾仔細拜讀過，也引用參考了許多。只是要我給權教授著作的譯本寫序確實感到有點唐突，這主要表現在深感自己在古代中韓關係研究領域還有很多事情要做，給之前學習參考過的著作作序是否妥當？即就是要作序，給留學時節同窗前輩（權教授也是韓國國立慶北大學畢業）、老師的書作序，是否有「僭越」不禮貌之嫌；雖閱讀過權先生的大著，正豪君全文翻譯，自己寫序能否將其詮釋到位？不過，一段時間過後，正豪君發來權教授的信件，看到權老師非常歡迎並極力推薦我給他的譯著寫序，而正豪君本人對此亦一再堅持，我和同學院的幾位同行老師談及此事，他們都說如果是譯著的話，就不要有過多的顧慮。就這樣，我對寫序的事情才有所釋意，覺得通過通讀譯著，也是一個和權教授再次交流、學習的機會。

當然，樓正豪君之所以能夠獲准翻譯權教授的著作，也和他博採眾長的學緣、扎實認真的治學，以及高水準的韓語讀寫翻譯能力有關。正豪君在西安長大，本科就讀於浙江大學中文系，碩士留學韓國著名高等學府高麗大學歷史學系，博士階段又在復旦大學歷史系深造。好像 2008 年左右，他就和我聯繫，還利用放假回家之間隙，專門到陝西師範大學找我。2010 年秋天，筆者出席有關中韓學界聯合在西安舉辦的國際學術研討會，正豪君擔當大會翻譯，贏得與會專家的一致好評。他亦曾多次陪同權悳永教授、卞麟錫教授、朴大在教授等韓國名流學者來西安等地參觀考察，我們見面都有交流。他撰寫有關高句麗移民的論文也在我們學校編輯的《唐史論叢》上發表，特別是正豪君的博士論文《朝鮮半島「羅末麗初」時期的禪僧研究》，和我的研究領域較為接近，故而談論的話題也多，時常為他的一些高論所吸引。正豪君最近幾年搜集寧波、舟山一帶的古碑石文獻，頗多辛苦，但收穫似很大，這些也是我非常關心的議題。總之，正豪君付出努力和辛苦，精心翻譯權教授的這部學術著作，從另一方面來說，也是對中韓學術交流的一大貢獻，應該給予支援推介。

言歸正傳，先談談權教授的這部東亞古代史領域的經典名著所涉及問題。

《遣唐使研究》是權教授在韓國精神文化研究院獲得博士學位的畢業論文，後經精心修改補充，於 1997 年在韓國學術權威出版社一潮閣出版。記得 2000 年夏秋之際，筆者應邀出席在韓國慶州舉辦的國際學術研討會上和權教授見面，當時榮幸地獲得權先生贈書。為不辜負贈書之雅意，筆者在回國之後的 2003 年即撰寫書評，將其介紹到國內學界，評介文刊登於榮新江教授主編的《唐研究》大型學術集刊[1]之上。就是說，在我評介該書的文章中，對權教授《遣唐使研究》已有較為詳細論述。在此特別需要提及的是，該書是韓國學界第一次全面完整，真正意義上將往來於朝鮮半島與唐朝的朝鮮半島使節界定為「遣唐使」，並做了充分論

[1] 拜根興，〈權悳永《古代韓中外交史：遣唐使研究》評介〉，榮新江主編《唐研究》第 10 輯，北京大學出版社，2004 年。

證的學術專著。同時，該書運用現存韓、中、日三國文獻及考古資料，並參照韓、中、日三國學界的已有研究，對涉及唐與新羅、百濟、高句麗使者往來涉及的人員、職官設置、往來名目界定、陸海路線、往返所需時間、在唐期間的活動等，均做了頗有建設性的論述，堪稱韓國學界研究古代韓中交流史全景式的百科全書。當然，我在評介文中也曾提到：「和韓國大多數學者一樣，權氏尊崇自上世紀初以來，韓國學界奉行的民族主義史學宗旨，依據新羅末留唐賓貢進士、著名文學家崔致遠〈謝不許北國居上表〉一文，以及朝鮮時代實學派代表人物柳得恭在《渤海考》中，將渤海、新羅關係界定為韓國古代史的『南北國時代』學說，進而把渤海歷史歸於韓國的歷史範疇；該觀點現已成為韓國學界的主流論點，一般的學術著作、通史，大、中小學的歷史教材都是如此表述的。針對這種觀點，我國著名東北亞古代史專家王小甫教授，已故王建群教授均有專文駁論，高句麗史研究專家耿鐵華等學者也曾在其論文中提及，韓國學界的文安植等人也對此提出疑問，故筆者不再贅言。」也就是說，權教授將渤海納入古代韓中外交史的範疇之內，這與中國學界的看法存在分歧。對此，我們應予以關注。

不過，雖然《遣唐使研究》出版已是二十餘年前的事情了，但仔細閱讀譯著，在原著的基礎上，權教授還增添了一些新的史料和內容，足見原著作者對出版中文譯著的重視。如第 39 頁、第 256 頁引用中韓學界有關「唐萬年宮碑陰題名」中，對赴唐新羅使節「金仁問」隨唐高宗前往萬年宮避暑關聯研究；第 79 頁引用新出〈唐故振武監軍使贈內侍楊公夫人譙郡曹氏墓誌銘〉史料，探討唐僖宗乾符元年赴新羅傳達唐帝登基敕令事宜，彌補了中韓史書對唐僖宗在位期間唐與新羅往來記事絕少之欠缺；而這篇墓誌銘收錄於 2005 年三秦出版社出版的《全唐文補遺》第 5 輯之中，顯然，其應為原著作者增加補充的部分。第 131 頁探討陳子昂撰寫〈館陶郭公姬薛氏墓誌銘〉提及的新羅人薛氏，引用韓國啟明大學盧重國教授〈新羅時代姓氏的分枝化和食邑制的實施：以「薛瑤墓誌銘」為中心〉（《韓國古代史研究》第 23 輯，1999 年），這也是新增加的內容。除此之外，第 170 頁原著作者引用他本人 2011 年發表於《韓國史研究》第 153 輯上的〈韓國「君子國」稱號的形成〉論文，第 171 頁探討唐乾陵章懷太子墓《客使圖》壁畫中「鳥羽冠」使者所屬問題，引用韓國首爾大學盧泰敦教授2004年在韓國該校出版部出版的《從「禮賓圖」看高句麗》一書，第185頁引用筆者發表於《東北史地》2008年第2期〈百濟遺民禰寔進墓誌銘關聯問題考釋〉論文；第187頁論述唐代杭州、明州擔當遣唐使往返主要港口事宜，引用原著作者2004年發表的〈江蘇省、浙江省地方的新羅人遺跡和他的社會組織〉論文；第190頁引用韓國東國大學尹明喆教授的博士論文，以及鄭振述、原著作者本人2009年、2012年刊出的論文。與此相同的事例在譯著第46頁，第129頁，第122頁，第191頁，第204頁，第258頁，第262頁，第263頁，第266頁中都有明晰的詮釋。就是說，原著作者並非只是將二十餘年前的原著一成不變地拿出，而是做過精心的補充修訂，增加了學界研究的最新成果，進而某種程度上也使得本書站在這一研究領域的最前沿，成為迄今為止探討唐朝與朝鮮半島關係，即朝鮮半島古代遣唐使必須參考的集大成著作，當然也體現出原著作者對出版這部譯著的用心和努力。

對於正豪君的這部譯著，我認為有以下幾點值得推崇，並與譯著者共勉。

首先，中韓建交近三十年來，雙方的學術交流形式多樣，對雙方重要學術著作的翻譯介紹也多有呈現，體現出雙方學術交流的深度與潛力。毋庸置疑，學界對於韓國古代史名著的介紹翻譯還很不夠，在許多方面都有待加強。雖然韓國古代史的一些重要論文和論著也引起學者們的重視[2]，但看到的譯著卻只有金相鉉《新羅華嚴思想研究》(敖英譯)，張寅成《百濟的宗教與社會》(全瑩等譯)等寥寥數種[3]。正豪君翻譯權教授的著作，無疑可讓國內不熟悉韓語的師生瞭解韓國古代史學界相關領域的「他山之石」，對韓國古代「遣唐使」的派遣制度、活動、往返路線等問題有更加明確的認識，促進國內學界古代中韓關係史研究的深入。

其次，這部《遣唐使研究》原著347頁，翻譯為中文後A4紙列印稿

2　筆者曾與馮立君博士等翻譯韓國古代史涉及的多篇論文，收錄於《古代東亞交流史譯文集》(第1輯，中國社會科學出版社，2018年)。吉林延邊大學的老師們也有一些翻譯論文發表。

3　最近幾年也有兩種高麗與宋關係的譯著出版，即李鎮漢《高麗時代宋商往來研究》(李廷青等譯)，魯大維《帝國的榮光》(李梅花譯)等，但學界有關韓國古代史關聯的譯著確實很少。

也有 300 頁之多，又因原著為純正的歷史類學術著作，將其由韓語譯為中文，譯著者的辛苦可想而知。如果沒有鍥而不捨的精神，這種曠日持久的冷板凳作業是不可能完成的。從譯稿總體看，譯者既忠實原著，在某些方面最大限度詮釋了作者所要表達的學術意境，又很好地將原著所要表達意思完整地呈現給讀者。不僅如此，經過譯者創造性的工作，譯稿高標準做到了譯著應當有的「信、達、雅」，更加符合中文讀者閱讀口味，這一點值得推崇和讚賞，相信讀者在閱讀這部譯著過程中也會感受到這一點。

其三，中韓學界對一千餘年前雙方的交往，特別是牽涉到一些現今雙方學術界頗多關注所謂的敏感問題，譯著在忠於原著的前提下都能很好地處理，如此既保證了譯著的話語體系完整，從中也可看出譯者對中韓學界理念差異點的熟悉與掌握。當然，權教授原著依據現存韓、中、日史書的記載，對一些問題的探討，真正做到了學術研究應有的客觀真實。相信中韓雙方通過翻譯對方知名學者的學術著作，瞭解各自在一些問題上的觀點看法，為更深入的學術交流創造條件。另外，原著中除過製作大量的表格之外，沒有看到插圖照片之類。而譯著在完整體現原著數十頁表格之外，還增加了例如「金仁問墓碑殘片」、「新羅聖德王陵」、「初月山崇福寺碑殘片」、「山東半島登州守城」、「甘山寺阿彌陀如來像」、「章懷太子李賢墓墓道東面《禮賓圖》」、「太宗武烈王陵碑龜趺螭首」、「《入唐求法巡禮行記》書影」等關聯文物遺跡等照片，圖文並茂，有利於讀者解讀書中所要表達的內容。如此涉及的文物遺跡及其他關聯照片，如果可以找到更多切合書稿內容者，筆者認為還可再增加一些。

總之，正豪君將權教授的經典學術著作完整清晰地展現在讀者面前，為深入瞭解韓國古代史學界探討東亞歷史時期獨特的「遣唐使」現象提供了新的解讀和感受。筆者從權教授的原著及正豪君的譯著中學習到了很多，在此也感謝兩位學者付出的辛勞與努力，謝謝他們為東亞「遣唐使」研究領域產出的豐碩成果。期待正豪君在以後的學術探索歷程中再接再厲，翻譯更多韓國古代史方面的韓文名著，為中韓學術交流做出更大的貢獻。

是為序！

2021 年 11 月 8 日於西安南郊陋室

中文版自序

權悳永

韓中兩國不僅國土鄰接，歷史與文化發展亦相互融合。從遙遠的秦漢時代到今天，兩國維持了兩千年以上的外交關係，有競爭與對立，也有紛爭與諒解。其中新羅與唐朝並存的時間長達近 3 個世紀，比任何時代的關係都更加親密，當時主導兩國外交發展的主角就是新羅遣唐使。

「遣唐使」是如新羅、高句麗、日本、吐蕃等等唐周邊國家或民族，向唐朝派遣的使節團總稱。日本學界很早就開始了關於遣唐使的研究，至今為止積累了令人矚目的豐碩成果。形成對比的是，韓國學界進入上世紀 90 年代才開始關注遣唐使問題，並展開學術研究，起始點大概就是筆者的博士學位論文——《新羅遣唐使研究》。後來本論文經過不斷打磨與完善，最終由韓國一潮閣以《古代韓中外交史：遣唐使研究》的書名出版。

這本書的出版雖然已過了 20 多年，韓國學界目前尚未有超越筆者研究的同類著作。換句話說，這本書在今天仍保持著鮮活的生命力。正好，樓正豪博士說想把它譯成中文，介紹給中文讀者，筆者欣然同意。樓正豪博士的專業與筆者相同，他是研究古代韓中關係史的傑出學者。能夠由學術上值得信賴的專家作翻譯，筆者感到十分慶幸。終於，這本書將由臺灣的秀威出版社出版了，筆者在高興之餘，也期待著中文讀者的反響。

2020 年 10 月下旬

韓文版原序

權悳永

我記得上小學（舊稱國民學校）三年級的一件事，一位剛從教育學本科畢業，入職小學擔任班主任的女老師問我們將來的理想，「做總統、做五星上將、做卡車司機、做老師」，大家的回答多種多樣。我說：「我想做外交官！」在一所沒有多少像樣兒的書籍可讀的鄉村學校裡上學的小男孩，怎麼會知道「外交官」這種高級詞彙，現在回想起來都感到詫異。

27 年後，我以一篇名為《新羅遣唐使研究》的博士論文通過答辯，完成了博士學業。眾所周知，遣唐使是活躍於古代亞洲的對唐外交使節，是否因為小時候模糊的意識殘影在腦中作怪不得而知，如今回想起來，我選擇外交使節或者外交史作學位論文的主題，竟與我小學時的理想偶然一致，真覺得奇妙。本書的底稿正是我博士論文的修訂，再加上當時尚未整理的高句麗、百濟和渤海遣唐使相關內容。

我關注遣唐使這一研究領域的直接動機，是在瞭解日本人對本國遣唐使的認知，與我國對待韓國遣唐使的態度有明顯對照之後。即日本人高度評價他們的遣唐使對於本國歷史發展的影響作用，而讓我產生疑問的是，當時那麼活躍的韓國古代遣唐使，無論在派遣次數還是人員規格上都遠超日本，可是我們的歷史學界為何到今天還一直保持沉默呢？所以最開始我準備試寫一兩篇文章來論述，但隨著梳理的資料越來越多，我發覺就算寫數十篇論文也無法解釋明白，最終選擇將它定為我博士論文的研究主題。

我鑽研遣唐使之學還有另一個契機，那就是我一度對西方的歷史理論充滿興趣。我翻閱了各種理論著作，不知是醉心於西方年鑒學派

（Annales school）的歷史理論還是研究方法，反正在當時購買外文書籍條件困難的情況下，還費盡周折直接從美國弄來了費爾南・布勞岱爾（Fernand Braudel）的《菲力浦二世時代的地中海和地中海世界》（*The Mediterranean and the Mediterranean World in the Age of PhilipII*）之英譯本，憑藉薄弱的英文基礎，開始了吃力的閱讀。雖未能準確理解書上的每句話，只把握了大綱，但萌生了用闡釋地中海在西方歷史之地位的方法來反思東亞黃海的想法。所以我暗自在心中定下了一生學問所要精進的方向，那就是研究在韓國歷史展開進程中，黃海的地理作用和以黃海為中心活動的人們及其歷史意義等等關於「黃海世界」或「黃海文化」概念框架裡的問題。這樣來看，目光最先聚焦到的便是頻繁跨越黃海往來唐朝的黃海世界之主角——遣唐使了。

未曾預料當這件事真正做起來，所遇到的困難可不止一兩個。我國在這方面的研究基本是空白，我得從制訂「遣唐使」這一用語的定義入手，全方位搜集、整理、考證相關文獻，到最後的分析、闡述環節，所有都要靠一己之力完成，因而本書第一章枯燥的史料檢討工作不做也不行。作為也想把整部書寫得生動有趣的作者，在將書稿交給出版社之後，心中還在惦念這部分的閱讀體驗。可是又想到歷史學研究就要從基礎的文獻考證著手，在未曾開拓的領域更不可避免這道工序，相信讀者們會多多諒解。

總之在經歷了一番艱辛之後，這本綜合研究韓國古代遣唐使的專著呈現在世人眼前了，我也難料它最後會不會因為微不足道，而被淹沒在現代出版物洪流之中。萬一您在閱讀中也產生了這種想法，這全應當是作者的文筆功底和洞察力不足而導致的，並不意味著遣唐使的歷史地位不重要，絕不應該輕視遣唐使對韓國歷史發展的價值和功績。我懷著將之前關注度不夠的歷史形象重新賦予生命力之期望，不自量力地推出了這本書。

在這本小書的產生過程中，真的得到了很多人幫助。首先要感恩的是在百忙之中抽出大量時間指導本人學位論文的姜仁求老師。感謝學術上嚴格要求我、生活上熱心關照我的李基東老師、申瀅植老師、鄭求福老師、許興植老師。還要感謝不斷激勵包括我在內所有韓國學專業研究生們的李成茂老師、給予我美術史與考古學學習體驗機會的鄭永鎬老師，以及為我打下歷史學研究基礎的慶北大學諸位恩師們。

同時，還要感謝面對幾乎沒有經濟價值的書稿，爽快答應出版的一潮閣專務董事崔在裕先生、編輯部部長金昌植先生以及所有付出辛勞的編輯們。

最後，我要將本書獻給為兒女操勞一生的已故父親，和經過大手術目前仍身體不適的母親。

1997 年 7 月

目次

序章

一、遣唐使的概念

自古以來，韓半島歷史的發展深受周邊國家的影響，特別在前近代時期，韓半島歷代王朝與中國大陸的政治、社會變動局勢息息相關。例如 7 世紀上半葉的隋唐交替與新羅統一，10 世紀初的五代十國紛爭與高麗建國，14 世紀末的元明易代與李氏朝鮮之登場。韓半島與中國王朝同呼吸、共命運的密切關係顯而易見，於是與中國有關的內容佔據了韓半島歷史進程的極大部份。

韓半島與中國的交涉歷史可以上溯至古朝鮮和三韓時代。隋唐以前，有因相互侵略而形成的敵對狀態，也有通過斷續的使臣往來而保持的外交聯繫。至 6 世紀下半葉，隋朝統一中原，韓半島上的高句麗、百濟與新羅三國紛紛向中央帝國——隋朝派遣使節，半島與大陸開始了在政治、經濟、文化層面上的活潑交流。

西元 618 年，隋王朝經歷了三代共 38 年的統治而滅亡，取而代之的是唐朝。再次統一中原的大唐帝國對周邊國家採取自由開放的外交政策，高句麗、百濟、新羅、渤海、日本、吐蕃、突厥、契丹、回鶻、波斯等國持續向唐派遣使臣，強化與唐的政治安全紐帶。不僅如此，為了學習先進的唐朝文化，留學生、求法僧以及追求經濟利益的各路商人一時都聚集於此。

古代韓半島上的高句麗、百濟、新羅三國以及渤海國和唐朝的往來十分頻繁。從他們向唐朝派遣各類使團的次數上看，高句麗有 26 回，百濟有 25 回，新羅高達 170 餘回，渤海也有 120 回。單單新羅一國，向唐朝派遣官方使團的次數最多，留學生和求法僧的數量也大大超過其他國家。[1]在唐朝存世的290年間，古代韓半島三國和渤海持續不斷遣使如唐，這些使臣成為名副其實的韓中外交之支柱。

肩負著古代韓半島三國以及渤海對唐外交使命的主角是遣唐使們，但在韓國，「遣唐使」一詞令人多少感到生疏。雖然最近一些研究著述裡也使用了「遣唐使」一詞，但總歸還是有限度的，在論述中往往就提及一次。在韓國學界，申瀅植1981年出版的《三國史記研究》一書最先將「遣唐使」作為正式的學術詞語而使用，此後這個詞彙經常出現在他的著作裡。[2]然而，申瀅植將「遣唐使」和「朝貢使」、「入唐使」、「入朝使」全部混同使用，沒有賦予這個詞彙特殊的含義。自他之後，其他學者也間或使用「遣唐使」一詞，但只是為了行文上的便利與習慣，沒有明確的概念定義。所以在韓國，「遣唐使」一詞並非普遍的歷史用語。

相較而言，日本很早便開始用「遣唐使」一詞了，這個出自《日本書紀》、《續日本紀》的詞彙，在日本是一種普遍化的歷史用語。今天的日本學者將「遣唐使」定義為「7至9世紀中葉日本向唐朝派遣的正式使節」，用來專指日本使臣。《日本歷史事典》（京都大學文學部國史研究室編，1954）和《國史大辭典》（國史大辭典編纂委員會編，吉川弘文館，1985），以及《日本古代史大辭典》（上田正昭監修，大和書房，2006）當然也這麼寫。就連西方學界對於「遣唐使」的定義也與日本一致。囊括亞洲歷史文化的10卷本《亞洲文明百科全書》（*Encyclopaedia of Asian Civilizations*, Louis Frederic, 1984）關於「遣唐使（KENTOSHI）」的定義為「隋唐時代日本向中國派遣的使節團」，具有一定代表性。

如果按字面意思來解釋「遣唐使」，就是「向唐朝派遣的使臣或使團」，所以隨著派遣主體的變化可靈活使用。如新羅向唐派遣的是新羅遣唐使，日本派遣的是日本遣唐使，吐蕃的是吐蕃遣唐使，渤海的是渤海遣唐使。對「遣唐使」進行這樣的詮釋並非筆者的個人意見，許多學者也是如此。如韓國的申瀅植將高句麗派往唐朝的使團稱作「高句麗遣唐使」，把新羅使團叫作「新羅遣唐使」，又如日本的濱田耕策和中國的祁

---

[1] 嚴耕望，〈新羅留唐學生與僧徒〉，《中韓文化論集》1，1955，pp.67-98。

[2] 申瀅植，《三國史記研究》，一潮閣，1981；《韓國古代史의 新研究》，一潮閣，1984；《新羅史》，梨花女大出版部，1986；《統一新羅史研究》，三知院，1991。

慶富也將渤海、新羅的赴唐使團稱為「渤海遣唐使」和「新羅遣唐使」。[3] 隨派遣主體之不同，會製造出各種「遣唐使」名詞。

實際上，韓國現存最古老的歷史文獻《三國史記》中並無「遣唐使」一詞的用例，其在記錄入唐使節相關內容時，主要借用表達唐朝立場的中國文獻詞彙，[4]其實就連這種指代使節的名詞數量也很少。書中總稱古代韓半島三國和渤海入唐使團時，用「入貢使」、「入朝使」、「入唐使」、「朝貢使」、「朝聘使」、「朝天使」等詞，或說「遣唐大使」、「遣使入唐」。「入唐使」和「朝貢使」等詞，是古代韓半島三國及渤海從屬唐朝後所使用的中國式言語，作為現代歷史詞彙似乎不合適。這樣的用語被政治關係所限定，不能涵蓋各國使團在經濟、文化上的意義。

如用一個詞來概括向唐朝所派遣的使臣或使團的話，「遣唐使」是再恰當不過的。它可以涵蓋無論是以政治、經濟，還是文化目的被派至唐朝的所有使團，而且也沒有完全站在中國一方的立場上。但並非所有赴唐的使團都可被稱為「遣唐使」。眾所周知，中國歷史上有四個「唐朝」，即堯帝時代的「陶唐」、618 年李淵繼隋之後所建的「唐朝」、923 年李存勖滅後梁而建的「後唐」，還有 937 年李昪定都金陵的「南唐」。其中高句麗、百濟、新羅、渤海遣使通交的是李淵的唐朝和李存勖的後唐。[5]後唐是中國五代十國分裂時期只存活了 14 年的短命王朝，而李淵所立的唐朝經歷了二十二代共 290 年，是中國正統朝代之一。因此本書所使用的「遣唐使」一詞的概念是，古代韓半島三國、渤海和周邊其他國家，以賀正、謝恩、宿衛等目的，向李唐王朝（618-907）所派遣的各種正式使節之總稱。

---

3 申瀅植，《三國史記研究》，一潮閣，1981，pp.237-238；《韓國古代史의 新研究》，一潮閣，1984，p.315；濱田耕策，〈留唐學僧戒融の日本歸國をめぐる渤海と新羅〉，《日本古代の傳承と東アジア》，佐伯有清先生古稀紀念會，1995，p.410；祁慶富，〈宋代奉使高麗海路考〉，《韓國文化研究》1，1994，p.22。

4 權悳永，〈三國史記新羅本紀遣唐使記事의 몇가지 問題〉，《三國史記의 原典檢討》，韓國精神文化研究院，1995，pp.77-106。

5 韓半島政權向後唐派遣使臣的情況如下：新羅景明王時代 3 回，景哀王時代 1 回，敬順王時代 1 回，總共 5 回；渤海哀王時代，由大禹謨、大元讓、裴璆、大陳林、大昭佐各率領一次使節團赴後唐，總共 5 回。

二、遣唐使研究的方向

古代韓半島諸國自隋唐開始定期向中國派遣使節，從政治上通過接受中國的冊封以確保國家安定，在經濟上以朝貢與回賜的形式實現物資互換，在文化上進行佛教與儒教思想的交流。可見唐朝對於韓國古代史，甚至整個韓國歷史的展開有著深遠影響。「新羅一統三韓」這個首次實現韓民族統一的歷史大事件，[6]就是在唐朝軍事力量的直接干預下，才取得了成功。古代韓半島三國與渤海所接受的唐代文明制度，經歷了高麗時代，一直延用至李氏朝鮮。作為古代韓國思想主流的佛教與儒教，也是通過與唐朝的不斷接觸、互動，才深化發展起來的。

由於唐朝對於推動古代韓國甚至整個韓半島歷史進程的作用至大，很早便有諸多學者開始關注古代韓國的對唐交涉史，迄今為止關於這一主題的研究現狀，已有學者做過詳細整理。[7]在這裡，筆者想指出的是當代基礎研究所存在的一些問題。

首先，研究對唐關係史的前提是對相關全部文獻進行細緻的考證、校勘與梳理，還要不斷挖掘和補充新材料，但學界卻忽視了這些。古代韓半島三國、渤海對唐交涉的相關記錄散見於韓國、中國與日本的各類史書、文集和金石資料中，對同一事件根據不同的史料進行分析，就會得出相異的結論。然而，以往學界對於不同的歷史描述，並沒有採取嚴密的史料批判態度，只是全盤接受《三國史記》或《冊府元龜》這些特定文獻的記載，來構建韓國的對唐關係史。由於尋找散見於金石資料、羅唐文人文集的記錄，來補充基本史料的努力不足，相當多有價值的內容被棄之不理。

其次，學界主要關心的是古代韓國對唐關係中的政治層面，容易忽

---

6 邊太燮，〈三國統一의　民族史的意義〉，《新羅文化》2，1985，pp.57-64；盧泰敦，《三國統一戰爭史》，首爾大學校出版部，2009。

7 申瀅植，〈對外關係（統一新羅）〉，《韓國史論》1，國史編纂委員會，1981，pp.299-312；李基東，〈三國時代史研究의　最近動向〉，《韓國史論》23，國史編纂委員會，1993，pp.197-200；金昌錫，〈韓日學界의　古代韓中關係史研究動向과　課題〉，《韓中日學界의韓中日關係史研究와　爭點》，東北亞歷史財團，2009。

略的是經濟交往。以研究成果比較豐富的新羅為例，有關羅唐貿易的研究起步很早，目前為止也取得了不少成就，[8]但大都聚焦於9世紀之後新羅下代的貿易活動。特別集中於對新羅張保皋主持下的、羅唐之間非官方貿易的考察，而很難發現關於8世紀前後，羅唐之間共享繁榮經濟的研究，更別說關於高句麗、百濟和渤海對唐經濟交流史的探索。造成這種情況的原因，主要是由於相關文獻的不足，可是作為古代韓國對唐交涉史的重要組成部份，我們也不能忽視這一時期以公私貿易形式共同構成的羅唐經濟活動。

再次，學界關於對唐關係過分圖表化的理解方式也是一個問題。無論古今中外，兩國間的關係是通過使節互派而締結、維持的，以使節往來作為兩國關係展開的指標雖是事實，但只以回數的多寡為基準，來判斷兩國的親疏程度，卻是走入了誤區。因為不同的歷史事件有著不同的含金量，用一視同仁的研究方法來說明兩國關係是不客觀的。如新羅真德王元年（647）金春秋和文武王10年（670）「大奈麻」福漢的入唐意義就不能作等量齊觀，這兩件事在羅唐關係史上的影響差異是巨大的。當然，這種方法也有一定價值，但不能作為研究兩國關係的主要手段，可是目前很多學者就單用這種方式，結果把生動多彩、複雜多變的古代韓中外交史變成了圖表化的歷史。

最後，學界對於直接主導對唐外交活動的遣唐使們的關注度不足。在古代韓中外交史研究中，唐朝是佔絕對比例的注目對象，然而遣唐使才是對唐外交實務的執行者。毫不誇張地說，他們才是古代韓中外交史上的主人公，同時也是兩國文化、經濟交流的媒介。如果不去理解有如此重要作用的遣唐使，就無法全面把握對唐關係史和韓中關係史。我們要拋棄過去片面的、以政治史角度為主的對唐關係史研究，必須全面考察赴唐進行外交、軍事、經濟和文化活動的人物經歷，分析使節團的組織與運作情況，才能對古代韓中外交史有一番立體式的掌握。然而目前

---

[8] 金庠基，〈古代의 貿易形態와 羅末의 海上活動에 就하야——清海鎮大使張保皋를 主로 하야（1・2）〉，《震檀學報》1・2，1934・1935，pp.86-112，pp.115-133；日野開三郎，〈羅末三國の鼎立と對大陸海上貿易（1-4）〉，《朝鮮學報》16・17・19・20，1960-1961，pp.1-60，pp.87-116，pp.105-137，pp.75-116；尹載云，《韓國古代貿易史研究》，景仁文化社，2006。

學界關於韓半島三國與渤海對唐關係史上的核心人物——遣唐使這個主題，並不太熱衷。

本書的論述便帶著以上的問題意識而展開。第一章從中韓日三國的各類史料入手，挖掘關於古代韓半島三國（高句麗、百濟、新羅）與渤海遣唐使的資料，然後進行綜合比較與考證。遣唐使資料散見於各類文獻之中，關於同一事件，記載上互有出入的情況很多，將它們全部搜羅在一起進行史料批判，這種一目了然式的整理工作是遣唐使研究的先決條件。本書不僅利用了《三國史記》、《舊唐書》、《新唐書》、《冊府元龜》、《資治通鑑》等傳統史料，還仔細考察了《三國史記》作者較少關注或無法看到的《續日本紀》、《唐會要》、《全唐文》、各類金石文、諸種僧傳資料以及羅唐文人的詩文集等。為行文方便，劃分為三國時代與南北國時代兩個時間段，來分析相關文獻記錄。

第二章以第一章所鑒別和整理的史料為基礎，研究遣唐使團的組織形態和運作情況，還有使團構成人員的社會背景。我們以資料留存較多的新羅遣唐使為中心來考察這些問題，並將遣唐使團分成不同的類型，來探究它的實際運作情形。過去學界常以平行羅列遣唐使外交活動的方式，即是按照朝貢、賀正、謝恩、請兵、告哀、宿衛、謝罪、報捷、陳慰及請求輸入唐朝文化等方面對使團進行論述的。[9]但這種分類方法，對於系統性、類型化地研究遣唐使團，便顯得相當繁瑣。因此，本書首先按照派遣時間的規律性，將遣唐使團分為「定期」和「不定期」兩類，再依照使行目的進行二次細分。同時，考察古代韓半島三國和渤海使團的長安入城儀式、覲見皇帝的禮節流程和歸國程序，這些可通過一些日本、韓國遣唐使的具體事例，並參考《大唐開元禮》、《唐會要》等文獻來研究。從唐朝對各國使節的態度上，我們還可以確認古代韓半島三國與渤海，在以唐為中心之東亞國際秩序中的地位與存在狀態。

第三章將要探尋的是遣唐使的往返行路。通過史料證實古代韓半島三國和渤海遣唐使的入唐往返路線，不僅是古代韓中交通史研究的基礎，也是對韓國遣唐使全貌進行系統把握的重要部份。遣唐使的旅途，

---

[9] 申瀅植，《韓國古代史의　新研究》，一潮閣，1984，pp.303-352。

大致來說，是從各國首都出發到達唐都長安或洛陽後，再歸國的過程，這樣的行路有若干條路線。本章以史料文獻為基礎，考察了地理和氣象條件對韓國遣唐使的往返行路和旅程時間所產生的影響，分析了遣唐使選擇路線的準則，並論述了旅途中所遭遇的各種苦難。由於史料之不足，本章以比較容易入手的新羅和渤海遣唐使作為研究對象。

第四章將遣唐使的活動按照政治、經濟和文化三個層面進行探究。筆者特別關注的是，在 7 世紀中葉東亞微妙的國際局勢下，新羅遣唐使團之中官員的活動及其意義，同時不忘觀察他們在國內政局中所處的位置。最後，研究古代韓半島三國和渤海遣唐使在不同時期對唐貿易、文化交流中的作用，全景式地探索他們在韓國古代史以及整個韓半島歷史上的價值。

第一章　遣唐使史料的基本梳理

關於古代韓半島三國和渤海遣唐使的史料散見於《三國史記》、《三國遺事》等韓國文獻，以及《舊唐書》、《新唐書》、《資治通鑑》、《冊府元龜》、《唐會要》、《續日本紀》等中日文獻，還有各類金石文、高僧傳記與詩文集中。其中，《三國史記》對韓國遣唐使的活動做了最詳細、清晰的記錄。

眾所周知，《三國史記》有大量與中國相關的史料，但相當部份是對中國史書的引用與整理。有關韓國遣唐使的記錄也不例外，其主要依據還是中國史書。[1]雖在抄寫中國史書時難免有筆誤，甚至會有事實脫漏之情況，但是《三國史記》不僅綜合了散見於中國各種文獻中有關高句麗、百濟、新羅遣唐使的歷史記錄，而且還補充了許多中國史書中所遺漏的事件。本章以《三國史記》中的遣唐使關聯史料為中心，與其他多種文獻進行比較分析，補全《三國史記》中所缺漏的部份，從而對古代韓半島三國、渤海遣唐使的入唐往來記錄進行全方位的梳理。

第一節　三國時代的遣唐使

一、高句麗的遣唐使

古代韓半島三國在外交活動中，最先委派遣唐使的國家是高句麗。618 年，李淵以起兵太原奪取了隋恭帝的皇位，建立唐朝，次年 2 月，高句麗榮留王便向唐派出使臣。[2]經受隋煬帝三次征伐的高句麗，對於唐朝

---

[1] 權悳永，〈三國史記新羅本紀遣唐使記事의　몇가지　問題〉，《三國史記의　原典檢討》，韓國精神文化研究院，1995，pp.78-86。

[2] 《三國史記》卷 20，榮留王 2 年；《舊唐書》卷 199，高麗；《冊府元龜》卷 970，〈外臣部

的建立，首先表現歡迎的態度，而且比任何國家都渴望與新王朝改善關係。榮留王的迅速遣使，便是表明自己對國際政局變化的承認，可以推知使行目的就是祝賀唐朝建國。

從此之後，榮留王又於 621 年 7 月和 10 月兩次遣使入唐，於 622 年和 623 年 12 月又各派了一回遣唐使。622 年的那次使行，具體幾月入唐以及執行什麼任務無從知曉，使臣們歸國時攜帶了唐高祖命令高句麗王交換因隋征高麗所遺留的兩國戰俘之聖旨。

接下來，根據《三國史記》卷 20〈新羅本紀〉、《唐會要》卷 95〈高麗傳〉以及《冊府元龜》卷 977〈外臣部・降附條〉的記載，624 年正月或 2 月[3]，高句麗向唐朝派使臣請求頒佈曆法，唐高祖遣「前刑部尚書」沈叔安為使節入高句麗，對榮留王進行冊封。從內容來看，好像高句麗使臣於此時入唐，但從記載方式分析，這條記錄的重心不在於高句麗使臣入唐，而是唐朝使臣的派遣與對高句麗王的冊封，624 年正月或 2 月是唐使出訪高句麗的時間。根據常例，各國遣唐使謁見唐朝帝王前後，要在長安住一至兩月有餘，所以這次向唐朝請求頒曆的使臣，就是前面 623 年 12 月入唐的高句麗遣唐使。他們於 624 年正月或 2 月，與唐「冊封使」沈叔安一起返回高句麗，隨行的還有唐高祖派遣的道士，並攜帶了天尊像和道教法器。

接受唐朝冊封之後，高句麗要向唐朝派遣「謝恩使」，從時間上來看，624 年 12 月這次的入唐使節應該就是「謝恩使」。之後，高句麗於 625 年和 626 年 12 月又兩次遣使如唐。625 年的使團所隨行的有高句麗僧侶與道士。626 年 12 月的高句麗遣唐使肩負以下幾種任務：一是對於唐朝使臣朱子奢入高句麗，譴責高句麗侵略新羅的行為進行謝罪[4]；二是向這年 8 月繼位的唐太宗表示祝賀；根據時間推測，可能還有入唐慶賀新年這第三項使命。高句麗於 628 年 9 月和 629 年 9 月亦遣使入唐，628 年這次使行目的是對唐太宗於 626 年 8 月在渭水附近擊破突厥大軍、擒獲頡利可

朝貢（3）〉。

3　《三國史記》卷 20，榮留王 7 年記載為春二月，《資治通鑒》卷 190 將此事件記入〈高祖武德 7 年正月丁未條〉，《舊唐書》卷 1 記入〈高祖武德 7 年正月己酉條〉。

4　《三國史記》卷 20，榮留王 9 年；《舊唐書》卷 199，高麗；《新唐書》卷 220，高麗；《資治通鑑》卷 192，高祖武德 9 年。

汗表達祝賀，兼而獻上《封域圖》。

631 年，唐使長孫師來到高句麗，拆除當年為紀念戰勝隋朝軍隊而建立的京觀，並瘗埋隋軍戰士骸骨。由於此事，兩國關係迅速冷卻，之後的八年裡，高句麗與唐之間的使臣往來中斷，直至 639 年高句麗遣使入唐朝貢，兩國外交又重新恢復。[5]接著，640 年 12 月高句麗派太子桓權入唐朝貢，請求將貴族子弟送入唐朝國學。[6]唐太宗歡迎桓權入唐，於翌年 5 月派遣「職方郎中」陳大德作為「答使」入高句麗，考察了當地的山川風俗，太子桓權於 641 年同陳大德一起回國。642 年 1 月高句麗「賀正使」入唐，這是榮留王時期最後一次的遣唐使。

642 年 10 月，淵蓋蘇文弒殺榮留王，擁立寶藏王為高句麗國王。寶藏王甫一即位，便於 643 年正月初一遣使入唐朝貢，與百濟、新羅、康國使臣一起向唐進獻方物。[7]依時間推測，他們都屬「賀正使」，同時兼具向唐帝告知新王即位並請求冊封之任務。但是根據「營州都督」張儉的報告，早已得知淵蓋蘇文弒君的唐太宗表示不會冊封寶藏王，[8]於是高句麗遣唐使未完成使命回國，唐朝使臣「太常丞」鄧素此時隨行至高句麗。

因向唐朝請求冊封的遣唐使無功而返，高句麗又於同年 3 月再次遣使如唐。前面入高句麗調查當地國情的唐朝使節鄧素，於當年 6 月回國，並向唐太宗建議增強懷遠鎮的軍事力量以壓迫高句麗。[9]可推知，鄧素是隨 643 年 3 月的高句麗遣唐使一起出發，而於 6 月左右到達唐朝的。寶藏王遣使之目的，是向唐朝求取道教以教化國人，唐太宗便派叔達等八位道士，並攜《道德經》入高句麗。當時，寶藏王的深層意圖是以傳教之名，給崇奉道教為國教的唐王朝留下一個好印象，欲與其保持親善關係，來達到獲得冊封之目的。高句麗的這種外交努力，終於靠著長孫無忌在對唐太宗的勸說下取得成功，唐太宗冊封寶藏王為高句麗國王。

接受冊封的寶藏王於 644 年正月遣使入唐，當為「謝恩兼賀正使」。

---

5 《舊唐書》卷 3，太宗貞觀 13 年。

6 此事見《舊唐書》卷 3〈太宗貞觀 14 年 12 月條〉。同時，《三國史記》卷 20〈高句麗榮留王 23 年 2 月條〉在記錄了唐太宗積極推動儒學發展的內容後，提到了桓權入唐。

7 《三國史記》卷 21，寶藏王 2 年；《冊府元龜》卷 970，〈外臣部　朝貢（3）〉。

8 《資治通鑑》卷 196，太宗貞觀 16 年 11 月。

9 《資治通鑑》卷 197，太宗貞觀 18 年 2 月；《冊府元龜》卷 46，〈帝王部　知識〉。

去年 9 月入高句麗命令高句麗停止侵略新羅行為的唐朝使臣相里玄獎，於本年二月初一回國復命，[10]因而，644 年的高句麗遣唐使與相里玄獎同行入唐的可能性很大。唐太宗從相里玄獎的彙報中得知淵蓋蘇文強硬的立場，開始作討伐高句麗的正式準備。高句麗於本年 9 月，以淵蓋蘇文的名義獻上白金，並派遣 50 名官吏請求入唐宿衛，全被拒絕。[11]

645 年，遭受唐朝大舉攻伐的高句麗，於翌年正月和 5 月連續遣使入唐。5 月的高句麗「謝罪使」向唐朝獻上兩名美女，唐太宗不予接納並送返回國。高句麗雖派了「謝罪使」，但唐朝仍認為其表文文辭傲慢，並以高句麗對新羅的不斷侵略為理由，再次計畫對高句麗的大規模軍事行動。不顧朝臣的反對，唐太宗於 647 年 8 月命令「宋州刺史」王波利聚集江南十二州的兵力，發動數百艘大船，為進攻高句麗作準備。[12]面對危急情形的寶藏王於同年 12 月，派遣次子「莫離支」任武入唐謝罪。[13]

《三國史記》卷 22〈高句麗本紀・寶藏王 7 年條〉與《冊府元龜》卷 970〈外臣部・朝貢條〉中，都有 648 年正月初一高句麗遣使入唐朝貢的內容，但「莫離支」任武已於去年 12 月入唐，高句麗沒有又於 648 年正月再次派遣使節的道理。因此，648 年正月的「賀正使」與去年 12 月作為「謝罪使」的任武，應屬於同一批使節，任武於 647 年 12 月入唐後，一直居住到次年正月，履行了「謝罪使」兼「賀正使」的雙重使命。

一心欲征服高句麗的唐太宗於 649 年 5 月病逝，唐高宗登上帝位，高句麗馬上於 650 年遣使入唐，哀悼太宗駕崩並祝賀高宗即位。[14]我們無法知道高句麗是否藉「告哀」與「祝賀」為契機，試圖改善與唐的關係，但是此後數年，再未遭到唐朝的軍事打擊。之後到 652 年正月，高句麗又派遣了「賀正使」。656 年 12 月，為了祝賀代王李弘被冊封為皇太子，又遣使入唐。

此後十年間，高句麗沒有再派過遣唐使，一直到了 665 年，寶藏王

---

[10] 《資治通鑑》卷 197，太宗貞觀 18 年 2 月。

[11] 《三國史記》卷 21，寶藏王 3 年 9 月；《資治通鑑》卷 197，太宗貞觀 18 年 9 月。

[12] 《資治通鑑》卷 198，太宗貞觀 21 年 8 月戊戌。但是《三國史記》卷 22〈高句麗本紀〉卻將此事收錄於〈同年 7 月條〉，大概是轉抄《資治通鑑》相關內容時所產生的誤記。

[13] 《三國史記》卷 22，寶藏王 7 年；《冊府元龜》卷 970，〈外臣部　朝貢（3）〉。

[14] 《三國史記》卷 28，義慈王 11 年；《新唐書》卷 220，高麗。

遣王子福男參加了唐高宗的泰山封禪大典，[15]本書後面要講到的新羅王子金仁問也參加了這次封禪。他們應該在舉行封禪的乾封元年（666）正月以前入唐，所以福男一行的入唐時間應為《資治通鑑》卷 201〈高宗麟德2 年條〉所記的 665 年 8 月，或者《舊唐書》卷 4〈高宗本紀〉所記的 665年 10 月。這是高句麗國最後一次的遣唐使。

二、百濟的遣唐使

自百濟武王於 621 年首次遣使入唐送果下馬以來，武王時代共派遣了 17 次，義慈王時代共派遣了 8 次遣唐使。武王於 624 年一年就有正月、7 月、9 月這三次遣使入唐。正月百濟大臣某某入唐獻表朝貢，唐高祖遣使冊封武王為「帶方郡王百濟王」。[16]接受了唐朝冊封，百濟便派遣「謝恩使」，從入唐時間來看，當年 9 月入唐獻上光明甲的遣唐使，應該就是這次「謝恩使」。

百濟於 625 年 11 月遣使入唐，626 年又兩次遣使。626 年兩次中的前一次獻上光明鎧，並向唐朝控訴高句麗封鎖百濟入唐通路的行徑，於是唐派使臣朱子奢入高句麗，敦促其與百濟和好。626 年第二次的遣唐使於12 月入唐，以入唐時間推斷，目的是向本年 8 月即位的唐太宗表示慶祝並賀年。

武王於 627 年 8 月派侄子福信入唐朝貢，唐太宗通過福信向武王傳達旨在督促其與新羅維持和睦的詔書。武王收到聖旨後，立即上表謝罪，[17]629 年 9 月的遣唐使應當就是武王所派的「謝罪使」。

以後，武王在位期間幾乎每年都向唐朝派遣使臣，631 年 9 月、632年 12 月、635 年 11 月、636 年 2 月、637 年 12 月、638 年 10 月、639 年10 月和 640 年都有百濟遣唐使的活動。其中 637 年 12 月的遣唐使，向唐獻上鐵甲和雕斧，於是唐太宗回賜了彩錦 3000 段和錦袍等。[18]根據《舊

---

15 《三國史記》卷 22，寶藏王 25 年；《新唐書》卷 199，高麗；《新唐書》卷 220，高麗。

16 根據《冊府元龜》卷 970〈外臣部・朝貢（3）條〉的記載，624 年 5 月百濟使臣入唐朝貢，但是唐朝冊封武王是在這年正月，所以《三國史記》卷 27〈百濟本紀〉記述的百濟使臣於正月入唐比較妥當。

17 《三國史記》卷 27，武王 28 年 7 月；《舊唐書》卷 199，百濟；《新唐書》卷 220，百濟。

18 《三國史記》卷 27，武王 38 年 12 月；《舊唐書》卷 199，百濟。

唐書》卷 3〈太宗本紀・貞觀 11 年 12 月條〉與《冊府元龜》卷 970〈外臣部・朝貢（3）條〉的記載，當時武王派遣太子隆為使臣，然而這裡的太子隆應當是義慈王之子扶餘隆，在武王時期，扶餘隆是否為太子十分可疑。638 年和 639 年的百濟遣唐使獻上了金甲、雕斧。640 年的百濟遣唐使帶貴族子弟入唐，並請求入唐朝國學學習。[19]

641 年 3 月武王去世，義慈王即位後立馬遣使入唐，報告武王去世消息，唐太宗於同年 5 月 16 日追贈武王為「光祿大夫」，並賜賻物 200 段。[20]從唐太宗追贈武王官階的時間為 5 月來看，百濟遣唐使應於義慈王即位之後的 641 年 3 月從本國出發，5 月份入朝。於是唐朝遣「祠部郎中」鄭文表入百濟，冊封義慈王為「百濟王」，義慈王同年 8 月遣「謝恩使」入唐並獻方物。[21]

此後，義慈王至 645 年為止，每年派遣「賀正使」入唐。其中，645 年正月入唐的使臣是扶餘康信，他向唐朝辯明百濟並沒有像新羅聲稱的那樣，與高句麗聯手對付新羅，又獻上了美女。並自願派兵協助唐朝征討高句麗，還仰求允許百濟僧人可在唐朝自由活動，乞請唐醫官蔣元昌來百濟為義慈王治病，籲請百濟僧智照歸國。對於百濟的各種請求，唐太宗除了以蔣元昌當時身在益州為由而婉拒，同時不受百濟所獻美女之外，其他全部允諾。[22]唐太宗又囑咐扶餘康信，將唐使莊元表和段智君安全護送至新羅。扶餘康信手持唐太宗的聖旨與禮物，於 645 年 2 月左右離唐回國。[23]

通過扶餘康信，義慈王得知唐朝進軍高句麗的計畫以及大舉動員新羅出兵的情報，然而，義慈王不僅沒有派兵援助唐朝，還趁著新羅派兵

19　《三國史記》卷 27〈百濟本紀〉引用了《資治通鑑》卷 195〈太宗貞觀 14 年 2 月條〉，為百濟貴族子弟申請入唐朝國學學習的內容收錄於〈武王 41 年 2 月條〉中，但是《資治通鑑》〈貞觀 14 年 2 月條〉也包括了同年 2 月以後的事件，因此《三國史記》的相關記錄可能不準。

20　《舊唐書》卷 3，太宗貞觀 15 年；《資治通鑑》卷 196，太宗貞觀 15 年。

21　《三國史記》卷 28，義慈王即位年。

22　〈貞觀年中撫慰百濟王詔一首〉，《文館詞林》卷 364；朝鮮史編修會，《朝鮮史》1-3，pp.393-394。

23　朱甫暾，〈文館詞林에　보이는　韓國古代史　關聯　外交文書〉，《慶北史學》15，1992，pp.162-164。

入唐的間隙進攻新羅，奪取了十餘座城池。此事件後，百濟不再委派遣唐使，直到 651 年重新啟動遣使入唐的計畫。推測義慈王再次派遣使臣的原因是於唐高宗即位後，為改善與唐太宗交惡的兩國關係。他們的使命應是祝賀唐高宗繼位，回國時攜帶了唐高宗下令百濟王歸還新羅城池與百姓的詔令。652 年，百濟再次遣使臣入唐慶賀新年，這是百濟最後一次的遣唐使。

三、新羅的遣唐使

（一）真平王至真德王時期

新羅真平王於 621 年 7 月初次遣使入唐。《三國史記》卷 4〈新羅本紀〉記為 621 年 7 月，而《冊府元龜》卷 970〈外臣部・朝貢（3）條〉錄為這年 10 月。考慮到新羅遣唐使從首都慶州出發，到達唐長安或洛陽需要大約三、四個月的路程，所以從本國出發和進入長安城的時間是不同的，而中國史書關於外國使臣朝貢時間的記載往往以入朝時間為準。

我們以日本的情況作為參考，根據《日本書紀》卷 26〈齊明 5 年 7 月戊寅條〉引用〈伊吉連博德書〉的內容，阪合部連石布率領的日本遣唐使 659 年 7 月 3 日離開日本，同年閏 10 月 30 日入東都洛陽拜見唐高宗。而《冊府元龜》卷 970〈外臣部・朝貢（3）條〉對於此事件的記錄是「（顯慶）四年（659）十月，蝦夷國隨倭國使入朝」，中國文獻只明記入朝時間。據《續日本紀》卷 35〈寶龜 9 年 9 月乙未條〉記載，日本遣唐使於寶龜 8 年（777）6 月自本國出發，778 年正月十三日到達長安，[24]《冊府元龜》卷 972〈外臣部・朝貢（5）條〉省略了中間路途，直接記為「（大曆）十三年（778）正月，日本國遣使朝貢。」

前文提到 621 年的新羅遣唐使在《三國史記》和《冊府元龜》中的不同記載，是新羅遣使時間與入朝時間之差異，《三國史記》裡的 621 年 7 月是使團從新羅首都慶州出發的日子，《冊府元龜》所記的同年 10 月是入朝貢獻方物的時間。初次接待新羅使臣的唐高祖不僅躬身慰勞，還派

---

[24] 《續日本紀》卷 35，寶龜 9 年 9 月乙未。

遣「通直散騎常侍」庾文素入新羅，賜真平王璽書、畫屏風和彩綢 300 段。庾文素隨新羅使臣於翌年到達新羅，筆者推測同行的還有日本入唐學生福因、求法僧惠齋、惠光，以及留學醫官惠日等。[25]

623 年 10 月，新羅再次遣使入唐，624 年正月，唐朝下達冊封真平王為「柱國樂浪郡公新羅王」的敕書，[26]於是新羅使臣隨唐朝「冊封使」一起於同年 3 月回到新羅。[27]625 年 11 月、626 年 7 月，新羅兩次派遣使臣，控訴受到高句麗與百濟的聯合侵略，並向唐求援。625 年的遣唐使應該是針對冊封真平王的「謝恩使」，唐朝接納了新羅的請求，並遣「員外散騎侍郎」朱子奢入高句麗與百濟從中斡旋。[28]

627 年 6 月與 11 月，新羅又兩次遣使入唐。6 月遣唐使的任務是為了祝賀去年 8 月登基的唐太宗，同時也可能是「謝恩使」，感謝唐朝派朱子奢入高句麗與百濟，對其侵略新羅的行動進行制止。11 月的遣唐使當為「賀正使」。629 年 9 月與 631 年 11 月，新羅使臣兩度入朝，其中 631 年的遣唐使於這年 7 月從新羅出發，11 月到達長安，從時間上可判定為「賀正使」。他們向唐太宗獻上兩名美女，魏徵以為不宜受，於是放歸本國。

632 年正月真平王去世，善德王即位，唐太宗追贈真平王為「左光祿大夫」，並賜絲綢 200 段作為賻物。[29]不知唐太宗在何時、以何渠道得知真平王去世的消息，很有可能善德王在即位之初，便向唐派遣了告知前王去世、自身登位的「告哀使」。但史料中，善德王初次派遣的遣唐使是 632 年 12 月入唐的使團，他們轉達了善德王對唐太宗派遣「弔問使」所表示的感謝，從時間來看，也兼有賀正的使命。

---

[25] 《日本書紀》卷 22〈推古 31 年 7 月條〉記載，新羅使智洗爾帶領留學生福因和求法僧惠齋、惠光，留學醫官惠日一起回到日本。如果屬實的話，他們於距推古 31 年（623）7 月之前不遠的時間裡，離開唐朝到達新羅。但是，新羅遣唐使和唐使庾文素一行於 622 年左右回到新羅，福因、惠齋等與歸國的新羅遣唐使同行到達新羅，再於翌年 7 月在新羅使智洗爾的率領下回到日本。

[26] 《舊唐書》卷 1，高祖武德 7 年正月；《資治通鑑》卷 190，高祖武德 7 年正月；《冊府元龜》卷 963，〈外臣部　封冊（2），武德 7 年正月〉。

[27] 《三國史記》卷 4，真平王 46 年 3 月。

[28] 《三國史記》卷 4，真平王 48 年；同書卷 27，武王 27 年；《舊唐書》卷 189，朱子奢傳；《新唐書》卷 198，朱子奢傳。

[29] 《三國史記》卷 4，真平王 54 年正月。

之後，新羅又於 633 年、638 年、639 年和 640 年 5 月向唐派遣使臣。其中，638 年新羅遣唐使的姓名是神通，據刻在皇龍寺九層木塔舍利函上的〈皇龍寺九層木塔刹柱本記〉和《續高僧傳》卷 24〈慈藏傳〉的記載，神通率求法僧慈藏入唐。[30]640 年 5 月遣唐使的任務，是在唐太宗振興儒學之際，請求新羅貴族子弟入唐朝國學學習。[31]唐朝周邊國家子弟如想入學國學，需經本國國王推薦和唐帝之首肯，並由遣唐使引率他們入唐並代辦各種手續。640 年 5 月的新羅遣唐使，又攜帶了向唐朝申請貴族子弟入學國學的公文而來。據《海東高僧傳》卷 2〈安含傳〉，新羅高僧安含法師剛剛圓寂，640 年 9 月 23 日有「鄉使」見到安含法師的幻影「敷座於碧浪之上，怡然向西而去」，這位「鄉使」有可能就是這年 5 月送預備國學生入唐之後，行於歸國途中的新羅遣唐使。

642 年正月，新羅遣「賀正使」入唐。根據《三國史記》卷 5〈新羅本紀〉記載，642 年 8 月新羅再次遣使入唐。《三國史記》其實轉抄的是《舊唐書》卷 199〈東夷傳・百濟・貞觀 16 年（642）條〉的內容，原文是「十六年，義慈興兵伐新羅四十餘城，又發兵以守之，與高麗和親通好，謀欲取党項城以絕新羅入朝之路。新羅遣使告急請救。太宗遣司農丞相里玄獎齎書告諭兩蕃，示以禍福。及太宗親征高麗，百濟懷二，乘虛襲破新羅十城。」《舊唐書》〈東夷傳・百濟條〉於接下來所記錄的事情，就是貞觀 22 年（648）的了。因此，以上引文的所有內容，發生於從貞觀 16 年（642）至貞觀 22 年（647）的這 6 年間，「新羅遣使告急請救」也不能被視作必是貞觀 16 年的事件。我們還可舉出一例，《三國史記》卷 21〈高句麗本紀・寶藏王 2 年條〉轉抄《資治通鑑》〈貞觀 17 年條〉的內容，將其作為 643 年 9 月的事件，然而參照《三國史記》卷 28〈百濟本紀・義慈王 3 年條〉的記載，明確這是 643 年 11 月的事情。所以《三國史記》卷 5〈新羅本紀〉中，善德王 11 年（642）8 月「新羅遣使告急請救」的記錄，當是誤抄了《舊唐書》卷 199〈東夷傳・百濟條〉的原文，實際上應是第二年所派三次遣唐使中的一次。

---

[30] 辛鍾遠，〈慈藏과 中古時代社會의 思想的課題〉，《新羅初期佛教史研究》，民族社，1992，pp.250-286；南東信，〈慈藏의 佛教思想과 佛教治國策〉，《韓國史研究》76，1992，p.10。

[31] 《三國史記》卷 5，善德王 9 年 5 月。

642 年，百濟奪取新羅四十餘座城池，並攻陷大耶城，可視作高句麗與百濟的正式聯手。也有學者認為，高句麗與百濟的聯合是新羅為了拉攏唐朝而虛構出的。[32]但是和之前相比，新羅在這一時期遣使入唐的次數更加頻繁，高句麗與百濟的聯合之說也不是沒有證據。643 年僅一年之中，新羅便於正月、9 月、11 月連續三次遣使，也能說明當時危急的局勢。

據《三國遺事》卷 4〈慈藏定律條〉載：「貞觀十七年癸卯，本國善德王上表乞還。詔許引入宮，賜絹一領、雜綵五百端，東宮亦賜二百端，又多禮貺。」同書卷 3〈皇龍寺九層塔條〉與〈前後所將舍利條〉中，也記為「貞觀十七年癸卯十六日，將唐帝所賜經像袈裟幣帛而還國」、「善德王代貞觀十七年癸卯，慈藏法師所將佛頭骨、佛牙、佛舍利百粒，佛所著緋羅金點袈裟一領。其舍利分為三，一分在皇龍塔，一分在大和塔，一分并袈裟在通度寺戒壇。」《續高僧傳》卷 197〈慈藏傳〉亦載：「貞觀十七年，本國請還，啟勅蒙許。」除此之外，據《三國史記》卷 5〈新羅本紀〉載：「（善德王 12 年、貞觀 17 年）三月，入唐求法高僧慈藏還。」所以，善德王上表籲請慈藏回國的時間理當在 3 月之前，即癸卯年 643 年的正月與 3 月之間。這期間的新羅遣唐使，只有正月的一趟，所以 643 年正月的遣唐使不僅有賀正的任務，還有遞交善德王請求慈藏歸國表文的使命，慈藏當年 3 月與遣唐使同行歸國。[33]

642 年以後，直面百濟與高句麗大舉侵略的新羅，於 643 年 9 月、11 月遣使向唐告急求援。9 月的新羅遣唐使入朝後，唐太宗訂立了三套救援計策，一是集結契丹、靺鞨軍隊直入遼東；二是讓新羅戰士穿唐朝軍服、舉唐軍旗幟，迷惑高句麗和百濟軍隊，以阻止其前進；三是罷免善德女王，然後找一位唐朝宗室作新羅國王。太宗詢問新羅使臣哪種方案更加合適，但是新羅使臣無言以對，太宗感歎他們的庸蠢，皆非乞師告急之才。

---

[32] 李昊榮，〈麗濟連和說의　檢討〉，《慶熙史學》9・10 合輯，1982，pp.17-34。

[33] 李成市，〈新羅僧・慈藏の政治外交上の役割〉，《朝鮮文化研究》2，1995，p.74；同時《新增東國輿地勝覽》卷 22〈蔚山郡・樓亭・大和樓條〉所載金克己之詩，寫了 643 年慈藏歸國時到達絲浦並創建大和寺的內容。

善德王於 644 年正月遣使入唐賀正，依照唐太宗 645 年 2 月左右所寫的〈貞觀年中撫慰新羅王詔一首〉，稱去年新羅使臣金多遂歸國之日，下詔要求新羅派遣將帥為唐朝討伐高句麗的遠征軍做嚮導，後來便不了了之了。「去年」指的是 644 年，所以《三國史記》卷 5 所載 644 年正月入唐的遣唐使該當為金多遂。

依據唐太宗的詔書，金多遂回國後便音訊全無，唐太宗焦急等待回音，便於 645 年 2 月派「朝散大夫」莊元表與副使「右衛勳衛旅師」段智君去新羅，敦促善德王派兵。但是遵照《三國史記》卷 5〈新羅本紀〉和《冊府元龜》卷 970〈外臣部・朝貢（3）條〉的記錄，當年正月新羅遣使入大唐貢獻方物，這與前面唐太宗詔書中所要求的內容不一致。

按照《冊府元龜》的記載，645 年正月初一新羅使臣入朝的話，唐太宗當然接見了他們，但是僅過了一個月，唐太宗便在詔書中寫道「訝王比來，絕無消息」，顯得很奇怪。唐朝征討高句麗時，為要求新羅出兵而派往新羅的莊元表和段智君，並非和新羅使臣，而是同百濟使臣扶餘康信一起回去的，就說明 645 年並無新羅使節入朝。[34]唐太宗 645 年向新羅善德王和百濟義慈王下達的詔書，收錄在 658 年許宗敬和劉白宗編纂的《文館詞林》裡，[35]其史料價值遠大於宋代編纂的《冊府元龜》。通過分析，我們對《冊府元龜》中 645 年正月初一新羅使臣入朝的記載，以及《三國史記》的轉引表示懷疑，因此本書認為 645 年正月新羅遣唐使的入唐記錄是一條誤記。

647 年正月在廉宗和毗曇的叛亂中，善德女王死亡，真德女王即位，唐太宗於是派使臣追贈善德王為「光祿大夫」，並冊封真德王為「柱國樂浪郡王」。新羅於這年 7 月派遣「謝恩使」，[36]繼「謝恩使之後」，新羅又遣使如唐。這便是以《三國史記》為代表的各類文獻中所載錄的 648 年冬或者 12 月金春秋一行的入唐。綜合《三國史記》卷 5〈新羅本紀〉、《舊唐書》卷 3〈太宗本紀〉、《舊唐書》卷 199〈東夷傳・新羅條〉、《新唐書》

---

34 〈貞觀年中撫慰百濟王詔一首〉，《文館詞林》364；朝鮮史編修會編，《朝鮮史》1-3，pp.393-394。

35 黃渭周，〈文館詞林의 實體〉，《韓國의 哲學》19，1991，pp.51-76。

36 《三國史記》卷 5，真德王元年 7 月。

卷 220〈東夷傳・新羅條〉、《資治通鑑》卷 198〈唐紀・太宗紀〉、《冊府元龜》卷 974〈外臣部・褒異（1）條〉文獻內容，可整理金春秋的入唐活動如下：金春秋於貞觀 22 年（648）12 月與兒子金文王一同朝唐，入國學觀「釋奠典禮」並聆聽講論，他們向唐太宗報告新羅的危急處境，請求唐朝派兵支援，太宗深然允諾。同時又向太宗仰求改變新羅章服、依從中華制度，唐太宗向金春秋及隨行人員下賜珍貴唐服，並下詔授金春秋為「特進」，封金文王為「左武衛將軍」。金春秋歸國時，唐太宗為他舉辦由唐三品以上官員才能參加的餞別宴會，金春秋在唐朝受到款待與優賞，回國時將兒子金文王和「大監」某人留在唐朝作為宿衛。

據《三國史記》卷 5〈新羅本紀〉載，真德王 3 年（649）正月起「始服中朝衣冠」。又據同書卷 33〈雜誌二・色服條〉稱，金春秋歸國後改新羅衣冠制度為唐制。我們分析《三國史記》的這兩條記錄認為，649 年正月新羅開始施行的中華衣冠制度就是金春秋向唐太宗請求的章服制度，此政策正式執行於金春秋歸國之後。[37]《日本書紀》卷 26〈齊明 6 年 7 月條〉引用了高句麗道顯和尚所撰《日本世紀》裡的一條注釋稱：「新羅春秋智，不得願於內臣蓋金。故亦使於唐，捨俗衣冠，請媚於天子，投禍於鄰國」，講的也是此事。[38]所以，金春秋最遲也於 649 年正月之前回到新羅。

但是依照《三國史記》卷 5〈新羅本紀〉與中國史書的記錄，金春秋不可能在 649 年正月之前回到新羅。《三國史記》稱，金春秋於 648 年冬天入唐，《資治通鑑》記錄為 648 年閏 12 月癸未（7 日），《冊府元龜》記載為 648 年 12 月入朝，翌年 2 月離開唐朝。新羅與唐之間的旅程大約需要三、四個月時間，金春秋如果於 648 年冬或 12 月入唐的話，翌年正月之前無法回到新羅。

隨著〈金仁問墓碑文〉的出現，更增添了人們關於金春秋入唐時間的疑問。1931 年在慶州西岳書院出土，現保存在慶州博物館的金仁問墓

---

[37] 《三國遺事》卷 1，太宗春秋公；同書卷 4，慈藏定律；《續高僧傳》卷 24，慈藏傳；權悳永，〈三國史記新羅本紀遣唐使記事의 몇가지 問題〉，《三國史記의 原典檢討》，韓國精神文化研究院，1995，pp.86-93。

[38] 《日本書紀》卷 26，齊明 6 年 7 月。

碑殘片中有一句碑文是：「（磨泐）駭目貞觀二十一年，詔授特進榮高（磨泐）」。[39]雖然只是殘碑，但可依碑文的寫作模式，推斷全部內容是序文、金仁問的先代家系、金仁問的生平活動等。上面所引碑文出現在記敘金仁問的祖父金龍春的生平之後，金仁問的生涯之前，[40]所以理當為其父金春秋的相關描述。根據史料，唐太宗授金春秋「特進」官階，封其子金文王為「左武衛將軍」，「貞觀二十一年，詔授特進」當然指的是金春秋。

圖 1-1　金仁問墓碑殘片（慶尚北道慶州市國立慶州博物館）

按照〈金仁問墓碑文〉，金春秋接受「特進」官階的時間是貞觀 21 年（647），受封的前提是金春秋一定於 647 年來到了唐朝，〈金仁問墓碑文〉與《三國史記》卷 5〈新羅本紀〉等文獻在記錄金春秋入唐時間上，

---

[39] 藤田亮策，〈慶州金仁問墓碑の發見〉，《青丘學叢》7，1932，p.158；黃壽永，《韓國金石遺文》，一志社，1982，p.66；許興植，《韓國金石全文（古代篇）》，亞細亞文化社，1984，p.120。

[40] 黃壽永，《韓國金石遺文》，一志社，1982，p.66。

存在一年的差異。

金仁問 668 年第七次入唐之後，就一直生活在唐朝，直至 684 年去世，685 年他的遺骸被送回新羅，安葬於首都慶州西原之下，[41]墓碑可能在其安葬不久的孝昭王初年樹立。金仁問是孝昭王的叔父，又是三國統一的元勳，碑文的撰寫和碑石的建立，都是王命下的國家工程。因此金仁問墓碑碑文內容是政府的官方記錄，又是當時的第一手資料，比任何史料的準確性和信憑度都高，其中提及金春秋入唐的時間是 647 年。

以《三國史記》〈新羅本紀〉為代表的諸多史料都記載金春秋入唐的時間是 648 年冬，但是通過對《三國史記》卷 41〈金庾信傳（上）〉的分析，也發現不可能是這個時間。根據以上文獻，我們把從金春秋離開新羅到歸國的這段時期內，有關新羅將軍金庾信的行蹤整理如下：金庾信將進攻大耶城的百濟軍隊，誘引至玉門谷而大破之，以釋放擒獲的百濟裨將八人為條件，迎回了金品釋和古陀炤娘的遺骨。又乘勝入百濟之境，攻拔百濟嶽城等十二座城池，以此戰功金庾信爵升「伊湌」，並被封為「上州行軍大摠管」。接著他又入百濟，收復進禮城等九城後回到慶州，見到了自唐歸來的金春秋。

如果金春秋真的是於 648 年冬天入朝，翌年 2 月離開長安的話，加上羅唐之間路途所耗時日，金春秋從 648 年秋至 649 年夏都不在新羅，以上金庾信所指揮的戰役都應當發生於金春秋未在新羅的這段期間。但比較明晰是，玉門谷之戰的時間為 648 年 4 月，[42]若相信《三國史記》〈新羅本紀〉等各類史料所說金春秋於 648 年冬天入朝的話，就與《三國史記》〈金庾信傳（上）〉的記述相矛盾了。反之，根據前面的推論，認為金春秋的入唐時間是 647 年秋或者 12 月的話，玉門谷之戰爆發的 648 年 4 月，他在唐朝未歸，這樣就和《三國史記》〈金庾信傳〉的記載不矛盾了。

《三國史記》〈金庾信傳〉是以金庾信玄孫金長清所寫的 10 卷《金庾信行錄》為基礎而編撰的，[43]金長清是活躍於新羅惠恭王時代（765-779）

---

[41] 《三國史記》卷 44，金仁問傳。

[42] 《三國史記》卷 28，義慈王 8 年 4 月。

[43] 《三國史記》卷 43，金庾信傳（下）。

前後的人物，[44]他的《金庾信行錄》也是這一時期的作品。以 8 世紀後半葉金庾信玄孫的《金庾信行錄》為原本的《三國史記》〈金庾信傳〉，在關於對金庾信事蹟的記載上，比其他任何史料的可信度都高，以此為憑據，也可證明金春秋於 648 年冬天入唐的時間有誤。

那麼，為何以《三國史記》卷 5〈新羅本紀〉為典型的各種史料，都將金春秋的入唐時間定為 648 年呢？依照《舊唐書》卷 3〈太宗本紀〉所載，「貞觀 22 年（648）12 月，新羅王遣其相伊贊千金春秋及其子文王來朝，是歲，新羅女王金善德死」，《資治通鑑》卷 198〈唐紀・太宗紀〉和《冊府元龜》卷 964〈外臣部・封冊條〉皆作「貞觀 22 年（648）正月，新羅王金善德卒」，但《三國史記》卷 5〈新羅本紀〉和《舊唐書》卷 199〈東夷傳・新羅條〉中，卻記載善德王死於貞觀 21 年（647）正月。

參考《三國史記》新羅改定章服制度的內容、〈金庾信傳〉以及〈金仁問墓碑文〉，我們有理由相信善德王死於貞觀 21 年（647）正月，金春秋亦於 647 年入唐，而非 648 年。也就是說，通過平定新羅國內廉宗與毗曇的叛亂而掌握實權的金春秋，於 647 年冬或 12 月攜子金文王入朝，請求依從唐制改變新羅章服，並與唐太宗共同謀劃征伐高句麗、百濟的計策之後，於翌年 2 月離唐歸國。那麼，從 647 年冬或 12 月開始至 648 年 2 月為止，他都住在唐都長安，從而可推知《三國史記》卷 5〈新羅本紀〉和《冊府元龜》卷 970〈外臣部・朝貢（3）〉所記錄的 648 年正月初一入唐賀正的新羅使臣，就是金春秋一行。

繼金春秋之後，648 年 9 月入唐的新羅遣唐使，向唐陳訴了百濟攻破新羅 13 座城池的消息。同年冬季，新羅遣邯帙許入唐朝貢，邯帙許入朝時，唐太宗斥責新羅竟敢獨自定立年號，邯帙許用高超智慧說服唐太宗，避免了危機。[45]

649 年 5 月唐太宗駕崩，高宗登基。真德王於 650 年 6 月派金春秋長子金法敏入唐，獻上祝賀高宗即位、稱頌偉大帝國的〈五言太平頌〉。高

---

[44] 李基白，〈金大問과　金長清〉，《韓國史市民講座》1，1987，p.100。
[45] 《三國史記》卷 5，真德王 2 年冬。

宗授予金法敏「太府卿」的官職。金法敏又向唐稟告了去年 8 月新羅在道薩城擊破百濟軍隊的消息，[46]請求唐朝從中斡旋，讓百濟歸還所侵佔的新羅城池。[47]

接著 651 年，金春秋次子 23 歲的金仁問入唐。唐高宗授其「左領軍衛將軍」之職，他一直在長安作宿衛至 653 年才回國，這是一共作了七次遣唐使的金仁問首次入唐。接下來，真德王於 652 年 1 月、653 年 11 月又遣賀正使入唐，653 年 11 月的遣唐使正是這年自唐返國的金仁問。

根據《三國史記》卷 5〈新羅本紀〉和《三國史節要》卷 9 的記錄，656 年 5 月左右，金仁問由唐返國。金仁問自 651 年入唐以來，於 653 年第一次回國，文獻記載他三年後又一次回國，則表明 653 至 656 年之間金仁問再次入唐。655 年 3 月，金法敏被封為新羅太子，同時金春秋的其他兒子從長子金文王開始，到金老且、金仁泰、金智鏡、金愷元等全部升官，唯獨漏掉了金仁問。[48]金仁問作為武烈王金春秋的親子，而不見於官職晉升名單的原因，是他當時不在國內，那麼就證實了金仁問於 653 年至 655 年 3 月之間再次入唐。在這期間，新羅於 653 年 11 月、655 年正月共兩次遣使入唐。

唐高宗於 654 年 3 月前往離宮萬年宮即九成宮避暑，5 月為紀念這次巡行而樹立了〈萬年宮銘碑〉，現在石碑仍矗立在中國陝西省麟遊縣的九成宮遺址。〈萬年宮銘碑〉碑陰鐫刻著此次同行之三品以上共 48 名臣僚的官職姓名，其中就有「左領軍將軍金仁問」的銘刻，[49]證明了金仁問在 654 年 3 月至 5 月間一定住在唐朝。綜上所述，《三國史記》所記 653 年

---

46 很多文獻只記載了「大破百濟之眾」而無詳情。金法敏自新羅出發的 650 年之前，新羅大敗百濟軍隊的戰績，只有前年 8 月金庾信於道薩城擊破百濟軍這唯一一次，那麼金法敏告知唐朝的捷報，應該就是道薩城戰鬥的勝利。

47 《舊唐書》卷 199，百濟；《三國史記》卷 28，義慈王 11 年。

48 《三國史記》卷 5，武烈王 2 年 3 月。

49 拜根興，〈中國所在韓國古代史關聯金石文資料의 現況과 展望〉，《新羅文化祭學術發表會論文集》23，慶州市新羅文化宣揚會，2002，p.195；〈唐朝與新羅往來研究二題——以西安周邊所在的石刻碑志為中心〉，《當代韓國》2011 年第 3 期，pp.39-45；〈萬年宮銘碑陰題名與新羅使者金仁問〉，《第二屆全國九成宮文化研討會論文集》，寶雞市九成宮文化研究會，2012，pp.152-160；權悳永，〈新羅關聯唐金石文의 基礎的檢討〉，《韓國史研究》142，2008，pp.47-48；《新羅의 바다：黃海》，一潮閣，2012，pp.299-301；〈唐九成宮의 金仁問親筆書跡〉，《新羅史學報》34，2015，pp.313-319。

11 月入唐獻上金總布的遣唐使就是金仁問，這是真德王時代最後一次的遣唐使。

（二）武烈王至文武王時期

654 年 3 月真德王去世，武烈王金春秋即位。唐高宗於閏 5 月派遣「太常丞」張文收赴新羅，對真德王的離世表示哀悼，並冊封武烈王為「開府儀同三司新羅王」，新羅於是又派「謝恩使」赴唐，表達對冊封的感激。根據《資治通鑑》卷 199〈唐紀・高宗紀・永徽 5 年閏 5 月壬辰條〉的記載，唐朝冊封金春秋為新羅王的時間是 654 年 5 月 18 日，羅唐間的旅程要用 3 至 4 個月，所以唐「冊封使」大約本年秋到達新羅，傳遞冊封武烈王的詔書，武烈王派遣的「謝恩使」於翌年正月左右到達唐都長安。所以，《舊唐書》卷 199〈東夷傳・新羅條〉、《新唐書》卷 220〈東夷傳・新羅條〉、《資治通鑑》卷 199〈唐紀・高宗紀〉、《三國史記》卷 5〈新羅本紀〉、《三國史記》卷 28〈百濟本紀〉所錄 655 年正月的新羅遣唐使，就是武烈王所派的「謝恩使」。從正月入唐來看，他們又是「賀正使」。

武烈王於 656 年 3 月、10 月又兩次遣使如唐。3 月的遣唐使向唐陳訴了新羅進攻百濟，消滅敵軍 3000 餘名的戰報。[50]7 月自新羅出發、10 月入唐的遣唐使，正是過去隨金春秋入唐作宿衛，後來回到新羅的金文王。[51]金文王於 658 年正月繼文忠之後被任命為「中侍」[52]，他一定在此之前回到了新羅。

即位之後便每年遣使入唐的武烈王，於 656 年 7 月之後的兩年間中斷了與唐的外交，至 659 年 4 月重新派遣使節。依據《三國史記》卷 5〈新羅本紀・武烈王 6 年 4 月條〉和《三國史記》卷 44〈金仁問列傳〉的記載可知，659 年 4 月的遣唐使是金仁問。作為向唐朝求援，共同討伐百濟的「請兵使」，金仁問於翌年 6 月與唐將蘇定方率領的 13 萬唐軍一起回到新羅。這次的遣唐使團成員除金仁問之外，知道姓名的還有從者

---

50 《冊府元龜》卷 995，〈外臣部　交侵〉；《唐會要》卷 95，新羅。

51 據《三國史記》卷 5〈新羅本紀〉記載，656 年 7 月金文王入唐朝貢，而《冊府元龜》卷 970〈外臣部・朝貢（3）條〉記載，656 年 10 月金文王來朝，可知《三國史記》所說的 7 月，是文王從新羅出發的時間。

52 《三國史記》卷 5，太宗武烈王 5 年正月。

文泉。

660 年 7 月 18 日，百濟義慈王向羅唐聯合軍投降，武烈王同年 7 月 29 日在當地所夫里城派「弟監」天福入唐告捷。[53]同年 9 月 3 日蘇定方帶俘虜的百濟義慈王、王族、大臣共 93 名，百姓 12000 餘人回到唐朝，金仁問和「沙飡」儒敦、「大奈麻」中知等亦隨行入唐。金仁問等這年 11 月 1 日在東都洛陽則天門參加了獻俘儀式，[54]慶賀消滅百濟。之後，金仁問和儒敦等又受高宗之命，661 年 6 月回國征伐新羅軍隊，與唐遠征軍一起討伐高句麗。

661 年 6 月武烈王去世，文武王即位。唐朝於這年 9 月派遣了弔唁武烈王、冊封太子金法敏為新羅王的「弔問兼冊封使」，[55]10 月 29 日到達新羅。祭拜武烈王之後，下賜彩綢 500 段等賻物，[56]翌年正月冊封金法敏為「開府儀同三司上柱國樂浪郡公新羅王」。新羅於 662 年 7 月派金仁問入唐朝貢，作為「謝恩使」的金仁問最晚於 663 年 7 月之前歸國，因為他參加了 663 年 7 月 17 日討伐倭國與百濟聯合軍的戰鬥。[57]

文武王於 664 年又遣使入唐。按照《三國遺事》卷 5〈惠通降龍條〉的記述，入唐求法的新羅僧惠通在新羅使節鄭恭的勸請下，於 665 年同行歸國，消滅了在新羅文仍林中作惡的毒龍。雖然故事太過於神話色彩，如果鄭恭的回國時間不是虛構的話，他大約於 664 年入唐。

鄭恭之後，金仁問於 665 年再次入唐。依據《三國史記》卷 6〈新羅本紀〉、《舊唐書》卷 84〈劉仁軌列傳〉、《新唐書》卷 108〈劉仁軌列傳〉、《資治通鑑》卷 201〈唐紀・高宗紀〉、《冊府元龜》卷 981〈外臣部・盟誓〉、《唐會要》卷 95〈新羅傳〉的記載，劉仁軌於 665 年 8 月在熊津主持了新羅王和百濟太子扶餘隆的盟約締結儀式之後，帶領新羅、百濟、耽羅、倭等四國使臣入唐，參加封禪泰山大典。同時根據《三國史記》

---

53 《三國史記》卷 5，太宗武烈王 7 年 7 月。

54 《舊唐書》卷 4，高宗顯慶元年 11 月；《新唐書》卷 3，高宗顯慶元年 11 月戊戌；《資治通鑑》卷 200，高宗顯慶元年 11 月戊戌。

55 《資治通鑑》卷 200，高宗龍朔元年 9 月；《冊府元龜》卷 974，〈外臣部　褒異（1）〉；《冊府元龜》卷 964，〈外臣部　封冊（4）〉。

56 《三國史記》卷 6，文武王元年 10 月。

57 《三國史記》卷 42，金庾信傳（中）。

卷 44〈金仁問列傳〉，金仁問於 666 年隨唐高宗參加封禪儀式，皇帝授其「右驍衛大將軍」之官職，並賜食邑 400 戶。綜合以上內容而知，665 年與劉仁軌一同入唐，翌年正月初一參加封禪儀式的新羅使臣就是金仁問。[58]一直居住在唐朝的金仁問 668 年為調集新羅軍隊與唐軍聯合伐高句麗，在「大摠管」劉仁軌到來之前回到新羅。

新羅於 666 年 4 月將金天存之子金漢林和金庾信之子金三光作為宿衛派遣入唐，同時為征高句麗向唐朝請兵。金三光在唐高宗的親自要求下來到唐朝，一年之前唐派使節梁冬碧、任智高入新羅，封金庾信為「奉常正卿平壤郡開國公」，並賜食邑 200 戶，[59]所以金三光入唐也有答禮之含義。在本書第四章還將作詳述，這次的遣唐使除了作為宿衛的金三光、金漢林外，可能還有請兵使金良圖。

依照《宋高僧傳》卷 4〈順璟傳〉，順璟在玄奘法師圓寂兩年後，隨新羅遣唐使入唐。玄奘圓寂於 664 年 2 月 5 日，兩年後便是 666 年，順璟應當與 666 年的金三光、金漢林等向唐請兵的使節一起赴唐。在金庾信死後，金三光在朝之時，順璟曾向三光舉薦裂起作太守。[60]也許順璟與金三光兩人在入唐途中結下了同甘共苦的情分，以後也保持著緊密聯繫。金三光被唐高宗封為「左武衛翊府中郎將」，然後一直做宿衛到 668 年 6 月，與劉仁軌所率討平高句麗的唐軍一起回到新羅。

接著，新羅於 667 年 7 月派「大奈麻」汁恒世、668 年春派元器和淵蓋蘇文之弟淵淨土入唐。文武王通過元器向唐高宗進獻美女，高宗命令從下次起禁止。後來，元器回到新羅而淵淨土一直留在唐朝。按照《新唐書》卷 220〈東夷傳・高麗條〉、《三國史記》卷 6〈新羅本紀・文武王 6 年條〉的記載，高句麗權臣淵淨土在淵蓋蘇文死後，奉高句麗國土向唐投降，未得唐朝接受，666 年 12 月又獻高句麗 12 城向新羅投降。當時正在征討高句麗的唐朝，考慮到了淵淨土的利用價值，又讓新羅交出淵淨土。從此，不知是自願還是被迫，淵淨土沒有再回新羅而是永遠生活在

---

58 根據《舊唐書》卷 199〈百濟傳〉，666 年參加泰山封禪儀式的百濟使臣是扶餘隆。

59 《三國史記》卷 43，金庾信傳（下）。

60 《三國史記》卷 47，裂起傳。同時《三國史記》中的「順景」與《宋高僧傳》中的「順璟」應是同一人。

唐朝，所以淵淨土不能算作新羅正式的外交使節。

668 年 9 月 21 日，羅唐聯合軍滅亡高句麗之後，李勣押解作為俘虜的高句麗寶藏王、王子福男及德男、臣僚、百姓共 20 餘萬人歸唐，這時「角干」金仁問和「大阿飡」助州也隨李勣一起入唐，同行的還有仁泰、義福、藪世、天光、興元等。但是仁泰和義福等並不是遣唐使，他們作為征伐高句麗的立功軍將，入唐接受褒賞。根據《三國史記》卷 7〈新羅本紀〉所錄的文武王〈答薛仁貴書〉，與高句麗作戰立功的所有新羅軍將們的名單都已上報給了唐朝，這些將士到達長安準備領賞，唐帝卻說「今新羅無功」，使他們空手而返。在滅亡高句麗的戰爭中立下軍功的有「比列道摠管」仁泰、「誓幢摠管」義福和天光、「大幢摠管」興元等。《三國史記》卷 7〈新羅本紀〉也記載道：「角干金仁問大阿飡助州隨英公歸，仁泰、義福、藪世、天光、興元隨行」，從文字上分析，仁泰、義福等並非是像金仁問、助州這樣的遣唐使。

依據《新唐書》卷 7〈高宗本紀〉和《資治通鑑》卷 201〈高宗總章元年 12 月條〉，668 年 12 月在長安舉行了慶祝滅亡高句麗的獻俘大典。隨李勣入唐的金仁問作為羅唐聯合軍中新羅一方的代表出席儀式，從這之後，由於羅唐關係的惡化，金仁問再也沒有回到祖國，在唐病逝後，他的靈柩於 693 年被運回故土。

羅唐之間因爭奪百濟故地佔有權而產生的內在矛盾，隨著高句麗的滅亡而日益激化，從此兩國間大大小小的紛爭不斷。在這種情形下，唐高宗 669 年正月派僧侶法安入新羅斥責文武王的反唐行為，並要求新羅上貢磁石。接著，新羅於同年 5 月派遣唐使祇珍山入唐，獻上磁石兩箱，又派「角干」金欽純與「波珍飡」金良圖入唐，解釋事件始末，向唐朝謝罪。金欽純於翌年 7 月持唐高宗關於命令新羅歸還所佔百濟故土的聖旨回國[61]，但與其一起入唐的金良圖卻被扣押，最終死在唐朝的監獄之中。

《三國遺事》卷 2〈文虎王法敏條〉裡，似乎將金仁問認作 669 年的新羅「謝罪使」。《三國遺事》卷 4〈義湘傳教條〉又載，金欽純或金仁問

---

[61] 《三國史記》卷 7，文武王 11 年。

與金良圖一起，作為「謝罪使」入唐，結果被關在監獄中，通過探監的義湘法師，才將唐朝要侵略新羅的消息秘密傳回本國。但是，金仁問自668 年 9 月隨李勣入唐以來並沒有回過新羅，所以 669 年應唐高宗召喚入唐的「謝罪使」中應該沒有金仁問，《三國遺事》卷 2〈文虎王法敏條〉當是將金欽純誤記為金仁問。[62]

金欽純歸國兩個月後的 670 年 9 月，文武王為了解決新羅與百濟邊境的劃界問題，遣使入唐商討，然而他們一直在海上漂流，並未到達唐朝而返回國內。新羅於是再次派出使節，但還是沒有到達唐朝。[63]669 年冬天，唐朝使臣到達新羅，傳唐高宗諭旨，帶製作木弩的技師仇珍川回國。唐帝命仇珍川造木弩，放箭僅射 30 步，唐帝問仇珍川在新羅造弩能射 1000 步，為何今日才射 30 步，仇珍川答因木材不良。於是唐高宗又派使臣入新羅求取木材，新羅遣「大奈麻」福漢入唐獻上木材。《三國史記》卷 6〈新羅本紀〉將福漢入唐一事，記錄在文武王 9 年（669）9 月中，但如前所論，福漢應在「弩師」仇珍川之後入唐，當在 670 年。

高句麗滅亡後，唐在韓半島設立都督府與都護府，除高句麗故土外，還對百濟故土，甚至新羅進行管轄。如此，新羅不得不與唐朝開始全面戰爭。新羅吸收了高句麗復興軍，開始對抗入侵的唐朝軍隊。670 年 3 月，新羅「沙飡」薛烏儒和高句麗的高延武聯合引兵過鴨綠江，大破唐朝統領的契丹兵，[64]同時攻擊韓半島南部唐政權下扶餘隆統治的百濟，陷落80 餘座城池。在稍後 671 年 6 月的石城戰役中，消滅唐軍 5300 餘名，攻拔泗沘城後，設置所夫里州，10 月又破壞唐漕運船 70 餘艘。

但是戰局馬上又發生變化。新羅於 672 年 2 月在加林城被唐軍打敗，7 月唐將高侃與番將靺鞨人李謹行率部攻擊平壤、韓始城和馬邑城，在 8 月的石門戰役中，新羅「大阿飡」曉川、「沙飡」義文、山世等戰死。在這種不利的情形下，新羅於 9 月派「級飡」原川和「奈麻」邊山入唐，向唐解釋上次不得不向百濟故土出兵的原因，並謝罪。同時，新羅向唐

---

[62] 權悳永，〈悲運의 新羅遣唐使들——金仁問을 中心으로〉，〈新羅의 對外關係史研究〉，《新羅文化祭學術發表會論文集》15，1994，p.245；權悳永，〈金仁問小傳〉，《文化史學》21，2004，pp.417-439。

[63] 《三國史記》卷 7，文武王 11 年。

[64] 《三國史記》卷 6，文武王 10 年。

朝送還了去年 10 月攻破唐漕運船時，俘虜的「兵船郎將」鉗耳大侯、「萊州司馬」王藝、「本烈州長史」王益、「曾山司馬」法聰，還有 670 年到新羅商議合攻高句麗復興軍而被扣留的「熊津都督府司馬」禰軍，以及唐軍戰士 170 名。且獻上了銀 33500 分、銅 33000 分、針 400 枚、牛黃 120 分、金 120 分、40 升布 6 匹、30 升布 60 匹。[65]

新羅向唐派遣謝罪使的同時，在全國各地增築城池，並準備 100 艘兵船，讓「大阿飡」徹川守護黃海沿岸，以防禦唐軍的攻擊。不僅如此，新羅還不斷吸收高句麗遺民，蠶食百濟故土。於是，唐高宗於 674 年正月或 2 月撤銷文武王的官爵，而將居住在唐朝的金仁問冊封為「新羅王」，隨劉仁軌、李弼、李謹行統領的唐軍一起入新羅，取文武王而代之。[66]但是翌年 2 月，「雞林道行軍大摠管」劉仁軌所率唐軍在七重城大破新羅軍後歸國，「副摠管」李謹行留在當地作為「安東鎮撫大使」管轄新羅。劉仁軌所率唐軍主力從七重城撤走後，據《唐會要》卷 95〈新羅傳〉、《冊府元龜》卷 986〈外臣部・征討（5）條〉的記載，新羅立即遣使入唐，求唐恕罪。這次的遣唐使，就是各種文獻中所錄的 675 年 2 月的「謝罪使」。由於新羅不斷派遣「謝罪使」，唐朝終於重新承認文武王是新羅王。[67]

但是之後羅唐間的戰鬥並未停歇，675 年 9 月薛仁貴以新羅宿衛學生風訓為嚮導，攻擊泉城，並未得勝，[68]在買肖城駐屯的李謹行部隊為新羅所敗。由於在買肖城戰役中唐軍慘敗，唐朝不得不於翌年 2 月將安東都護府遷移至遼東。在這期間新羅曾於 675 年 9 月派遣唐使向唐貢獻方物，[69]這是文武王時代最後一次的遣唐使。

---

[65] 《三國史記》卷 7，文武王 12 年 9 月。

[66] 《三國史記》卷 7，文武王 14 年；《唐會要》卷 95，新羅；《冊府元龜》卷 986，〈外臣部　征討（5）〉。

[67] 《三國史記》卷 7，文武王 15 年 2 月；《唐會要》卷 95，新羅；《冊府元龜》卷 986，〈外臣部　征討（5）〉；《資治通鑑》卷 202，高宗上元 2 年 2 月。

[68] 《三國史記》卷 7，文武王 15 年 9 月。但也有學者認為薛仁貴以風訓為嚮導進攻新羅之事發生在文武王 11 年 9 月，《三國史記》將其編入〈文武王 15 年 9 月條〉有誤，參考池內宏，〈唐の新羅征伐——上元一・二年の役〉，《滿鮮史研究（上）》，第 2 冊；古畑徹，〈七世紀末から八世紀初にかけて新羅・唐關係——新羅外交史の一試論〉，《朝鮮學報》107，1983，pp.8-9。

[69] 《三國史記》卷 6，文武王 15 年 2 月；《冊府元龜》卷 970，〈外臣部　朝貢（3），上元 2 年〉。

第二節　南北國時期的遣唐使

一、新羅中代的遣唐使

（一）神文王至聖德王時期

從 675 年開始，直到文武王辭世的 681 年，新羅與唐的關係斷絕，在這六年完全沒有新羅與唐之間使節往來的記錄。681 年 7 月文武王去世，神文王即位，唐朝遣使冊封其為新羅王。[70]神文王面對唐的冊封並沒有馬上派遣「答使」，而是到了 686 年 2 月才遣使入唐請賜《禮記》與詩文，這種典籍文化的仰求應該與新羅 682 年設置國學有直接關係。[71]對於新羅的書籍請求，武則天命令相關官署抄寫《吉凶要禮》，並從《文館詞林》中抄出範文，一共編成了 50 卷的抄本送與新羅。

同時，根據崔致遠撰寫的〈翻經證義大德圓測和尚諱日文〉可知，垂拱年間新羅王仰慕佛法，曾多次上表乞請在唐留學的新羅高僧圓測回國，卻被拒絕。「垂拱」是從 685 至 688 年武則天所用的年號，這期間新羅只有 686 年遣使入唐這一次，所以推測當時的遣唐使不僅要求文章典籍，還上表請求圓測歸國，但遭到了回絕。[72]

除此之外，據推斷當時神文王的使者還接受了唐朝頒佈的正朔。1982 年在韓國忠清北道清州市雲泉洞所發現的天壽山寺跡碑上有「壽拱二年」的銘記，[73]「壽拱」是 686 年新羅遣使入唐前一年，即 685 年新改元的年號。《三國史記》卷 31〈年表（下）〉中有「光宅羅不行」之語，意思是

---

70 《三國史記》卷 8，神文王即位年；《舊唐書》卷 5，高宗開耀元年 10 月丁亥；《冊府元龜》卷 964，〈外臣部　封冊（2）〉；《資治通鑑》卷 202，高宗開耀元年。

71 濱田耕策，〈新羅の國學と遣唐留學生〉，《呴沫集》2，1980，pp.60-61；朱甫暾，〈文館詞林에　보이는　韓國古代史相關外交文書〉，《慶北史學》15，1992，p.159。

72 崔致遠，〈翻經證義大德圓測和尚諱日文〉，《崔文昌侯全集》，成均館大學校大東文化研究院，1972，p.232。

73 車勇傑，〈清州雲泉洞古碑調查記〉，《湖西文化研究》3，1983，pp.7-14；黃壽永，〈韓國金石遺文〉，《黃壽永全集（4）》，慧眼，1999，p.117；李宇泰，《韓國金石文集成（7）》，韓國國學振興院、青溟文化財團，2014，p.25。

新羅沒有使用過「壽拱」之前的年號「光宅」(684)，表明新羅奉行唐朝正朔，是在唐朝改元「壽拱」之後，接受時間最有可能是遣唐使入唐的686年。

神文王的這次遣使，並沒有使文武王時代惡化的兩國關係，恢復到從前那樣緊密的狀態。神文王在位期間，唐朝使臣向他提出武烈王的廟號「太宗」與唐太宗相同，責令其改正，而神文王卻無動於衷。[74]神文王之後在位10年的孝昭王也僅派過一回遣唐使，從這點可以看出，羅唐關係並未回復到以前。

《三國史記》卷8〈新羅本紀〉稱，孝昭王於699年2月遣使如唐，[75]而《唐會要》卷95〈新羅傳〉載：「(長壽)三年遣使來朝，其年理洪卒，冊立其弟崇基為王」。長壽3年是694年(孝昭王3年)，明確新羅使臣此時入朝。但是孝昭王理洪真正去世於8年後的702年，唐朝冊封聖德王的時間是703年4月，所以因為長壽3年孝昭王去世，唐朝派遣冊封聖德王之使節的記錄是不準確的。703年即唐長安3年，新羅於這年正月與7月兩次遣使入唐，因而《唐會要》卷95〈新羅傳〉中「(長壽)三年遣使來朝」的記載，是對長安3年聖德王遣使的誤記。

高句麗滅亡後急速冷卻的羅唐關係，在聖德王時代又回到了親密狀態。聖德王在位的36年間共派遣了46回遣唐使。如前所述，聖德王於703年正月與7月有兩次遣使，正月使臣的任務大概是向唐朝奉告孝昭王去世和聖德王即位的消息，並祝賀新年。這年正月，「薩飡」金福護與「級飡」金孝元去日本的使命，也與遣唐使相同。[76]唐於703年4月遣使冊封聖德王，[77]於是正月的遣唐使與唐「冊封使」一起於4月離唐回新羅。

74　《三國史記》卷8，神文王12年春；《三國遺事》卷1，文虎王法敏。《三國遺事》卷1記載神文王時期唐高宗向新羅派遣使臣，要求新羅國王改換武烈王「太宗」的廟號，新羅方面表示拒絕，但是唐高宗駕崩於683年的神文王3年12月。如果《三國遺事》記錄無誤的話，唐朝要求改換武烈王廟號之事應發生在神文王3年12月以前，所以也有可能是神文王元年來新羅的唐朝冊封使要求改換武烈王廟號的。

75　《三國史記》卷8，孝昭王8年2月；《冊府元龜》卷970，〈外臣部　朝貢(3)〉。

76　《續日本紀》卷3，大寶3年正月。

77　《資治通鑑》卷207，中宗長安3年4月。

聖德王於同年 7 月，又遣金思讓入唐。[78]從羅唐間的路程計算，金思讓離開新羅的 7 月，正是 4 月從長安出發的新羅「告哀使」和唐「冊封使」一起到達新羅慶州的時刻。再加上 703 年的 4 月有一個閏月，[79]如果旅程順利的話，唐「冊封使」7 月至新羅，在時間上很充份。從這點分析，金思讓成為對於唐朝冊封的「謝恩使」之可能性很大。[80]他於第二年 3 月回國時，將《金光明最勝王經》帶回新羅。

705 年 3 月與 9 月共有兩次新羅使節入唐，《冊府元龜》卷 970〈外臣部・朝貢（3）條〉載 705 年 3 月「新羅王金志誠遣使來朝」，稱「新羅王」名為金志誠，但是當時聖德王的姓名不是金志誠，而是金隆基。719 年雕造的甘山寺阿彌陀如來〈造像記〉中寫道：「（金志誠）朝鳳闕而銜綸，則授尚舍奉御，逡雞林而曳綬，則任執事侍郎」，可知金志誠做過遣唐使，所以《冊府元龜》中這句話應調整為「新羅王遣使金志誠來朝」。[81]這年 9 月遣唐使的情況沒有相關詳細記錄。

聖德王於 706 年 4 月、8 月和 10 月共三次遣使入唐，又於第二年 12 月遣使朝貢。有關 706 年三次遣唐使的具體活動全然沒有記錄，707 年的遣唐使歸國之際，唐玄宗授予聖德王「驃騎大將軍」之武散官階。[82]

以往每年派遣兩至三回使臣的聖德王，於 709 至 711 年之間每年僅遣使入唐一次。其中 710 年正月與 711 年 12 月的入唐使節，從時間上來看理當是「賀正使」。712 年 3 月唐派使臣盧元敏來到新羅，因聖德王之名「隆基」與唐玄宗相同而令其改名。[83]如果盧元敏於 3 月到達新羅的話，大約在三、四個月之前就要從長安出發，當時於去年 12 月入朝的新羅使臣還留在長安，所以 711 年 12 月的遣唐使應該與盧元敏一同於翌年 3 月歸國。

---

78 《三國史記》卷 8，聖德王 2 年 7 月。

79 日本內務省地理局，《三正綜覽》，帝都出版社，1932，p.184。

80 古畑徹，〈七世紀末から八世紀初にかけて新羅・唐關係——新羅外交史の一試論〉，《朝鮮學報》107，1983，p.46。

81 末松保和，〈甘山寺彌勒尊像及び阿彌陀佛の火光後記〉，《新羅史の諸問題》，東洋文庫，1954，p.459；齋藤忠，〈新羅の葬制から見た甘山寺跡石造阿彌陀如來・彌勒菩薩像銘文の一解釋〉，《朝鮮學報》99・100 合輯，1981，p.132。

82 《唐會要》卷 95，新羅。

83 《三國史記》卷 8，聖德王 11 年 3 月。

新羅於 712 年 2 月、12 月，713 年 2 月、6 月都派遣了使節。713 年 2 月與 6 月，新羅遣唐使入朝，唐玄宗兩次都至大明宮前門樓迎接。[84]同時，據《三國史記》卷 8〈新羅本紀・聖德王 12 年 10 月條〉稱，713 年 10 月，金貞宗持玄宗封聖德王為「驃騎大將軍、特進行左威衛將軍使持節大都督、雞林州諸軍事、雞林州刺史、上柱國樂浪郡公新羅王」的詔書回到新羅。金貞宗何時入唐不太清楚，但與這年 6 月人朝的使節團在時間上最為接近，所以金貞宗作為 713 年 6 月新羅遣唐使的可能性最大。[85]

714 年 2 月，「級飡」朴裕入唐慶賀新年，[86]同一時期還有新羅王子金守忠入唐宿衛，玄宗賜其住宅與錦帛，以示寵幸，還在朝堂舉辦宴會。[87]那麼，「賀正使」朴裕應與「宿衛王子」金守忠一起赴唐。同時，這年 7 名新羅學生入學唐國學，[88]大概也是和朴裕一起來的。「賀正使」朴裕自唐朝獲得「朝散大夫、員外奉御」的官職，同年閏 2 月離唐。[89]而金守忠一直在唐朝宿衛，直到 717 年 9 月持孔子與顏淵、閔子騫等「十哲」、「七十二弟子」的畫像歸國。

714 年除賀正使朴裕外，還有一回遣唐使入朝。依照《三國史記》卷 8〈新羅本紀・聖德王 13 年 10 月條〉、《冊府元龜》卷 110〈帝王部・宴享（2）條〉和《冊府元龜》卷 974〈外臣部・褒異（1）・開元 2 年 10 月條〉的記錄，714 年 10 月 26 日，唐玄宗於宮廷內殿宴請新羅使臣，唐帝為外國使臣舉行的宴會分為入朝之後的歡迎宴和回國前的餞別宴。714 年 10 月之宴，不可能是為 2 月入唐、閏 2 月離開的「賀正使」朴裕而備的餞別宴，因而一定是為新入唐的新羅使臣籌辦的歡迎宴。而且，據《三國史節要》卷 11〈聖德王 13 年 10 月條〉的記載，當時有新羅使節入朝，但具體是誰無法知曉，從唐玄宗下詔讓宰臣及四品以上的臣僚參席來

---

84 《三國史記》卷 8，聖德王 12 年；《冊府元龜》卷 971，〈外臣部　朝貢（4）〉。

85 古畑徹，〈日渤交涉開始期の東アジア情勢——渤海對日交通開始要因の再檢討〉，《朝鮮史研究會論文集》23，1986，p.109。

86 《冊府元龜》卷 971，〈外臣部　朝貢（4）〉。

87 《三國史記》卷 8，聖德王 13 年 2 月；《冊府元龜》卷 996，〈外臣部　納質〉。

88 《玉海》卷 153，唐渤海遣子入侍。

89 《三國史記》卷 8，聖德王 13 年閏 2 月。

看，這位遣唐使一定是新羅的高官。

716年聖德王遣金楓厚入唐，依照《冊府元龜》卷971〈外臣部・朝貢（4）條〉與同書卷 974〈褒異（1）條〉的記錄，開元 4 年（716）3月，新羅遣金楓厚入唐賀正，受「員外郎」之官職而歸國。但是，在《三國史記》卷8〈新羅本紀〉中，金楓厚於聖德王14年（715）3月入唐，有一年之差。眾所周知，《三國史記》記載與中國相關事件時，大量援用中國史料，新羅遣唐使的往來記錄也不例外。武烈王與文武王時期之後，關於中代遣唐使的記錄裡，有 90%以上的內容引自中國史書，[90]其中所引《冊府元龜》的比例最高。從金楓厚入唐記事的敘述方式來看，《三國史記》應當抄錄了《冊府元龜》，但兩書記載有一年差異的原因，可能是將《冊府元龜》中的「開元四年三月」誤為「聖德王十四年三月」所致。

《三國史記》卷8〈新羅本紀・聖德王15年3月條〉所錄的「遣唐入唐獻方物」，也是對《冊府元龜》卷971〈外臣部・朝貢（4）條〉所載「開元五年三月」的誤記。那麼，以《冊府元龜》卷971〈外臣部・朝貢（4）・開元5年條〉的內容為據，717年3月與5月，新羅兩次遣使入唐。714年入唐宿衛的新羅王子金守忠，於717年9月回到新羅，[91]從時間判斷，717年5月入朝的遣唐使，當與金守忠於這年9月一齊歸國。

718年2月新羅遣使入唐，具體姓名不詳，唐玄宗授予他「守中郎將」之官職，並於當年6月返回新羅。[92]719年正月、5月又有兩回新羅使臣朝唐，正月的新羅「賀正使」入朝後，唐帝下賜絲綢50匹。[93]5月的遣唐使在途中遇難，唐帝追贈他「太僕卿」之官職，並賜絲綢100匹為賻物。[94]在此後3年裡，未見有新羅遣使記錄，直到722年10月，新羅才

---

[90] 權悳永，《三國史記新羅本紀遣唐使記事의 몇가지 問題》，《三國史記의 原典檢討》，韓國精神文化研究院，1995，pp.94-95。

[91] 《三國史記》卷8，聖德王16年9月。

[92] 《三國史記》卷8，聖德王 17 年 6 月；《冊府元龜》卷 971，〈外臣部 朝貢（4），開元 6年2月〉。

[93] 《三國史記》卷 8，聖德王 18 年正月；《冊府元龜》卷 971，〈外臣部 朝貢（4），開元 7年正月〉；同書卷974，〈外臣部 褒異（1），開元7年正月丙申〉。

[94] 《冊府元龜》卷974，〈外臣部 褒異（1），開元7年〉。

遣「大奈麻」金仁壹入唐賀正。[95]723 年 4 月，又有新羅使臣入唐獻果下馬、牛黃、人參、美髮、朝霞綢、魚牙綢、鏤鷹鈴、海豹皮、金、銀等，並上表文。[96]

724 年 2 月與 12 月，有兩回新羅遣唐使入朝。2 月，金武勳入唐賀正並呈上貢物，於 5 月歸國。[97]金武勳回國前，唐玄宗下達聖旨讓其轉與聖德王，並下賜新羅王錦袍、金帶及「綵素」(譯者註：染色和未染色的絲綢)共 2000 匹，授予金武勳「游擊將軍」之官職並絲綢 50 匹。[98]這年 12 月又有新羅遣唐使入朝獻方物，從時間看，他們是金武勳返回新羅後才出發的，由於第二年沒有派遣「賀正使」的記錄，他們當是「謝恩兼賀正使」。據《冊府元龜》卷 170〈帝王部・來遠・開元 12 年 12 月條〉，他們還獻上了抱貞、貞菀兩位美女，但因唐玄宗並不接受而被遣返。[99]相關的詳細內容又收錄在《三國史記》卷 8〈新羅本紀〉中，聖德王於 723 年 3 月遣使，將「奈麻」天承的女兒抱貞和「大舍」忠訓的女兒貞菀獻於唐朝，唐帝不忍收留而厚賜還之。又有〈貞菀碑〉云，她們於天寶元年(742)入唐，與《冊府元龜》卷 170 所載年代有差異。但據《新唐書》卷 220〈東夷傳・新羅條〉的記錄，獻美女之事發生在獻果下馬和請求新羅子弟入學國學兩事之間。依照前述，723 年 4 月獻果下馬、牛黃、人參等，下面要講到 728 年 7 月金嗣宗帶新羅子弟申請入唐國學，那麼新羅獻美女入唐時間當在 723 年 4 月與 728 年 7 月之間。如此來看，《冊府元龜》卷 170 所錄的 724 年 12 月為妥。

---

95 《三國史記》卷 8，聖德王 21 年 10 月；《冊府元龜》卷 971，〈外臣部　朝貢(4)，開元 10 年 10 月乙巳〉。

96 《三國史記》卷 8，聖德王 22 年 4 月；《冊府元龜》卷 971，〈外臣部　朝貢(4)，開元 11 年 4 月〉。

97 《冊府元龜》卷 975，〈外臣部　褒異(2)，開元 12 年 5 月辛酉〉；同書卷 980，〈外臣部　通好〉。

98 《冊府元龜》卷 975，〈外臣部　褒異(2)，開元 12 年 2 月乙巳〉。

99 《冊府元龜》卷 170，〈帝王部　來遠，開元 12 年 12 月〉。

圖 1-2　新羅聖德王陵（慶尚北道慶州市朝陽洞）

725 年 11 月，唐玄宗於泰山舉行封禪大典。依《舊唐書》卷 23〈禮儀志（3）‧開元 13 年 11 月壬辰條〉的記錄，有新羅使臣參加了這場儀式，因此可知新羅於 725 年派遣了使節。新羅又於翌年兩次遣使入唐，即這年 4 月入朝賀正的金忠臣，唐玄宗下賜絲綢 100 匹，[100]接著 5 月又有王弟金欽（靳）質入朝，歸國前唐玄宗授其「郎將」官職。[101]我們無法考證金忠臣與金欽質僅僅間隔一個月[102]入唐之目的，賀正使 4 月入朝的例子也不常見，也許是金忠臣在入唐途中遭遇何種意外事故，才遲遲於 4 月份到達長安。

---

[100]《三國史記》卷 8，聖德王 25 年 4 月；《冊府元龜》卷 971，〈外臣部　朝貢（4），開元 14 年 4 月〉；同書卷 975，〈外臣部　褒異（2），開元 14 年 4 月乙丑〉。

[101]《三國史記》卷 8，聖德王 25 年 5 月；《冊府元龜》卷 971，〈外臣部　朝貢（4），開元 14 年 5 月〉；同書卷 975，〈外臣部　褒異（2），開元 14 年 5 月〉。

[102]金忠臣於開元 14 年 4 月 18 日入朝，而金欽質於當年 5 月 11 日入朝，聖德王 25 年 4 月是大月，嚴格來說兩人入朝的具體時間間隔為 23 天。

727年正月，新羅賀正使入朝。唐朝回賜新羅使臣「奉御」官職、緋色官服及銀魚帶。[103]728年7月，新羅王從弟金嗣宗入唐進貢方物，請求新羅子弟入唐國學。唐帝應允，並賜金嗣宗「果毅」官職，金嗣宗留唐宿衛。

有關729年與730年的新羅遣唐使史料，在內容上存在差異。據《三國史記》卷8〈新羅本紀〉，729年1月與9月、730年2月與10月，新羅遣使如唐，但依《冊府元龜》卷971〈外臣部・朝貢（4）條〉的記錄，730年1月與9月新羅使臣入朝。同書卷975〈外臣部・褒異（2）條〉載，730年2月與10月有新羅使臣入朝。730年1月、2月、9月與10月一年之內，新羅使臣共四次入朝。比較兩書，《三國史記》雖援引了《冊府元龜》的內容，但將集中於730年的四條新羅遣唐使記錄，平均分置於聖德王28年（729）和29年（730）中，即將〈外臣部・朝貢（4）條〉的內容抄入聖德王28年，〈外臣部・褒異（2）條〉的列入聖德王29年。《三國史記》的編纂者也有所察覺，《冊府元龜》所載730年隔月就有兩回、一共有四回的遣唐使記錄存在問題，而且〈外臣部・褒異（2）條〉載，730年正月戊寅新羅使臣入朝賀正，然而730年正月初一是「丙戌」而非「戊寅」，所以相較於《冊府元龜》，《三國史記》的記錄更加合理。

依《三國史記》為準，整理729年與730年的新羅遣唐使活動如下：729年1月與9月，新羅使臣兩次入朝，1月為賀正使，9月的入唐目的尚不清楚。730年又有兩番，2月入唐的聖德王之侄，或是僅為王族的金志滿[104]，向唐帝進貢小馬5匹、狗1條、黃金2000兩、頭髮80兩、海豹皮10張。唐朝賜金志滿「太僕卿員外置同正員」之職並絲綢100匹，及紫色官服與銀魚帶等，金志滿留唐宿衛。同年10月，新羅再次遣使入唐進貢，唐帝按等級回賜禮物。[105]

731年2月遣唐使金志良入朝賀正，歸國時所持唐玄宗詔書全文收錄在《三國史記》卷8〈新羅本紀・聖德王30年2月條〉、《冊府元龜》卷

---

[103]《冊府元龜》卷975，〈外臣部　褒異（2），開元15年正月〉。

[104]《三國史記》卷8〈聖德王29年2月條〉中稱金志滿為王族，《冊府元龜》卷975〈外臣部　褒異（2），開元18年2月條〉中稱其為侄子。

[105]《三國史記》卷8，聖德王29年10月；《冊府元龜》卷975，〈外臣部　褒異（2），開元18年10月庚戌〉。

975〈外臣部・褒異（2）・開元 19 年 2 月條〉和《全唐文》卷 40〈唐元宗條〉裡。依據詔書內容，新羅進貢了牛黃、金、銀等物，唐朝回賜聖德王綾彩 50 匹、帛 2500 匹，另賜金志良帛 60 匹與「太僕少卿員外置」之職。

732 年正月，聖德王遣使如唐賀正。同年 9 月又派使臣，9 月的遣唐使是聖德王女婿金孝芳。不知何時入唐宿衛的金忠信，於 734 年 2 月臨歸國時，向唐玄宗上表稱，當年接到皇帝命令自己回國發兵回擊渤海的聖旨之後，便發誓竭力完成，犧牲性命也在所不惜，但是這時來接替自身作宿衛的金孝芳卻亡故了，所以不得已繼續留在唐朝作宿衛。[106]於是，733 年正月，早年入唐宿衛並接受「大僕員外卿」之職的新羅王子金思蘭，為接替金忠信完成動員軍隊的使命而返回新羅。可知，金孝芳在渤海進攻登州的 732 年 9 月入唐，死於金忠信接受唐玄宗督促出兵的聖旨之後。金忠信接受聖旨的時間，應該在金孝芳入唐的 732 年 9 月和金思蘭離開長安的 733 年正月之間。因此推測，金孝芳於 732 年 9 月剛入唐，就在翌年正月之前死於唐朝了。

733 年正月廿一日，唐使何行成和被任命為「副使」、代替金忠信回國的金思蘭一行，共 604 人從長安出發，7 月到達新羅，代皇帝封聖德王為「開府儀同三司寧海軍事」，並下達了唐玄宗命新羅軍隊進攻渤海國南部的詔書。[107]同時轉達了唐玄宗所賜的白鸚鵡一對、朱紫色絲綢刺繡外套、鑲嵌金銀碗具，及繡有祥瑞花紋的絲綢和五色絲綢等共 300 多段。

因為得到了唐玄宗的賜物與官職，聖德王隨即遣侄子金志廉為「謝恩使」，並留唐宿衛。金志廉於 733 年 12 月 2 日入朝，呈上謝恩表[108]，進貢小馬 2 匹、狗 3 條、黃金 500 兩、銀 20 兩、布 60 匹、牛黃 20 兩、人參 200 根、頭髮 100 兩、海豹皮 10 張等物品。唐帝在內廷宴請金志廉，並下賜束帛。留唐宿衛的金志廉於第二年 4 月領受「鴻臚少卿員外置」之

---

[106] 《三國史記》卷 8，聖德王 33 年正月；《冊府元龜》卷 973，〈外臣部　助國討伐〉。

[107] 《冊府元龜》卷 975，〈外臣部・褒異（2）〉；《資治通鑑》卷 213，玄宗開元 21 年；張九齡，〈勅新羅王金興光書（1）〉，《全唐文》卷 284；崔致遠，〈上太師侍中狀〉，《三國史記》卷 46；《三國遺事》卷 2，孝聖王。

[108] 聖德王的謝恩表載於《三國史記》卷 8〈聖德王 32 年 12 月條〉與《冊府元龜》卷 975〈外臣部・褒異（2）・開元 21 年 12 月乙未條〉。

官職。但是依照宰相張九齡代唐玄宗所作〈勅新羅王金興光書（1）〉中的「一昨金志廉等到，緣事緒未及還期，忽嬰瘵疾，遽令救療而不幸殂逝」這句可知，金志廉在金忠信離唐的 734 年初秋之前就得病死去了。[109]於是揣測金志廉在入唐領受官職的 734 年 4 月後的夏天，便病死在唐朝。

734 年 4 月，新羅大臣金端竭丹[110]入唐賀正，唐玄宗在內殿設宴歡迎，並授其「衛尉少卿」之官職，下賜緋蘭袍、平漫銀帶與絹 60 匹。這年 2 月，唐帝接受了宿衛金忠信的歸國請求，他於秋天離開唐朝[111]，從時間上看，金端竭丹也許與金忠信同行回國。

關於 735 年新羅遣唐使的史料之間存在許多記載差異，需要我們仔細鑒別。首先《三國史記》卷 8〈新羅本紀〉載，735 年正月新羅遣金義忠入朝賀正，2 月副使金榮客死唐朝，唐帝賜其「光祿少卿」之官職，金義忠持唐玄宗下諭將浿江以南土地賜與新羅的詔書回國。《舊唐書》卷 8〈玄宗本紀〉稱，開元 23 年（735）12 月新羅遣使朝貢，而《冊府元龜》卷 971〈外臣部・朝貢（4）・開元 23 年條〉記載，開元 23 年（735）正月新羅派金義忠賀正，12 月又遣臣朝貢。

且參考《冊府元龜》卷 975〈外臣部・褒異・開元 23 年條〉的內容，735 年 2 月，新羅「賀正副使」金榮死亡，皇帝追贈其為「光祿少卿」。閏 11 月壬辰（11 日），新羅王從弟「大阿飡」金相受到派遣，但不幸在朝貢途中死亡，皇帝深悼之，追贈其為「衛尉卿」。同時《唐會要》卷 95〈新羅傳〉之記述，與《冊府元龜》卷 975〈外臣部・褒異・開元 23 年條〉大致相同，只將「閏 11 月」寫作「11 月」，將「金相」寫成「金忠相」。735 年 3 月下旬，張九齡代作的〈勅新羅王金興光書（2）〉中，有「賀正謝恩兩使續至」之句[112]，也暗指從 735 年正月到 3 月下旬之間，有

---

[109] 張九齡，〈勅新羅王金興光書（1）〉，《全唐文》卷 284。張九齡曾代寫過三篇〈勅新羅王金興光書〉，一篇寫於 734 年初秋左右，一篇寫於 735 年 3 月下旬左右，最後一篇年代不明。本書為了不混淆而標號為〈勅新羅王金興光書〉(1)、(2)、(3)。

[110] 〈勅新羅王金興光書（1）〉中稱其為「金碣丹」，《冊府元龜》卷 971〈外臣部・朝貢（4）條〉稱其為「金端嵑丹」，同書卷 975〈外臣部・褒異（2）條〉與《三國史記》卷 8〈聖德王 33 年 4 月條〉，以及《唐會要》卷 95〈新羅傳〉稱其為「金端竭丹」。

[111] 從〈勅新羅王金興光書（1）〉末尾「初秋尚熱，卿及首領百姓已下，並平安乎？今有答信物及別寄少信物，並付金信忠，至宜領取」一句可知，金信忠一行於初秋離開唐朝。

[112] 張九齡，〈勅新羅王金興光書（2）〉，《全唐文》卷 285。根據詔書末尾「春暮已暄」一句可

兩次新羅遣唐使入朝。

綜合上文的分析，我們得知 735 年新羅使三次入唐。第一次是 735 年正月的「賀正使」金義忠和金榮，金榮 2 月 17 日死於唐朝，金義忠持詔書 3 月離唐返國。[113]玄宗詔書中有「賀正使金義質及祖榮相次永逝」云云，金榮確定是死於唐土的，所以《三國史記》、《冊府元龜》提及的「金榮」與「祖榮」指向同一人的可能性很高。但金義忠回新羅後，737 年成為「中侍」，死於 740 年，[114]可知金義質和金義忠是不同的人。

735 年第二次的新羅遣唐使，是張九齡〈勅新羅王金興光書（2）〉「賀正謝恩兩使續至」之句中的「謝恩使」。勅詔中說，「賀正使」金義質和祖榮死於唐土，朕十分悲痛而追贈官職，近期朕接納了金思蘭的上表，知曉新羅聖德王在浿江加強軍事部署以牽制渤海，深感策略高明。從詔書的記述順序與內容來看，金義質和祖榮的身份是「賀正使」，呈上表文的金思蘭應是「謝恩使」，而且可推知金思蘭在「賀正使」金義質、祖榮入朝後不久亦入唐之事實。我們搞不明金思蘭朝唐謝恩的原因為何，其入朝時期，明顯在「賀正使」金義忠等入唐的正月和詔書寫成的 3 月下旬之間。金思蘭持關於在浿江駐屯新羅軍隊的上表文入唐，「賀正使」金義忠捧答書回國，由此猜測金思蘭未有立即回國，而留在唐朝。

735 年第三次的新羅遣唐使，是聖德王從弟「大阿飡」金相一行。金相的入唐時間就是前文所講的 11 月、閏 11 月、或 12 月，史料記錄上有些許差別。像這樣，關於同一事件發生時間的記載，有一兩個月的差異，是由於敘述角度之不同而造成的。記為 12 月的《舊唐書》卷 8〈玄宗本紀〉與《冊府元龜》卷 971〈外臣部・朝貢（4）條〉，所指的是遣唐使一行的入朝呈獻方物的時間；錄為 11 月、閏 11 月的《唐會要》卷 95〈新羅傳〉與《冊府元龜》卷 975〈外臣部・褒異（2）條〉，將重心放在遣唐使首領金（忠）相之死，以及唐帝追贈「衛尉卿」之官職上。因而，互異的兩種記錄可理解為，金相在入唐途中的（閏）11 月死亡，使團於 12 月入朝。另外，《三國史記》卷 9〈新羅本紀〉將這次遣使記為聖德王 35

知其作於 3 月下旬。

[113] 張九齡，〈勅新羅王金興光書（2）〉，《全唐文》卷 285。

[114] 《三國史記》卷 9，孝成王 3 年正月。

年（736）11 月，產生一年之差別。但是，將《三國史記》卷 9〈新羅本紀・聖德王 35 年 11 月條〉的記述「遣從弟大阿飡金相朝唐，死於路，帝深悼之，贈衛尉卿」，與《冊府元龜》卷 975〈外臣部・褒異（2）・開元 23 年閏 11 月條〉的記載「遣從弟大阿飡金相來朝，死於路，帝深悼之，贈衛尉卿」相對照來看，《冊府元龜》的「來朝」和《三國史記》的「朝唐」指向同一事實，所以《三國史記》援引的是《冊府元龜》，《冊府元龜》裡金相死於 735 年的記錄是無誤的。

736 年 6 月，新羅遣使入唐賀正，並向唐帝表達對於將浿江以南土地賜予新羅的謝恩之意。[115]但「賀正使」6 月入唐令人匪夷所思，如果注意明刊本《冊府元龜》中「遣使賀獻表」之句的記錄，也有學者認為這次的遣唐使非「賀正使」。[116]但是作為《冊府元龜》最早版本的宋刊本裡分明寫著「遣使賀正獻表」，所以稱「賀正使」亦無錯。聖德王時代最後一次的遣唐使，是聖德王逝世的 737 年 2 月入唐的賀正使「沙飡」金抱質，使命達成後，他於這年 10 月回到新羅。[117]

（二）孝成王至惠恭王時期

737 年 2 月，聖德王病逝，金承慶即位，史稱孝成王。孝成王遣「告哀使」於 737 年 12 月入唐，稟報聖德王去世和自身即位的消息。唐玄宗悲傷萬分，派「贊善大夫攝鴻臚少卿」邢璹與副使「率府兵曹參軍」楊季膺赴新羅，追贈聖德王為「太子太保」，冊封孝成王為「開府儀同三司新羅王」。[118]按《三國史記》卷 9〈新羅本紀・孝成王 2 年 2 月條〉的內容，邢璹一行於 738 年 2 月到達新羅，那麼孝成王的「告哀使」這時當與唐使邢璹一行歸國。

以「冊封使」身份來到新羅的邢璹，向孝成王送上了《道德經》等

---

[115]《三國史記》卷 8，聖德王 35 年 6 月；《冊府元龜》卷 971，〈外臣部　朝貢（4），開元 24 年 6 月〉。

[116]末松保和，〈新羅の郡縣制　特にその完成期の二三問題〉，《學習院大學文學部研究紀要》21，1975，pp.65~81。

[117]《三國史記》卷 9，孝成王元年 10 月。

[118]《唐會要》卷 95，新羅；《冊府元龜》卷 964，〈外臣部　封冊〉。

中國典籍，[119]並在新羅教授儒學，一直住到第二年正月回國。孝成王於739年正月贈邢璹黃金30兩、布50匹、人參100根，[120]作為送別禮物。

孝成王遣告哀使不久後，又派大臣金元玄於738年3月入唐賀正。此後約四年時間，韓國史料中沒有關於新羅遣唐使的記錄。但據《冊府元龜》卷971〈外臣部・朝貢（4）條〉稱，742年5月新羅使臣入唐朝貢，孝成王死於742年5月，那麼這次的使行，應該是孝成王去世前所派的最後一次遣唐使。

742年5月，孝成王的弟弟憲英繼位，即景德王。唐玄宗於翌年5月派「贊善大夫」魏曜入新羅弔唁，冊封景德王為「開府儀同三司、使持節大都督、雞林州諸軍事兼充持節寧海軍使、新羅王」。景德王即位與唐的冊封有1年間隔，大概景德王即位之後，新羅唐朝才派遣了「告哀使」，但沒有具體相關記載。

744年閏2月，景德王遣使賀正並獻方物。但據《冊府元龜》卷975〈外臣部・褒異（2）條〉載，在此之前不久的天寶2年（743）12月乙巳，景德王已經遣弟入唐賀正，唐玄宗授其「左清道率府員外長史」之職，並賜綠袍、銀帶等。《三國史記》卷9〈新羅本紀・景德王2年（743）12月條〉照抄了《冊府元龜》，但《冊府元龜》的紀年是錯誤的。首先，天寶2年十二月初一是「丙寅」，而非其所寫的「乙巳」，而《唐會要》卷95〈新羅傳〉與《冊府元龜》卷971〈外臣部・朝貢（4）條〉，將此事分別收入天寶3年（744）10月和12月的記事中。於是可知，《冊府元龜》卷975〈外臣部・褒異（2）條〉裡天寶2年（743）12月乙巳「景德王遣弟入唐賀正」，和《三國史記》卷9〈新羅本紀〉所載的景德王2年（743）12月「遣王弟入唐賀正」，應該以《唐會要》卷95〈新羅傳〉與《冊府元龜》卷971〈外臣部・朝貢（4）條〉為準，發生在744年天寶3年（744）10月或12月。[121]

---

[119] 《三國史記》卷9，孝成王2年4月；《三國遺事》卷2，〈景德王・忠談師・表訓大德〉。記載於《三國遺事》卷2〈景德王・忠談師・表訓大德條〉中的「德經等，大王備禮受之」一事，根據前文判斷，應該發生在孝成王時期。

[120] 《三國史記》卷9，孝成王3年。

[121] 石井正敏，〈張九齡作「勅渤海王大武藝書」について〉，《朝鮮學報》112，1982，pp.100-101。

744 年 4 月新羅使臣入唐，進貢了馬匹與寶物，[122]《唐會要》卷 95〈新羅傳〉記為「入唐謝恩，進貢方物」，但因何謝恩沒有說明。744 年 10 或 12 月，有前面提到的景德王之弟入唐賀正，玄宗贈官、賜物。接著 745 年 4 月，又有新羅使節朝貢。746 年 2 月與 747 年正月，新羅各遣「賀正使」一次，748 年亦遣使朝貢，向唐朝進呈了金、銀、60 匹總布、魚牙綢、朝霞綢、牛黃、頭髮、人參等。[123]

此後至 755 年為止，韓國與中國的資料中未見有關新羅遣使入唐的記錄，但據《續日本紀》卷 19〈天平勝寶 6 年（754）正月條〉寫道，日本遣唐「副使」大伴宿禰古麻呂回國覆命時稱：「大唐天寶十二載（753），歲在癸巳。正月朔癸卯，百官、諸蕃朝賀。天子於蓬萊宮含元殿受朝。是日，以我，次西畔第二吐蕃下，以新羅使，次東畔第一大食國上。古麻呂論曰：『自古至今，新羅之朝貢大日本國久矣。而今列東畔上，我反在其下，義不合得。』時將軍吳懷實見知古麻呂不肯色，即引新羅使，次西畔第二吐蕃下，以日本使次，東畔第一大食國上。」

雖然一些學者對《續日本紀》以上內容持否定態度，[124]但我們也不能否認大伴宿禰古麻呂上奏中的爭座事件沒有發生過，因為 753 年正月新羅使臣出席唐朝新年賀正儀式是合乎常理的。為在 753 年正月入朝，新羅「賀正使」須在前一年秋季從本國出發，那麼他們應於 752 年秋季離開新羅，於翌年正月參加了在唐大明宮含元殿舉行的賀正式。[125]

---

[122]《冊府元龜》卷 971，〈外臣部　朝貢（4），天寶 3 年 4 月〉；《三國史記》卷 9，景德王 3 年 4 月。

[123]《唐會要》卷 95，新羅。

[124]卞麟錫，〈唐代外國使爭長의　研究——〈續日本紀〉所載의　所謂　古麻呂抗議에 대하여〉，《亞細亞研究》10-4（通卷 28），1967，pp.129-145；〈唐代　外國使의　爭長事例를　통해　본　古麻呂抗議의　再論——〈續日本紀〉關係史料의　批判을　中心으로〉，《東洋史學研究》26，1987，pp.45-70；〈含元殿에　얽힌　唐代史研究　二例의　新釋〉，《釜山史學》16，1989，pp.59-81；山尾幸久，〈百濟三書と日本書紀〉，《朝鮮史研究會論文集》15，1978，pp.32-33；〈遣唐使史料로　본　古代　韓・日關係史〉，《季刊京鄉——思想과　政策》vol.2-1，1984，pp.136-139。

[125]三上次男，〈韓半島出土の唐代陶磁とその史的意義〉，《朝鮮學報》87，1978，p.33。

圖 1-3　含元殿遺址（中國陝西省西安市）

之後的 755 年 4 月，新羅遣使入唐賀正。這年 11 月，安史之亂爆發，12 月叛軍攻陷洛陽，第二年 6 月進入長安的關門潼關，唐玄宗逃往四川。756 年 7 月玄宗到達成都，8 月將皇位讓給太子李亨，757 年 9 月郭子儀光復長安，玄宗於 10 月丁卯（23 日）離開成都，12 月丁未（4 日）回到長安。[126]

新羅不顧唐朝政局的混亂，仍舊遣使朝唐。依《三國史記》卷 9〈新羅本紀・景德王 15 年（756）2 月條〉之記載，新羅得知玄宗避身蜀地的消息，即派使臣溯長江而上、入成都朝貢，玄宗稱讚新羅王歲修朝貢、克踐禮樂名義，親撰「五言十韻詩」賜之。《新唐書》卷 220〈東夷傳・新羅條〉載，新羅使臣至成都，正月受玄宗接見，此正月必是 757 年。因此《三國史記》所載在蜀地領受玄宗賜詩的新羅遣唐使不是在 756 年，而是於 757 年正月或 2 月入成都賀正。[127]

---

[126] 《舊唐書》卷 9，玄宗天寶 14 年。

[127] 河內春人，〈東アジアにおける安史の亂の影響と新羅征討計畫〉，《日本歷史》561，1995，p19。

757年安祿山死後，史思明繼續擾亂中原，其間的758年8月，新羅遣使入唐朝貢。[128]史思明之亂被平定的761年2月，金嶷入唐宿衛。這一事實只記錄在《資治通鑑》卷222〈唐紀・肅宗紀〉中，原文「新羅王金嶷入朝，因請宿衛」中，稱金嶷為新羅王，但是當時景德王的名字為金憲英，金嶷當是新羅王所遣之使。

762年4月唐肅宗病逝，代宗即位，9月新羅使臣入唐，[129]使命為弔唁肅宗駕崩和祝賀新皇登基。第二年4月，新羅又遣使朝貢，唐朝授予他們「檢校禮部尚書」等官職。[130]

景德王於764年亦遣使入唐。《續日本紀》卷25〈天平寶字8年(764)7月甲寅條〉載，唐朝敕使韓朝采曾從渤海送日本僧戒融回國，這次出訪日本的新羅使臣「大奈麻」金才伯受韓朝采之委託，詢問戒融是否已歸鄉，因為沒有收到戒融的平安報信。原文有「其朝采者，上道在於新羅西津，本國謝恩使蘇判金容為取大宰報牒，寄附朝采，在京未發」一句，可以解釋為唐使韓朝采此刻身在新羅西海沿岸，準備回唐朝；新羅派遣即將入唐的謝恩使「蘇判」金容，收到了日本大宰府關於查找戒融和尚下落的答信，目前在新羅首都慶州，將轉給韓朝采。通過分析可知，謝恩使「蘇判」金容要將金才伯從日本大宰府帶來的答信，轉給韓朝采，也當與韓朝采一起赴唐。去了日本的金才伯何時回到新羅，在文獻中沒有明確記錄，但從《續日本紀》將金才伯的赴日和日本大宰府給新羅執事省答覆一事，一起敘述來看，金才伯應該並未在日本逗留過久，而是拿到大宰府的回信後，便立即回新羅了。那麼，「謝恩使」金容最遲也於764年從新羅出發。唐使韓朝采具體因為何事來到新羅，新羅為何派遣「謝恩使」，兩者有何關聯，都不得而知。[131]

765年4月，景德王最後一次遣使如唐，唐代宗封使節為「檢校禮部

---

[128]《三國史記》卷9，景德王17年8月；《冊府元龜》卷976，〈外臣部　褒異(3)，乾元元年8月丁卯〉。

[129]《三國史記》卷9，景德王21年9月；《冊府元龜》卷972，〈外臣部　朝貢(5)，寶應元年9月〉。

[130]《三國史記》卷9，景德王22年4月；《唐會要》卷95，新羅。

[131]濱田耕策，〈留唐學僧戒融の日本歸國をめぐる渤海と新羅〉，《日本古代の傳承と東アジア》，佐伯有清先生古稀記念會，1995，pp.420-421。

尚書」。[132]但據《冊府元龜》卷 976〈外臣部・褒異（3）條〉的記載，永泰 2 年（766）4 月 26 日新羅王金憲英遣使朝貢，接受「檢校禮部尚書」之職。然而，景德王金憲英 765 年 6 月就已經死去，於是《三國史記》卷 9〈新羅本紀〉將其收錄在〈景德王 24 年（765）4 月條〉中，與《冊府元龜》紀事，有一年之誤差。

765 年 6 月，景德王病逝，惠恭王金乾運即位，但是他並未像從前那樣立即遣使，而是在兩年後的 767 年 7 月派金隱居入唐，向唐朝告稟景德王去世與自身即位的消息，並懇求冊封。[133]唐代宗在紫宸殿接見了金隱居，並按照新羅王的請求，於次年派遣「倉部郎中兼御史中丞」歸崇敬、「監察御史」陸珽、顧愔等入新羅，冊封惠恭王為「開府儀同三司新羅王」，並冊封惠恭王之母滿月夫人為王太妃。根據常袞代作的〈冊新羅王金乾運文〉[134]與唐代宗親撰的〈冊新羅王太妃文〉[135]，唐代宗對於惠恭王的冊封詔令公佈於大曆 3 年（768）正月廿八日，對於新羅太妃的冊封詔令公佈於同年 2 月 10 日。[136]按理說，歸崇敬一行應在以上日期後不久從唐出發，在 768 年夏季便可到達新羅，下達皇帝的聖旨。但根據史料，金隱居與唐使歸崇敬並未馬上動身，而是在唐停留了一段時間。依照《冊府元龜》卷 110〈帝王部・宴享（2）條〉與同書卷 976〈外臣部・褒異（3）條〉大曆 3 年（768）5 月 23 日這天的記錄，唐代宗在紫宸殿宴請新羅與回紇使臣，有可能是歡迎宴，抑或為餞別宴，當時沒有新羅使臣入朝記錄，那又是為誰舉行的餞別宴呢？

《續日本紀》為這場宴會主人公的考證提供了線索，《續日本紀》卷 30〈寶龜元年 3 月丁卯條〉有關於任命金隱居為宿衛王子的記述。「宿衛」指在唐朝滯留一段時間作唐帝之侍衛，因而猜測金隱居入唐後並未馬上歸國，但也沒有長期居留。據《三國史記》卷 9「新羅本紀」載，金隱居

---

[132] 《三國史記》卷 9，景德王 24 年 4 月。

[133] 《三國史記》卷 9，惠恭王 3 年 7 月；《舊唐書》卷 199，新羅；《冊府元龜》卷 972，〈外臣部　朝貢（5）〉；同書卷 965，〈外臣部　冊封（3）〉。

[134] 常袞，〈冊新羅王金乾運文〉，《全唐文》卷 415。

[135] 唐代宗，〈冊新羅王太妃文〉，《全唐文》卷 45。

[136] 《舊唐書》卷 11〈代宗本紀〉和《冊府元龜》卷 976〈外臣部・褒異（3）條〉都將冊封新羅王母之事，記錄為大曆 3 年正月甲子（19 日），與《全唐文》有異。

於惠恭王 4 年（768）10 月被任命為新羅「侍中」，所以他在 768 年 10 月以前就回到新羅，最遲於三、四個月之前就要離開唐朝。金隱居離唐之前，按照慣例，唐帝要為其舉行餞別宴會，大概就是大曆 3 年（768）5 月 23 日的這次。

768 年 6 月還有個閏月，如果金隱居在宴會之後離開長安，並順利返鄉的話，他當於 5 月末或 6 月初離開長安，約三個月後到達新羅，即是 7 月末或 8 月初，所以能在 10 月被任命為「侍中」。金隱居歸國之際，受 752 年入唐並一直滯留的日本遣唐大使藤原朝臣河清與學生朝衡之託，攜帶了他們寫給日本親屬的書信，於第二年新羅派金初貞等使臣赴日時作了轉達。[137]

768 年唐使歸崇敬赴新羅下達皇帝聖旨，冊封了新羅王及王母，惠恭王於當年 9 月遣使謝恩。[138]此時的新羅國內，「一吉湌」大恭和「阿湌」大廉兄弟倆發動叛亂，包圍王宮 33 天後被鎮壓。770 年，「大阿湌」金融又發動兵變，後被平定，新羅局勢極度混亂。《新唐書》卷 220〈東夷傳・新羅條〉稱「會其宰相爭權相攻，國大亂，三歲乃定」，指由大恭之亂引發的各種反叛，至三年後的 771 年才被最終平息。

由於新羅國內政局的不安，遣唐使派遣一時中斷至 772 年才得以恢復。《三國史記》卷 9〈新羅本紀・惠恭王 8 年條〉載，772 年正月，「伊湌」金標石入唐賀正，唐代宗賜其「衛尉員外少卿」之職。同時，《冊府元龜》卷 972〈外臣部・朝貢（3）條〉與同書卷 976「外臣部・褒異（3）條〉，將這條內容收錄在 5 月的記載中。造成差異的原因也是編纂者角度的不同所致，《三國史記》以金標石從新羅出發的日期為準，而《冊府元龜》以入朝時間為中心。

773 年 4 月和 6 月，新羅兩次遣使入唐。4 月的是「賀正使」，進貢了金、銀、牛黃、魚牙紬、朝霞紬等特產。6 月的是「謝恩使」，唐代宗在大明宮延英殿接見了他們。據《續日本紀》卷 33〈寶龜 5 年（774）3 月條〉的內容，新羅禮部卿「沙湌」金三玄等捎帶在唐朝滯留的日本遣

---

137 《續日本紀》卷 30，寶龜元年 3 月丁卯。

138 《三國史記》卷 9，惠恭王 4 年 9 月；《冊府元龜》卷 972，〈外臣部　朝貢（5），大曆 3 年 9 月〉。

唐大使藤原朝臣河清之書信，於這年 3 月癸卯到達日本大宰府。這封家書一定是新羅使節在唐朝與藤原朝臣河清見面，受其委託，帶回新羅後又轉交給金三玄。那麼，最先在唐朝拿到書信的新羅遣唐使，最晚應於 773 年末或 774 年初回到新羅。與之最近日期返鄉的新羅遣唐使，就是 773 年 6 月入唐的「謝恩使」，他們在唐朝遇見了藤原朝臣河清。

《舊唐書》卷 199〈東夷傳・新羅條〉稱，從大曆 9 年（774）開始至大曆 12 年（777），新羅每年遣使朝貢，還有一年兩回的情況。新羅惠恭王於 774 年以後頻繁派遣使節，774 年有 4 月和 10 月兩次新羅遣唐使入朝。10 月的「賀正使」在延英殿接受唐帝召見，他們於 11 月 17 日歸國，使團大使領受皇帝所賜「衛尉員外郎」之職。[139]775 年有正月與 6 月兩次新羅使臣入唐，776 年 7 月與 10 月也有兩次。《冊府元龜》卷 972〈外臣部・朝貢（5）・大曆 12 年（777）12 月條〉所載的朝貢使團，應是惠恭王時代最後的遣唐使。

二、新羅下代的遣唐使

（一）宣德王至興德王時期

780 年 4 月，惠恭王死於金志貞的叛亂中，新羅奈勿王十世孫金良相繼位，即宣德王，持續 155 年的「新羅下代」拉開了序幕。金良相是 732 年接替金忠臣作宿衛入唐，並客死唐朝的金孝芳之子，其在即位後第二年的 782 年閏正月初次遣使如唐。但不知何原因，這次遣唐使並沒有向唐朝彙報前王惠恭王的死訊和新王宣德王繼位的事實。《冊府元龜》卷 962〈外臣部・封冊（3）條〉載：「先是建中四年，新羅王金乾運卒，無子。國人立其上相金良相為王」，則知，唐朝認為惠恭王之死和宣德王繼位的時間是建中 4 年，即 783 年，而唐朝於 785 年才冊封宣德王。從這點來看，宣德王初次派遣的遣唐使並未向唐告知惠恭王亡故與自身即位的情況。

在這之後，新羅於 784 年遣「韓粲」金讓恭入唐，「元寂禪師」道義

139《冊府元龜》卷 976，〈外臣部　褒異（3），大曆 9 年〉；《三國史記》卷 9，惠恭王 10 年。

隨行，[140]宣德王應是通過金讓恭向唐朝公開自己繼位之事實並請求冊封。於是，唐德宗在翌年正月或2月，命「戶部郎中」蓋塤與「秘書丞」孟昌源等入新羅，冊封宣德王為「檢校太尉、使持節大都督、雞林州刺史、寧海軍使、新羅王」。[141]但是，當唐「冊封使」還未抵達新羅的785年正月十三日，宣德王便去世了，元聖王金敬信即位，唐朝賜與宣德王的官爵由元聖王承襲。

接替宣德王的元聖王於786年4月遣金元全入唐進貢方物，[142]從時間上看，金元全當是對前年唐朝的冊封表達謝意的「謝恩使」，唐德宗隨即頒佈詔書激勵元聖王，並賜予新羅王、王妃以及臣宰們絲綢、衣物等。從收錄在《三國史記》卷10〈新羅本紀・元聖王2年4月條〉的唐德宗詔書中，「夏中盛熱，卿比平安好，宰相已下並存問之」之句來判辯，此詔書寫成於786年的一個5、6月份的夏季，這樣推斷金元全在這年夏季得到唐德宗的聖旨，離唐歸國。

之後，元聖王於789年遣金俊邕入唐，翌年又派金彥昇入唐。[143]這些遣唐使完成使命返國後，都被授予「大阿飡」的官等。金俊邕在被派遣的第二年即790年，從「波珍飡」升為宰相，金彥昇因鎮壓新羅791年正月的「弟恭之亂」之功勞，被升為「迊飡」。於是可知，他們都未在唐朝作過多停留，而立即回國。

接著，元聖王於792年7月又遣使入唐，進貢了身體散發香氣的新羅第一美女金井蘭。[144]《三國遺事》卷2〈元聖大王條〉記載道，元聖王時期遣唐使「迊干」某人入唐時，隨行有一小沙彌妙正，身上有顆發揮魔力的神奇寶珠，使他受到眾人寵愛，遣唐使將妙正獻給唐帝後亦受寵愛。而當寶珠被唐帝奪走後，無人再愛此沙彌。有韓國學者認為，這個傳說裡的沙彌妙正與美女金井蘭是同一人，因而當時的遣唐使是官等為「迊干」的某人物。

---

140 《祖堂集》卷17，雪嶽陳田寺元寂禪師傳。

141 《三國史記》卷9，宣德王6年；《舊唐書》卷12，德宗貞元元年2月；同書卷199，新羅；《新唐書》卷220，新羅；《唐會要》卷95，新羅；《冊府元龜》卷965，〈外臣部 封冊(3)〉。

142 《三國史記》卷10，元聖王2年4月。

143 《三國史記》卷10，昭聖王即位年；同書卷10，憲德王即位年。

144 《三國史記》卷10，元聖王8年7月。

從這以後，至元聖王去世的 798 年為止，再也沒有遣唐使的相關記錄，但是我們也不能認為在這期間，新羅遣唐使的派遣完全中斷了。據《三國遺事》卷 2〈元聖大王條〉的內容，795 年有唐朝使臣來新羅滯留了一個月，這一事實暗示了新羅遣唐使與唐使互往的可能性，但因沒有明確記載，所以本書不作收錄。

798 年 12 月 29 日元聖王去世，第二年金俊邕即位，史稱昭聖王。他於這年 7 月遣使向唐進貢九尺長的人參，唐德宗認為這不是人參而不接受。[145]這次的使臣是昭聖王初派的遣唐使，根據翌年唐朝命韋丹入新羅冊封的記錄可知，這次遣唐使的任務是向唐稟告元聖王去世和昭聖王繼位的國內情形。「冊封使」韋丹出發之前，權德輿寫了〈奉送韋中丞使新羅序〉一文，其中有「訃終請嗣，禮之重者，宜乎儒冠智囊，弔祠臨存，佩二印捧三冊」之句，[146]可推斷 798 年的新羅遣唐使為「告哀使」。得知新羅王位交替的唐朝，於 799 年 4 月頒佈了冊封金俊邕為「開府儀同三司、檢校太尉、新羅王」的詔敕，並派「司封郎中兼御史中丞」韋丹為「弔慰兼冊封使」出訪新羅。[147]但是這年 6 月，昭聖王就去世了，韋丹只走到鄆州便返回。

接替昭聖王的哀莊王，於 804 年初次遣使如唐。《冊府元龜》卷 972〈外臣部・朝貢（5）・貞元 20 年（804）11 月條〉裡的新羅使臣，指的就是這次遣唐使。另外，〈雙溪寺真鑒禪師塔碑銘〉裡的「真鑒禪師」慧昭曾作為 804 年新羅「歲貢使」的「船工」而入唐。「歲貢使」指的是每年向中國進貢的蕃國使臣，在這篇碑文中，「歲貢使」又被稱作「國使」，可證明其與《冊府元龜》所載的貞元 20 年 11 月的新羅遣唐使為同一使團。從唐朝於翌年 2 月，派遣「兵部郎中兼御史大夫」元季方入新羅，傳達唐德宗駕崩的消息，並冊封哀莊王、王太妃與王妃來看，804 年的遣唐使又有請求冊封的使命。[148]同時從入唐時間判斷，其又兼具「賀正使」的性質。

---

145 《三國史記》卷 10，昭聖王元年 7 月。

146 權德輿，〈奉送韋中丞使臣羅序〉，《全唐文》卷 491。

147 《三國史記》卷 10，哀莊王即位年；《舊唐書》卷 13，德宗本紀；《資治通鑑》卷 235，德宗紀；《冊府元龜》卷 965，〈外臣部　封冊（3）〉。

148 《三國史記》卷 10，哀莊王 6 年；《舊唐書》卷 14，文宗本紀；《冊府元龜》卷 976，〈外臣部　褒異（3）〉；同書卷 965，〈外臣部　封冊（3），貞元 21 年 2 月戊辰〉。

從元季方那裡得到唐德宗駕崩的訊息後，新羅並未立即遣使入唐，而是拖至 806 年 8 月才派使臣向唐進貢方物。[149]這次的遣唐使，大概是對前年唐朝派元季方赴新羅冊封新羅王、王妃與王太妃表達感謝之情的「謝恩使」，又是對唐德宗的駕崩進行悼念的「弔問使」，兼慶祝唐憲宗即位的「慶賀使」。唐朝於 806 年 11 月賜予新羅宿衛王子金獻忠「試秘書監」之官職，並放其還國。[150]在時間上，金獻忠與 8 月的遣唐使一起歸國的可能性很大，也就是說，806 年 8 月入唐的遣唐使於 11 月離唐歸國。這年 12 月 27 日又有新羅使臣如唐，[151]當為「賀正使」。

哀莊王於 808 年 2 月遣金力奇赴唐，[152]本年 7 月間入朝。由於 800 年唐朝派韋丹冊封昭聖王，而因昭聖王之死，韋丹中途返回，金力奇這次入唐之目的就是表達對冊封昭聖王的感謝，以及懇求取回對昭聖王、王太妃及王妃的冊封聖旨。[153]唐帝允諾，於 10 月 1 日下賜哀莊王的叔父金彥昇與弟弟金仲（忠）恭等人門戟。[154]金力奇回國後，哀莊王於第二年 809 年 7 月派「大阿飡」金陸珍入唐謝恩，並進貢方物。

哀莊王被弒害後，金彥昇成為歷史上的憲德王。《三國史記》卷 10「新羅本紀」載，憲德王即位後的 809 年 8 月，派「阿飡」金昌南入唐彙報哀莊王之死訊，唐憲宗遣「職方員外郎攝御史中丞」崔廷與新羅質子金士信一同赴新羅弔唁哀莊王，並冊封金彥昇為「開府儀同三司、檢校太尉、持節大都督、雞林州諸軍事兼持節充寧海軍使、上柱國、新羅王」，又冊封王妃，賜予「大宰相」金崇斌等三人門戟。但中國文獻卻一致記錄的是，三年後的 812 年 4 月，金彥昇派金昌南向唐傳達哀莊王的死訊，6 或 7 月，唐朝遣崔廷與金士信等赴新羅冊封金彥昇為「新羅王」。[155]

---

149 《新唐書》卷 201〈元萬頃傳〉中有「新羅聞中國喪，不時遣供饋乏，季方正色責之，閉門絕食待死，夷人悔謝，結歡乃還」之句，可見新羅沒有馬上派遣弔問使。

150 《三國史記》卷 10，哀莊王 7 年；《舊唐書》卷 199，新羅；《唐會要》卷 95，新羅；《冊府元龜》卷 976，〈外臣部　褒異（3）〉；同書卷 996，〈外臣部　納質〉。

151 《舊唐書》卷 14，憲宗元和元年 12 月。

152 《三國史記》卷 10，哀莊王 9 年 2 月。

153 《舊唐書》卷 199，新羅；《唐會要》卷 95，新羅；《新唐書》卷 220，新羅。

154 《冊府元龜》卷 976，〈外臣部　褒異（3）〉。

155 《舊唐書》卷 15，憲宗元和 7 年；同書卷 199，新羅；《新唐書》卷 220，新羅；《唐會要》卷 95，新羅；《冊府元龜》卷 972，〈外臣部　朝貢（5）〉；同書卷 976，〈外臣部　褒異（3）〉。

圖 1-4　金陸珍撰〈鍪藏寺阿彌陀如來造像事蹟碑〉殘片

《舊唐書》等中國文獻以唐冊封憲德王的時間為基準，記為 812 年 6 月或 7 月，金昌南分明在此之前已入唐。但《三國史記》卷 10〈新羅本紀〉中，將金昌南的入唐時間追溯到三年前的 809 年 8 月也令人懷疑。810 年 10 月入唐的金憲章歸國時，持有唐憲宗的〈勅新羅王金重熙書〉，裡面稱讚一年前死亡的哀莊王道：「卿日方貴族，累葉雄材，秉忠孝以入身，資信義而為國」[156]，從末尾「冬寒卿比平安乎」之句來看，詔書寫成於金憲章入朝的 810 年 10 月之後的冬季，即 810 年 11 月或 12 月。那麼在這之前，唐朝不知道哀莊王已遇害，因此《三國史記》卷 10 所載的金昌南，比金憲章約早了一年入唐報告哀莊王的死訊，是說不通的。

[156] 白居易，〈勅新羅王金重熙書〉，《白氏長慶集》卷 56，翰林制詔（3）；《全唐文》卷 665。

將以上文獻記錄重新梳理一下，我們可以認為，809 年金彥昇殺死哀莊王而繼位，他無法立即向唐朝親自稟告自己作新羅王之事實，所以 810 年 10 月用哀莊王之名，遣王子金憲章入唐弔問唐順宗的駕崩，並獻上金銀與佛像等物，來討唐之歡心。在試探過唐朝的意思後，於 812 年，才派金昌南彙報哀莊王之死訊和自身即位的事實，並請求冊封。唐朝於同年 6 或 7 月，派崔廷等赴新羅冊封金彥昇為「新羅王」。如若以上推論妥當的話，《三國史記》卷 10 所錄 809 年 8 月的金昌南一行，當是 812 年的遣唐使。

因此，憲德王時期最初的遣唐使，應是 810 年 10 月如唐的金憲章。金憲章隱瞞了金彥昇弒害哀莊王、以武力獲得王權的真相。僧人沖虛等隨行入唐，向唐憲宗獻上了佛像、佛經，並悼念唐順宗的駕崩，進貢了方物。[157]他們於這年冬季離唐歸國，持有不知哀莊王已死的唐憲宗下賜給哀莊王的詔書與信物。[158]金憲章與撰寫〈斷俗寺神行禪師塔碑銘〉的「衛尉卿、國相、兵部令兼修城府令、伊干」金獻貞是同一人物的可能性很大，[159]那麼可知，當時他從唐朝獲得了「衛尉卿」的官職。

繼金憲章之後的遣唐使，便是前文所提到的「伊飡」金昌南。他們一行 54 人於 812 年 4 月入朝賀正，直到這時才向唐朝稟報了哀莊王的死訊。《三國史節要》卷 13〈哀莊王 10 年條〉稱「遣伊飡金昌南等，告哀於唐，辭以病薨，且請承襲」，憲德王隱瞞了殺害哀莊王之事實，而向唐謊報哀莊王是病死的。總之，唐朝於當年 6 或 7 月頒佈了冊封金彥昇與王妃的聖旨，並派崔廷與金士信赴新羅下達冊命。[160]在冊封憲德王的同時，又賜給「上大等」金崇斌等門戟。815 年正月，新羅再次遣使如唐，唐憲宗接見並宴請了他們，共同出席宴會的還有南詔使臣。[161]從時間上

---

[157] 《三國史記》卷 10，憲德王 2 年 10 月；《舊唐書》卷 199，新羅；《唐會要》卷 49；同書卷 95，新羅；《冊府元龜》卷 972，〈外臣部　朝貢（5），元和 5 年 10 月〉。

[158] 白居易，〈勅新羅王金重熙書〉，《白氏長慶集》卷 56，翰林制詔（3）；《全唐文》卷 665。

[159] 李基東，〈新羅下代王位繼承과　政治過程〉，《歷史學報》85，1980；《新羅骨品制社會와　花郎徒》，一潮閣，1984，pp.165-166。

[160] 《冊府元龜》卷 976〈外臣部・褒異（3）條〉記載，當時唐朝賜給新羅質者「試衛尉少卿」金沔「試光祿少卿」的官職，任命其為「弔祭冊立副使」，與崔稜一起入新羅。金士信與金沔，崔廷與崔稜，是否為同一人物無法判斷。

[161] 《冊府元龜》卷 111，〈帝王部　宴享（3）〉；同書卷 976，〈外臣部　褒異（3）〉。

看，應是「賀正使」。

816 年，憲德王派遣金士信入唐，他之前曾做過唐「冊封使」崔廷的副使。在入唐途中遭遇風暴，使團一行於 11 月漂流至楚州鹽城縣海岸。「淮南節度使」李鄘將事件上報朝廷，[162]大概又將他們護送至長安。但根據《冊府元龜》卷 972〈外臣部・朝貢（5）條〉的內容，金士信漂流至楚州後的第二年 3 月，才有新羅使臣的朝貢記錄。日本承和年間的遣唐使於 838 年 7 月 1 日漂流至唐楚州鹽城縣，經歷千辛萬苦後，於 12 月到達長安。關於這件事，《冊府元龜》卷 972〈外臣部・朝貢（5）條〉記錄為開成 3 年（838）「十二月，日本國遣使朝貢，進真珠絹」。參考這個例子，《冊府元龜》卷 972 所載 817 年 3 月入朝的新羅使臣，指的應該就是漂流至楚州的新羅使臣金士信一行。817 年 3 月入朝的金士信並未馬上歸國，據《冊府元龜》卷 966〈外臣部・納質條〉載，元和 15 年（820），金士信作為唐使副使回國。

817 年新羅遣王子金張廉入唐，他也在途中遭逢暴風漂至明州海岸，在浙東某官的護送下平安到達長安。[163]而《冊府元龜》卷 42〈帝王部・仁慈條〉載，元和 11 年（816）在宿衛王子金長廉的籲請下，唐朝發佈了禁止販賣新羅奴隸的聖旨，金張廉與金長廉為同一人。根據以上記錄，金張廉最晚也於 816 年入唐了。《三國史記》引用的是崔致遠的書狀，稱金張廉 817 年入唐，其年代記錄應當比《冊府元龜》更加準確。在金張廉之後，憲德王於 818 年又遣使入唐，進貢了樂工。[164]

820 年正月，唐憲宗駕崩，唐穆宗登基。按照《冊府元龜》卷 111〈帝王部・宴享（3）條〉與同書卷 976〈外臣部・褒異（3）條〉，元和 15 年（820）2 月庚寅這天的記錄，唐穆宗在麟德殿宴請新羅與渤海朝貢使，這意味著在 820 年 2 月之前，就有新羅遣唐使入朝了。另外，同書卷 996〈外臣部・納質條〉也載，820 年 2 月，新羅質子、「試太子中允」金士信請求作為赴新羅的唐朝敕使之「副使」歸國，唐朝敕使之目的，是為告知憲宗駕崩與穆宗繼位的情況，他們於 2 月後不久便離唐出發，那麼

162 《舊唐書》卷 199，新羅；《唐會要》卷 95，新羅。
163 《三國史記》卷 10，憲德王 9 年 10 月；同書卷 46，崔致遠傳。
164 《三國史節要》卷 13，憲德王 10 年 6 月。

820 年 2 月在麟德殿參席宴會的新羅遣唐使，也當與他們一起回國。

這年 11 或 12 月，新羅遣唐使朝貢，唐穆宗在麟德殿舉行宴會招待了他們。[165]從時間來看，他們應是哀悼憲宗駕崩的「弔問使」，兼慶祝穆宗登極的「慶賀使」。822 年 12 月，金柱弼入唐賀正，翌年正月向唐穆宗上呈書狀，乞請放還被海盜抓去做奴婢的新羅良民，保障他們自由歸國，唐穆宗於是下令禁止買賣新羅奴隸，並頒佈措施，促使被抓至唐朝的新羅人自由回國。

另外依照《三國史記》卷 44〈金陽列傳〉的內容，822 年新羅王子金昕入唐宿衛。崔致遠撰寫的〈聖住寺朗慧和尚塔碑銘〉裡稱金昕為「朝正王子」，「朝正王子」是王子身份的「賀正使」，那麼可推知，金昕與金柱弼同屬於一個遣唐使團。金昕入唐宿衛幾年後請求歸國，唐帝封其為「金紫光祿大夫試太常卿」，回國後憲德王又授其「南原太守」的官職。[166]

825 年 5 月，金昕再次入唐。他籲請放還之前滯留於唐的太學生崔利貞、金叔貞、朴季業等，並肯求新入唐的金允夫、金立之、朴亮之等 12 名學生入學國學，得到唐帝應許。[167]《祖堂集》卷 17〈雙峰和尚道允傳〉載，當時「雙峰和尚」道允隨同入唐。

根據《舊唐書》卷 17〈唐敬宗本紀・寶曆 2 年（826）5 月庚辰（13 日）條〉和《冊府元龜》卷 669〈內臣部・譴責條〉的內容，唐朝使節吐突士昕與武自和從新羅帶回鷹鷂。我們要在下一章詳細說明的是，新羅與唐之間一趟往返大約需要七、八個月的時間，於是這次的唐使最遲應在 825 年秋季從唐出發。但是《冊府元龜》卷 980〈外臣部・通好條〉載，唐敬宗即位之初的 824 或 825 年，應允了金雲卿作為「宣慰副使」回新羅的請求，說明唐朝向新羅派遣了「宣慰使」。那麼，金雲卿所隨從的唐朝「宣慰使」應當就是 826 年 5 月回國並從新羅帶回鷹鷂的使團。按照以上的推測，他們於 825 年秋季由唐出發，同年 5 月入唐的新羅遣唐使金昕當與他們一同返國。

---

[165]《唐會要》卷 86，奴婢。

[166]《三國史記》卷 44，金陽傳；《三國史節要》卷 13 稱，825 年金昕第二次入唐，唐帝賜其「金紫光祿大夫試太常卿」之官職，與其他史料有所差異。

[167]《三國史記》卷 10，憲德王 17 年 5 月；《冊府元龜》卷 999，〈外臣部　請求，寶曆元年 5 月〉。

826 年 10 月，憲德王去世，金景徽登位，史稱興德王，他立即遣使向唐彙報憲德王的辭世與自身即位的事實。據《冊府元龜》卷 976〈外臣部・褒異（3）條〉的記錄，太和元年（827）正月，唐帝在麟德殿為歸國的吐蕃與新羅使臣舉行了宴會，可知新羅使臣於 827 年正月以前入唐。同時依照《三國史記》卷 10〈新羅本紀・興德王 2 年（827）正月條〉，唐文宗得知憲德王去世的消息後當日罷朝，並遣「太子左諭德兼御史中丞」源寂入新羅弔祭，冊封興德王、王母及妃子為新羅王、太妃與王妃。826 年 12 月，王妃章和夫人死後，興德王沒有立過新的王妃。[168]因此，唐朝冊封一事必定發生在章和夫人死前，意味著 826 年 12 月之前唐朝使臣就來到了新羅。

不僅如此，《冊府元龜》卷 999〈外臣部・請求條〉稱，唐敬宗寶曆 2 年（826）12 月，在唐宿衛的金允夫很早就申請做赴新羅的唐朝使團中使之副使歸國，但是沒有得到唐帝的允諾。文獻原文是「新羅質子金允夫請准舊例，中使入蕃，便充副使，同到本國，譯詔書不許，但隨告使充副使」。「告使」是負責完成冊封興德王任務的「告命使」，或是這年 12 月辛丑，下達唐敬宗駕崩消息的「告哀使」。但是後面要講到的是，金允夫曾作為唐朝的「冊封使」入新羅，當時他是「告命使」的副使。於是可以瞭知，唐朝在 826 年 12 月已知曉興德王即位的情況，並組織了奔赴新羅的「告命使」。興德王登位之後遣使入唐，呈報了憲德王逝世與自身即位的訊息，他們於 12 月入朝，並於第二年正月，與唐朝「弔問兼冊封使」源寂等一起離唐回國。

《三國史記》卷 10〈新羅本紀・興德王 2 年（827）3 月條〉記載，入唐求法的高句麗籍僧人丘德攜佛經回到新羅，王與諸寺眾僧出迎。根據《大唐開元禮》，唐朝敕使到達「蕃國」時，蕃國國王必須至郊外親迎。[169]所以 827 年 3 月，興德王出迎的並不只是求法僧丘德，其實真正的對象是唐使。如果這個推論正確的話，證明唐「冊封使」於 827 年 3 月到達新羅，前年入唐的新羅「告哀使」也與他們一起回國。《三國遺事》卷 2

[168] 《三國史記》卷 10，興德王即位年。
[169] 《通典》卷 130，皇帝遣使詣蕃宣勞。

〈興德王鸚鵡條〉中，從唐朝帶回一對鸚鵡的使臣，就是這次遣唐使。

《舊唐書》卷 17〈文宗本紀〉和同書卷 199〈東夷傳・新羅條〉、《唐會要》卷 95〈新羅傳〉、《資治通鑑》卷 244〈唐紀・文宗紀〉、《冊府元龜》卷 965〈外臣部・封冊（3）條〉均稱，太和 5 年（831），唐文宗遣源寂赴新羅冊封興德王、王母及王妃。但是這個記錄有些問題：首先，興德王妃章和夫人 826 年 12 月死後，興德王並未迎立新王妃，所以 831 年冊封王妃與事實不符；其次，開成 2 年（837）12 月，金允夫在向唐帝上呈的表文裡寫道，他早前就作為「宣慰副使」與「冊立副使」兩次回到本國。[170]任命金允夫為「冊立副使」即前面所講 826 年 12 月的「告命使」，他們在 831 年更早之前來到新羅；第三，《舊唐書》卷 168〈馮宿列傳〉載，「冊封使」源寂是於長慶年間（821-824）去的新羅，而中國其他文獻中寫的是太和 5 年（831），在時間上也不相符。從以上幾點可以看出，《舊唐書》卷 17〈文宗本紀〉等文獻所收錄的冊封興德王記事，在年代上有誤，相比之下《三國史記》的內容比較準確。

接下來，興德王於 827 年[171]與翌年 2 月皆遣使朝貢。其中 828 年 2 月的遣唐使，從時間和前後事情上來看，應該是對前年興德王、王母以及王妃冊封表示感謝的「謝恩兼賀正使」。這年 12 月 28 日，也有新羅「賀正使」大廉等人入朝，唐文宗在麟德殿宴請了他們。據《冊府元龜》卷 976〈外臣部・褒異（3）條〉載，赴宴的還有渤海、室韋、契丹、南詔等諸蕃使臣。大廉回新羅時，從唐朝帶回了茶種，興德王將茶葉種在了智異山上。[172]其後，830 年 12 月新羅遣「賀正使」入唐，831 年 2 月金能儒與僧人 9 名入唐。從《三國史記》卷 10〈新羅本紀・興德王 6 年 7 月條〉可知，他們 7 月在歸國途中沉船溺死。[173]接著，831 年 11 月又有新羅使臣入唐。

之後至 836 年為止，沒有新羅遣使的記錄。當時新羅正遭逢嚴重的凶年，各處賊寇興起，大批百姓因疫疾而死，國內局勢十分不穩，而享

170 《冊府元龜》卷 966，〈外臣部　納質〉。
171 《舊唐書》卷 199，新羅。
172 《三國史記》卷 10，興德王 3 年 12 月。
173 《三國史記》卷 10，興德王 6 年 7 月。

受奢侈與安逸生活的風氣彌漫，社會綱紀動搖，興德王於 834 年訂立色服與屋舍制度，試圖重新整頓社會秩序。[174]考慮到當時新羅國內局勢，我們能夠明白這段時間新羅未派出遣唐使的原因了。

836 年正月，興德王遣金義琮為「謝恩使兼宿衛」入唐。唐朝於同年 6 月頒佈詔令，允其留唐，並供給金義琮與一位姓名不詳的宿衛學生衣物與食糧。[175]金義琮一行當於 836 年正月離開新羅，6 月左右入朝。金義琮在唐居住約一年後，於翌年 4 月 11 日離長安，9 月回到新羅武州會津。[176]金義琮入唐時，有求法僧梵日大師隨行，回時有玄昱和尚同行。[177]

836 年 12 月，興德王時代最後的遣唐使入唐。[178]依照《唐會要》卷 36〈附學讀書〉，開成 2 年（837）3 月，新羅向唐申請為此次隨宿衛王子入唐的新羅學生，和在唐留學生共 216 名供應衣服與食糧，並請求將期限已滿的入唐學生放回本國，唐朝頒詔准許對其中七名學生發放補助，並同意放還本國。

從以上記錄來看，唐帝下詔是在 837 年 3 月，新羅使臣提出請求的時間應在 3 月之前。對於七名學生的供給，唐朝的措施標準是「準去年八月勅處分」，即按照去年 836 年 8 月詔敕的標準，說明新羅使臣提出請求的時間上限是 836 年 8 月。836 年 8 月以後 837 年 3 月以前的新羅遣唐使，只有 836 年 12 月的這次，那麼其當與《唐會要》卷 36「附學讀書」所錄的 837 年 3 月入朝使節，屬於同一使團。他們以「宿衛兼賀正使」身份入唐，並向唐帝提出接受新來的新羅留學生，及放還留學期滿學生等請求。

836 年 12 月入唐的宿衛王子到底是誰不甚明瞭，從前年入唐宿衛的金義琮於 837 年 4 月離開唐朝來看，這位王子可能是來接替金義琮的。另外，除宿衛王子之外的使團成員在唐帝下詔的 837 年 3 月以後，大概與 4 月 11 日離開長安的金義琮一同回國。

---

174 李基東，〈新羅興德王代의　政治와　社會〉，《國史館論叢》21，1991，p.97-131。

175 《唐會要》卷 36，附學讀書。

176 《舊唐書》卷 199，新羅；《唐會要》卷 95，新羅；《冊府元龜》卷 966，〈外臣部　納質〉；《祖堂集》卷 17，東國慧目山和尚傳。

177 《祖堂集》卷 17，溟州崛山寺通曉大師傳；同書卷 17，東國慧目山和尚傳。

178 《冊府元龜》卷 972，〈外臣部　朝貢（5），開成元年 12 月〉。

（二）神武王至孝恭王時期

836 年 12 月興德王去世，新羅爆發了激烈的王位爭奪戰，在與金均貞的武力對決中，金悌隆取得勝利登上王位。執政約兩年之後，又在金明的逼迫下自殺，於是金明即位，史稱閔哀王。但閔哀王掌權僅一年，就被金祐徵與金陽借清海鎮張保皋的軍事力量殺害。王權落入金祐徵之手，成為歷史上的神武王。可見興德王死後四、五年間，新羅處於王權紛爭內亂之中，便沒有工夫遣使入唐了。

839 年閏正月即位的神武王，在朝僅有六個月，但也派出了一次遣唐使。載於《三國史記》卷 10〈新羅本紀・神武王元年（839）7 月條〉，[179]神武王通過遣唐使向淄青節度使輸送奴婢，唐文宗得知後，詔令將奴婢返還。

另據〈寶林寺普照禪師塔碑銘〉載，「普照禪師」體澄結束在唐求法生涯，於 840 年 2 月隨「平盧使」歸國。憲康王時期的遣唐使金仁圭被稱為「入淮南使」，真聖王時期的崔藝熙被稱為「入浙使」，同例，「平盧使」是以「平盧」地方為據點往來羅唐之間的使者名稱。「平盧」為唐朝中後期青州的下轄縣，是管理青州、淄州、登州、萊州、齊州五州或淄州、青州、登州、萊州四州的淄青節度使之治所所在地。839 年，向淄青節度使進貢奴婢的新羅遣唐使經淄青節度府去長安，與平盧縣關係密切。他們若於 7 月入朝並在長安居留數月的話，應於翌年 1 或 2 月左右到達新羅。與「普照禪師」體澄同行的「平盧使」於 840 年 2 月到達新羅，可以判定此「平盧使」正是 839 年 7 月入唐的新羅遣唐使。

實際上，神武王在 839 年 7 月以前，就已派過一回遣唐使，依照圓仁的日記《入唐求法巡禮行記》，圓仁於 839 年 6 月 28 日在登州文登縣赤山村法華院，遇見了為祝賀新羅王即位而將赴新羅的唐使「青州兵馬使」吳子陳、崔副使、王判官等 30 餘人。日記裡所稱的「新即位王」，從時間上來看，指這年閏正月登位的神武王。因神武王剛一即位便迅速向唐彙報，所以約五個月後，唐朝便向新羅派遣正式使團，但沒有關於

[179] 《冊府元龜》卷 980〈外臣部・通好條〉將這一事件，收錄在〈開成 3 年（838）7 月條〉中。838 年是神武王即位之前的閔哀王元年，因此 838 年稱「新羅王金祐徵」是有誤的，《冊府元龜》卷 980 的記錄應是開成 4 年（839）7 月之事。

這次遣唐使的明確記錄，因此本書不算入內。

神武王之後的文聖王，也在即位之初遣使入唐。據《舊唐書》卷 199〈東夷傳・新羅條〉與《唐會要》卷 95〈新羅傳〉之載，840 年 4 月遣唐使們在唐鴻臚寺報告了神武王去世的消息，並申請期滿的宿衛王子與國學學生歸國，唐文宗答應返還 105 名新羅人。因而這次的遣唐使為「告哀使」。

其後數年間，未見新羅遣唐使的歷史記錄，直到 846 年 2 月才有作為「賀正使」的金國連入唐。[180]金國連之後，中國文獻中再沒有新羅遣唐使的往來記錄。《新唐書》卷 220〈東夷傳・新羅條〉稱「會昌後，朝貢不復至」，就是說唐武宗以後，新羅使臣不再來了。但《新唐書》這句話也不準確，查閱《三國史記》、《三國遺事》等韓國文獻及各類金石資料可知，這之後新羅仍不斷遣使如唐。

會昌（841-846）年後，中國文獻中不見新羅遣唐使的記錄，原因是唐武宗之後唐末政局混亂而未編撰實錄。[181]其結果導致不僅是新羅遣唐使，關於吐蕃、回紇、南詔、室韋、渤海諸蕃的遣唐記錄也在會昌之後急劇減少，因而《舊唐書》、《新唐書》、《唐會要》「外國傳」的內容只局限到會昌年間為止。

由於中國文獻記錄的闕漏，試圖以此考察唐武宗之後新羅遣唐使的行跡是不行的，只能借助韓國的各種零星資料進行整理。首先，據《三國史記》卷 11〈新羅本紀〉與《三國遺事》卷 3〈前後所將舍利條〉記載，851 年 4 月遣唐使「阿飡」元弘攜帶佛經與佛牙自唐返國，新羅王在郊外迎接，[182]因而推知元弘等一行於 850 年離開新羅入唐，從歸國時間來看應為「賀正使」。而且從杜牧代作的〈新羅王子金元弘等授太常寺少卿監丞簿制〉可知，以金元弘為首的使團一行，在回國前受封「太常寺少卿、監、丞、主簿」等官職，[183]新羅王子金元弘當接受「正四品上」的「太常寺少卿」，金元弘在唐朝請求文人馮涓撰寫了〈重修鳴鶴樓記〉，

180《舊唐書》卷 18，武宗會昌 6 年 2 月。

181 岡田英弘，〈新羅國記と大中遺事について〉，《朝鮮學報》2，1951，p.115。

182《三國史記》卷 11，文聖王 13 年 4 月；《三國遺事》卷 3，前後所將舍利。

183《樊川文集》卷 20。

並攜帶回國。[184]

新羅於 856 年亦向唐朝派遣了「賀正使」，從金穎的〈月光寺圓朗禪師塔碑銘〉中的「以大中丙子歲投入唐賀正（缺落）華夏遍詣宗林」之句可知，圓朗禪師大通於「大中丙子歲」即 856 年隨行「賀正使」入唐，這次的「賀正使」大概於 856 年春季或冬季入唐，具體行蹤無法知曉。

857 年 9 月文聖王病逝，金祐靖繼位，即憲安王，翌年他便遣使入唐。依照〈瑞雲寺了悟和尚塔碑銘〉、《祖堂集》卷 20〈五冠山瑞雲寺和尚傳〉的記錄，「了悟和尚」順之於大中 12 年（858）隨「入朝使」渡海如唐。憲安王登位後不久，便派遣「入朝使」，其任務一定是陳述文聖王去世與自身即位的事實。從文獻來看，這是憲安王時期唯一的遣唐使。

861 年 1 月憲安王去世，金膺廉即位，史稱景文王。景文王於 862 年 7 月，遣「阿飡」富良等入唐朝貢，他們 8 月於入唐途中溺死於大海。《三國史記》卷 11〈新羅本紀・景文王 2 年條〉中，「秋七月遣使如唐貢物，八月入唐使阿飡富良等一行人溺沒」這句話，對富良一行是否真正到過唐朝，寫得很模糊。這條內容並非援引中國文獻，而是韓國文獻所獨有的記錄。7 月當是富良一行離開新羅的時間，如果 7 月是入唐時間，並且他們是在歸國途中溺死的話，唐朝理應通過富良一行知曉憲安王去世與景文王即位的情況，一定會在不久之內派弔問使或冊封使赴新羅。但唐朝卻在三年後的 865 年遣使，[185]從而證明 8 月富良一行的遇難發生於入唐途中，862 年的遣唐使渡唐以失敗告終。

富良一行遇難後不久，新羅再次派遣了「告哀使」。據崔致遠撰寫的〈初月山崇福寺碑銘〉，新羅所派使臣向唐朝陳述了憲安王去世與景文王即位的情況。咸通 6 年（865），「攝御史中丞」胡歸厚與新羅「前進士」裴匡等赴新羅，下達了唐帝冊封景文王的詔命，時間在 4 月。[186]這一事實表明，在 865 年 4 月之不久前，新羅遣唐使入唐。他們大約在 864 年自新羅出發，於冬季或翌年春季入唐，彙報了新羅王位交替之情形，當與唐「冊封使」胡歸厚等在 865 年 4 月歸國。

---

[184] 岡田英弘，〈新羅國記と大中遺事について〉，《朝鮮學報》2，1951，pp.115-118。

[185] 《三國史記》卷 11，景文王 5 年 4 月；崔致遠，〈初月山崇福寺碑銘〉。

[186] 《三國史記》卷 11，景文王 5 年 4 月。

圖 1-5 初月山崇福寺碑殘片

其後，景文王於 869 年 7 月派遣王子「蘇判」金胤入唐謝恩，並進貢方物，[187]撰寫〈大安寺寂忍禪師塔碑銘〉的崔賀，也作為「判官、謝恩兼宿衛使」一起入唐。金胤一行向唐謝恩的理由不得而知，他們向唐帝進貢了馬兩匹，還有金、銀、牛黃、人參、絲綢、頭髮以及各種細工品。當時金胤還帶了李同等三名學生入唐求學。

景文王於翌年 2 月遣「沙飡」金因入唐宿衛，[188]隨行的遣唐使還有金緊榮。據〈太子寺朗空大師塔碑銘〉記載，「朗空大師」行寂於咸通 11

187《三國史記》卷 11，景文王 9 年 7 月。
188《三國史記》卷 11，景文王 10 年 2 月。

年（870）搭乘「入朝使」金緊榮的船入唐，來到唐都長安後，在唐懿宗的厚意安排下，駐錫長安左街的寶唐寺孔雀王院。在不久之後的「降誕之辰」即唐帝生日之時，唐懿宗還邀請朗空大師入宮講法，並賜重禮。

從唐玄宗開元17年（729）開始，將皇帝的生日稱作天秋節、天長節、天興節、慶成節、慶陽節、德陽節，並有三日休假，全國的寺院與道觀屆時舉行齋會等各種盛大的慶典儀式。[189]這一天，唐帝將代表儒教、佛教、道教的碩學大德請入皇宮之中的內道場，令他們在講法過後進行「三教論衡」，三教論衡活動自北魏初行以來一直持續至唐代。唐懿宗出生於太和7年（833）11月14日，朗空大師受邀入內道場進行三教論衡的時間就在870年11月14日，說明朗空大師最晚於870年11月以前進入長安。

金因於870年2月離開新羅，若無特殊原因，最晚於夏季到達長安，則知金因與朗空大師到達長安的間隔按最長時間來計也不過三、四個月。從朗空大師入長安後一時駐錫於寶唐寺孔雀王院來看，金因與朗空大師的入唐間隔更縮小至兩、三個月。如果兩、三個月都未滿，我們認為金因與朗空大師所隨行的「入朝使」金緊榮並不是連續兩次被派遣的使節，而是同屬於870年2月離開新羅的這唯一的使團。

從這之後，景文王時期遣唐使派遣的記錄便沒有了。〈唐故振武監軍使贈內侍楊公夫人譙郡曹氏墓誌銘〉誌文稱，曹氏夫人的次子楊遵誨於乾符元年（874）為傳達國命往來海東。這裡的「海東」指稱新羅，當時有唐朝使臣入新羅傳達國命、頒佈諭旨之事記錄在《三國史記》卷11〈新羅本紀・景文王14年（874）4月條〉中。

873年7月唐懿宗駕崩，僖宗登基，翌年11月改年號為乾符，群臣敬奉僖宗皇帝之尊號為「聖神聰睿仁哲明孝皇帝」，[190]從此之後，唐朝國運日益衰落。從唐僖宗遣使入新羅頒佈諭旨來看，楊遵誨的任務是向新羅告知唐僖宗登極與變更年號的情形。依照前例，領受唐僖宗聖旨的新羅應遣使入唐才合理，但在文獻中無法確認，因此只能存疑。

875年7月景文王去世，憲康王即位，第二年7月遣使入唐並進貢方

189 《唐會要》卷29，節日。

190 《新唐書》卷9，僖宗乾符元年11月庚寅；《資治通鑑》卷252，僖宗乾符元年11月庚寅。

物。[191]這次遣唐使的使命，應是向唐稟報景文王去世與自身繼位的新情況，於是 878 年 4 月唐僖宗派使臣入新羅冊封憲康王晸為新羅王，接受唐朝冊封的憲康王準備於這年 7 月遣謝恩使入唐，但因得知唐朝爆發黃巢之亂的消息而作罷。[192]

憲康王於 4 年之後的 882 年派金直諒入唐，金直諒踏上唐土之後，因黃巢之亂通往長安之路被堵，只好由楚州至揚州。遣唐使一行到達揚州後，才知僖宗已於 881 年 7 月入成都避亂，於是在高太尉所派「都頭」張儉的護送下，來到四川拜謁僖宗。[193]

很早之前在唐朝賓貢科及第並歸國的朴仁範[194]，於 882 年和金直諒一起入唐。黃巢之亂正盛之時，崔致遠所撰〈新羅探候使朴仁範員外〉中，寫道：「止到淮壖，卻歸海徼，縱得上陳有理，其如外議難防，無念東還，決為西笑。聖主方深倚望，賢王佇荷寵榮，道路亦通，舟舡無壅，勿移素志，勉赴遠行。」[195]朴仁範來到楚州淮河附近的海徼，即揚州境內的出海口，發現道路已阻，但是任何艱難險阻也改變不了拜謁唐帝的意志，最後「道路亦通，舟舡無壅」。通過崔致遠的文章，我們發現朴仁範的入唐行跡與之前提到的金直諒極其吻合，那麼金直諒應為使團首領，朴仁範為其成員。

其後，憲康王於 884 年遣金仁圭入唐。崔致遠離開唐朝之前為祈禱航海安全，在山東半島大珠山下撰寫的〈祭巉山神文〉中有「今者仁圭等久銜遠命，致遠也始奉銀聘，喜歸舟之既同」之句，〈謝太尉別紙〉寫道：「某啟，昨以鄉使金仁圭員外，已臨去路，尚闕歸舟，懇求同行，仰候尊旨，伏蒙恩造。」[196]說明崔致遠有與遣唐使金仁圭一起離唐回國的計畫，他們試圖於 884 年冬季出航，但由於天氣原因，只能在 885 年正月乘船出發，3 月左右到達新羅。金仁圭於 884 年入唐，覲見了至 885 年

---

[191]《三國史記》卷 11，憲康王 2 年 9 月。

[192]《三國史記》卷 11，憲康王 4 年 7 月。

[193]《三國史記》卷 46，崔致遠傳。

[194]宋基豪，〈唐賓貢科에 及第한 渤海人〉，《李基白先生古稀紀念：韓國史學論叢（上）》，一潮閣，1994，p.435。

[195]崔致遠，〈新羅探候使朴仁範員外〉，《桂苑筆耕》卷 10。

[196]崔致遠，〈謝太尉別紙〉，《桂苑筆耕》卷 20。

正月為止一直在四川成都避難的僖宗之後，與崔致遠一道回國。

從中國黃海沿岸往來四川地區，利用長江最為便利。長江入海口在淮南地區的揚州附近，金仁圭的正式職銜是「新羅國入淮南使」，證明他正是通過長江到達四川。崔致遠的堂弟崔栖遠當時也與金仁圭一起如唐，據崔致遠所撰寫的〈謝賜弟栖遠錢狀〉，崔栖遠以「新羅國入淮海使」的「錄事」身份入唐，找到崔致遠的任職之所，一起踏上歸國之路。[197]崔栖遠所屬遣唐使團的名稱為「新羅國入淮海使」，其入唐時間與金仁圭相似，再從與崔致遠一起回國這點來看，可推知他是隨行金仁圭而入唐的。

881 年 12 月，黃巢佔領長安，定國號為大齊，年號為金統，氣焰囂張，盛極一時。883 年 4 月黃巢敗於李克用的軍隊，形勢由攻轉守。884 年 7 月部下林言殺死黃巢，歸降唐朝，黃巢之亂謝下帷幕。崔致遠在黃巢之亂被平定以後，於 884 年 8 月左右辭任唐朝官職，離開高駢幕下，[198]同年 10 月到達山東半島南端的乳山浦準備出航，與崔致遠同行的金仁圭也於這時離開唐朝，翌年 3 月他們回到新羅，向王室報告了唐朝平復黃巢之亂的消息。

從金仁圭、崔致遠一行那裡，得知黃巢之亂被平息的憲康王，親自撰寫表文，[199]885 年 10 月派遣「試殿中監」金僅入唐，向唐朝皇室表達祝賀之情。從真聖王時期崔致遠代作的〈謝賜詔書兩函表〉與〈奏請宿衛學生還蕃狀〉內容上看，金僅慶賀僖宗的還都與征討黃巢的勝利，同時請求金茂先、崔渙、崔匡裕、楊穎等學生入學國子監，得到唐帝准許。他於真聖王初年持唐帝的兩份聖旨回國，同行的還有留學生金紹遊等。

886 年憲康王病逝，定康王即位，第二年 7 月定康王去世，憲康王的妹妹真聖王金曼即位。真聖王於 891 年派「檢校祠部郎中」崔元入唐，祝賀 888 年 3 月唐昭宗的登基，同時向唐朝提出宿衛學生崔霙等的留學申請。[200]據〈無為寺先覺大師塔碑銘〉載，「先覺大師」迥微於 891 年初春隨入朝使如唐，從入唐時間看，迥微所跟從的「入朝使」應是上文所

---

[197] 崔致遠，〈謝賜弟栖遠錢狀〉，《桂苑筆耕》卷 20。

[198] 崔致遠，〈謝再送月料錢狀〉，《桂苑筆耕》卷 20。

[199] 崔致遠撰寫的〈謝賜詔書兩函表〉(《東文選》卷 33）中有「又聞東諸侯，齊驅虎豹，顯戮鯨鯢，難勝拊髀之歡，冀寫由衷之懇，手成草奏，冂絕技詞」之句，可知憲康王親撰表文。

[200] 崔致遠，〈遣宿衛學生首領等入朝狀〉，《東文選》卷 47。

提到的崔元所率領的遣唐使團。崔元帶留學生崔霙和求法僧迥微等人，於 891 年初春離開新羅，這年夏季入朝，於 897 年 7 月 5 日，持唐帝追贈景文王與憲安王分別為「太師」與「太傅」的詔敕，回到新羅。[201]

其後，真聖王為進貢旌節，於 893 年派「兵部侍郎」金處誨入唐，途中溺死於大海。為稟報事件始末，又派「樻城郡太守」金峻、「富城郡太守」崔致遠作為「告奏兼賀正使」一起入唐，但當時正處凶年之際，賊寇猖獗，羅唐之間道路受阻，竟未入唐。[202]

真聖王於 896 年又遣崔藝熙入唐。據〈廣照寺真澈大師塔碑銘〉記載，真澈大師利嚴於乾寧 3 年（896）跟隨入浙使，即往來中國浙江地區的使臣崔藝熙如唐。崔藝熙的入唐目的與歸國時間無法知曉，從其為入浙使這點分析，確實是國家派遣的正式使節。

897 年 6 月，真聖王將王位傳給侄子金嶢後，派倉部侍郎「級飡」金穎入唐賀正。同時上呈〈讓位表〉，告稟自身讓位的事實，[203]請求 885 年隨遣唐使金僅入唐留學期滿的金茂先、楊穎、崔渙、崔匡裕及大小首領等回國，並乞請這次被帶入唐朝的崔慎之、金鵠等八名學生，祈綽、蘇恩等大小首領十名入學國子監。[204]

除以上六次之外，真聖王時期至少還有一次入唐使節的派遣。依據《三國遺事》卷 2〈真聖女大王居陀知條〉記載，王派季子「阿飡」良貝入唐之時，得知百濟海盜阻擋海道，於是選拔 50 名弓士隨行。這裡的百濟，指甄萱所建立的後百濟，良貝的入唐時間在甄萱於完山州建立後百濟的 892 年之後。從 892 年真聖王讓位給侄子金嶢至 897 年 6 月止，新羅所派遣唐使有 893 年與 897 年兩次，893 年的遣唐使是金處誨和隨後的金峻、崔致遠。與良貝平安入唐所不同的是，前面或因途中溺死、或因道路阻隔而失敗。897 年的遣唐使長官，是前述的「級飡」金穎。《三國遺事》卷 2 中的「阿飡」良貝不包含在以上任何一次的使團之中，他應是真聖王後期單獨的一次遣唐大使。

---

[201] 崔致遠，〈謝恩表〉，《東文選》卷 33。
[202] 《三國史記》卷 46，崔致遠傳。
[203] 《三國史記》卷 11，真聖王 11 年 6 月；崔致遠，〈讓位表〉，《東文選》卷 43。
[204] 崔致遠，〈遣宿衛學生首領等入朝狀〉、〈奏請宿衛學生還蕃狀〉，《東文選》卷 47。

897 年六月，接受真聖王禪讓的金嶢即孝恭王登位，同年 7 月崔元持唐帝冊封景文王與憲康王為太師、太傅的詔書回到新羅，孝恭王即刻派「謝恩使」對唐帝追封其祖父與父親表示感謝，同時彙報自身即位的消息，崔致遠所撰寫的〈謝恩表〉與〈謝嗣位表〉，便是孝恭王呈給唐帝的表文。這是文獻中所能確認的新羅最後的遣唐使。

三、渤海的遣唐使

（一）高王至文王時期

渤海國初次遣使入唐的時間是 714 年，雖然《五代會要》卷 13 稱，唐聖歷年間（698-699）渤海遣使入唐朝貢，但以當時的政治局勢觀之，真實性值得懷疑。[205]696 年 5 月在營州發生李盡忠的叛亂，渤海就是此時趁亂與唐鬥爭而建國，在立國初期的這種政治氛圍下不會向唐派遣使臣。一直以強硬政策對付渤海的武則天於 705 年退位後，唐中宗派遣「侍御史」張行岌入渤海，安撫大祚榮，即渤海高王，大祚榮請求張行岌帶其次子大門藝入唐宿衛。[206]於是唐朝準備對大祚榮進行冊封，結果由於契丹與突厥持續侵犯唐朝邊境，便一直顧不上此事。直到 713 年，才遣「郎將」崔忻入渤海，冊封大祚榮為「左驍衛員外、大將軍、渤海郡王、忽汗州都督」。渤海遣唐使的派遣，正是在這種唐朝表示親善態度的氛圍下開始的。

714 年，作為對唐朝冊封表示答謝的「謝恩使」，隨唐使崔忻而入唐。崔忻在歸唐途中，於遼東半島旅順附近黃金山麓鑿了一口鴻臚井，並建石碑紀念此次使行，[207]這時為 714 年 5 月 18 日。因而得知，與崔忻同行的渤海遣唐使於 714 年春或初夏由本國出發，7 月或 8 月左右進入唐都長安。

另外，根據《玉海》卷 153〈唐渤海遣子入侍條〉記載，開元 2 年（714），

---

[205] 宋基豪，《渤海政治史研究》，一潮閣，1995，p.70。

[206] 大門藝並非肩負大祚榮下達的使命而與渤海使節團一起入唐，只是跟隨要回國的唐使張行岌去了唐朝，因此不能看作是渤海遣唐使。

[207]〈崔忻石刻〉，《韓國古代金石文資料集（3）》，國史編纂委員會，1996，p.395。

渤海六名學生入學唐朝國學。從時間上來看，渤海學生也是跟隨這次渤海遣唐使一起入唐的，應該是在遣唐使的申請下，他們入學唐朝國學。

但是在金毓黻的《渤海國志長編》中，將 713 年 12 月向唐籲請貿易與禮拜佛寺的靺鞨王子，也看作渤海使節。[208]依照上文的分析，渤海最初的遣唐使在 714 年 5 月時只走到了遼東半島附近，7、8 月份才到達長安。713 年唐朝冊封大祚榮為「渤海郡王」以後，不再使用「靺鞨」的稱號，而稱為渤海，[209]說明 713 年 12 月入唐的靺鞨王子並非渤海使臣。

史書稱渤海在此之後每年都遣使如唐，[210]但無明確記錄。719 年 3 月大祚榮病逝，大武藝即武王繼位。唐朝於這年 6 月，派遣「左監門率、上柱國」吳思謙入渤海，追贈高王大祚榮「特進」官爵，賜賻物 500 段，並冊封大武藝為「渤海郡王」。[211]翌年 8 月，唐朝又冊封大武藝的長子大都利行為「桂婁郡王」。[212]武王於是在 721 年 11 月，派遣渤海屬部靺鞨之大首領朝唐，接著又於 722 年 11 月遣大臣味勃計入唐朝貢。唐朝封靺鞨大首領「折衝」之官，授進貢鷹鶻的味勃計「大將軍」之職，並賜錦袍、金魚袋等。[213]724 年 2 月，渤海使節賀作慶入唐賀正，唐玄宗賜其「游擊將軍」官職及錦帛 50 匹。[214]

渤海於 725 年連續派了三回遣唐使。正月，大首領烏借芝蒙入唐賀正，4 月首領謁德入唐受封「果毅」官職，5 月武王的弟弟大昌勃價入唐，受封「左威衛員外將軍」官職，獲賜紫袍金帶魚袋，並留唐宿衛。大昌勃價於 727 年 4 月領受「襄平郡開國男」官職與錦帛 50 匹準備回國。由於武王此前通過大都利行向唐玄宗進貢了貂鼠皮，大昌勃價持唐玄宗的答謝聖旨及彩練 100 匹回國。[215]

726 年 3 月與 11 月又有兩回渤海遣唐使入唐。3 月，武王的長子大

---

[208] 《冊府元龜》卷 971，〈外臣部　朝貢（4）〉。

[209] 《新唐書》卷 219，渤海。

[210] 《舊唐書》卷 199，渤海靺鞨。

[211] 《舊唐書》卷 199，渤海靺鞨；《冊府元龜》卷 974，〈外臣部　褒異（1）〉；同書卷 964，〈外臣部　冊封〉。

[212] 《冊府元龜》卷 964，〈外臣部　冊封，開元 8 年 8 月〉。

[213] 《冊府元龜》卷 971，〈外臣部　朝貢（4）〉；同書卷 974，〈外臣部　褒異（1）〉。

[214] 《冊府元龜》卷 971，〈外臣部　朝貢（4）〉；同書卷 974，〈外臣部　褒異（1）〉。

[215] 《冊府元龜》卷 975，〈外臣部　褒異（2），開元 15 年 4 月〉。

都利行[216]入唐進貢貂鼠皮，他於 4 月 18 日受封「左武衛大將軍員外置」，後留唐宿衛，728 年 4 月病逝於唐。唐帝追贈其「特進兼鴻臚卿」職官，以及絹 300 匹、粟 300 石的賻物，並進行弔祭，又於官廳製造靈輿送其遺體回國。[217]11 月的遣唐使是王子大義信。

727 年 8 月，武王的弟弟大寶方入唐。翌年 9 月，菸夫須計入唐，受封「果毅」後回國。729 年，渤海又派遣了三回遣唐使。2 月，武王的弟弟大胡雅入唐進貢鷹鶻，3 月的渤海使臣進貢了鯔魚。8 月，武王的弟弟大琳入唐。唐帝授予大胡雅「游擊將軍」之職，並賜紫袍金帶命其宿衛，賜 3 月的遣唐使錦帛 20 匹，賜 8 月入唐的大琳「中郎將」之官，亦令其宿衛。[218]

730 年又有三回渤海遣唐使如唐。正月，武王的弟弟大朗雅入唐賀正。[219]2 月，大首領智（知）蒙入唐進貢方物與馬 30 匹。5 月，烏那達初（利）入唐，進貢海豹皮 5 張、貂鼠皮 3 張、瑪瑙杯 1 個和馬 30 匹。大首領智蒙與後來 737 年入唐的木智蒙應為同一人。回國前，唐帝賜智蒙「中郎將」之職、絹 20 匹和緋袍銀帶，封烏那達初為「果毅」並賜錦帛。

另外，這一時期還發生了武王之弟大門藝亡命唐朝的事件。據《舊唐書》卷 199〈渤海靺鞨傳〉和《新唐書》卷 219〈渤海傳〉之記載，大門藝於開元 14 年（726）流亡唐朝。但是以上文獻〈開元 14 年條〉的內容裡，其實包括了數年間的歷史記錄，無法以此確定大門藝的逃亡時間就是 726 年。日本學者古畑徹縝密分析了《曲江集》所載張九齡代作的四篇〈勅渤海王大武藝書〉之後認為，大門藝於 730 年亡命唐朝，[220]其見解得到學術界的充份肯定。

720 年初，黑水靺鞨發覺渤海與唐私下秘密交涉之後，武王命令大門

---

[216] 《冊府元龜》卷 964，外臣部　冊封　開元 8 年 8 月；酒寄雅志，〈渤海王權の一考察——東宮制を中心として〉，《朝鮮歴史論集（上）》，龍溪書社，1979，p.348。

[217] 《冊府元龜》卷 975，〈外臣部　褒異（2），開元 16 年 4 月癸未〉。

[218] 《冊府元龜》卷 971，〈外臣部　朝貢（4）〉，同書卷 975，〈外臣部　褒異（2），開元 17 年 2 月或 3 月〉。

[219] 《冊府元龜》卷 971〈外臣部・朝貢（4）條〉與同書卷 975〈外臣部・褒異（2）條〉有「靺鞨遣其弟大朗雅來朝賀正獻方物」之句，可知靺鞨曾派大朗雅入唐，但是根據張九齡開元 24 年左右代作的〈勅渤海王大武藝書（4）〉可知，大朗雅來自渤海。

[220] 古畑徹，〈大門藝の亡命年代について——唐渤紛争に至る渤海の情勢〉，《集刊東洋學》51，1984。

藝攻打黑水靺鞨。但是大門藝考慮到與唐的關係，反對進攻黑水靺鞨。武王於是準備殺死大門藝，大門藝因而亡命唐朝。武王隨即派馬文軌與葱勿雅入唐乞請誅殺大門藝，然而唐玄宗囚禁了馬文軌等人，並派使臣入渤海，傳達了大門藝已被流配至嶺南的假消息。武王知道唐使撒謊，又派李盡彥入唐指責了唐朝的欺瞞行為，再次要求殺死大門藝。唐玄宗無奈暫時將大門藝發配嶺南，李盡彥歸國時，唐朝派崔尋挹同往渤海，向武王下賜聖旨。[221]732 年秋季，武王命令張文休進攻唐朝登州。

圖 1-6　登州守城（中國山東省蓬萊市）

如上所述，在送還亡命的大門藝問題交涉上，渤海與唐之間有兩次使臣互往。另外，《曲江集》中所載的〈勅渤海王大武藝書（1）〉，就是渤海使李盡彥入唐再次要求殺死大門藝時，唐朝所作的答覆。此文於 732 年 7 或 8 月左右由張九齡代作，[222]那麼推知李盡彥於 732 年 7 月之前，即

[221] 張九齡，〈勅渤海王大武藝書（1）〉，《曲江集》。
[222] 石井正敏，〈張九齡作「勅渤海王大武藝書」について〉，《朝鮮學報》112，1984，pp.83-89。

6月左右入唐。

最早請求送還大門藝的馬文軌與葱勿雅，於 731 這年入唐。文獻記錄上，731 年的渤海遣唐使有 2 月與 10 月兩次，如果馬文軌一行於 731 年 10 月入唐的話，其距李盡彥 732 年 6 月入唐之間只有八個月，其間還存在一次唐朝使臣往來渤海，時間上顯得很急促，所以馬文軌等當是 731 年 10 月以前入唐的。731 年 10 月有 120 名渤海遣唐使進入長安，是一次大規模的使團來訪，[223]他們滿意地接受了唐朝將大門藝流配至嶺南的處置。若以上推論無誤的話，731 年 7、8 月份，渤海國從唐使那裡得到了大門藝被流放嶺南的通報，唐使是於當年 4、5 月份離開唐朝的，那麼馬文軌一行大約就於 731 年 4、5 月份入唐。

於是，731 年應有三回渤海遣唐使入唐。2 月的遣唐使為「賀正使」，領受「將軍」官職與帛 100 匹回國，[224]4、5 月的馬文軌與葱勿雅為籲請誅殺大門藝入唐，後被唐扣留。渤海國在明知唐朝對大門藝的措置是虛假的情況下，仍派遣作為「答使」的大取珍等 120 名於 10 月入唐，獲賜「果毅」之官及帛 30 匹回國。

732 年渤海進攻登州，導致兩國關係僵持，此後數年間使臣往來中斷，直到 735 年末渤海使臣大茂慶入唐。接著 736 年 3 月，大蕃入唐。大蕃入唐後請求接替宿衛，同時向唐告稟突厥與渤海聯合進攻奚與契丹的情報，最後和 730 年入唐宿衛後、違反唐朝法律被流配至嶺南的大朗雅一起回國。[225]唐朝授其「太子舍人員外」之官，受賜帛 30 匹。

武王於 737 年派了三回遣唐使。正月大首領木智蒙入唐，這是自 730 年入唐以來的第二次。4 月公伯計入唐進貢鷹鶻，受封將軍。8 月大首領多蒙固入唐，送還渤海進攻登州時的俘虜與水手，[226]唐帝授其「左武衛將軍」之職，並賜紫袍金帶及帛 100 匹。

737 年，武王病逝，大欽武即位，成為文王。唐朝派遣「內侍」段守

---

[223]《冊府元龜》卷 971，〈外臣部　朝貢（4）〉；同書卷 975，〈外臣部　褒異（2），開元 19 年 10 月〉。

[224]《冊府元龜》卷 975，〈外臣部　褒異（2），開元 19 年 2 月己未〉。

[225]石井正敏，〈張九齡作「勅渤海王大武藝書」について〉，《朝鮮學報》112，1984，pp.74-80。

[226]張九齡，〈勅渤海王大武藝書（3）〉，《曲江集》；《冊府元龜》卷 975，〈外臣部　褒異（2）〉；金毓黻，《渤海國志長編》卷 18，〈文徵　唐勅〉。

簡入渤海弔唁並冊封新王，渤海遣謝恩使隨段守簡入唐。《舊唐書》卷 199〈渤海靺鞨傳〉將武王之死與文王即位，還有唐使前來冊封與渤海使入朝，同時收錄在〈開元 25 年（737）條〉記事中，但是同書卷 9〈玄宗本紀·開元 26 年條〉內容卻有「是歲渤海靺鞨王大武藝死，其子欽武嗣位，遣使弔祭冊立之」，說明唐「冊封使」的派遣是在 738 年。據日本學者研究，日本遣唐使「判官」平群廣成隨唐「冊封使」段守簡赴渤海，後又隨渤海遣日使回到了日本。[227]據《續日本紀》卷 13〈天平 11 年條〉載，平群廣成於 738 年 3 月由登州出航，5 月入渤海，很明確唐「冊封使」是於 738 年入渤海的。

另據史載，738 年 6 月 27 日渤海使臣請求抄寫《唐禮》、《三國志》、《晉書》和《三十六國春秋》等書帶回國內，得到唐帝准許。閏 7 月[228]，渤海使臣再次入唐，進貢貂鼠皮 1000 張、乾文魚 100 條。閏 7 月渤海遣唐使的貢品，在數量上與之前相比急劇減少，他們是對唐朝冊封文王表達感謝的「謝恩使」，當與唐使段守簡一起入唐。

739 年 2 月，文王之弟大勗進渡唐進貢鷹鶻，唐玄宗在內殿舉行宴會招待了他們，賜其「左武衛員外置大將軍同正」之職和紫袍金帶、帛 100 匹，大勗進留唐宿衛。10 月，「謝恩使」受（憂）福子入唐，領受「果毅」之官與紫袍銀帶。翌年 10 月，渤海遣使入唐進獻貂鼠皮與昆布。[229]741 年 2 月，渤海使節失阿利與越喜靺鞨、黑水靺鞨使臣一起入唐賀正，進貢方物，自唐朝得到「郎將」之官。4 月渤海使臣再次入唐進貢鷹鶻，743 年 7 月，之前曾入唐的大蕃再次入唐，受封「左領軍衛員外大將軍」並留唐宿衛。[230]

此後數年間，未見渤海遣使入唐的記錄。直到 746 年 3 月，渤海才遣使賀正，獻馬 15 匹及方物。第二年正月，渤海使入朝賀正。749 年與

---

[227] 濱田耕策，〈留唐學僧戒融の日本歸國をめぐる渤海と新羅〉，《日本古代の傳承と東アジア》，佐伯有清先生古稀記念會，1995，pp.407-412。

[228] 《冊府元龜》卷 971〈外臣部·朝貢（4）·開元 26 年條〉記為「閏 8 月」，開元 26 年（738）7 月為閏月，因此本書改為「閏 7 月」。

[229] 《冊府元龜》卷 971，〈外臣部　朝貢（4）〉。

[230] 736 年大蕃首次入唐之時，文獻記載其為武王之弟（《冊府元龜》卷 975，〈外臣部　褒異（2），開元 24 年 3 月〉），但是在武王之子文王時期的 743 年入唐時，文獻記載其為文王之弟（同書卷 975，〈外臣部　褒異（2），天寶 2 年 7 月〉）。

750 年 3 月，渤海遣使向唐進貢鷹鶻，[231]753 年 3 月與次年正月，渤海又派「賀正使」入唐。

755 年 11 月，安祿山發動叛亂，直至 763 年為止，中原大地生靈塗炭。渤海在安史之亂期間共派出了兩次遣唐使。第一次是 758 年 4 月，唐朝王玄志派將軍王進義入渤海，轉告了唐帝還都的消息，渤海文王為探明情報之真偽，而遣使入唐。[232]第二次是在 760 年左右，渤海「賀正使」揚方慶率領日本人高元度等 11 名入唐。據《續日本紀》卷 22〈天平寶字 3 年 2 月與 10 月條〉，以及同書卷 23〈天平寶字 5 年 8 月條〉的記錄，758 年赴日的渤海使臣楊承慶歸國時，日本方面請求楊承慶能否帶上高元度等入唐，將目前處於安史之亂危局中的藤原朝臣河清迎回日本。後來，日本人高元度等 11 名隨渤海「賀正使」楊方慶入唐，但具體行程不詳。

763 年，被驅趕至幽州的史朝義以自絕的方式結束了安史之亂，渤海使的入唐行動再次活躍起來。767 年 7 月、8 月、9 月、11 月、12 月，769 年 3 月、12 月，772 年秋季與 12 月，773 年 4 月、6 月、11 月、閏 11 月、12 月以及 774 年正月、12 月渤海都遣使入唐。其中 773 年 6 月的渤海「賀正使」與新羅「謝恩使」一起在延英殿受到唐代宗接見，774 年正月的渤海遣唐使於 2 月 22 日攜質子大英俊[233]一同歸國。

775 年正月、5 月、6 月、12 月又有渤海使臣入唐，777 年正月、2 月、4 月、12 月渤海使臣再次入唐。777 年正月的遣唐使進貢了 11 名日本舞女，2 月的遣唐使獻上了鷹鶻。《舊唐書》卷 199〈渤海靺鞨傳〉中有「大曆二年至十年，或頻遣使來朝，或間歲而至，或歲內二三至者」之語，《新唐書》卷 219〈渤海傳〉稱「大曆中，二十五來，以日本舞女十一獻諸朝」。渤海於大曆年間（766-779）每年或隔年不斷遣使入唐，多時一年內竟有五次。

其後，780 年 10 月與 782 年 5 月有渤海使臣入唐，791 年正月，大常

---

231 《冊府元龜》卷 971，〈外臣部　朝貢（4），天寶 5 年 3 月、天寶 6 年正月、天寶 8 年 3 月、天寶 9 年 3 月〉。
232 《續日本紀》卷 21，天平寶字 2 年 12 月。
233 《冊府元龜》卷 996，〈外臣部　納質〉。

靖入唐賀正，受封「衛尉卿同正」。[234]同年 8 月，大貞翰入唐宿衛。[235] 792 年閏 12 月，楊吉福等 35 人入唐，這是渤海文王時代最後的遣唐使。

（二）康王至哀王時期

793 年 3 月，文王大欽武逝世，其族弟大元義即位。大元義性格殘暴，國人將其驅逐，推舉文王的嫡孫大華璵繼承王位，而大華璵不久病死。794 年，文王的少子大嵩鄰榮登大寶，成為康王。依照《唐會要》卷 96〈渤海傳〉、《冊府元龜》卷 976〈外臣部・褒異（3）條〉、《舊唐書》卷 199〈渤海靺鞨傳〉的記錄，794 年正月或 2 月，王子大清允等 30 餘名入唐朝會，按等級分別受封「右衛將軍同正」以下之職。由入唐時間觀之，他們是「賀正兼告哀使」。接著，唐朝於 795 年 2 月遣「內常侍」殷志瞻入渤海，冊封大嵩鄰為「渤海郡王」。受到冊封的康王所派遣之「答使」，應該就是文獻中所載的這年 12 月入唐的靺鞨都督密阿古等 22 人。實際上，我們無法證明密阿古就是渤海康王的使臣，但從其入唐事件被載於《唐會要》卷 96〈渤海傳〉來看，渤海遣唐使的推斷是合理的，密阿古受封「中郎將」後回國。

798 年 3 月，唐朝將康王的身份升格，讓其承襲文王的官爵。在之前的 762 年，唐朝就將文王的官爵從「渤海郡王」升為「渤海國王」。如前所述，康王即位伊始，唐朝封其為「渤海郡王」，接著康王遣使如唐，就自身官爵問題與唐交涉，於是唐朝允諾其可繼承文王的官爵「渤海國王」。[236]可以推知，798 年初，康王為請求官爵升級遣使入唐。另外，這年 11 月 3 日，康王之侄大能信受封「左驍衛中郎將」之職後回國，[237]那麼他當於 9 或 10 月左右入唐。由入唐時間看，他應是對康王官爵升級表示感謝的「謝恩使」。

其後的 804 年 11 月與 805 年，渤海再次遣使入唐。805 年遣唐使的

---

[234] 《冊府元龜》卷 976〈外臣部・褒異（3），貞元 7 年（791）5 月條〉收錄了大常靖的入唐事件，但是賀正使於 5 月入唐不合常理，本書根據《舊唐書》卷 199〈渤海靺鞨傳〉與《冊府元龜》卷 972〈外臣部・朝貢（5）條〉的記錄，認為大常靖的入唐時間是正月。

[235] 《冊府元龜》卷 996〈外臣部・納質條〉將「大貞翰」標為「大貞幹」或「大真幹」。

[236] 《唐會要》卷 96，渤海；《冊府元龜》卷 965，〈外臣部　封冊（3），貞元 14 年 3 月〉。

[237] 《舊唐書》卷 199，渤海靺鞨；《冊府元龜》卷 976，〈外臣部　褒異（3），貞元 14 年 11 月〉。

使命可能是對這年正月登極的唐順宗表示慶賀，並弔唁唐德宗的駕崩。據《舊唐書》卷 199〈渤海靺鞨傳〉、同書卷 14〈順宗本紀〉及《冊府元龜》卷 965〈外臣部・封冊（3）條〉載，805 年渤海使入唐，5 月，唐順宗賜予康王「金紫光祿大夫檢校司空」之官，因而推測渤海使應於 3 或 4 月入唐。

渤海於 806 年 12 月遣使入唐朝貢。806 年 8 月，唐順宗駕崩，唐憲宗登基，唐憲宗 10 月又賜康王「檢校太尉」之官。[238]從這些情況來看，806 年的遣唐使是對唐加授官爵表達謝恩之情，並祝賀唐憲宗繼位的使節。

807 年有兩次渤海遣唐使入唐。依照《冊府元龜》卷 997〈外臣部・悖慢條〉的內容，元和 2 年（807）渤海「進奉端午使」楊光信逃往潼關，被唐朝官吏抓獲，送往侍衛府拘問。[239]楊光信所犯何罪，為何逃亡無法考證，只知「進奉端午使」分明是為祝賀端午節而來朝貢的使團，渤海使楊光信於 4 月末或 5 月初入唐。這年 12 月，渤海再次遣使入貢。

808 年，康王去世，大元瑜即位，成為定王，並向唐派遣告哀使。據《冊府元龜》卷 976〈外臣部・褒異（3）條〉載，809 年正月廿三日，唐憲宗在麟德殿接見了渤海與南詔使臣，並賜禮物，當日的渤海使臣就是定王的「告哀使」。就在正月，唐朝派中官元文政入渤海弔祭康王，冊封大元瑜。[240]接著渤海於 810 年正月遣高才南、11 月遣王子大延真入唐進貢方物。[241]812 年正月、12 月又兩次遣使入唐。正月的渤海遣唐使 13 日在麟德殿受到唐憲宗接見並參席宴會，24 日領受官誥 35 通以及每人一套服裝。[242]

12 月的遣唐使應當是報告定王去世消息的「告哀使」。翌年正月十六日，唐朝以內侍李重旻為渤海冊立宣慰使入渤海，冊封僖王大言義為「渤海國王」。[243]受到冊封的僖王立刻遣「謝恩使」入唐，應該就是 813 年 12

238《舊唐書》卷 14，順宗貞元 21 年 5 月；同書卷 199，渤海靺鞨；《冊府元龜》卷 965，〈外臣部　封冊（3），貞元 21 年 5 月〉。
239《冊府元龜》卷 997，〈外臣部　悖慢〉。
240《冊府元龜》卷 965，〈外臣部　封冊（3）〉；同書卷 980，〈外臣部　通好，元和 4 年正月〉。
241《冊府元龜》卷 972，〈外臣部　朝貢（5），元和 5 年 11 月〉。
242《冊府元龜》卷 976，〈外臣部　褒異（3），元和 7 年正月〉。
243《舊唐書》卷 15，憲宗元和 8 年正月；同書卷 199，渤海靺鞨；《冊府元龜》卷 965，〈外臣部　封冊（3）〉；同書卷 976，〈外臣部　褒異（3），元和 8 年正月〉。

月入唐的渤海王子辛文德等 97 人。辛文德一行於這月 27 日出席宴會並獲得錦彩等賞賜。[244]

814 年正月、11 月、12 月，渤海皆有遣使入唐。正月，高禮進等 37 人入朝，獻上金銀佛像各一尊，唐憲宗於 2 月 11 日在麟德殿接見、宴請了他們，並按等級賞賜。[245]11 月的遣唐使進貢了鷹鶻。12 月，大孝真等 59 人入唐。

815 年，渤海派遣了三回遣唐使。正月廿五日與 2 月 22 日，卯貞壽與大呂慶分別入朝，領受官誥歸國。[246]7 月是有百名隨行所構成的王子大庭俊之使團。[247]816 年 2 月、11 月亦有兩回渤海遣唐使入唐。2 月遣唐使團由高宿蒳等 20 人組成，他們於 2 月 7 日獲賜錦彩與銀器等物，14 日獲唐封官。[248]817 年 2 月，渤海使臣大誠慎入唐，[249]3 月 14 日得到錦彩等賞賜。

818 年，宣王大仁秀即位，向唐派遣「告哀使」。據《舊唐書》卷 199〈渤海靺鞨傳〉載，818 年渤海使臣入唐朝貢、告哀，5 月唐冊封大仁秀為「銀青光祿大夫、檢校秘書監、都督、渤海國王」。818 年正月至 5 月間的渤海遣唐使，只有這年 3 月入唐的李繼常等 26 人一行，[250]他們應該就是渤海宣王所派的「告哀使」，最後與唐朝「冊封使」一起離唐歸國。

820 年閏正月與 12 月，渤海遣使入唐。閏正月的渤海賀正使 2 月 18 日與新羅使臣在唐朝一起出席宴會並得到賞賜。另外，這年正月繼位的唐穆宗於閏正月加授渤海宣王「金紫光祿大夫、檢校司空」之官。[251]唐朝在封賜周邊國王官爵之時，一般會派使臣下達冊封詔書，那麼，閏正月入唐的渤海使，當與為宣王加官的唐使臣一起回國。12 月的渤海遣唐

---

244 《冊府元龜》卷 972，〈外臣部　朝貢（5）〉；同書卷 976，〈外臣部　褒異（3），元和 8 年 12 月〉。

245 《冊府元龜》卷 976，〈外臣部　褒異（3），元和 9 年 2 月己丑〉。

246 《冊府元龜》卷 976，〈外臣部　褒異（3），元和 10 年〉。

247 《冊府元龜》卷 972，〈外臣部　朝貢（5），元和 10 年 7 月〉。

248 《唐會要》卷 96，渤海；《冊府元龜》卷 972，〈外臣部　朝貢（5）〉；同書卷 976，〈外臣部　褒異（3）〉。

249 《冊府元龜》卷 972，〈外臣部　朝貢（5）〉；同書卷 976，〈外臣部　褒異（3），元和 12 年 3 月〉。

250 《冊府元龜》卷 980，〈外臣部　通好，元和 13 年 3 月〉。

251 《舊唐書》卷 199，渤海靺鞨；《冊府元龜》卷 965，〈外臣部　封冊（3）〉。

使與新羅、南詔、昆明諸蕃使臣，一起參席了唐帝在麟德殿為他們舉行的宴會。由入唐時間看，他們的使命是賀正、感謝官爵加授以及慶賀唐穆宗登基。

822 年正月，渤海遣使入唐，唐帝於 20 日在麟德殿接見並宴請了他們。824 年 2 月 2 日，宿衛大聰叡等 50 人入朝。[252]825 年 3 月與 826 年正月也有渤海使臣入唐。從時間上觀之，都應是「賀正使」。

826 年 12 月唐文宗登基，渤海遣使來賀。827 年 4 月 2 日，在麟德殿謁見唐帝並參席宴會的渤海使 11 人，就是這次的「慶賀使」。另據《續日本後紀》卷 11〈承和 9 年 3 月條〉內容，很早之前，渤海人高承祖赴日時，日本朝廷委託他轉給在唐朝五臺山修行的日本僧人靈仙黃金 100 兩，後來的渤海「賀正使」準備將錢轉交靈仙，不幸的是這次使團在塗里浦全部溺水身亡。又據《入唐求法巡禮行記》卷 3 載，渤海僧人貞素攜黃金 100 兩於 828 年 4 月 7 日到達了五臺山，但是此時靈仙和尚已死，錢無法轉達。[253]

《類聚國史》卷 194〈殊俗・渤海（下）・天長 2 年、3 年條〉載，渤海使高承祖 825 年 12 月赴日，並於 826 年 5 月離日回渤海，於是攜帶日本的黃金入唐的渤海「賀正使」，應當是 826 年末至 828 年 4 月之間的使節，那麼只有前面所介紹的 827 年 4 月的使團了。827 年的渤海「賀正使」接受了日本朝廷轉交黃金的委託入唐，有渤海僧貞素隨行。

828 年 12 月，渤海遣使入唐，唐帝在麟德殿接見並宴請了他們，當時一起的還有新羅、室韋使臣，他們大概在歸國途中全部溺亡。如前所述，渤海僧貞素於 828 年 4 月 7 日到達五臺山靈仙的住所，靈仙已死，他無法轉交黃金回到長安。曾所隨行入唐的渤海使團此時已歸國，現在 828 年 12 月入唐的新使團正在長安，貞素將黃金又還給渤海遣唐使，他們收到黃金後便踏上了歸國之路，在塗里浦遇難的使團為 828 年 12 月入唐渤海使的可能性最大。

830 年，渤海宣王去世，其孫大彝震即位。渤海同年 12 月派「告哀

[252] 《舊唐書》卷 199〈渤海靺鞨傳〉中將「大聰叡」誤記為「大叡」，「五十人」誤記為「五人」。
[253] 圓仁，《入唐求法巡禮行記》卷 3，開成 5 年 7 月 3 日。

使」向唐彙報。唐朝約於一個月後的 831 年正月，冊封了大彝震，其前提必須是渤海的「告哀使」入唐之後。831 年 11 月渤海遣使入唐，翌年 3 月王子大明俊等入唐，唐帝在麟德殿接見並宴請了大明俊等六人。[254]

832 年 12 月，渤海「中書右平章事」高寶英作為對唐朝冊封表達感謝的「謝恩使」入唐。據《舊唐書》卷 17〈文宗本紀〉載，832 年 12 月 10 日內養王宗禹由渤海回到唐朝，彙報了渤海設置「左右神策軍」的情況，並將渤海「左右三軍」與「一百二十司」繪成圖畫呈給皇帝，可知 12 月的渤海「謝恩使」高寶英是與唐「冊封使」王宗禹一起入唐的。使團於第二年正月十一日上呈了籲請渤海學生解楚卿、趙孝明、劉寶俊等三人入學唐朝國學的表文，並請放還學習期滿的李居正、朱承朝、高壽海等 3 人，得到唐帝應許。同年 2 月，渤海王子大先晟[255]等六人入朝，唐帝在麟德殿接見並宴請了他們，一起的還有吐蕃、牂牁、昆明諸蕃使臣。

836 年 12 月，渤海遣使入唐。翌年正月，曾於 832 年來過唐朝的王子大明俊[256]等 19 人入唐賀正，唐文宗在麟德殿接見並宴請了他們。大明俊帶了 16 名學生請求入學國學，3 月唐帝只准許了 6 名學生的申請，其餘均遣返回國。[257]838 年 2 月渤海「賀正使」入唐，在麟德殿與南詔、契丹、奚、室韋使臣一起謁見唐帝，並獲得錦彩、銀器等賞賜。

839 年 12 月，渤海王子大延廣入唐。840 年 3 月 20 日，日僧圓仁在青州轄內北海縣所遇見的渤海使團，和 3 月 28 日在青州從「登州留後官」王李武那裡所聽到的，在登州等待唐朝敕使到來一起歸國的渤海王子一行[258]，就是大延廣所率領的使團。他們於 839 年 12 月入唐，至翌年 1 或 2 月左右離開長安，經由青州、登州，與唐使臣一起回渤海。

840 年 1 月，唐文宗駕崩，唐武宗登基，與大延廣一同去渤海的唐朝使臣應當是轉告唐文宗駕崩、唐武宗繼位的「告哀使」。從唐使那裡得知唐朝新皇登基的消息後，渤海立即派遣了弔唁兼祝賀即位的使節，841 年入唐進貢瑪瑙櫃與紫瓷盆的渤海遣唐使，應該就是他們一行。渤海的

---

254 《冊府元龜》卷 972，〈外臣部　朝貢（5）〉；同書卷 976，〈外臣部　褒異（3）〉。

255 《冊府元龜》卷 976〈外臣部・褒異（3）條〉中「大先晟」被寫成「大光晟」。

256 《唐會要》卷 96〈渤海傳〉將「大明俊」標記為「大俊明」，應是同一人。

257 《唐會要》卷 36，附學讀書。

258 圓仁，《入唐求法巡禮行記》卷 2，開成 5 年 3 月 20 日、28 日。

貢品做工十分精巧華麗，唐武宗非常喜歡。[259]846 年正月，王子大之萼作為「賀正使」入唐，與南詔、契丹、室韋使臣一起在宣政殿朝會皇帝，武宗在麟德殿內亭舉行宴會，他們獲得了錦彩、器皿等賞賜。[260]

與新羅等其他國家的情況一樣，會昌年間（841-846）後至唐朝滅亡為止，中國文獻中少有渤海遣唐使的往來記錄，這是由於唐末政治混亂便不再編修實錄，使許多文獻記錄消失於歷史長河。實際上，與新羅的情形相似，渤海遣唐使與唐朝繼續保持往來。858 年渤海大虔晃即位，唐遣使冊封其為「渤海國王」，這要以渤海「告哀使」事先入唐為前提才有可能。另據《新唐書》卷 219〈渤海傳〉載，渤海使臣在會昌年間有四次，唐懿宗咸通年間（860-873）有三次入唐朝貢，但無詳情記錄。

萬幸的是，在韓國與日本古文獻中，可以找到關於渤海遣唐使的蛛絲馬跡。《日本三代實錄》卷 23〈貞觀 15 年（873）5 月、7 月條〉載，為祝賀唐朝平定徐州叛亂的渤海使臣崔宗佐、大陳潤、門孫宰等在大海遭遇風浪，漂流至日本薩摩國甑嶋郡，後由日本遣返回國，入唐失敗。以崔宗佐為長官的渤海使團由 60 名成員與兩船構成，他們所持唐帝下達渤海王的詔書、其他許多密封文書，還有攜帶的弓箭、刀具等都石沉大海了。

據崔致遠撰寫的〈謝不許北國居上表〉，作為「賀正使」入唐的渤海王子大封裔於 897 年 7 月，請求在朝會中將渤海使臣的坐席置於新羅使臣之上，遭到唐帝回絕，那麼可知大封裔是於 897 年 7 月前不久入唐的。

文獻記錄中，渤海最後的遣唐使是宰相烏炤度一行。依照《高麗史》卷 92〈崔彥撝列傳〉的內容，和崔彥撝一起在唐朝考中「賓貢科」的渤海人烏光贊是烏炤度之子，名次在崔彥撝之後。結果，當時入唐的烏炤度懇請變更兩人的名次，未得唐帝允諾。崔彥撝考取賓貢科的時間在唐朝滅亡前的 906 年，[261]以此推斷烏炤度於 906 年左右入唐。[262]

---

[259]《杜陽雜編》卷下。

[260]《舊唐書》卷 18，武宗會昌 6 年正月；《冊府元龜》卷 976，〈外臣部　褒異（3），會昌 6 年正月〉。

[261]李基東，〈羅末麗初　近侍機構와　文翰機構의　擴張〉，《新羅　骨品制社會와　花郎徒》，一潮閣，1984，pp.253-254。

[262]金毓黻，《渤海國志長編》卷 3、卷 7、卷 10。

表 1-1　高句麗遣唐使一覽表

年代	入唐時間	遣唐使姓名	目的活動	出處	其他
619 年	榮留王 2 年 2 月		祝賀建國	A20，C199，F970	
621 年	榮留王 4 年 7 月		朝貢	A20，C199，E189	
	榮留王 4 年 10 月		朝貢	F970	
622 年	榮留王 5 年		朝貢	A20，C199，D220，E190，F970	持唐朝詔書歸國
623 年	榮留王 6 年 12 月		請求頒曆法、天尊像	A20，C61，E190，F970、977，G95	唐使沈叔安、唐朝道士隨行歸國
624 年	榮留王 7 年 12 月		[謝恩]	A20，F970	
625 年	榮留王 8 年		請求佛教、道教	A20，F999	求法僧同行入唐
626 年	榮留王 9 年 12 月		侵略謝罪，[慶賀太宗即位、賀正]	A20，C2、199，D220，E192，F970	
628 年	榮留王 11 年 9 月		祝賀平定突厥、獻《封域圖》	A20，C199，D220，F970	
629 年	榮留王 12 年 9 月		朝貢	A20，F970	
639 年	榮留王 22 年		朝貢	C3	
640 年	榮留王 23 年 12 月	太子桓權	請求貴族子弟入學國學	A20，C3、44、198、199，E195，F970	唐使陳大德隨行歸國
642 年	榮留王 25 年 1 月		[賀正]	A20，F970	
643 年	寶藏王 2 年 1 月		[賀正、告哀]	A21，F970	唐使鄧素隨行歸國
	寶藏王 2 年 6 月		請求道教，[請求冊封]，獲《道德經》	A21	3 月由本國出發，鄧素同行入唐，唐使和道士叔達隨行歸國
644 年	寶藏王 3 年 1 月		[賀正，謝恩]	A21，F970	相里玄獎同行入唐
	寶藏王 3 年 9 月		獻上白金、要求宿衛	A21，E197	
646 年	寶藏王 5 年 1 月		朝貢	D220，F970	
	寶藏王 5 年 5 月		謝罪、獻上美女	A21，C199，D220，E198，F168	
647 年	寶藏王 6 年 12 月	王子莫離支任武	謝罪，賀正	A22，D220，E198，F970	
650 年	寶藏王 9 年		[弔問兼慶賀即位]	A28，C199，D220	
652 年	寶藏王 11 年 1 月		[賀正]	A22，E199，F970	
656 年	寶藏王 15 年 12 月		慶賀太子冊封	A22，F970	

年代	入唐時間	遣唐使姓名	目的活動	出處	其他
665 年	寶藏王 24 年 10 月	王子福男	參加封禪儀式	C4、199，D220，E201	

注：A：《三國史記》，B：《三國遺事》，C：《舊唐書》，D：《新唐書》，E：《資治通鑑》，F：《冊府元龜》，G：《唐會要》，[]：推定事件（以下所有表格皆相同）

表 1-2　百濟遣唐使一覽表

年代	入唐時間	遣唐使姓名	目的活動	出處	其他
621 年	武王 22 年 10 月		獻果下馬	A27，C199，D220，G95，F970	
624 年	武王 25 年 1 月	大臣某	上表、[請求冊封]	A27，C199	
	武王 25 年 7 月		朝貢	A27，F970	
	武王 25 年 9 月		獻上光明甲、[謝恩]	F970	
625 年	武王 26 年 11 月		朝貢	A27，F970	
626 年	武王 27 年		獻上光明鎧、控訴高句麗阻擋百濟與唐的交通	A27，C199，D220	
	武王 27 年 12 月		[慶賀太宗即位、賀正]	A27，F970	
627 年	武王 28 年 8 月	王侄福信	朝貢	A27，C199，D220	持唐朝詔書歸國
629 年	武王 30 年 9 月		上表、[謝罪]	A27，F970	
631 年	武王 32 年 9 月		朝貢	A27，F970	
632 年	武王 33 年 12 月		朝貢	A27，F970	
635 年	武王 36 年 11 月		朝貢	F970	
636 年	武王 37 年 2 月		朝貢	A27，F970	
637 年	武王 38 年 12 月	太子隆	獻上鐵甲、雕斧，獲賜彩帛、錦袍	A27，C3、199，F970	
638 年	武王 39 年 10 月		獻上金甲、雕斧	C3	
639 年	武王 40 年 10 月		獻上金甲、雕斧	A27，F970	
640 年	武王 41 年		請求貴族子弟入學唐朝國學	A27，C44、198，E195	貴族子弟同行入唐
641 年	義慈王元年 5 月		告哀、獲賜賻物	A27，C3、199，D220，E196，F964	3 月由本國出發，唐使鄭文表隨行歸國
	義慈王元年冬		謝恩	A28	8 月由本國出發
642 年	義慈王 2 年 1 月		[賀正]	A28，F970	
643 年	義慈王 3 年 1 月		[賀正]	A28，F970	
644 年	義慈王 4 年 1 月		[賀正]	A28，F970	

年代	入唐時間	遣唐使姓名	目的活動	出處	其他
645 年	義慈王 5 年 1 月	扶餘康信	為與高句麗聯手對付新羅之說辯明、自願派兵、獻上美女、金髹鎧、請求保障求法僧的入唐活動、懇求派遣蔣元昌入百濟、要求送還百濟僧智照	A21，F970，《文館詞林》364	唐使莊元表一行隨行歸國
651 年	義慈王 11 年		[慶賀唐高宗即位]	A28，C199，D220，E199	持唐詔書歸國
652 年	義慈王 12 年 1 月		[賀正]	A28，E199，F970	

表 1-3　新羅真平王至真德王時期遣唐使一覽表

年代	入唐時間	遣唐使名	目的活動	出處	其他
621 年	真平王 43 年 10 月		接受璽書和彩綢	A4，C199，D220，F970	7 月由本國出發，[唐使庾文素隨行歸國]
623 年	真平王 45 年 10 月		朝貢	A4，F970	[翌年 3 月，唐冊封使隨行歸國]
625 年	真平王 47 年 11 月		求援、[謝恩]	A4，F970	
626 年	真平王 48 年 7 月		控訴高句麗、百濟的侵略行徑	A4，C2、189、199，D198，E192，F970、1000	
627 年	真平王 49 年 6 月		[慶賀唐太宗即位、謝恩]	A4，F970	
	真平王 49 年 11 月		[賀正]	A4，F970	
629 年	真平王 51 年 9 月		朝貢	A4，F970	
631 年	真平王 53 年 11 月		獻上美女、[賀正]	A4，C199，D220，E193，F168	7月由本國出發
632 年	善德王元年 12 月		[謝恩、賀正]	A5，F970	
633 年	善德王 2 年		[賀正、要求冊封]	A5	7月由本國出發
638 年	善德王 7 年	神通	朝貢	A5，B3、4，〈皇龍寺九層木塔刹柱本記〉，《續高僧傳》24	慈藏同行入唐
639 年	善德王 8 年		朝貢	C3	
640 年	善德王 9 年		請求貴族子弟入學唐朝國學	A5，D44、198，E195，〈海東高僧傳〉1	5月由本國出發
642 年	善德王 11 年 1 月		[賀正]	A5，F970	

年代	入唐時間	遣唐使名	目的活動	出處	其他
643 年	善德王 12 年 1 月		[賀正]、請求慈藏歸國	A5，B3，F970	慈藏同行歸國
	善德王 12 年 9 月		請兵、請求救援	A5、28，C199，D220 ， E197 ，F991、995	
	善德王 12 年 11 月		請兵、請求救援	A28，F970	
644 年	善德王 13 年 1 月	金多遂	[賀正]	A5，F970，《文館詞林》364	持詔書歸國
647 年	真德王元年		謝恩	A5	7 月由本國出發
	真德王元年 12 月	伊飡金春秋、文王、大監某、溫君解	請兵、宿衛、[賀正]、授金春秋為特進、封文王為左武衛將軍	A5、7、41，B1，C3、199，D220，E198，F974，〈金仁問墓碑文〉，〈聖住寺朗慧和尚塔碑銘〉	
648 年	真德王 2 年 9 月		請兵、求援	E198	
649 年	真德王 3 年	邯帙許	[賀正]	A5	去年冬天由本國出發
650 年	真德王 4 年 6 月	金法敏	勝戰報告、獻上〈五言太平頌〉、[慶賀高宗即位]、受封太府卿	A5、6、28，C199，D220 ， F962 、995，G95，《文苑英華》167	
651 年	真德王 5 年	波珍飡金仁問	宿衛，受封左領軍衛將軍	A5、44	
652 年	真德王 6 年 1 月		[賀正]	A5，E199，F970	
653 年	真德王 7 年 11 月	金仁問	獻上金總布、[賀正]、訪問九成宮	A5，F970，〈萬年宮銘碑陰記〉	

表 1-4　新羅武烈王至文武王時期遣唐使一覽表

年代	入唐時間	遣唐使名	目的活動	出處	其他
655 年	武烈王 2 年 1 月		謝恩、請兵、賀正	A5、44，C199，D220 ， E199 ，F986、995	
656 年	武烈王 3 年 3 月		告捷	F995，G95	
	武烈王 3 年 10 月	伊飡金文王	朝貢	A4，F970	7 月由本國出發
659 年	武烈王 6 年[秋]	金仁問、文泉	請兵	A5、44	4 月由本國出發
660 年	武烈王 7 年	弟監天福	告捷	A5	7 月 29 日由所夫里城出發

年代	入唐時間	遣唐使名	目的活動	出處	其他
	武烈王 7 年 11 月	金仁問、沙飡儒敦、大奈麻中知	蘇定方隨行、宿衛、慶賀討平百濟	A5、6	9 月 3 日由泗沘城出發
662 年	文武王 2 年[冬]	阿飡金仁問	[謝恩]	A6	7 月由本國出發
664 年	文武王 4 年	鄭恭	朝貢	B4	惠通隨行歸國
665 年	文武王 5 年[冬]	金仁問	參加封禪儀式、受封右驍衛大將軍並食邑 400 戶	A6、44，C84，D108，E201，F981，G95	8 月由熊津出發
666 年	文武王 6 年	奈麻金三光、金漢林、[金良圖]	宿衛、請兵、[謝恩]、受封左武衛翊府中郎將	A6、43，《宋高僧傳》4	4 月由本國出發，順璟隨行入唐
667 年	文武王 7 年	大奈麻汁恒世	[送使]	A6	7 月由本國出發
668 年	文武王 8 年	元器	獻上美女、送還淵淨土	A6	春天由本國出發
	文武王 8 年 12 月	角干金仁問、大阿飡助州	李勣隨行、慶賀討平高句麗	A6	9 月由平壤出發，新羅立功軍將隨行
669 年	文武王 9 年	級飡祗珍山	獻上磁石	A6	5 月由本國出發
	文武王 9 年	角干金欽純、波珍飡金良圖	謝罪	A6	金良圖死在唐朝監獄
670 年	文武王 10 年		告奏	A6	9 月由本國出發，在海上漂流，入唐失敗
	文武王 10 年	大奈麻福漢	獻上木材	A6	
672 年	文武王 12 年	級飡原川、奈麻邊山	謝罪、送還鉗耳大侯等唐將、獻上金、銀、牛黃、布匹	A6	9 月由本國出發
675 年	文武王 15 年 2 月		謝罪	A6、44，C5，D220，E202，F986，G95	
	文武王 15 年 9 月		朝貢	A6，F970	

表 1-5　新羅神文王至聖德王時期遣唐使一覽表

年代	入唐時間	遣唐使名	目的活動	出處	其他
686 年	神文王 6 年 2 月		求《禮記》與文章，[請圓測回國]	A7，C199，D220，F999，G36，〈翻經證義大德圓測和尚諱日文〉	[接受唐朝正朔歸國]
699 年	孝昭王 8 年 2 月		朝貢	A8，F970	
703 年	聖德王 2 年 1 月		[告哀、賀正]	A8，F970	4 月由唐出發，與唐使同行歸國
	聖德王 2 年 7 月	阿飡金思讓	[謝恩]	A8	7 月由本國出發，翌年 3 月攜帶《金光明最勝王經》歸國
705 年	聖德王 4 年 3 月	金志誠	朝貢、受封尚舍奉御	A8，F970，〈甘山寺阿彌陀如來造像記〉	
	聖德王 4 年 9 月		朝貢	A8，F970	
706 年	聖德王 5 年 4 月		朝貢	A8，F970	
	聖德王 5 年 8 月		朝貢	A8，F970	
	聖德王 5 年 10 月		朝貢	A8，F970	
707 年	聖德王 6 年 12 月		封聖德王為驃騎大將軍	A8，F970，G95	
709 年	聖德王 8 年 6 月		朝貢	A8，F970	
710 年	聖德王 9 年 1 月		[賀正]	A8，F970	
711 年	聖德王 10 年 12 月		[賀正]	A8，F970	[翌年 3 月與唐使盧元敏同行歸國]
712 年	聖德王 11 年 2 月		朝貢	A8，F971	
	聖德王 11 年 12 月		朝貢	F971	
713 年	聖德王 12 年 2 月		朝貢	A8，F971	唐帝在樓門出迎
	聖德王 12 年 6 月	[金貞宗]	領受冊封詔書	A8	唐帝在樓門出迎，10 月歸國
714 年	聖德王 13 年 2 月	級飡朴裕，王子大監金守忠	賀正，宿衛，朴裕受封朝散大夫員外奉御	A8，F110・971・996	參加朝堂宴會
	聖德王 13 年 10 月		朝貢	A8，F110・974，《三國史節要》11	參加內殿宴會

年代	入唐時間	遣唐使名	目的活動	出處	其他
716年	聖德王15年3月	金楓厚	賀正，受封員外郎	A8，F971・974	
717年	聖德王16年3月		朝貢	A8，F971	
	聖德王16年5月		朝貢	F971	[9月與金守忠同行歸國]
718年	聖德王17年2月		[賀正]，接受守中郎將官職	A8，F971・974	6月到達新羅
719年	聖德王18年1月		賀正，受賜帛50匹	A8，F971・974	
	聖德王18年5月		朝貢	F974	途中死亡，追贈太僕卿，獲賻物絹100匹
722年	聖德王21年10月	大奈麻金仁壹	賀正	A8，F971，G95	
723年	聖德王22年4月		進貢果下馬、人參、牛黃，獻上表文	A8，D220，F971，G95	
724年	聖德王23年2月	金武勳	賀正，受封游擊將軍官職，領受詔書、受帛50匹等賜物	A8，F971・975・980，G95	5月由唐出發
	聖德王23年12月		進獻美女貞菀、抱貞，[謝恩，賀正]	A8，D220，F971・170	
725年	聖德王24年		參席封禪大典，慶賀	C23	
726年	聖德王25年4月	新羅王從弟金忠臣	賀正，宿衛，接受帛100匹	A8，F971・975	
	聖德王25年5月	新羅王弟金欽質	受封郎將官職	A8，F971・975	
727年	聖德王26年1月		賀正，受封奉御，接受緋袍、銀帶、魚袋	A8，F971・975	
728年	聖德王27年7月	新羅王從弟金嗣宗	宿衛，請求入國學，受封果毅	A8，C8・199，D220，F971・975	
729年	聖德王28年1月		賀正	A8，F971	
	聖德王28年9月		朝貢	A8，F971	
730年	聖德王29年2月	新羅王之侄金志滿	宿衛，進貢小馬、狗、頭髮，受封太僕卿員外置同正員官職，接受絲綢、紫袍、銀細帶、魚袋等賜物	A8，F975	
	聖德王29年10月		朝貢	A8，F975	
731年	聖德王30年2月	金志良	賀正，進貢牛黃、金、銀，受封太僕少卿員外置，接受帛60匹	A8，F971・975，《全唐文》40	持詔書歸國

年代	入唐時間	遣唐使名	目的活動	出處	其他
732 年	聖德王 31 年 1 月		賀正	F971・975	
	聖德王 31 年 9 月	[金孝芳]	宿衛	A8，F973	在唐病死
733 年	聖德王 32 年 12 月	新羅王之侄金志廉	謝恩，宿衛，獻上表文，進貢馬、金、牛黃、人參，受封鴻臚少卿員外置，接受束帛	A8，F971・975，G95，《全唐文》284	參加內殿宴會，在唐病死
734 年	聖德王 33 年 4 月	大臣金端竭丹	賀正，受封衛尉少卿，接受緋蘭袍、平漫銀帶、絲綢 60 匹等賜物	A8，F971・975，G95，《全唐文》284，《文苑英華》471	參加內殿宴會，秋天由唐出發，[與金義忠一同歸國]
735 年	聖德王 34 年 1 月	金義忠，金榮，金義質	賀正，領受詔書	A8，F971・975，《全唐文》285	金榮在唐死亡，追贈光祿少卿官職，金義質病死，3 月由唐出發
	聖德王 34 年 2、3 月	金思蘭	謝恩，上表請求賜與浿江以南土地，受封太僕卿員外置	《全唐文》285	滯留唐朝
	聖德王 34 年 12 月	大阿飡、新羅王從弟金(忠)相	朝貢	A8，C8，F975，G95	途中死亡，追贈衛尉卿
736 年	聖德王 35 年 6 月		賀正，謝恩	A8，F971	
737 年	聖德王 36 年 2 月	沙飡金抱質	賀正	A8・9，F971	10 月到達新羅

表 1-6　新羅孝成王至惠恭王時期遣唐使一覽表

年代	入唐時間	遣唐使名	目的活動	出處	其他
737 年	孝成王元年 12 月		告哀	A9，C199，F964・971，G95	[翌年 2 月唐使同行歸國]
738 年	孝成王 2 年 3 月	大臣金元玄	賀正	A9，F971	
742 年	孝成王 6 年 5 月		朝貢	F971	
744 年	景德王 3 年閏 2 月		賀正	A9，F971	
	景德王 3 年 4 月		謝恩，獻果下馬及寶物	A9，F971，G95	
	景德王 3 年 10[12] 月	王弟某	賀正，受封左清道率府員外長史，接受綠袍、銀帶	A9，F971・975，G95	

年代	入唐時間	遣唐使名	目的活動	出處	其他
745 年	景德王 4 年 4 月		朝貢	F971	
746 年	景德王 5 年 2 月		賀正	A9，F971	
747 年	景德王 6 年 1 月		賀正	A9，F971	
748 年	景德王 7 年		獻上金、銀、總布、牛黃、人參、	G95	
753 年	景德王 12 年 1 月		賀正	《續日本紀》19，與日本使臣爭長	
755 年	景德王 14 年 4 月		賀正	A9，F971	
757 年	景德王 16 年 1[2] 月		賀正，領受五言十韻詩	A9，D220	到達成都
758 年	景德王 17 年 8 月		朝貢	A9，F976	參加紫宸殿宴會
761 年	景德王 20 年 2 月	金嶷	宿衛	E222	
762 年	景德王 21 年 9 月		[弔問，慶賀登極]	A9，F972	
763 年	景德王 22 年 4 月		受封檢校禮部尚書	A9，G95	
764 年	景德王 23 年	蘇判金容	謝恩	《續日本紀》25	與韓朝采同行入唐
765 年	景德王 24 年 4 月		受封檢校禮部尚書	A9，F972・976	
767 年	惠恭王 3 年冬季	阿飡金隱居	告哀，請求冊封	A9，F110・972・965・976，C199，《續日本紀》30	7 月由本國出發，參加紫宸殿宴會，攜帶藤原朝臣河清、朝衡的書信歸國
768 年	惠恭王 4 年 9 月		[謝恩]	A9，F972	
772 年	惠恭王 8 年 5 月	阿飡金標石	賀正，受封衛尉員外少卿	A9，C11・199，F972・976，G95	1 月由本國出發
773 年	惠恭王 9 年 4 月		賀正，獻金、銀、牛黃	A9，C199，F972，G95	
	惠恭王 9 年 6 月		謝恩	A9，F972	在延英殿受接見，[攜帶藤原朝臣河清書信歸國]
774 年	惠恭王 10 年 4 月		朝貢	A9，F972	
	惠恭王 10 年 10 月		賀正，受封衛尉員外郎（員外衛尉卿）	A9，F972・976	在延英殿受接見，11 月由唐出發
775 年	惠恭王 11 年 1 月		[賀正]	A9，F972	
	惠恭王 11 年 6 月		朝貢	A9，F972	

年代	入唐時間	遣唐使名	目的活動	出處	其他
776年	惠恭王12年7月		朝貢	A9，F972	
	惠恭王12年10月		朝貢	A9，F972	
777年	惠恭王13年12月		朝貢	F972	

表1-7　新羅宣德王至興德王時代的遣唐使一覽表

年代	入唐時間	遣唐使名	目的活動	出處	其他
782年	宣德王3年閏1月		[賀正]	A9，F972	
784年	宣德王5年	韓粲金讓恭	[告哀，請求冊封]	A9，C12・199，D220，F965，G95，《祖堂集》17	道義隨行入唐，[與唐使同行歸國]
786年	元聖王2年4月	金元全	[謝恩]	A10	夏季由唐出發，領受詔書、賜物歸國
789年	元聖王5年	金俊邕		A10	
790年	元聖王6年	金彥昇		A10	
792年	元聖王8年	迊干某	獻上美女金井蘭[妙正]	A10，B2	7月由本國出發
799年	昭聖王元年[冬季]		告哀，進貢人參	A10，C13・199，D20・220，E235，F965，G95，《全唐文》491	7月從本國出發，翌年4月由唐出發
804年	哀莊王5年11月		賀正，[告哀，要求冊封]	A10，C14・199，D220，F965・972・976，〈雙溪寺真鑒禪師塔碑銘〉	真鑒禪師慧昭隨行入唐，[與唐使同行歸國]
806年	哀莊王7年8月		[謝恩，弔問兼祝賀登基]	A10，C199，F972・976・996，G95	[隨唐使入唐，11月由唐出發，與金憲忠同行歸國]
	哀莊王7年12月		[賀正]	C14	
808年	哀莊王9年7月	金力奇	謝恩，乞求對於已故昭聖王的冊封詔書	A10，C199，D220，F972・976，G95	2月由本國出發，領受詔書、門戟歸國，[10月由唐出發]
809年	哀莊王10年	大阿飡金陸珍	謝恩	A10，C199，G95，	7月由本國出發

年代	入唐時間	遣唐使名	目的活動	出處	其他
810年	憲德王2年10月	王子金憲章	進貢佛像、佛經，為順宗祈求冥福，受封衛尉卿	A10，C199，F972，G49‧95，《白氏長慶集》56，《全唐文》665	與僧侶沖虛同行入唐
812年	憲德王4年4月	阿飡金昌南	賀正，告哀，請求冊封，接受門戟	A10，C15‧199，D220，F965‧972‧976，G95	54名入京，[8月由唐出發，與唐使同行歸國]
815年	憲德王7年1月		[賀正]	A10，C15，F111‧976	與南詔使共同受到唐帝接見，出席宴會
816年	憲德王8年	王子金士信	宿衛，[賀正]	C199，F972，G95	11月漂流至楚州鹽城縣，[翌年3月入朝]
817年	憲德王9年	王子金張廉	宿衛，請求禁止奴婢買賣	A10‧44，F42	漂流至明州，由浙東某官護送入長安
818年	憲德王10年		貢獻樂工	《三國史節要》13	6月由本國出發
820年	憲德王12年2月		[賀正]	F111‧976	參加麟德殿宴會，[與唐使同行歸國]
	憲德王12年11月		[弔問，慶賀登基]	A10，C199，F972‧976，G95	出席麟德殿宴會
822年	憲德王14年12月	金昕，金柱弼	賀正，宿衛，籲求放還新羅人奴婢，受封金紫光祿大夫試太常卿	A10‧44，C199，F972，G86‧95，〈聖住寺朗慧和尚塔碑銘〉，《祖堂集》17	朗慧和尚無染隨行入唐
825年	憲德王17年5月	金昕	申請新羅學生入唐國學　和放還期滿留學生	A10，C199，F999，G95，《祖堂集》17	金允夫、金立之、朴亮之、道允隨行入唐，[與唐使同行歸國]
826年	興德王元年12月		[告哀，請求冊封]	A10，F976‧999	出席麟德殿宴會，[翌年3月與唐使同行歸國]
827年	興德王2年4月		朝貢	C199	
828年	興德王3年		[謝恩，賀正]	A10	2月由本國出發
	興德王3年12月	大廉	[賀正]	A10，F972‧976	在麟德殿受到唐帝接見，攜帶茶葉種子歸國

年代	入唐時間	遣唐使名	目的活動	出處	其他
830 年	興德王 5 年 12 月		[賀正]	A10，F972	
831 年	興德王 6 年 2 月	王子金能儒	[賀正]	A10，F972	僧侶 9 名隨行入唐，7 月歸國途中溺沒
	興德王 6 年 11 月		[賀正]	A10，F972	
836 年	興德王 11 年 6 月左右	王子金義琮	謝恩，宿衛	A10，C199，D220，F996，G36・95，《祖堂集》17	1 月由本國出發，梵日隨行入唐
	興德王 11 年 12 月		宿衛，[賀正]，請求留學生待遇與放還	F972，G36・95	金義琮與玄昱隨行歸國，9 月到達會津

表 1-8　新羅神武王至孝恭王時期的遣唐使一覽表

年代	入唐時間	遣唐使名	目的活動	出處	其他
839 年	神武王元年 7 月		向淄青節度使進貢奴婢	A10，F980，〈寶林寺普照禪師塔碑銘〉	[翌年 2 月]體澄同行歸國
840 年	文聖王 2 年 4 月		告哀，[請求冊封]，請求放還宿衛學生	A11，C199，D220，G95	
846 年	文聖王 8 年 2 月	金國連	[賀正]	C18	
850 年	文聖王 12 年	阿飡元弘	受封太常寺少卿	A11，B3，《樊川文集》20	翌年 4 月攜佛經、佛牙、〈重修鳴鶴樓記〉歸國
856 年	文聖王 18 年		賀正	〈月光寺圓朗禪師塔碑銘〉	圓朗禪師大通隨行入唐
858 年	憲安王 2 年		[告哀，請求冊封]	《祖堂集》20，〈瑞雲寺了悟和尚塔碑銘〉	了悟禪師順之隨行入唐
862 年	景文王 2 年	阿飡富良	[告哀]	A11	7 月由本國出發，8 月溺沒，入唐失敗
864 年	景文王 4 年		告哀，請求冊封	A11，〈初月山崇福寺碑銘〉	翌年 4 月與唐使同行歸國
869 年	景文王 9 年	王子蘇判金胤，判官崔賀	謝恩，進貢馬、金銀、牛黃，請求學生入學國學	A11・46	7 月由本國出發，李同等隨行入唐
870 年	景文王 10 年夏季	沙飡金因，金緊榮	宿衛	A11，〈太子寺朗空大師塔碑銘〉	2 月由本國出發，朗空大師行寂隨行入唐

年代	入唐時間	遣唐使名	目的活動	出處	其他
876年	憲康2年[冬季]		[告哀]	A11	7月由本國出發
878年	憲康王4年		[謝恩]	A11	7月由本國出發，因黃巢之亂入唐失敗
882年	憲康王8年	金直諒，朴仁範	探候	A46，〈新羅探候使朴仁範員外〉	到達成都
884年	憲康王10年	金仁圭，錄事崔栖遠	金仁圭受封檢校倉部員外	〈祭巉山神文〉、〈謝賜弟栖遠錢狀〉、〈謝太尉別紙〉	到達成都，翌年3月與崔致遠同行歸國
885年	憲康王11年	試殿中監金僅	慶賀平定黃巢之亂，請求學生入國子監，受領詔書	A11，〈謝賜詔書兩函表〉、〈奏請宿衛學生還蕃狀〉	10月由本國出發，金茂先、楊穎等隨行入唐，金紹遊同行歸國
891年	真聖王5年[夏季]	崔元	祝賀唐昭宗登基，請求學生入國子監，受封檢校尚書司部郎中，領受追封詔書	〈遣宿衛學生首領等入朝狀〉、〈謝恩表〉、〈無為寺先覺大師碑銘〉	初春由本國出發，897年7月崔霙、先覺大師同行歸國
893年	真聖王7年	兵部侍郎金處誨	納旌節	A11・46	途中溺死，入唐失敗
	真聖王7年	槥城郡太守金峻、富城郡太守崔致遠	告奏，賀正	A46	因道路不通還國，入唐失敗
896年	真聖王10年	崔藝熙		〈廣照寺真澈大師碑銘〉	真澈大師隨行入唐
897年	真聖王11年	守倉部侍郎、級飡金穎	賀正，告讓位，宿衛，請求學生入國子監及放還期滿學生	A11，〈讓位表〉，〈新羅賀正表〉	
	真聖王時期	季子阿飡良貝		B2	弓士50名同行
	孝恭王時期		謝恩，告嗣位	〈謝恩表〉、〈謝嗣位表〉	

表 1-9　渤海高王至文王時期遣唐使一覽表

年代	入唐時間	遣唐使名	目的活動	出處	其他
714 年	高王 16 年[7、8 月]		[謝恩，請求學生入學國學]	C199，《玉海》153	[與唐使入唐、學生隨行]
721 年	武王 3 年 11 月	靺鞨大首領	[謝恩]，受封折衝	F971・974	
722 年	武王 4 年 11 月	大臣味勃計	獻鷹，受封大將軍，受賜錦袍金魚袋	F971・975	
724 年	武王 6 年 2 月	賀作慶	賀正，受封游擊將軍，受賜帛 50 匹	F971・975	
725 年	武王 7 年 1 月	大首領烏借芝蒙	賀正	F971	
	武王 7 年 4 月	首領謁德	受封果毅	F975	
	武王 7 年 5 月	王弟大昌勃價	宿衛，受封左威衛員外將軍、襄平縣開國男，受賜紫袍金帶、魚袋	F975	727 年 4 月離唐歸國
726 年	武王 8 年 4 月	王子大都利行	宿衛，獻貂鼠皮，受封左武衛大將軍員外置	C199，F975	728 年 4 月在唐死亡，追贈特進兼鴻臚卿，受賜絹 300 匹、粟 300 石等賻儀，靈柩送還渤海
	武王 8 年 11 月	王子大義信	朝貢	C8，F971	
727 年	武王 9 年 8 月	王弟大寶方	朝貢	F971	
728 年	武王 10 年 9 月	菸夫須計	受封果毅	F975	
729 年	武王 11 年 2 月	王弟大胡雅	宿衛，獻鷹，受封游擊將軍，受賜紫袍金帶	F971・975	
	武王 11 年 3 月		獻鯔魚，受賜帛 20 匹	F971・975	
	武王 11 年 8 月	王弟大琳	宿衛，接受中郎將官職	F975	
730 年	武王 12 年 1 月	王弟大朗雅	賀正，宿衛	F971・975，〈勅渤海王大武藝書（2、4）〉	流配嶺南
	武王 12 年 2 月	智（知）蒙	獻馬，受封中郎將，受賜領絹、緋袍銀帶	F971・975	與木智蒙為同一人

年代	入唐時間	遣唐使名	目的活動	出處	其他
	武王12年5月	烏那達利（初）	獻海豹皮、貂鼠皮、瑪瑙杯、馬，受封果毅，受賜帛	F971・975	
731年	武王13年2月		賀正，受封將軍，受賜帛	F971・975	
	武王13年[4，5月]	馬文軌、蔥勿雅	請求誅殺大門藝	C199，〈勅渤海王大武藝書(1)〉	被唐扣留
	武王13年10月	大取珍	[謝恩]，受封果毅，受賜帛	F971・975	
735年	武王17年	大茂慶	朝貢	〈勅渤海王大武藝書（4）〉	
736年	武王18年3月	王弟大蕃	請求接替宿衛，稟告突厥軍事情報，受封太子舍人員外，受賜帛	F971・975，〈勅渤海王大武藝書（2・4）〉	與大朗雅同行歸國
737年	武王19年1月	大首領木智蒙	朝貢	F971	
	武王19年4月	公伯計	獻鷹鶻，受封將軍	F971・975	
	武王19年8月	大首領多蒙固	送還水手、捕虜，受封左武衛將軍，受賜紫袍金帶、帛	F975，〈勅渤海王大武藝書(3)〉	
738年	文王2年6月		請求抄寫《唐禮》、《三國志》、《晉書》、《三十六國春秋》帶回國	G36	
	文王2年閏7月		[謝恩]，獻貂鼠皮、乾文魚	F971	[與唐使同行入唐]
739年	文王3年2月	王弟大勗進	宿衛，獻鷹，受封左武衛大將軍員外置同正，受賜紫袍金帶、帛	F971・975	出席內殿宴會
	文王3年10月	憂（受）福子	謝恩，受封果毅，受賜紫袍銀帶	F971・975	
740年	文王4年10月		獻貂鼠皮、昆布	F971	
741年	文王5年2月	失阿利	賀正，受封郎將	F971・975	越喜靺鞨、黑水靺鞨同行入唐
	文王5年4月		獻鷹鶻	F971	
743年	文王7年7月	王弟大蕃	宿衛，受封左領軍衛員外大將軍	F975	
746年	文王7年3月		賀正，獻馬	F971	
747年	文王11年1月		賀正	F971	

年代	入唐時間	遣唐使名	目的活動	出處	其他
749年	文王13年3月		獻鷹	F971	
750年	文王14年3月		獻鷹	F971	
753年	文王17年3月		賀正	F971	
754年	文王18年1月		賀正	F971	
758年	文王22年		確認唐帝還都與否	《續日本紀》21	4月由本國出發
760年左右	文王24年	楊方慶	賀正	《續日本紀》21・24	日本人高元度等同行入唐
767年	文王31年7月		朝貢	F972	
767年	文王31年8月		朝貢	C9，F972	
	文王31年9月		朝貢	F972	
	文王31年11月		朝貢	F972	
	文王31年12月		朝貢	F972	
769年	文王33年3月		朝貢	F972	
	文王33年12月		朝貢	F972	
772年	文王36年秋季		朝貢	C11	
	文王36年12月		朝貢	C11，F972	
773年	文王37年4月		朝貢	F972	
	文王37年6月		賀正	F972	在延英殿受到接見，與新羅使同席
	文王37年11月		朝貢	F972	
	文王37年閏11月		朝貢	F972	
	文王37年12月		朝貢	F972	
774年	文王38年1月		朝貢	F972・996	2月在延英殿舉行送別宴，與大英俊同行歸國
	文王38年12月		朝貢	F972	
775年	文王39年1月		朝貢	F972	
	文王39年5月		朝貢	F972	
	文王39年6月		朝貢	F972	
	文王39年12月		朝貢	F972	
777年	文王41年1月		獻日本舞女	C11・199，D219，F972	
	文王41年2月		獻鷹	F972	
	文王41年4月		朝貢	C11・199，F972	
	文王41年12月		朝貢	C199，F972	
780年	文王44年10月		朝貢	F972	
782年	文王46年5月		朝貢	C199，F972	

年代	入唐時間	遣唐使名	目的活動	出處	其他
791年	文王55年1月	大常靖	賀正，受封衛尉卿同正	C199，F796	5月由唐出發歸國
	文王55年8月	王子大貞翰	宿衛	C199，F996	
792年	文王56年閏12月	渤海押靺鞨使楊吉福	朝貢	G96	

表 1-10 渤海康王至哀王時期的遣唐使一覽表

年代	入唐時間	遣唐使名	目的活動	出處	其他
794年	康王元年1月	王子大清允	[賀正兼告哀]，受封右衛將軍同正	C199，F976，G96	30人入京
795年	康王2年12月	靺鞨都督阿密古	[謝恩]，受封中郎將	G96	22人入京
798年	康王5年3月左右		請求康王官爵升級	F965，G96	
	康王5年10月左右	王侄大能信	[謝恩]，受封左驍衛中郎將	C199，F976	11月由唐出發歸國
804年	康王11年11月		朝貢	F972	
805年	康王12年4月左右		[弔問，慶賀順宗即位]	C199，F965	
806年	康王13年12月		[謝恩，慶賀憲宗即位]	C14・199，F972	
807年	康王14年4月左右	楊光信	慶賀端午	F987	在潼關被逮捕拘問
	康王14年12月		朝貢	C14，F972	
809年	定王元年1月		[告哀]	C199，F965・976・980	在麟德殿受到接見，[與唐使元文政同行歸國]
810年	定王2年1月	高才南	朝貢	C199，F972	
	定王2年11月	王子大延真	朝貢	C199，F972	
812年	定王4年1月		領受官誥與衣服	C199，F972・976	在麟德殿受到接見
	定王4年12月		[告哀]	C199，F976，G96	[與唐使李重旻同行歸國]
813年	僖王元年12月	王子辛文德	[謝恩，賀正]，受賜錦彩	F972・976，G96	97人入京，參席宴會，[與唐使李重旻同行入唐]

年代	入唐時間	遣唐使名	目的活動	出處	其他
814 年	僖王 2 年 1 月	高禮進	獻金銀佛像	F972・976	37 人入京，參席麟德殿宴會
	僖王 2 年 11 月		獻鷹鶻	F972	
	僖王 2 年 12 月	大孝真	朝貢	F972	59 人入京
815 年	僖王 3 年 1 月	卯貞壽	領受官誥	F976	
	僖王 3 年 2 月	大呂慶	領受官誥	F976	
	僖王 3 年 7 月	王子大庭俊	朝貢	F972	101 人入京
816 年	僖王 4 年 2 月	高宿蒳	領受官誥、國信，受賜錦彩	F972・976・980，G96	20 人入京
	僖王 4 年 11 月		朝貢	C15，F972，《太平環宇記》175	
817 年	僖王 5 年 2 月	大誠慎	受賜錦彩	F972・976	
818 年	宣王元年 3 月	李繼常	告哀，領受官誥	C15・199，F965・967・980	26 人入京，[5 月由唐出發，與唐使同行歸國]
820 年	宣王 3 年閏 1 月		[賀正]	C199，F972・976	參席麟德殿宴會，[與唐使同行歸國]
	宣王 3 年 12 月		[謝恩，賀正，慶賀穆即位]	C199，F972・976	參席麟德殿宴會
822 年	宣王 5 年 1 月		朝貢	C199，F972・976	參席麟德殿宴會
824 年	宣王 7 年 2 月	大聰叡	請求宿衛	C16・199，F111・972	50 人入京
825 年	宣王 8 年 3 月		[賀正]	F972	
826 年	宣王 9 年 1 月		[賀正]	F972	
827 年	宣王 10 年 4 月		賀正，[慶賀文宗即位]	C199，F972・976，《續日本後紀》11	僧侶貞素隨行入唐，11 人入京，參席麟德殿宴會，受賞
828 年	宣王 11 年 12 月		[賀正]	C972・976，《續日本後紀》11	在麟德殿受到接見，參席宴會，[歸國途中溺沒]
830 年	宣王 13 年 12 月		[告哀]	C199，F972	
831 年	彝震王元年 11 月		[謝恩]	F972	
832 年	彝震王 2 年 3 月	王子大明俊	朝貢	C199，F972・976	在麟德殿受到接見，參席宴會
	彝震王 2 年 12 月	同中書右平章事高寶英	謝恩，請求學生入學國學及放還	C199，F972・999	[唐使王宗禹同行入唐，學生隨行歸國]

年代	入唐時間	遣唐使名	目的活動	出處	其他
833 年	彝震王 3 年 2 月	王子大先晟	朝貢	C17・199，F976	參席麟德殿宴會
836 年	彝震王 6 年 12 月		朝貢	F972	
837 年	彝震王 7 年 1 月	王子大明俊	賀正，請求學生入學國學	F976，G36	學生同行入唐，19 人入京，參席麟德殿宴會
838 年	彝震王 8 年 2 月		[賀正]，受賜錦彩、銀器	F976	在麟德殿受到接見
839 年	彝震王 9 年 12 月	王子大延廣	[賀正]	F972，《入唐求法巡禮行記》2	翌年 3 月經由登州歸國，[唐使同行]
841 年	彝震王 11 年		[弔問，慶賀武宗即位]，獻瑪瑙櫃、紫瓷盆	《杜陽雜錄》下	
846 年	彝震王 16 年 1 月	王子大之萼	[賀正]，受賜錦彩、器皿	C18，F972・976	宣政殿朝會，在麟德殿受到接見，參席內亭子宴會
873 年	景王 3 年	崔宗佐、大陳潤、門孫宰	祝賀徐州平定	《日本三代實錄》23・24	2 艘船，60 人乘船，漂流至日本薩摩國甑嶋郡，遣送回國，入唐失敗
897 年	景王 27 年 7 月	王子大封裔	賀正，渤海使要求坐上席	〈謝不許北國居上表〉	
906 年	哀王 6 年	宰相吳炤度	請求變更賓貢科名次	《高麗史》92	

第二章　遣唐使的組織與運行

從上一章的史料整理可以看出，高句麗、百濟、新羅、渤海頻頻向唐朝派遣使節團。關於遣唐使團有怎樣的組織規模，分為哪些類型，如何運行的情況，我們還沒有開始分析，而且關於遣唐使團人員構成與社會出身、入唐與歸國的具體環節流程等，目前學術界還是一片空白。

隋唐時期的東亞，周邊國家學習與接受中國發達的政治制度，作為本國的範本，新羅與日本的律令制度的原型正是唐制。東亞三國的律令體制在細節上雖有若干差異，但其大綱都源於唐制，從這一點上，筆者認為，各國模仿唐朝建立的使節團運行體制都有一個統一的方式與原理。

在此前提下，我們以文獻比較豐富的唐朝各種使團的派遣記錄，與日本遣唐使制度及運行資料為參考，來再現唐代韓半島三國與渤海遣唐使的內部構造與類型，及其入唐與歸國流程。稀少而散見於各種史料中的南北國時代新羅、渤海遣日本使的往來記錄，也為研究韓國古代遣唐使的組織與規模問題提供了線索。不僅如此，通過日本遣新羅使與遣渤海使的相關文獻，我們也可推知遣唐使的內部構造、類型及入朝節次等。關於高句麗、百濟、渤海遣唐使的詳細記載較少，在本章我們以新羅遣唐使的相關文獻為主，來探討韓國古代遣唐使的組織結構、人員背景、使團種類、入唐與歸國流程等諸多問題。

第一節　遣唐使的構成與人員背景

一、使節團的構成

（一）遣唐使團的官員們

在遣唐使的構成人員中，我們最容易找到的官員是「副使」。735 年 2 月，與新羅「賀正使」金義忠一起入唐並客死他鄉的金榮是「賀正副使」，[1]885 年的新羅遣唐使「試殿中監」金僅是為祝賀唐朝平定黃巢之亂與皇室還都而被派遣的「慶賀副使」，[2]927 年新羅向後唐派遣的「兵部郎中」朴術洪是「副使」，[3]還有 932 年與執事侍郎金昢（朏）一起朝唐的「司賓卿」李儒也是「副使」。[4]

「副使」不僅在新羅，也是東亞各國使團普遍設置的官職，如日本遣唐使、新羅向日本派遣的使團中也有「副使」一職。697 年新羅向日本派遣的「奈麻」金任想、721 年派遣的「沙飡」金弼、723 年派遣的「韓奈麻」昔楊節、779 年派遣的「級飡」金巖等全是遣日本使「副使」，這些史料見於《續日本紀》卷 11〈文武天皇元年 10 月辛卯條〉、同書卷 8〈養老 5 年 12 月條〉、〈養老 7 年 8 月庚子條〉以及同書卷 35〈寶龜 11 年正月壬申條〉中。

渤海遣日使團中也存在「副使」。739 年的己珍蒙、758 年的楊泰師、759 年的高興福、762 年的李能本、771 年的慕昌祿、814 年的高景秀、823 年的璋璿、825 年的高如岳、841 年的王寶璋、849 年的烏孝慎、859 年的周元伯、871 年的李興晟、882 年的高周封等都是渤海派往日本的使團「副

---

1 《三國史記》卷 8，聖德王 34 年 2 月；《冊府元龜》卷 975，〈外臣部　褒異（2），開元 22 年 2 月癸卯〉。

2 崔致遠，〈奏請宿衛學生還蕃狀〉，《東文選》卷 47。

3 《三國史記》卷 12，景哀王 4 年 2 月；《冊府元龜》卷 976，〈外臣部　褒異（3），天成 2 年 3 月庚午〉。

4 《三國史記》卷 12，敬順王 6 年 4 月；《冊府元龜》卷 973，〈外臣部　朝貢（5），長興 3 年 4 月〉。

使」。不僅如此，日本向新羅、渤海所遣使團中也任命有「副使」，代表人物是 706 年赴新羅的對馬連堅石、758 年入渤海的高橋朝臣老麻呂等。

唐朝使團裡也有「副使」。645 年唐太宗向新羅派遣的「右衛勳衛旅師」段智君是「朝散大夫」莊元表所率使團的「副使」，[5]733 年唐玄宗派往新羅的金思蘭是何行成所領使團的「副使」。[6]而且在唐宿衛的金忠信和金士信，也是作為唐使團之「副使」而回到故鄉的。737 年唐朝為冊封新羅王，派「贊善大夫攝鴻臚少卿」邢璹入新羅，其手下「率府兵曹參軍」楊季膺就是「副使」。[7]812 年入新羅的金沔是「弔祭冊立副使」，[8]裴匡與金允夫分別是「冊封使」胡歸厚與源寂所率使團的「副使」。金雲卿也曾作為唐朝的「宣慰副使」回到新羅。日本僧人圓仁於 839 年 6 月和 847 年閏 3 月，在登州遇到的唐朝入新羅使中，就有「副使」崔某與「副使」金簡中。[9]由此可見，唐朝、新羅、渤海和日本的使團中都設立了「副使」這樣的官職。

遣唐使團成員中的「副使」，其職能是輔佐上級長官。古代韓半島三國與渤海遣唐使團最高職官的正式名稱不是十分明確。但是能夠確認新羅派往日本使團的長官被稱為「大使」。721 年赴日本的新羅使臣「一吉飡」金乾安、700 年的「薩飡」金所毛、752 年的金暄等都是「大使」。日本也將遣至新羅的使團長官稱作「大使」。682 年自日本赴新羅的采女臣竹羅、685 年的高向臣麻呂、700 年與 703 年的佐伯宿禰麻呂和波多朝臣廣足皆是「大使」。渤海往來日本的使節也是一樣，渤海共向日本派遣過 34 回的使團，其大部份長官被稱為「大使」，有「大使」胥要德、「渤海大使」楊承慶、「高麗大使」王新福、「渤海國大使」王孝廉等。另外，日本向渤海派遣使團的領導者，如 758 年的小野朝臣田守也被記作「大使」。

日本遣唐使團長官的稱謂也是「大使」。日本叫他們的人為「大使」，

---

5 〈貞觀年中撫慰百濟王詔書一首〉、〈貞觀年中撫慰新羅王詔書一首〉，《文館詞林》卷 364；朝鮮史編修會，《朝鮮史》1-3，pp.393-386。

6 張九齡，〈勅新羅王金興光書（1）〉，《全唐文》卷 284。

7 《舊唐書》卷 199，新羅；《新唐書》卷 220，新羅；《三國史記》卷 9，孝成王 2 年 2 月。

8 《冊府元龜》卷 976，〈外臣部　褒異（3）〉。

9 圓仁，《入唐求法巡禮行記》卷 2，開成 4 年 6 月 28 日；同書卷 4，大中元年閏 3 月 10 日。

唐朝也呼其「大使」。838 年的遣唐使藤原朝臣常嗣入唐時，管理日本遣唐使諸事務的唐朝官吏王友真稱其為「大使」。[10]唐朝授予藤原朝臣的正式官職就是「日本國持節大使、正三品行太政官左大弁、守鎮西府都督參議」，[11]可見「大使」是唐朝認證的日本使團最高職官的正式名稱。

然而在新羅、高句麗、百濟、渤海遣唐使的官員記錄中，找尋不到使用「大使」一職的例子。其原因可能是「大使」就是使團的代表，一般情況下沒有一一記錄其正式職銜的必要，只要說「朝貢使」、「賀正使」或「謝恩使」、「新羅國使」是某某，就可充份表明他是遣唐使「大使」。在《冊府元龜》卷 971 中記載 735 年與「副使」金榮一起入唐的新羅遣唐使長官金義忠之時，寫作「新羅遣使金義忠等來賀正」。927 年 3 月，新羅向後唐派遣的使團中有明確的「副使」與「判官」，最高長官「兵部侍郎」張芬為「新羅國入朝使」。[12]日本文獻稱 700 年、769 年新羅派往日本的「沙飡」金所毛與金初正為「新羅大使」和「新羅使」，這兩個詞指的是同一意思。[13]從對 779 年赴日的「沙飡」金蘭蓀之記載順序與官等來看，很明顯是使團的「大使」，而《續日本紀》卷 35 僅記其為「新羅國使」或「新羅使」。日本史料對渤海向日本所派的使團長官也不精確呼之為「大使」，而只通稱為「渤海使」或「遣渤海使」。758 年 9 月赴日的楊承慶有時被呼作「渤海使」或「高麗使」，有時被叫作「渤海國使」或「高麗國使」。[14]

唐朝使團的情況也相同。唐代宗為冊封新羅惠恭王與王母，768 年派往新羅的使團長官歸崇敬的稱謂是「弔祭冊立新羅使」，[15]839 年唐文宗向

---

10 圓仁，《入唐求法巡禮行記》卷 2，開成 3 年 12 月 18 日。

11 圓仁，《入唐求法巡禮行記》卷 2，開成 4 年 2 月 26 日。

12 《冊府元龜》卷 971，〈外臣部　朝貢（4），開元 23 年正月〉；同書卷 976，〈外臣部　褒異（3），後唐明宗天成 2 年 3 月〉。

13 《續日本紀》卷 1〈文武天皇 4 年 11 月壬午條〉記載「新羅使薩飡金所毛來赴母王之喪」，同書卷 2〈大寶元年正月戊子條〉載為「新羅大使薩飡金所毛卒」。另外，關於金初正，上書卷 30〈神護景雲 3 年 11 月丙子條〉稱「新羅使級飡金初貞」，〈寶龜元年 3 月丁卯條〉稱為「大使金初正」。

14 《續日本紀》卷 21，天平寶字 2 年 9 月丁亥、12 月壬戌；同書卷 22，天平寶字 3 年正月庚午、乙酉。

15 《舊唐書》卷 149，歸崇敬傳；《新唐書》卷 164，歸崇敬傳。

新羅所遣使團長官吳子陳為「入新羅慰問新即位王之使」[16]。作為「副使」的段智君、金思蘭、裴匡等人所輔佐的莊元表、何行成、胡歸厚等也均未被稱作「大使」，只是說某某作為使臣，因何使命被派遣。通過以上事例可知，「冊封使」、「弔問使」、「賀正使」或「謝恩使」等稱謂，廣義指整個使團，狹義指稱作為使團長官的「大使」。那麼，從文獻中對於古代韓國遣唐使的簡略記述來看，這些稱呼指的都是使團的代表　「大使」。

「大使」與「副使」以下的遣唐使官職中，能夠確定的是「判官」與「錄事」。「判官」原是唐制中「節度使」、「團練使」、「防禦使」等的屬官，唐朝使團的「副使」以下也設立了這樣的官職。694 年，運送客死唐朝的金仁問靈柩回新羅的唐使，為「朝散大夫行司禮寺大醫署令」陸元景，當時「朝散郎直司禮寺」的某某就是作為「判官」跟隨其一起赴新羅的。[17]為承認新羅神武王的繼位並對其冊封，唐文宗於 839 年派往新羅的「大使」吳子陳與「副使」崔某之下有「判官」王某。[18]847 年唐朝的入新羅告哀兼弔祭、冊立等「副使」金簡中之下有「判官」王朴等，他們　齊於登州牟平縣乳山浦乘船渡海。[19]和唐憲宗所派「弔慰兼冊封使」崔廷一起到新羅的李汭也是使團「判官」。[20]

日本遣唐使「副使」之下也有「判官」。717 年的日本遣唐使團中，有「大判官」1 名和「少判官」2 名，752 年和 777 年的使團裡分別有 4 名「判官」。渤海向日本派遣的使團中也一樣設有「判官」，758 年的馮方禮、759 年的解臂鷹和安貴寶、762 年的楊懷珍、776 年的高祿思和高鬱琳、814 年的高英善和王昇基、825 年的王文信和高孝英、841 年的高文暄和烏孝慎、849 年的馬祿山和高應順、871 年的高周慶等都是渤海向日本所遣使團的「判官」。

新羅遣唐使也與日本一樣，在「副使」之下設置「判官」。891 年，率學生崔霙等入唐的「檢校祠部郎中」崔元，是為祝賀唐昭宗登基的「慶

---

16 圓仁，〈入唐求法巡禮行記〉卷 2，開成 4 年 6 月 28 日。

17《三國史記》卷 44，金仁問傳。

18 圓仁，《入唐求法巡禮行記》卷 2，開成 4 年 6 月。

19 圓仁，《入唐求法巡禮行記》卷 4，大中元年閏 3 月 10 日。

20 李肇，《唐國史補》下，李汭不受贈。但《冊府元龜》卷 980〈外臣部．通好條〉稱李汭為副使。

賀使」手下的「判官」。[21]869 年，與「蘇判」金胤一起入唐的「翰林郎」崔賀在使節團裡的官職是「謝恩兼宿衛判官」。[22]927 年，新羅景哀王遣「兵部侍郎」張芬入後唐朝貢，其手下的「倉部員外郎」李忠式就是「判官」。[23]不僅遣唐使如此，新羅遣日本使團組織中，「副使」之下也有「判官」。據《續日本紀》卷 36〈寶龜 11 年正月壬申條〉記載，779 年新羅惠恭王所任命「沙飡」金蘭蓀為「大使」的赴日使團中，有「大判官」和「少判官」，「大判官」是元曉的孫子——「韓奈麻」薩仲業，「少判官」是「奈麻」金貞樂。

「判官」之下的遣唐使官員是「錄事」。依照《通典》卷 33〈職官（15）•錄事參軍條〉，「錄事」初設於晉代，其職責是「掌總錄各曹文簿，舉彈善惡」。在隋唐時代，「錄事」是中央的中書省、九寺和四監之中，部份官署或地方州縣的屬官，其職責為記錄、查閱文書等。在新羅，奉聖寺成典、感恩寺成典、奉德寺成典、靈妙寺成典等這些特殊行政官廳裡，也有「錄事」一職，由新羅自「舍知」至「奈麻」官等者擔任。[24]「錄事」在新羅遣唐使中也有，據崔致遠《桂苑筆耕》卷 20 中的〈謝賜弟栖遠錢狀〉，884 年與入淮南使金仁圭一起入唐的崔栖遠，其職就是「新羅國入淮海使錄事」。

日本遣唐使中也有擔當記錄、管理文書事務的「錄事」。平安時代初期由醍醐天皇勅令編纂的《延喜式》卷 30〈大藏省條〉載「大使、副使、判官之下有錄事」，《年代記》裡也常出現「錄事」，《日本後紀》卷 8〈延曆 18 年 4 月庚寅條〉的內容裡，日本赴新羅使團中存在「錄事」，渤海赴日本使團中也有「錄事」。815 年，渤海僖王任命王孝廉為「大使」，僧人仁真與烏賢偲為「錄事」，派遣他們去日本。[25]825 年，宣王以高成仲、陳崇彥為「錄事」，隨「大使」高承祖赴日。[26]此外，做過渤海「錄事」

21　崔致遠，〈遣宿衛學生首領等入朝狀〉，《東文選》卷 47；〈謝恩表〉，《東文選》卷 33。

22　崔賀，〈大安寺寂忍禪師塔碑銘〉。

23　《三國史記》卷 12，景哀王 4 年 12 月；《冊府元龜》卷 976，〈外臣部　褒異（3），明宗天成 2 年〉。

24　《三國史記》卷 38，職官（上）。

25　《日本後紀》卷 24，弘仁 6 年正月乙卯。

26　《類聚國史》卷 194，〈殊俗　渤海（下），天長 3 年 5 月戊寅〉。

的還有史猶仙、高珪宣、高文宣、高平信、安歡喜、高文信、多安壽、李英真、高福成、高觀、李孝信等。「錄事」不僅是古代韓半島三國與渤海，也是東亞各國遣唐使團所共同設立的官職。

還有一個遣唐使官員中不可或缺的人物，那就是「漢語通譯」。在古代韓國遣唐使的相關記錄中，我們無法肯定是否有通譯官存在，但新羅向日本所遣使團中有通譯官——「通事」或「譯語」之事實是明確的。779 年，新羅惠恭王向日本所遣使團中有以「大通事」韓奈麻金蘇忠為首的三名「通事」。[27]渤海赴日使團中也有「通事」，779 年的渤海「通事」是高說昌，815 年隨渤海「大使」王孝廉赴日的李俊雄也是「通事」，[28]825 年渤海使團中的李隆郎與李承宗，[29]841 年使團中的李憲壽與高鷹信等都為「通事」。從《續日本紀》卷 35〈寶龜 10 年 11 月丙子條〉中「渤海通事，從五位下，高說昌遠涉浪波，數回入朝，言思忠勤，授以高班」的記載可知，高說昌多次作為「通事」往返渤海與日本之間。

不僅新羅、渤海，日本的各種使團中也存在「通事」，先來看日本遣唐使的情況。701 年日本遣唐使團的「大通事」是人津造廣人；838 年遣唐使團中，大宅年雄和大安寺僧人——「傳燈大法師」惠靈（紀朝臣春主）等，皆為「通事」；873 年，對漂流至日本肥後國天草郡的渤海遣唐使崔宗佐進行審問的張建忠，很早之前就做過日本遣唐使「通事」。

無論古今，語言相異的國家之間所遣使團中，「通事」即通譯官，是必不可少的。像前文所分析的那樣，實際上各國的使團裡皆有「通事」同行。從新羅、高句麗、百濟到渤海的遣唐使團中，每次出發前都不可或缺地需要任命「通事」。綜上所述，遣唐使團的官僚階層，最上級長官為「大使」，其下由「副使」、「判官」、「錄事」、「通事」等官員構成。

（二）遣唐使團的隨員們

遣唐使團裡除了有「大使」、「副使」、「判官」、「錄事」、「通事」這樣的官員之外，還包括分擔各種雜役的人員。首先是為防備海盜或其他

---

27 《續日本紀》卷 36，寶龜 11 年正月壬申。

28 《日本後紀》卷 25，弘仁 6 年正月乙卯。

29 《類聚國史》卷 194，〈殊俗　渤海（下），天長 3 年戊寅〉。

海上敵對勢力，使團中需要有數量眾多的警備部隊。新羅真聖王時期，遣唐使「阿飡」良貝入唐時，後百濟海盜等封鎖了航道，他帶了 50 名弓士同行，[30]這些弓士就是為了保障使團安全而被選拔出來的警衛戰士。

不知《三國遺事》卷 2〈真聖女大王・居陀知條〉中記載的「弓士五十名」，是否為新羅末期與後百濟對峙政局下而特別配置的，但在平時，遣唐使於路途中也會有諸多險境。以新羅的情況為例，在三國鼎立時期，會遇到來自高句麗與百濟的威脅，南北國時代也有被渤海水軍劫持的危險。648 年，從唐回國的新羅遣唐使金春秋一行，在黃海碰到了高句麗巡邏軍，差點丟掉性命，這就是一個明顯的例子。

特別是 8 世紀中葉以後，中國與新羅的海盜在黃海與南海橫行。根據日本淡海真人三船所寫的《唐大和上東征傳》，天寶 2 年（743），當時中國台州、溫州、明州沿海一帶，海賊猖獗、航路堵塞。按照 821 年唐朝「平盧節度使薛平」向穆宗上奏時所說的那樣，海盜們將新羅百姓抓來賣到中國作奴隸的事件層出不窮。[31]因此而知，當時中國海盜經常在新羅西海岸與南海岸出沒。

新羅海盜的活動也十分猖獗。869 年 5 月，有新羅海盜船兩艘襲擊了日本博多津，掠奪走了豐前國的納貢品——絹綿。[32]893 年，新羅海盜又進攻了肥前國與肥後國，[33]翌年又進犯了對馬島。[34]811 年，新羅漕運船遭到海盜洗劫，除金巴兄、金乘弟、金小巴等三人外，其他乘員全部遇難。[35]新羅朝廷對於防治海盜苦心焦慮，景德王時期，曾在海岸佈防軍隊，以抗禦海盜的擄掠；[36]828 年，還設置清海鎮，專門防範海盜搶掠、販賣新羅人。[37]

---

30 《三國遺事》卷 2，〈真聖女大王　居陀知〉。

31 《舊唐書》卷 16，穆宗長慶元年 3 月丁未；《唐會要》卷 86，奴婢；《冊府元龜》卷 170，〈帝王部　來遠，穆宗長慶元年 3 月〉。

32 《日本三代實錄》卷 16，貞觀 11 年 6 月 15 日。

33 《日本紀略》卷 20，寬平 5 年 5 月 22 日及閏 5 月 3 日。

34 《扶桑略記》卷 22，寬平 6 年 9 月 5 日；《日本紀略》卷 20，寬平 6 年 4 月 14 日。

35 《日本後紀》卷 21，弘仁 2 年 8 月甲戌。

36 《續日本紀》卷 25，天平寶字 8 年 7 月甲寅。

37 權悳永，〈新羅下代　西南海域의　海賊과　豪族〉，《韓國古代史研究》41，2006，pp.299-333。

在新羅與中國海盜肆虐於東亞海域的形勢下，裝有貴重朝貢品與回賜品的遣唐使船，成為海盜們最喜歡伏擊的目標。遣唐使團為了應對危險，平常也有一定的武裝力量與之同行。從 873 年漂流至日本薩摩國甑嶋郡的渤海遣唐使崔宗佐一行，攜帶刀與弓箭的情形來看，[38]渤海遣唐使團亦有兵士隨行。日本遣唐使團中，也有與新羅和渤海弓士一樣的武裝力量扈從，日本稱之為「射手」。

《三國遺事》卷 2〈真聖女大王・居陀知條〉中，還提到了另一種類型的遣唐使成員。「大使」良貝所率的遣唐使船在鵠島遭遇風浪，十餘日無法前行，良貝便叫人占卜。接受良貝命令，用卜卦方式尋求平息風波方法之人便是「卜人」。

在新羅遣唐使行路中，穿越黃海是最兇險的過程。海船航行受氣象條件的影響最大，觀測天文地理是件十分重要之事，因此「卜人」也必不可少。據《延喜式》卷 30〈大藏省條〉的記載，日本遣唐使中有「卜人」或「卜部」。653 年，道昭和尚入唐，他在玄奘門下研習唯識學，又在相州隆化寺惠滿那裡學習禪宗，後於 660 年左右回國時，所搭乘的遣唐使船上就有「卜人」同乘。[39]839 年歸國的日本遣唐使團在渡過黃海時，讓「卜部」占卜來預測風向與未來。[40]而且，當他們所乘之船在海霧中迷路，到達某地之後，為了知道是哪，也會讓「卜部」通過打卦來判明。[41]

「卜人」不僅觀察天相地理，也主管為祈禱平安渡海而舉行的各種祭祀活動。新羅真聖王時期，向遣唐「大使」良貝提議，為平定風浪在鵠島神池祭祀海神者就是「卜人」。祭祀之事就是「卜人」主管的。839 年 4 月 18 日，為祈求日本遣唐使團安全歸國，舉行了對住吉大神與海龍王等的祭祀大典，主持者就是「卜部」。[42]總之，就如在良貝入唐傳說故事裡所看到的那樣，新羅遣唐使的構成人員中無疑包含了「卜人」。

隨行護衛「大使」、「副使」這些高級官員的「從者」，即負責安保的侍從，也是遣唐使團中的一員。在唐制和日本律令制中，文武高官的

---

[38] 《日本三代實錄》卷 24，貞觀 15 年 7 月 8 日。
[39] 《續日本紀》卷 1，文武 4 年 3 月己未。
[40] 圓仁，《入唐求法巡禮行記》卷 1，開成 4 年 4 月 15 日。
[41] 圓仁，《入唐求法巡禮行記》卷 1，開成 4 年 4 月 17 日。
[42] 圓仁，《入唐求法巡禮行記》卷 1，開成 4 年 4 月 18 日。

警衛與侍從被稱為「傔從」或「傔人」。唐代許多軍鎮的「大使」、「副使」都配備「傔人」，「大使」最高可帶25名，[43]「子將」這樣的低級軍官可帶兩名「傔人」。[44]在日本，也為「大摠管」、「副摠管」、「按察使」、「鎮守將軍」、「大宰帥」、「陸奥國司」和「出羽國司」等被派至遠地的文武高官，配備「傔從」，而且日本遣唐使團「大使」、「副使」等高級官員也有「傔從」。據圓仁《入唐求法巡禮行記》載，不僅是「大使」，「判官」、「船師」，求法僧也有從者。其中「判官」長岑高名至少有白鳥、清岑、長岑等 3 名以上的「傔從」，求法僧圓載也有仁好、始滿等兩名從者。

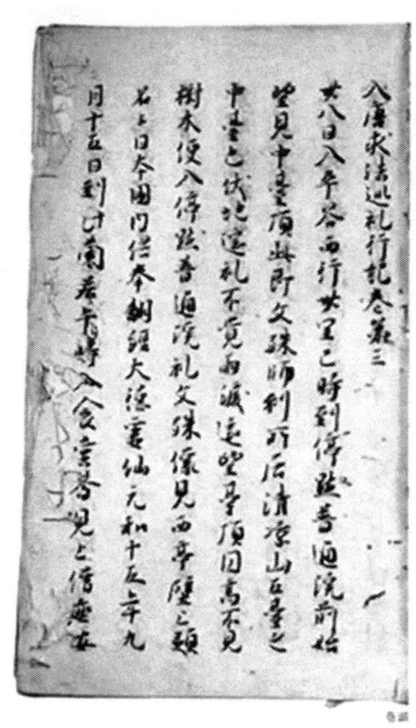
入唐求法巡礼行記卷第三
廿八日入平谷西行卅里巳時到停點普通院前始
望見中臺頂此即文殊師利所居清涼山五臺之
中臺也伏地遙礼不覺雨淚[illegible]頂因高不見
樹木便入停點普通院礼文殊像見西亭壁上題
名云日本國内供奉翻經大德靈仙元和十五年九
月十五日到此蘭若[illegible]

圖 2-1　《入唐求法巡禮行記》

43　《大唐六典》卷 8，兵部郎中。
44　《通典》卷 148，兵（1）令制；《資治通鑑》卷 211，玄宗開元 4 年胡三省注。

在渤海使團中也能確認「傔人」存在。762 年赴日的王新福等 23 人，於翌年正月在日本朝廷受獲官位與禮品，「使傔人」也得到了賞賜，[45]「使傔人」大概是指「大使」王新福或「副使」李能本的從者。649 年，自新羅赴日的金多遂一行 37 人中，就包括「傔人」16 人。[46]

新羅遣唐使團中，官員們也有從者。648 年在歸國途中代替金春秋被高句麗巡邏軍抓獲，而丟掉性命的溫君解，可能就是遣唐大使金春秋的從者。660 年，與蘇定方所率唐軍一起到達德物島，並向住在南川停的武烈王進行彙報的文泉，就是遣唐大使金仁問的從者。[47]不僅遣唐使團的高級官員，宿衛學生也有「傔從」偕同。根據崔致遠所作〈遣宿衛學生首領等入朝狀〉，祈綽和蘇恩等大小首領十名就是崔慎之等八名學生的「傔從」。新羅遣唐使根據時代與使團規模的不同，可以配備從者的官員級別與數量標準也隨之變化。總之，遣唐使團的構成人員中也一定包括為某些個別官員配備的護衛與侍從，如前所述的文泉等，就是承擔聯絡任務的「傔人」。

在使團中地位雖低但發揮重大作用，並在數量上佔絕大優勢的就是操作運航的專門技術者與基層人員。韓國古代遣唐使相關文獻裡勾畫他們的筆墨不多，所以很難按職名或技能一一分析他們的職責，在崔致遠撰寫的〈上太尉別紙〉中，我們發現了「海師」這一職名。884 年，崔致遠在自唐返回新羅的途中，於山東半島乳山浦滯留候風十餘日，正遇上冬季來臨。當時崔致遠船上的「海師」說目前出航很困難，請求原地停留。[48]

「海師」作為使團官職，在日本《延喜式》卷 30〈大藏省條〉中可以得到確認。在涉及日本向來訪的新羅使團所準備禮物規格的「賜蕃客例」中，出現了「海師」和「大海師」的職名。而且據《續日本紀》卷 24〈天平寶字 7 年 10 月乙亥條〉載，762 年，由於護送渤海使臣王新福一行回國的日本船殘破，送使「判官」平群蟲麻呂考慮到會有危險，請

---

45 《續日本紀》卷 24，天平寶字 7 年正月庚戌。
46 《日本書紀》卷 25，大化 5 年是歲。
47 《三國史記》卷 42，金庾信傳（中）。
48 崔致遠，〈上太尉別紙〉，《桂苑筆耕》卷 20。

求換人接替自己，這時「船師」板振鎌束成為負責護送渤海使節之人。他完成任務，從渤海回日本途中遭遇風浪，迷失方向，於是將船上被認為是災禍之源的四人投擲入海。這件事說明，「船師」是遣唐使船上總管航海事務的高級技術人員，與「海師」應為同一職責。「海師」為精通航海技術的船工，主導船舶的運航。

與船舶運行直接相關的是「榜人」。依照崔致遠撰寫的〈雙磎寺真鑒禪師塔碑銘〉，804年，「真鑒禪師」慧昭為了入唐，自願作為「歲貢使」的「榜人」，「榜人」從字面來看就是搖櫓之人。古代韓船大體上是具備帆、櫓的帆櫓船，與西方的划艇（galley）有所不同，以帆為主要的動力裝置，而櫓只起到增進動力的輔助作用。[49]延續韓船傳統的遣唐使船，大部份也是利用風力的帆船，但在不是順風或遭遇惡劣天氣的情況下，還是要靠搖槳前進。那麼像慧昭這種榜人就是遣唐使船運航時不可缺少的人力，這樣的從業者一般被稱為「水手」。我們經常稱使團的全部成員為「上至大使，下到水手」，可見「水手」是職位最低的人。

從「真鑒禪師」慧昭的例子裡可以看出，「水手」不是官員或專業技術者，而由一般百姓充當。日本遣唐使的情況是，徵發平民作為遣唐使團的水手，其補償是朝廷會免除他們一定時期的徭役。[50]除此之外，還有修理船舶的「船工」，製造船舵「柁師」，治療船員疾病的「醫師」等等，擔當各種職務的遣唐使團要員。但是由於文獻不足的限制，無法確定以上具體事實。

另外，雖然不是遣唐使團的正式構成人員，但確實又在使行之中的，還有求法僧與留學生。他們與遣唐使的本來使命雖無直接關聯，但作為往來途中使團的一員，也發揮了自身的功能。在韓半島三國和渤海遣唐使的相關文獻中雖無體現，但在日本史料中可以看出，求法僧常常主持祈禱使團海上安全的佛教儀式。[51]而且留學生也可成為使團的通事或嚮導，為航程順行助一臂之力。他們是遣唐使團中「不定期」的構成人員。

---

49 金在瑾，《우리 배의 歷史》，首爾大學校出版部，1989，pp.34-37。

50 鈴木靖民，〈《賦役令》外蕃還條覺え書〉，《古代對外關係史の研究》，吉川弘文館，1985，pp.561-563。

51 圓仁，《入唐求法巡禮行記》卷1，開成3年6月24日。

綜上所述，新羅遣唐使團的構成人員多種多樣。按職能劃分可歸入四類組織之中：第一是執行遣唐使基本使命的官僚階層，以「大使」、「副使」、「判官」、「錄事」、「通事」為代表，由在本國具有一定官等與官職的人員擔當，是遣唐使團的核心成員，遣唐使組織以他們為中心而組建。

第二是負責船舶運航，能讓航船承載遣唐使官員們，跨越新羅與唐朝之間大海——黃海的技術人員。從最上面總攬運航事務的「海師」到最下層搖櫓的「榜人」即水手，還可按技能細分為「船工」、「柁師」、「挾抄」等等。還有觀測風向、地理，祈禱航行平安、主管祭祀活動的「卜人」或「卜部」。

第三是遣唐使官員的個人護衛或侍從，以及負責聯絡事務的從者或「傔從」，還有保障使團安全的武裝力量，他們大部份由武士構成。

最後是與遣唐使行目的沒有直接關係，附隨使團往來於唐的求法僧與留學生組織。他們不是遣唐使團的必需要員，人數亦不確定。但在很多情況下，與遣唐使同行，並為使團提供幫助，是遣唐使中「不定期」的構成人員。

二、使團人員的社會背景

（一）三國時代的遣唐使們

如前面所分析的那樣，每次的遣唐使團由各種官僚與職事、求法僧和留學生等，少則數十、多則上百人構成。若將古代韓半島三國與渤海所派遣的總共 340 餘回入唐使節加起來的話，則數以千計萬計。但是，現在知道名字的遣唐使要員不過 150 名左右。其中新羅人佔 90 餘名，人數最多，絕大部份是作為「大使」和「副使」的高級官員。由於資料有限，我們這裡只能以新羅遣唐使官員階層為代表，來探究他們的社會背景。

有名有姓的新羅遣唐使官員中，最早出現的是 638 年入唐的神通，之後到真德王時代為止，曾做過遣唐使的有金多遂、金春秋、邯帙許、金法敏、金仁問等人。神通的名字被世人知曉，是因為他出現在 1964 年考古發現於慶州皇龍寺九層木塔址中心礎石所藏舍利函的銘文中，[52]但其具體行蹤與家系無法考證。

金多遂是新羅王京沙啄部人，644 年入唐。在唐朝進攻高句麗時期，持唐太宗要求新羅派遣為唐朝水軍引路的將帥之聖旨回到新羅，此聖旨就是收錄於《文館詞林》卷 364 的〈貞觀年中撫慰新羅王詔書一首〉。[53]其後的 649 年，金多遂又帶領僧侶、「侍郎」、「丞」、「達官郎」身份者共 37 人赴日。[54]

據《日本書紀》卷 25 記述，「沙飡」金多遂當時是以「質子」身份去日本的。眾所周知，「質子」是維繫兩國外交關係的人質，並且一定是具有擔保價值的人物，主要由國王的親戚擔當。[55]新羅實聖王時期，分別入高句麗和日本作人質的卜好與未斯欣都是奈勿王的兒子，在唐廷侍衛唐帝的新羅宿衛，大部份也是「真骨」子弟。[56]韓半島後三國爭雄期間，後百濟甄萱和高麗王建之間互換的人質，是王建的堂弟王信與甄萱的外甥真虎。[57]那麼，以質子身份赴日的金多遂也應是王族，或比王族低一級的貴族家門出身者。但金多遂入日時的官等為「沙飡」，四年前入唐時的官等為「沙飡」以下。出身貴族的金多遂之官等，僅為新羅第 8 級官等「沙飡」以下的原因，大概由於當時他尚年幼。

接下來出現在文獻中的金春秋，於真德王死後被推戴為新羅國王——武烈王。他於 647 年入唐時的官等是「伊飡」。據《三國遺事》卷 1〈太宗春秋公條〉載，金春秋 661 年去世時為 59 歲，可知其生於 603 年，那麼金入唐時應為 45 歲。唐太宗賜其「正二品」的「特進」之官，在唐朝受到高規格接待而歸國。

關於 648 年的遣唐使邯帙許，我們所知曉的訊息不多。金法敏是金春秋最小的兒子，後來繼位為文武王。按照文武王陵碑殘碑內容，681 年去世時為 56 歲，以此推算 650 年入唐時為 25 歲。651 年，官等為「波

---

52 黃壽永，〈新羅　黃龍寺　九層塔志〉，《考古美術》116，1972，pp.2-6。
53 《文館詞林》卷 364；朝鮮史編修會，《朝鮮史》1-3，p.395。
54 《日本書紀》卷 25，大化 5 年。
55 梁起錫，〈三國時代　人質의　性格에　대하여〉，《史學志》15，1981，p.62。
56 申瀅植，〈新羅의　宿衛外交〉，《韓國古代史의　新研究》，一潮閣，1984，pp.352-390。
57 《三國史記》卷 50，甄萱傳；《三國遺事》卷 2，後百濟甄萱。

珍飡」的金春秋次子金仁問入唐時的年齡是 23 歲，金仁問又於其後的 653 年、659 年、660 年、662 年、665 年、668 年作為遣唐使七次入唐。[58]如上文所述，文獻中並不會將各國使團成員的職名一一記錄，只列舉代表性的人物，這些人都應該是使團大使。從這點來看，神通、金多遂、金春秋、邯帙許、金法敏、金仁問等皆為遣唐使「大使」。

武烈王時期，以「謝恩使」與「請兵使」身份入唐的使節有金仁問、「伊飡」文王、「弟監」天福、「沙飡」儒敦、「大奈麻」中知等。文王是武烈王第三子，647 年與金春秋一起入唐，在唐朝受封「左武衛將軍」一職，並與「大監」某人一齊留唐宿衛。當時文王的年齡不過 18 歲，[59]其後不知何時回到新羅。656 年又以「伊飡」官等再次入唐，歸國後在新羅擔任「中侍」之職，並參與討伐百濟復興軍的戰鬥，於 665 年 2 月去世。

天福 660 年入唐之目的，是為向唐朝告稟羅唐聯合軍攻陷百濟首都、義慈王投降的勝利消息。他是在戰爭中的所夫里州當地匆忙被任命、選派入唐的人物，當時的官職是「弟監」。「弟監」是由官等從「舍知」到「奈麻」或「大奈麻」為止之人所能擔任的武官職位。由官等來看，應該是位列「四頭品」以上之人才可任「弟監」，但也不能確言「弟監」天福的身份就是「四頭品」或「五頭品」以上。

660 年，對於隨行滅亡百濟的唐將蘇定方回到唐朝的金仁問來說，已是生涯之中的第四次入唐，當時「沙飡」儒敦與「大奈麻」中知也與之同行。金仁問是使團大使，其他兩人應是「副使」或「判官」。儒敦於翌年，為下達「徵發新羅軍隊協助唐軍作戰」的唐高宗聖旨而回國，其後在羅唐關係日益惡化的 670 年 7 月，為與唐朝掌控下的百濟簽署人質交換協議而被遣至熊津都督府。[60]儒敦 660 年與金仁問一起入唐時的官等為「沙飡」，此時上升了三個等級成為「大阿飡」。按照新羅官制，「大阿飡」

---

[58] 權悳永，〈悲運의　新羅　遣唐使들——金仁問을　中心으로〉，《新羅의　對外關係史　研究》，《新羅文化祭學術發表會論文集》15，1994，pp.229-248；〈金仁問小傳〉，《文化史學》21，2004，pp.417-439；《新羅의　바다：黃海》，一潮閣，2012，pp.299-303；〈唐九成宮의　金仁問　親筆書跡〉，《新羅史學報》34，2015，pp.313-319。

[59] 根據《三國史記》卷 44〈金仁問傳〉，金文王的仲兄金仁問於 651 年 23 歲入唐宿衛，可知金仁問出生於 629 年，於是金文王 647 年隨金春秋入唐時的年齡應在 18 歲以下。

[60] 《三國史記》卷 6，文武王 10 年；同書卷 7，〈文武王 11 年　答薛仁貴書〉。

是「真骨」才可擁有的官等，因此儒敦必是「真骨」出身。關於「大奈麻」中知的身份，我們無法得知。

文武王時期的遣唐使官員有金仁問、鄭恭、汁恒世、元器、助州、祇珍山、金欽純、金良圖、福漢、原川、邊山、朴文俊等。664年入唐的鄭恭於第二年與僧人惠通一起回到新羅，其後，鄭恭因修整神文王陵前神道之事，與孝昭王對立，而被殺害。[61]關於鄭恭在遣唐使團中的職務無從考證，從其姓為鄭氏，又敢抗拒孝昭王的命令來看，其來頭不小，應該是「六頭品」身份。668年，滅亡高句麗的唐將李勣歸國之時，除隨行的金仁問外，還有一位新羅同伴就是「大阿飡」助州，他大概是使團「副使」，從官等來看必是「真骨」出身。此外，669年唐高宗敕令入唐進貢磁石的祇珍山，從其官等為「級飡」判斷，其身份最低為「六頭品」以上。

669年，作為「謝罪使」入唐的「角干」金欽純是金庾信之弟，並以「將軍」和「大幢摠管」身份參加了對百濟與高句麗的征伐，在三國統一戰爭中立下赫赫戰功。「波珍飡」金良圖當是金欽純所領謝罪使團的「副使」，他前後六次入唐，與金仁問一樣是7世紀中葉新羅對唐外交的主導者。他在討伐百濟復興軍與羅唐聯合軍進攻高句麗之際，擔任「大幢摠管」。662年，在唐將蘇定方軍隊苦戰平壤之時，金良圖曾為他轉運過軍糧，無論是在外交，還是軍事層面，他為韓半島三國統一事業作出過巨大貢獻。從金良圖歷任的官職與官等來看，他必是「真骨」出身。

對於667年入唐的「大奈麻」汁恒世，670年應唐朝索求運送製造弓弩所需新羅木材的「大奈麻」福漢，還有672年以「謝罪使」身份入唐的「級飡」原川與「奈麻」邊山，考證他們的家系與生平比較困難。從官等來看，他們可能出身於「五頭品」或「六頭品」，但如前所述，當時新羅遣唐使團由大約20至30歲青壯年層構成，所以一般官等不會高，卻也不能因此判斷他們的身份也不高，作為謝罪使團「大使」的「級飡」原川至少也是「六頭品」以上。關於668年入唐的元器之身份，我們也無從考據，有把與之一起入唐的淵淨土看作新羅遣唐使的觀點，[62]但是根

---

61 《三國遺事》卷5，惠通降龍。

62 申瀅植，《韓國古代史의　新研究》，一潮閣，1984，p.317。

據前章的解析，淵淨土並無新羅使臣之資格，而是在攻伐高句麗前夕，被唐朝要求送入國內的，所以不在新羅遣唐使的研究範疇之內。

除此之外，武烈王和文武王時期的遣唐使還有朴文俊、薛永沖、遠禹等人。朴文俊於 660 年左右入唐後便一直居於唐朝，[63]因高句麗滅亡後對於百濟故土主權的爭奪，羅唐關係惡化，671 年朴文俊被投入唐朝監獄，當時他的官職為「翰林郎」。「翰林郎」是景德王時期將主管外交文書的「通文博士」改為「翰林臺」之後的最高官職，後來又稱作「翰林學士」。

新羅下代的金石文中時有出現「翰林臺」一詞，匯總各種文獻進行綜合分析，「翰林郎」或「翰林學士」的官等大概是「級湌」與「沙湌」。為 771 年 12 月鑄成的聖德大王神鐘撰寫銘文之序、詞的翰林郎金弼奧的官等是「級湌」。〈聖住寺朗慧和尚塔碑銘〉中出現的「侍讀兼翰林」朴邕的官等也可能是「沙湌」。[64]「翰林郎」被任命為使團「判官」的例子有很多，如 779 年新羅遣日使團中的「大判官」薩仲業，與 836 年入唐的「謝恩兼宿衛」使團中的「判官」崔賀，其共通點就是都擔任了「翰林」之職。[65]不僅如此，「翰林」職由大批「六頭品」出身者肩負，那麼從朴文俊的姓氏為「朴」，又擔任「翰林郎」一職來總結，「六頭品」出身者一般會出任遣唐使團的「判官」。

通過唐代文人陳子昂所撰寫的〈館陶郭公姬薛氏墓誌銘〉來看，唐高宗時期薛永沖與金仁問一起入唐，高宗封薛永沖為「左武衛將軍」。金仁問多次入唐，而薛永沖到底跟隨金仁問於哪一次入唐不是很清楚，由於金仁問每次都擔任遣唐使團「大使」，因此薛永沖應為「副使」或者「判官」。根據墓誌銘，薛永沖的先祖過去是王族，入唐後受領「從三品」的武散官職「左武衛將軍」，他的身份當是從「真骨」分化而來的「六

---

63 根據《三國遺事》卷 2〈文虎王法敏條〉，671 年朴文俊入獄當時已在唐朝生活十餘年，可推知其大約於 660 年左右入唐。

64 李基東，〈羅末麗初近侍機構와　文翰機構의　擴張〉，《歷史學報》77，1978；《新羅骨品制社會와　花郎徒》，一潮閣，1984，p.251。

65 《續日本紀》卷 36，寶龜 11 年正月壬申；〈高仙寺誓幢和尚碑銘〉；〈大安寺寂忍禪師塔碑銘〉。

頭品」。[66]遠禹作為王的「舍人」，為向唐朝請求放還金仁問，於671年之後的某一時間入唐，[67]具體身份無從知曉。

通過以上的剖析可知，韓半島三國時代新羅遣唐使中官員集團的身份主要由「真骨」和「六頭品」構成。其中，遣唐使團「大使」大多由「真骨」出身者充任，仔細觀察「大使」的官等會發現，多數是從「大奈麻」至「角干」，再到「波珍飡」以上的高位官等。這種現象是與後來明顯不同的特徵，大致顯示出三國爭霸時期，新羅對於對唐外交重視程度。而且，以金春秋為代表的，出自「真骨」家門的人物擔任「大使」，主持對唐外交，反映出當時的政治情形，同時說明有資格擔當對唐外交的人物只限於這樣的身份。入唐時，他們多是年齡在20至30歲的青壯年層。日本遣唐使「大使」、「副使」、「判官」等的年齡也大部份為30歲左右。[68]選擇年輕人的原因是，新羅或日本往來唐朝途中，都會有被敵國截獲的危險，還要經歷幾個月陸路與海路的旅程兇險與辛勞。另外，「副使」中如金良圖、儒敦、助州等，也有很多「真骨」出身者，他們的官等由「奈麻」至「波珍飡」為止。

（二）南北國時代的遣唐使們

1.新羅中代的遣唐使們

新羅中代的遣唐使團官員有金思讓、金志誠等28人，但可明確其生涯與家系者並不多。金志誠於705年入唐，唐玄宗封其為「尚舍奉御」後歸國，他出自「六頭品」家門，並擔任「執事侍郎」。他曾推動聖德王的王權強化改革，[69]晚年沉浸於佛學與老莊思想中，建立了慶州甘山寺，又製作彌勒菩薩與阿彌陀佛石像各一尊，供奉於寺廟之中。

---

[66] 盧重國，〈新羅時代姓氏의 分枝化와 食邑制의 實施——薛瑤墓誌銘을 中心으로〉，《韓國古代史研究》15，1999，pp.194-219。

[67] 《三國遺事》卷2，文虎王法敏。

[68] Edwin O. Reischauer, *Ennin's Diary-The Record of a Pilgrimage to China in Search of Law*, New York, The Ronald Press Co., 1955, p.49.

[69] 李基東，〈新羅中代의 官僚制와 骨品制〉，《震檀學報》50，1980；《新羅骨品制社會와 花郎徒》，一潮閣，1984，p.40。

以往學界都認為金志誠的「尚舍奉御」是新羅官職，此官職是直屬新羅「內省」的「席典」或「會宮典」之長官。[70]但是，仔細分析〈甘山寺阿彌陀如來造像記〉會發現，「尚舍奉御」不是新羅官職，而是705年朝唐後自唐領受的官職。〈甘山寺阿彌陀如來造像記〉中有「ⓐ蘊賢材而代命，ⓑ懷智略以佐時，ⓒ朝鳳闕而銜綸，則授尚舍奉御，ⓓ淩雞林而曳綬，則任執事侍郎」的駢句。ⓐ指具有賢才，為完成國王的使命，作使臣到了外國；ⓑ指懷抱智略，輔佐當時的國內政治集團；ⓒ指在鳳闕朝會時，受封「尚舍奉御」之官職；ⓓ指回到雞林而拖著印綬，指被新羅朝廷任命為「執事侍郎」。這裡ⓐ記述了金志誠的外交活動，ⓑ介紹了金志誠的國內活動，分別與這兩句相對的是ⓒ和ⓓ。那麼「鳳闕朝會」與領受「尚舍奉御」都屬於金志誠的外交活動，在雞林被委任為「執事侍郎」則是國內活動。

圖2-2　甘山寺阿彌陀如來像（首爾特別廣域市國立中央博物館）

---

[70] 李基東，〈雁鴨池에서　出土된　新羅木簡에　대하여〉，《慶北史學》1，1979，p.130；金英美，〈聖德王代專制王權에　대한　一考察——甘山寺　彌勒像・阿彌陀像　銘义과　關聯하여〉，《梨大史苑》22・23合輯，1988，pp.387-388。

另外，ⓒ與ⓓ的「鳳闕」和「雞林」，「尚舍奉御」與「執事侍郎」皆是對句，就是說在鳳闕受封的官職是「尚舍奉御」，在雞林擔任的官職是「執事侍郎」。「雞林」代指新羅，「鳳闕」代指唐朝皇帝的宮殿。將文章內容與金志誠 705 年入唐的事實聯繫起來，可知其朝會的「鳳闕」就是唐朝皇城，其「尚舍奉御」的官職正是唐帝所賜。實際上，新羅遣唐使中從唐帝處受領「奉御」官職的不僅有金志誠，714 年作為「賀正使」入唐的朴裕為「朝散大夫員外奉御」，[71]727 年的遣唐使某人也受封「奉御」之職。[72]

713 年的遣唐使金貞宗在歸國後的 732 年 12 月，以「伊飡」官等受封「將軍」，孝成王即位後，任命其為「上大等」，一直在任到 745 年。714 年入唐宿衛，717 年回國的「大監」金守忠是新羅王子，由此而知，金貞宗與金守忠都是「真骨」出身。與金守忠一齊入唐的朴裕，從其官等為「級飡」，姓氏為朴氏來看，其身份應為「六頭品」。

726 年的入唐「賀正使」金忠臣、734 年向唐玄宗上表請求歸國的宿衛王子金忠信，還有孝成王、景德王時期分別擔任過「中侍」與「上大等」，晚年隱居斷俗寺的信忠被認為是同一人。[73]那麼金忠臣作為新羅王之從弟，又做過「侍中」與「上大等」，其出身無疑是「真骨」。當時能夠成為遣唐使的，多是與新羅國王血緣至親之人。金欽質是聖德王的弟弟，金嗣宗與「大阿飡」金相是聖德王的從弟，金志滿和金志廉是聖德王的侄子，金孝芳是聖德王的女婿。735 年的遣唐使金義忠，在孝成王時期曾做過「侍中」，官等升至「舒伐邯」，其女是景德王之妃。

金思蘭也是「真骨」貴族。《舊唐書》卷 199〈東夷傳・新羅條〉稱其為聖德王族人，《三國史記》卷 8〈新羅本紀・聖德王 32 年條〉明確其為王族。金思蘭很早之前就曾為遣唐使入唐，受領「太僕員外卿」之職，留唐宿衛。732 年渤海進攻登州，733 年金思蘭成為唐使何行成的「副使」，

---

[71] 《三國史記》卷 8，聖德王 13 年閏 2 月。

[72] 《冊府元龜》卷 975，〈外臣部　褒異（2）〉。

[73] 末松保和，〈新羅の郡縣制，特にその完成期の二三の問題〉，《學習院大學文學部研究年報》21，1974，p.67；金壽泰，〈新羅聖德王・孝成王代金順元의　政治的活動〉，《東亞研究》3，1983，p.222；《新羅中代　政治史研究》，一潮閣，1996，pp.89-90。

與歸國的何行成一起到達唐朝，命新羅出兵支援。根據唐朝文人張九齡代寫的〈勅新羅王金興光書（1）〉內容，金思蘭於 735 年以「謝恩使」身份再次入唐，向唐帝上呈了籲請在浿江地區駐屯新羅軍隊的表文，得到准許。[74]

此外，金端竭丹自唐領受「從四品」的「衛尉少卿」之職，金志良受封與金端竭丹相同品階的「太府少卿員外置」之職，724 年的「賀正使」金武勳獲得了「從五品」的「游擊將軍」之官。唐朝的「從四品」相當於新羅的「阿飡」官等，「從五品」相當於「沙飡」與「級飡」。因此金端竭丹和金志良在新羅的官等為「阿飡」，金武勳的官等是「沙飡」或「級飡」。703 年的「賀正使」金思讓是「阿飡」，737 年的遣唐使金抱質為「沙飡」，719 年死於唐朝的遣唐使某人和 735 年遣唐「副使」金榮被分別追贈為「從三品」的「太僕卿」與「從四品」的「光祿少卿」。那麼可知，他們的身份至少是「六頭品」以上。722 年入唐「賀正使」金仁壹的官等是「大奈麻」，716 年「賀正使」金楓厚也是「大奈麻」，因此在唐朝僅得到正六品的「員外郎」一職。在遣唐使團高級官員中絕然找不出「五頭品」身份者，他們皆在「六頭品」以上。

孝成王時期的遣唐使有「賀正使」金元玄，景德王時期有自唐受封「左清道率府員外長史」之職的「賀正使」王弟某人，還有懇請宿衛的金嶷[75]、謝恩使「蘇判」金容，惠恭王時期有告哀兼請冊封使「伊飡」金隱居與賀正使「伊飡」金標石。從官等來看，除金元玄與金嶷還需進一步分析外，其餘顯然都是「真骨」。但是文獻中稱金元玄為「大臣」，金嶷被認作是《三國遺事》卷 3〈原宗興法・厭髑滅身條〉裡的「波珍飡」金嶷，[76]證明他們的身份也同樣是「真骨」。

綜上所述，新羅中代遣唐使團中的高級官員與前代一樣，大多皆由

---

[74] 張九齡，〈勅新羅王金興光書（1）〉，《全唐文》卷 284。張九齡代作過三篇「勅新羅王金興光書」，734 年的這篇作於初秋，735 年的作於 3 月下旬，最後一篇年代不明。本書為防止混亂，按以上順序定為〈勅新羅王金興光書〉(1)、(2)、(3)。

[75] 《資治通鑑》卷 222，肅宗上元 2 年 2 月。

[76] 《資治通鑑》卷 222 中的「宿衛」金嶷與《三國遺事》卷 3 裡的「波珍飡」金嶷所生活的時代，最長有 50 年的時間間隔。但是宿衛常由年少者充任，金嶷很早就作為宿衛入唐，歸國後在年老時才建造了「異次頓石碑」，這樣分析，就可以認為兩者是同一人。

「六頭品」以上身份者充當。特別是與新羅國王血緣親近的王侄、王弟等，常被任命為遣唐使，其中比較醒目的是金忠信、金思蘭這些留唐宿衛的遣唐使官員。還有，此時也開始任用金志誠、朴裕這類「六頭品」出身者作「大使」。

詳細考察新羅中代遣唐使團官員階層的官等，從「大奈麻」到「伊飡」為止都有。其中除 772 年入唐的金標石外，其他「賀正使」都由「阿飡」以下官等者充任「大使」。但是，後文還要仔細講到的是，從金標石自唐獲封官職的品階來看，其官等大概是「阿飡」。與之相反，如果派遣的是「謝恩使」、「告哀使」、「冊封使」或肩負請求賜予土地之使命的遣唐使時，「大使」的官等往往在「大阿飡」以上。這意味著新羅遣唐使的人員構成，是隨使行目的而變化的，即新羅定期派遣的「賀正使」大使往往由官等為「阿飡」以下、「大奈麻」以上者擔任，「謝恩使」、「奏請使」等特殊使團大使主要由高職位的「大阿飡」以上者充任。

2.新羅下代的遣唐使們

文獻中能夠確認的新羅下代遣唐使，有從 784 年金讓恭開始的 38 人，其中明確為「真骨」身份的有 17 名。從「韓粲」金讓恭、「大阿飡」金陸珍[77]、「伊飡」金昌南、「迊干」某人的官等來看，皆為「真骨」出身。金俊邕、金彥昇後來成為了昭聖王與憲德王，其「真骨」身份不由分說。而且金憲章、金士信、金張廉、金能儒、金義琮、金胤、良貝、金昕、金元弘，皆是被標記作「新羅王子」的王族出身者。金因的官等雖只是「沙飡」，但從其曾入唐宿衛的經歷可知為「真骨」出身。

810 年入唐的金憲章在憲德王時期，曾擔任「侍中」與「兵府令兼修城府令」，被認為與撰寫〈斷俗寺神行禪師塔碑銘〉的金獻貞是同一人。金義琮與後來成為憲安王的金誼靖是同一人的可能性也很高。[78]822 年與 825 年，曾兩度作為遣唐使的金昕曾充任「南原太守」、「康州大都督」，

---

[77] 金陸珍於 801 年奉哀莊王之命撰寫了〈鍪藏寺阿彌陀如來造像事蹟碑〉，當時其官等為「大奈麻」。之後被升為「大阿飡」，809 年作為謝恩使赴唐。

[78] 李基東，〈新羅下代의 王位繼承과 政治過程〉，《歷史學報》85，1980；《新羅骨品制社會와 花郎徒》，一潮閣，1984，pp.165-171。

後為「伊飡」兼相國，他是武烈王的九世孫。閔哀王時期，金昕曾率 10 萬大軍在大邱阻攔張保皋清海鎮的軍隊，敗仗之後失去官職，隱居小白山，849 年 47 歲離開人世。[79]在《全唐文》卷 750 收錄的〈新羅王子金元宏授太常寺少卿監丞簿制〉中，金元弘被標作「金元宏」。李氏朝鮮文人韓致奫在《海東繹史》中指出，「金元宏」是「金元弘」的誤記（譯者註：「弘」在《全唐文》中作「宏」，乃避清高宗之諱）。總之，在文獻中被稱作王子的他們，即便不是現任國王之子，也都如金憲章、金義琮、金昕那樣，是可與王子相稱的「真骨」出身者。

接下來，以「六頭品」身份如唐之人有崔元、崔致遠、崔藝熙、崔賀、崔栖遠、朴仁範等。崔元很早就在唐朝留學，並考中「賓貢科」。學成歸國後，又於 891 年以祝賀唐昭宗登基之使團「判官」身份入唐，持唐帝追贈景文王與憲康王官爵的聖旨歸國。崔致遠於 868 年以留學生身份入唐，874 年「賓貢科」及第後在唐擔任諸多官職，後於 885 年 3 月回到新羅。歸國後，歷任「侍讀兼翰林學士」、「守兵部侍郎」、「知瑞書監事」等主管文翰之職。但在以「真骨」為中心，封閉落後的新羅骨品制社會裡，崔致遠無法施展抱負，又遭到周邊人的疑心與猜忌，於是就任外職，曾做過「大山郡太守」，在「富城郡太守」任上的 893 年，被選為入唐「賀正使」。[80]但是，當時的韓半島以弓裔和甄萱為首的豪族與賊寇蜂起，道路四處被阻，入唐已不再可能。之後，崔致遠再次被選為遣唐使，但年代與職責不得而知。

關於崔賀，除了知道他是〈大安寺寂忍禪師塔碑銘〉的撰者之外，別無其他史料。但是，碑文開頭題款包含了崔賀的官職「入唐謝恩兼宿衛判官翰林郎」，可知崔賀在撰寫樹立石碑的 872 年 8 月以前，曾以遣唐使「判官」身份去過唐朝。那麼，從使團名稱判斷，他是 869 年 7 月入唐的「謝恩兼進奉使」金胤所率遣唐使團「判官」的可能性最大。[81]

崔栖遠以「入淮海使錄事」身份，於 884 年與金仁圭一起入唐。他們一行在跨越黃海的途中遭遇風浪，險些喪命。後來，崔栖遠趕到崔致

---

79 《三國史記》卷 44，金陽傳。

80 《三國史記》卷 46，崔致遠傳。

81 李基東，《新羅骨品制社會와　花郎徒》，一潮閣，1984，p.250。

遠的任地揚州，向其兄報告了家裡消息。崔致遠向他的上屬「淮南節度使」高駢請求，給予一無所有的崔栖遠 30 貫錢，在高駢照顧下，兄弟二人一同踏上了歸國之路。[82]

渡唐留學生朴仁範於 877 年「賓貢科」及第，[83]其後不知何時歸國。後來，為了探知唐朝黃巢之亂的局勢，並慰問唐帝，以「探候使」身份入唐。[84]根據上一章的分析，朴仁範於 882 年和金直諒一起入唐，金直諒是使團「大使」，朴仁範擔當「副使」以下職位。之後回到新羅，朴仁範又歷任「翰林學士」與「守禮部侍郎」。

以上六名遣唐使因姓氏為崔氏或朴氏，所以作為「真骨」的可能性很小。從他們的官職與職責來看，又非「五頭品」以下身份可以承擔的。雖然崔栖遠與其他人不同，只做了遣唐使團下層職位的「錄事」，但是他是「六頭品」身份的崔致遠之堂弟，所以也是「六頭品」出身，於是可認為此六人在新羅的地位皆為「六頭品」。

除前面詳細研究的這些人之外，其餘 15 名身份不明。但可知的是，862 年溺死於黃海的富良，其官等為「阿飡」，897 年遣唐使金穎的官等是「級飡」，官職是「守倉部侍郎」。[85]893 年入唐途中遇難於黃海的金處誨之官職為「兵部侍郎」，官等在「級飡」與「阿飡」之間。[86]金處誨罹難後，新羅又派時任「槥城郡太守」的金峻作為「告奏使」赴唐。金峻曾是渡唐留學生，並在唐朝考中賓貢科，歸國後擔任「西原京少尹」。[87]與金峻同一時期作為「賀正使」準備入唐的「富城郡太守」崔致遠，於 898 年升為「阿飡」，可推測金峻的官等應與崔致遠不相上下，於是這些人物也都有「六頭品」及其以上身份。

885 年，憲康王所派遣的「慶賀副使」金僅的官職為「史試殿中監」，

---

82 崔致遠，〈謝賜弟栖遠錢狀〉，《桂苑筆耕》卷 20。
83 宋基豪，〈唐賓貢科에 及第한 渤海人〉，《李基白先生古稀紀念 韓國史學論叢（上）》，一潮閣，1994，p.435。
84 崔致遠，〈新羅探候使朴仁範員外〉，《桂苑筆耕》卷 10。
85 崔致遠，〈新羅賀正表〉，《東文選》卷 31；〈遣宿衛學生首領等入朝狀〉，《東文選》卷 47。
86 《三國史記》卷 38，職官志（上）；濱田耕策，〈新羅の兵部大監の官位〉，《呴沫集》7，1992，pp.143-145。
87 崔致遠，〈留別西京金少尹峻〉，《東文選》卷 19；李基東，〈新羅金入宅考〉，《震檀學報》45，1978；《新羅骨品制社會와 花郎徒》，一潮閣，1984，p.188。

884 年遣唐使金仁圭的官職是「守翰林郎」，從官職上來看，「五頭品」身份者也可擔當。實際上，「五頭品」者能夠就任的中央官職最高為「大舍職」，金僅與金仁圭的身份當為「六頭品」以上。根據以上推理，無法考證官等或生平的金元全、金力奇、金柱弼、大廉、金國連、金緊榮、金直諒、朴如言、金良忠[88]等人的身份皆在「六頭品」之上。

以上確認了新羅下代遣唐使官員們的最終身份，於是從整個新羅時代來看，我們可以說新羅遣唐使的官僚階層大部份由「六頭品」以上出身者充當。新羅下代的「六頭品」出身者與前時代相比更加活躍，例如崔致遠也被任命為「賀正使」之大使。但是大部份「六頭品」出身官員並不僅僅擔任「大使」與「副使」這樣的高級官員，成為「判官」、「錄事」等中下級官員的情況也很多。在確定為「六頭品」的六位人物中，崔元是「慶賀判官」，崔賀是「謝恩兼宿衛判官」，崔栖遠是「錄事」，朴仁範擔任「副使」以下職務。相互對照的，便是「真骨」中几乎沒有担任「判官」或「錄事」之人。還有一個特徵就是，新羅下代遣唐使中有很多都曾經是很早入唐留學，並考中「賓貢科」的學生。

綜上所述，新羅遣唐使團的官僚階層主要由「六頭品」以上身份者充當，其中「真骨」做「大使」、「副使」等高級官員，[89]「六頭品」主要做「判官」、「錄使」等中下級官員。神文王時代以後，由於資料不足，關於遣唐使當時的年齡無從考證，在這之前的韓半島三國時代，遣唐使團大使不僅都為「真骨」，且全是 20 至 30 歲年齡層的青壯年。

作為遣唐使官員，不僅有骨品身份的條件限制，還要具備與唐代官人交遊和靈活展開外交活動的學問素養，掌握有關唐朝的廣博知識與一定程度的漢語。韓半島三國時代在與唐朝人員交流的活躍程度上不如後來，主要是因為國內人才資源條件還不充份，於是遣唐使命由個別人物全部包攬，七次入唐的金仁問與六次入唐的金良圖就是代表。

在南北國時代，大量入唐宿衛並居留多年的新羅貴族子弟彌補了之前人才稀缺的不足，金忠信與金思蘭等就是典型。另外，新羅下代不僅

---

[88] 根據劉禹錫〈代淮南杜司徒奏新羅請廣利方狀〉（《全唐文》卷 603）與白居易〈新羅賀正使金良忠授官歸國制〉（《白氏長慶集》卷 53），朴如言與金良忠都是「賀正使」。

[89] 申瀅植，《韓國古代史의　新研究》，一潮閣，1984，pp.333-334。

宿衛增多，還有大批留唐學生在唐考取「賓貢科」後歸國。他們一般入唐居住十年左右，在唐朝國子監中研磨學問，不僅熟知唐朝文化、風俗與制度，還精通漢語。在他們留學的日子裡，與唐朝官員交往並結下親密友誼，代表人物就是真聖王時期的遣唐使崔致遠。崔致遠在唐時的好友有羅隱、張喬等唐代一流文士政客，甚至包括蕭遘這樣宰相級別的官僚。[90]新羅下代遣唐使團的重要特點就是產生了那麼多考取「賓貢科」的渡唐留學生。

遣唐使團並不是常設機構，而是有事時才被組建，使命結束後便解體的臨時性組織。而且使團官僚階層也非國家的常任官員，因此他們的任命與國內常設官職相比，在骨品制度或官等上的限制與要求比較寬松。即便如此，在遣唐使官員的選任過程中，也有自身的一套原則。首先，遣唐使團的人員構成隨派遣目的而有所不同，對於「謝恩使」、「奏請使」、「慶賀使」、「告陳使」等有特別使命的情形，由「大阿飡」以上的高官出任「大使」，對於僅在禮節上派遣的「賀正使」，其「大使」往往會由「阿飡」以下的官員充當。

第二節　遣唐使的種類

一、定期遣唐使

古代韓半島三國與渤海的遣唐使大體可被分為兩類：一種是在特定時間以相同目的定期向唐派遣的使團，一種是不局限於時間、為特定事件而派遣的使團。這大概是 7 至 10 世紀東亞世界使節往來的共通現象，前者可被稱作「定期遣唐使」，後者則是「不定期遣唐使」。

在指定時間依照慣例出使的定期遣唐使為「賀正使」。眾所皆知，「賀正使」是於年末或年初入唐，向唐帝表達問候，祝賀新年並祈福唐朝繁盛的使節團。這種「賀正使」不僅在古代韓國，比如日本、南詔、奚、

---

[90] 李基東，〈新羅下代賓貢及第者의 出現과 羅唐文人의 交驩〉，《新羅骨品制社會와 花郎徒》，一潮閣，1984，pp.297-301。

吐蕃等大部份唐周邊國家地區都會定例向唐派遣。《冊府元龜》〈外臣部・朝貢條〉的內容，是關於各國遣唐使入朝事實最系統化的整理，記錄了新羅、渤海、日本、吐蕃、奚、契丹、突厥、南詔、突騎施、室韋、焉耆、于闐、靺鞨、拂涅、波斯、大食、龜茲、史國、牂祠、拔汗那等國家民族向唐派遣「賀正使」的情況。但其所收錄也非完全，例如據《續日本紀》卷 23〈天平勝寶 5 年 8 月甲子條〉記載，760 年左右，渤海賀正使楊方慶入唐，這是《冊府元龜》未錄的渤海「賀正使」入朝史實。

新羅幾乎每年都會向唐派遣「賀正使」。真聖王時期，崔致遠代作的〈新羅賀正表〉稱：「遂從先祖而來，每慶新正之德，年無闕禮，史不虧書。」[91]唐玄宗通過新羅遣唐使金志良，向聖德王下達的詔書稱新羅國「慕義克勤，述職愈謹，梯山航海，無惓於阻修，獻幣貢琛，有常於歲序」，就表達了這樣的事實。[92]渤海、高句麗、百濟雖非年年派遣，但應也有依定例入唐的「賀正使」。

在文獻中，我們也發現了新羅、渤海「賀正使」的派遣不合規律的例子。我們來看新羅的情況，從聖德王時期的 714 年 2 月「級飡」朴裕作為新羅國初次派遣的「賀正使」入唐開始，[93]直至真聖王時代的 897 年，守倉部侍郎「級飡」金穎作為「賀正使」朝唐為止的這 184 年間，史料中充其量僅有 29 回「賀正使」的派遣記錄。[94]「賀正使」僅佔這一時段內新羅遣唐使團總數的約 16%，平均 6.3 年才有一次「賀正使」入唐。這樣的頻度與〈新羅賀正表〉中「先祖而來，每慶新正之德」的說法不符。即便〈新羅賀正表〉的修辭比較誇張，每 6.3 年一次的誤差也過大。沒有本國歷史記錄的渤海與新羅相比，「賀正使」的相關記錄更加零星。從 724 年 2 月渤海首次入唐的「賀正使」賀作慶開始，到渤海滅亡，總共只有 12 次的「賀正」記錄。與之相比，高句麗與百濟則完全沒有關於「賀正

---

91 崔致遠，〈新羅賀正表〉，《東文選》卷 33。

92 《三國史記》卷 8，聖德王 30 年 2 月；《冊府元龜》卷 975，〈外臣部　褒異（2）〉。

93 《三國史記》卷 8，聖德王 13 年閏 2 月；《冊府元龜》卷 971，〈外臣部　朝貢（4），開元 2 年 2 月〉。

94 申瀅植的《韓國古代史의　新研究》（一潮閣，1984，pp.339-340）指出，賀正使在統一新羅時代，即南北國時期的羅唐交涉期才出現，是新羅中代才有的特殊情況。但是憲德王時代的金昌南、金昕，真聖王時代的金穎皆為賀正使，並非新羅中代特有。中代之前雖不稱「賀正」，實際上執行賀正使仕務的遣唐使有很多。

使」的史料。

新羅的朴裕是現存文獻中，所能明確的東亞史上最初的「賀正使」。714年以前，史料中沒有出現過「賀正」一詞，但並不表明這之前，沒有周邊國家向唐派遣的「賀正使」。從周代開始，中國歷代王朝每年都在正月初一舉行賀正儀式，唐朝建國後也不例外。唐朝是中國史上最開放與最國際化的時代，每年唐朝舉行賀正式時，眾多周邊國家使臣一定會來參加典禮、祝賀新年、呈奉貢品。

依照《冊府元龜》卷970〈外臣部・朝貢條〉，貞觀18年（644）正月初一，吐谷渾、薛延陀、吐蕃、高句麗、百濟、新羅、康國、于闐國使臣入唐朝貢。從正月初一的時間來看，他們都是出席賀正儀式的「賀正使」。而且翌年正月初一，又有百濟太子扶餘康信、吐谷渾、契丹、奚、靺鞨等使臣入唐朝貢，他們都應是「賀正使」。[95]652年正月初一，入唐的有吐谷渾、新羅、百濟、高句麗之使臣。657年正月初一，還有進貢獅子的吐火羅國使臣等，他們皆為「賀正使」。

714年之後各種史書中的「賀正使」來朝記錄，並不是都出現明確的「賀正」一詞。《舊唐書》卷199與《唐會要》卷95的〈東夷傳・新羅條〉、《冊府元龜》卷976〈外臣部・褒異（3）條〉都明確記載，772年5月「新羅遣金標石來賀正」，指明入唐的「阿湌」金標石為「賀正使」。而《冊府元龜》卷972〈外臣部・朝貢（5）條〉，對於同一事件，僅稱「新羅遣使朝貢」。〈聖住寺朗慧和尚塔碑銘〉中稱822年入唐的金昕為「朝正王子」，即正月初一參加賀正朝會的王子，其他文獻中僅記作「朝貢」或「入朝」。渤海也有類似的情況，842年渤海彝震王遞交給日本朝廷的書信稱，827年左右渤海宣王派遣了「朝唐賀正之使」[96]，但是以《冊府元龜》卷972為例的中國文獻，只標作「來朝」或「朝貢」。

如此說來，賀正史實在文獻中因詞語表達方式緣故而多有闕漏，新羅與渤海的入唐「賀正使」數量要遠大於史料中所標明的，可推測高句麗與百濟的情況也是一樣。舉新羅的例子來看，文獻裡「賀正使」記錄

---

[95] 《冊府元龜》卷970〈外臣部・朝貢（3）・貞觀19年正月庚午條〉末尾稱：「遣使來賀，各貢方物」，雖未明說，這時百濟和吐谷渾使臣分明是賀正使。

[96] 《續日本後紀》卷11，承和9年3月辛丑。

集中的時候，是聖德王時期的 714 至 737 年間，景德王時期的 744 至 747 年間，惠恭王時期的 772 至 774 年間，這些時段中每年或隔年都有「賀正使」入唐。我們猜測，年年賀正的現象並不局於以上新羅時代，對於其餘時期或其他韓半島王朝來說，也都可能是種普遍現象。那麼，在全體遣唐使團中「賀正使」所佔比率，應比文獻中明文記載的高很多。

我們選取遣唐使記錄比較豐富的新羅做樣本，來考察一下「賀正使」的派遣情況。從明確「賀正使」入唐的新羅聖德王 13 年（714）至聖德王末年為止的 24 年間，總共 31 回遣唐使中有 14 次是「賀正使」。換句話說，這一時期新羅遣唐使中「賀正使」佔到 45%。另外，聖德王時代的 14 次「賀正使」中，1 月入唐的有 5 回，2 月入唐的 4 回，1 月與 2 月的「賀正使」佔全體的約 64%。而且這一期間，1 月份入唐的遣唐使 100% 都是「賀正使」，2 月入唐的有 66%是「賀正使」。渤海 12 回入唐年月明確的「賀正使」中，1 月的有 6 回，2 月的有 3 回，1 月與 2 月入唐的「賀正使」佔全體的約 75%。

其他國家的「賀正使」情況，也大致在這個數值範疇之內。據筆者的考證，《冊府元龜》〈外臣部・朝貢條〉共收錄入唐年月清晰的各國遣唐使入朝記錄總共 1239 條，其中明確為「賀正使」的有 74 回，其中 1 月入唐的 34 回，2 月入唐的 12 回，佔全體約 62%。此數據與之前我們所分析的新羅與渤海的情形並無大的差異。

通過以上研究，我們可以作這樣的推論，即便文獻中沒有明晰標出「賀正」之名，除去特殊情況，於年初或年末入唐朝貢的遣唐使都當是定期使團——「賀正使」。特別是 1 月入唐的遣唐使，作為「賀正使」的比例更高。我們將入唐年月分明的高句麗、百濟、新羅、渤海遣唐使入唐次數按月整理製成〔表 2-1〕。根據表格，12 月至翌年 2 月之間，各國使節集中會聚於唐，這與賀正不無關係。我們可以說，高句麗、百濟、新羅、渤海的遣唐使團一半以上都是定期入唐朝貢，並祝賀新年的「賀正使」。

表 2-1　三國和渤海遣唐使月別入唐次數統計表

	1月	2月	3月	4月	5月	6月	7月	8月	9月	10月	11月	12月	總計
高句麗	5	1			1	1	1		3	2		6	20
（%）	(25.0)	(5.0)			(5.0)	(5.0)	(5.0)		(15.0)	(10.0)		(30.0)	
百濟	6	1			1		1	1	3	3	2	3	21
（%）	(28.6)	(4.8)			(4.8)		(4.8)	(4.8)	(14.3)	(14.3)	(9.5)	(14.3)	
新羅	19	17	6	14	7	8	5	3	9	10	9	17	124
（%）	(15.3)	(13.7)	(4.8)	(11.3)	(5.6)	(6.5)	(4.0)	(2.4)	(7.3)	(8.1)	(7.3)	(13.7)	
渤海	22	13	11	7	5	3	5	5	2	5	11	18	107
（%）	(20.5)	(12.1)	(10.3)	(6.5)	(4.7)	(2.8)	(4.7)	(4.7)	(1.9)	(4.7)	(10.3)	(16.8)	
合計	52	32	17	21	14	12	12	9	17	20	22	44	272
（%）	(19.1)	(11.8)	(6.3)	(7.7)	(5.1)	(4.4)	(4.4)	(3.3)	(6.3)	(7.3)	(8.1)	(16.2)	

新年正月初一在唐朝宮廷正殿廣場所舉行，由內外百官與外國使團參加賀正典禮的程序，因時代不同而存在若干差異。大致上先以皇太子向皇帝獻壽為始，再由代表百官的宰相奏賀，宣佈各種吉事。接著諸州及各蕃國代表進上「賀正表」與貢物，占卜新年吉凶，最後齊呼萬歲。[97] 根據對新羅、渤海「賀正使」入唐時間的分析發現，他們並非全都是在唐朝舉行賀正儀式的準確時間內入朝的。新羅朴裕在 714 年 2 月、金楓厚在 716 年 3 月入唐賀正，渤海「賀正使」賀作慶與失阿利也分別於 724 年 2 月和 741 年 2 月入唐。我們將時間明晰的新羅、渤海「賀正使」的入唐次數按月別整理為〔表 2-2〕和〔表 2-3〕。

表 2-2　新羅「賀正使」月別入唐次數統計表

	1月	2月	3月	4月	5月	6月	7月	8月	9月	10月	11月	12月	總計
聖德王	5	4	1	2		1				1			14
孝成王			1										1
景德王	3	2		1	1							1	7
惠恭王				1						1			3
憲德王				1								1	2
總計	8	6	2	5	1	1	0	0	0	2	0	2	27
（%）	(29.6)	(22.2)	(7.4)	(18.5)	(3.7)	(3.7)				(7.4)		(7.4)	

97 《大唐開元禮》卷 95，皇帝元正冬至受皇太子朝賀；同書卷 97，皇帝元正冬至受群臣朝賀並會；《唐會要》卷 24，受朝賀。關於唐朝與日本元日朝賀儀式的程序，可參考藤森健太郎，〈日本古代元日朝賀儀禮の特質〉，《史學》61-1・2，1991，pp.71-105。

表 2-3　渤海「賀正使」月別入唐次數統計表

	1月	2月	3月	4月	5月	6月	7月	8月	9月	10月	11月	12月	總計
武王	2	2											4
文王	3	1	2			1							7
宣王				1									1
彝震王	1												1
合計 （%）	6 （46.2）	3 （23.1）	2 （15.4）	1 （7.7）	0	1 （7.7）	0	0	0	0	0	0	13

根據〔表 2-2〕，在正月入唐，及時祝賀新年的新羅遣唐使共有 8 回，僅佔全體的 29.6%。其中，正趕上出席正月初一賀正式的比率更低。目前，史料中明確有新羅「賀正使」與日本、吐蕃、大食使臣一起參加唐朝賀正式的，只有 753 年一次。[98]其他新羅「賀正使」在 2 月入唐的有 6 回，3 月有兩回，4 月有 5 回。2 月至 4 月間入唐的「賀正使」，佔全體的 48.1%。也有少數賀正使於 3 月、5 月、6 月、10 月或 12 月入唐的情況。

另據〔表 2-3〕顯示，渤海「賀正使」僅一回除外，其餘皆在 1 至 3 月間入唐，1 月入唐的情形佔總體的 46.2%。與新羅相比，渤海「賀正使」準時參席唐賀正式的比率較高，是有原因的，那就是渤海與唐之間的自然交通狀況，比起橫渡黃海的新羅要良好得多。總之，「賀正使」不僅限於正月初一賀正儀式上，向唐朝稱賀新年的使節。從 10 月至翌年 4、5 月間入唐賀歲的使節也算，在時間上具有相當的融通性。不過，「賀正使」於 1、2 月入唐的頻次最高。

其他國家的情況也類似。前面介紹過，《冊府元龜・外臣部・朝貢條》收錄有入朝年月清晰的各國「賀正使」共 74 回。其中 1 月最多，有 34 回，佔全體 46.0%；3 月有 13 回，佔 17.6%；2 月有 12 回，佔 16.2%；4 月有 6 回，佔 8.1%；10 月有 3 回，佔 4.1%；11 月與 12 月各有兩回，佔 2.7%；6 月與 9 月各有一回，佔 1.4%。這種頻次規律與新羅、渤海「賀正使」的情形相似。

「賀正使」入唐後會向唐帝上呈國書與貢物。國書是兩國最高權力

98　《續日本紀》卷 19，天平寶字 6 年正月。

者之間相互交換的正式書信，在以唐為中心的東亞國際秩序中，周邊國家國王除直接參加朝會親自呈遞外，遣使轉呈是一種國際慣例。高句麗、百濟、新羅及渤海國王沒有親自入唐的情況，每次都是遣使攜國書入朝，賀正使所持的國書被稱作「賀正表」。

關於古代韓半島三國與渤海所呈的「賀正表」，現在能夠找到的有真聖王時期崔致遠代作的〈新羅賀正表〉和宋代洪皓《松漠紀聞》卷 2 中所收錄的〈渤海賀正表〉。〈新羅賀正表〉的內容大體是這樣的，首先在新年來臨之際稱頌唐帝德福永久，接著彙報新羅國內政局，同時，客套性地辯解國王未親身朝會的原因，最後稟告將派誰作為「賀正使」前來進貢。「賀正表」內容因時代與國家不同會有一些變化，總體綱要如上。實際上，〈渤海賀正表〉的內容，與 741 年 3 月突厥使者伊難如上呈的〈突厥賀正表〉，以及〈新羅賀正表〉沒有太大差別。[99]

貢物也是「賀正使」必須攜帶的，從周邊國家入唐朝進貢的物品被稱為「方物」或「土物」可知，貢物名單中最主要的是本國土特產。如果要讓我們考證清楚古代韓半島三國與渤海「賀正使」一般向唐進貢多少數量的什麼物品，會有些難度，由於資料有限而只能簡單說明。如 731 年新羅「賀正使」金志良向唐進貢了牛黃、金、銀等物；773 年 4 月入唐的新羅賀正使進貢了金、銀、牛黃、魚牙紬、朝霞紬等物；[100]746 年的渤海「賀正使」獻上了馬 15 匹等。[101]

眾所周知，「賀正使」的主要使命是在新年來臨之際，問候唐帝平安，祈願唐室繁盛，並且報告本國政局。此外，「賀正使」還有兼帶其他任務的情況。如 726 年的新羅「賀正使」金忠信兼留唐宿衛使命；736 年的新羅「賀正使」還兼有向唐朝將浿江鎮賜予新羅表示感謝之目的；812 年的「賀正使」金昌南又是向唐彙報哀莊王逝世消息的「告哀使」；897 年的「賀正使」金穎不僅上呈了真聖女王的〈讓位表〉，得到唐帝的同意，還請求放還期滿的宿衛學生。渤海「賀正使」也不例外，如 837 年的渤海

[99] 《冊府元龜》卷 971，〈外臣部　朝貢（4），開元 29 年 3 月〉。這裡收錄的突厥使者伊難如向唐朝呈遞的謝恩表並非全文，而是內容概要。

[100] 《三國史記》卷 9，惠恭王 9 年 4 月；《舊唐書》卷 199，新羅；《唐會要》卷 95，新羅。

[101] 《冊府元龜》卷 971，〈外臣部　朝貢（4）〉。

「賀正使」大明俊向唐申請，將帶來的 16 名學生送入國學。[102]綜上所述，新羅、渤海的「賀正使」與其他使團相比，被派遣的次數最多，是定期派向唐朝的代表性遣唐使團。

二、不定期遣唐使

（一）謝恩使

不受時間約束，當有特別事件發生之時，向唐派遣的「不定期」使團分許多種類：接受唐朝施恩進行答謝的是「謝恩使」；國內或與唐之間發生某事時，稟知真相、辯明是非的是「告陳使」；向唐請求特定事體的是「奏請使」；向唐祝賀慶事或慰問凶事的是「慶賀使」或「弔慰使」。

史料中新羅向唐派遣「謝恩使」的明確記錄總共不過 13 條，最早的「謝恩使」由真德王於 647 年 7 月派遣，[103]文獻裡並未說明當時遣使的具體緣由，但據前後事情推測，應是為了感謝唐太宗追贈去世的善德王為「光祿大夫」，並冊封真德王為「柱國樂浪郡王」。武烈王即位之年，也對唐的弔問與冊封表示感謝，派遣了「謝恩使」。654 年 3 月，真德王去世，武烈王登位，唐高宗於這年閏 5 月派「太常丞」張文收赴新羅，對真德王去世進行弔唁，並冊封武烈王為「開府儀同三司、新羅王」。武烈王立即遣使如唐，將強首撰寫的〈謝恩表〉上呈給唐高宗。[104]

百濟與渤海的情形也是如此。641 年 5 月，唐太宗追贈去世的百濟武王為「光祿大夫」，並冊封義慈王為「百濟王」，義慈王於這年 8 月遣使謝恩。832 年，唐文宗派王宗禹入渤海冊封彝震王為「渤海王」，彝震王遣高寶英為「謝恩使」表達感謝。[105]

「謝恩使」被派遣的原因，不僅有對唐朝冊封國王、王母與王妃所表達的感恩，還包括對當朝國王官爵加授、對前王的官職追贈表示感謝。733 年 12 月入唐的金志廉，就是對前年唐玄宗封授聖德王「開府儀同三

---

[102]《唐會要》卷 36，附學讀書。

[103]《三國史記》卷 5，真德王元年 7 月。

[104]《三國史記》卷 46，強首傳。

[105]《舊唐書》卷 199，渤海靺鞨；《冊府元龜》卷 972，〈外臣部　朝貢（5）〉；同書卷 999，〈外臣部　請求，太和 7 年正月〉。

司、寧海軍事」以及豐厚賜物表達謝意的「謝恩使」。孝恭王即位之初所派使臣，也是對唐朝追贈祖父景文王和父親憲康王「太師」與「太傅」官爵，認可自身王位繼承表示感激的「謝恩使」。[106]809 年的遣唐使「大阿飡」金陸珍，是對唐朝冊封昭聖王、王妃和王母，並賜金彥昇、金忠恭門戟表示感謝的「謝恩使」。古代韓半島三國和渤海國王為自身或至親者，接受唐朝冊封或追贈官爵表示感謝而派遣的使節，一般就是「謝恩使」。

有時史料中雖未指明是「謝恩使」，在唐朝對現任王的冊封、對去世前王的弔問與追贈、對王母和王妃的冊封之後所派的遣唐使，其使命就是向唐謝恩。625 年 11 月，新羅遣使對前年唐朝冊封真平王表示感謝。632 年 12 月，新羅遣使對弔唁與追贈先王官爵表達恩情。703 年冬季入唐的「阿飡」金思讓和 786 年 4 月入唐的金元全，還有 878 年因黃巢之亂未能入唐的遣唐使，是對唐朝冊封聖德王、元聖王、憲康王表達謝意的「謝恩使」。

此外，768 年 9 月、806 年 8 月、828 年的新羅遣唐使是對唐朝冊封惠恭王及王妃，哀莊王、王母及王妃，興德王、王母及王妃表達感謝的「謝恩使」。666 年文武王向唐派遣的金三光、金翰林、金良圖，不僅有宿衛與請兵的任務，還是對前年唐高宗冊封金三光之父金庾信為「奉常正卿、平壤郡開國公」、並贈食邑 400 戶[107]表達感激之情的「謝恩使」。

渤海的情況也是類似。714 年的渤海使臣，是對唐玄宗派崔忻冊封高王，表示感謝的「謝恩使」。721 年入唐的靺鞨大首領，是對唐朝派遣吳思謙弔唁高王逝世、冊封武王為「渤海郡王」表達謝意的「謝恩使」。738 年閏 7 月的渤海使節是對唐朝冊封文王表示感激的「謝恩使」。813 年 12 月入唐的渤海王子辛文德等，是對唐朝派遣李重旻冊封僖王表達恩情的「謝恩使」。

值得向唐感恩的事情不僅只有這些，當唐朝賜予領土或禮物時，當然也要遣使謝恩。724 年 12 月的新羅「賀正使」，也是對唐玄宗通過這年

---

[106] 崔致遠，〈謝恩表〉、〈謝嗣位表〉，《東文選》卷 33。
[107] 《三國史記》卷 43，金庾信傳（下）。

5 月歸國的遣唐使金武勳，賜予聖德王錦袍金帶、詔書以及各類絲綢共 2000 匹表示感謝的「謝恩使」。新羅聖德王於 736 年 6 月所派使節，就是對唐朝賜新羅浿江鎮領土表示感謝的「謝恩兼賀正使」。[108]733 年的金志廉，是對唐玄宗加封聖德王並賜鸚鵡一對、各種絲綢、金銀細工品等表示感謝的「謝恩使」。[109]

「謝恩使」入唐時所攜帶的也有本國國書——〈謝恩表〉，還有為表達感謝而備的各種貢物。現在能看到的有 733 年聖德王通過金志廉向唐玄宗上達的〈謝恩表〉，736 年 6 月遣唐使上呈的對於唐朝賜予浿江鎮的〈謝恩表〉，孝恭王對唐昭宗追贈景文王、憲康王為「太師」、「太傅」表達感激的〈謝恩表〉。[110]關於謝恩貢物，聖德王與景文王於 733 年和 869 年進貢了馬、犬、金、銀、布、牛黃、人參、頭髮、海豹皮、大花魚牙紬、朝霞錦以及各種金製細工品等。從貢品名目來看，與「賀正使」呈獻的所謂「方物」並無大的差異。高句麗、百濟、渤海的「謝恩使」也應當與新羅一樣，持〈謝恩表〉與本國家的土特產入唐。

與「賀正使」一樣，「謝恩使」除謝恩之外，也有很多兼具其他使命的情況。733 年入唐的「謝恩使」金志廉，負有替換在唐宿衛的金忠信之任務。735 年的「謝恩使」金思蘭，兼有籲請將新羅軍隊駐屯於浿江鎮的使命。[111]836 年的「謝恩使」金義琮留唐宿衛，於翌年 4 月離唐歸國。869 年的「謝恩使」蘇判金胤，向唐請求將學生李同等送入唐國學學習等。[112]渤海的情形也相同。832 年，對唐朝冊封渤海彝震王表示感謝的「謝恩使」高寶英，也有為渤海留學生申請入學國學，以及懇請放還期滿學生的使命。將以上韓半島三國與渤海謝恩使的情況，整理如〔表 2-4〕。

108《三國史記》卷 8，聖德王 35 年 6 月；《冊府元龜》卷 971，〈外臣部　朝貢（4），開元 24 年 6 月〉。

109《三國史記》卷 8，聖德王 32 年 12 月；《唐會要》卷 95，新羅；《冊府元龜》卷 975，〈外臣部　褒異（2）〉。

110 崔致遠，〈謝恩表〉，《東文選》卷 33。

111 張九齡，〈勅新羅王金興光書（2）〉，《全唐文》卷 285。

112《三國史記》卷 11，景文王 9 年 7 月。

表 2-4 三國與渤海「謝恩使」一覽表

國名	入唐時間	使臣名	謝恩內容	其他活動
百濟	624 年 9 月		[冊封武王]	獻光明甲
高句麗	624 年 12 月		[冊封榮留王]	
新羅	625 年 11 月		[冊封真平王]	求援
新羅	632 年 12 月		[追贈真平王]	
百濟	641 年 8 月		冊封義慈王	
高句麗	644 年 1 月		[冊封寶藏王]	[賀正]
新羅	647 年		追贈善德王，冊封真德王	
新羅	655 年 1 月		弔問，冊封武烈王	請兵
新羅	662 年冬季	金仁問	[弔問，冊封文武王]	賀正
新羅	666 年	金三光，金漢林，[金良圖]	[授與金庾信官爵]	請兵
新羅	703 年冬季	金思讓	[冊封聖德王]	
渤海	714 年		[冊封高王]	
渤海	721 年 11 月	靺鞨大首領	[弔慰高王，冊封武王]	
新羅	724 年 12 月		[賜物]	[賀正]
新羅	733 年 12 月	金志廉	賜物，加授官爵	宿衛
新羅	735 年 2、3 月	金思蘭	請求新羅軍駐屯浿江鎮	
新羅	736 年 6 月		賜浿江鎮領土	賀正
渤海	738 年閏 7 月		[弔慰，冊封文王]	
渤海	739 年 10 月	憂福子	受封果毅	
新羅	744 年 4 月		獻馬與寶物	
新羅	764 年	金容		
新羅	768 年 9 月		[冊封惠恭王]	
新羅	773 年 6 月		藤原朝臣河清持參書信歸國	
新羅	786 年 4 月	金元全	[冊封元聖王]	
渤海	795 年 12 月	阿密古	[冊封康王]	
渤海	798 年 10 月左右	大能信	[康王官爵升級]	
新羅	806 年 8 月		[冊封哀莊王、王妃及王母]	弔問，慶賀即位
新羅	808 年 7 月	金力奇	請求昭聖王冊封詔書	
新羅	809 年	金陸珍	領受冊封詔書，賜門戟	
渤海	813 年 12 月	辛文德	[冊封僖王]	
新羅	828 年		[冊封王母、王妃]	
渤海	832 年 12 月	高寶英	冊封彝震王	請求學生入學國學以及放還
新羅	836 年 6 月左右	金義琮		宿衛，請求學生入學國學
新羅	869 年	金胤		宿衛，請求學生入學國學

國名	入唐時間	使臣名	謝恩內容	其他活動
新羅	878 年		[冊封憲康王]	因黃巢之亂，入唐失敗
新羅	孝恭王即位初		追封景文王、憲康王，認可孝恭王王位	

（二）告陳使

關於「不定期遣唐使」，首先可以舉出的是「告陳使」。「告陳使」入唐的原因多種多樣，有報告前王去世與自身即位情況所派遣的「告哀使」；有彙報勝戰消息的「告捷使」；有承認錯誤、請求原諒的「謝罪使」；還有為辯明是非曲直而委派的「告奏使」等。

737 年 2 月，新羅聖德王去世，孝成王於這年 12 月遣使入唐，稟告了父王的去世與自身繼位的消息。[113]767 年「伊飡」金隱居入唐，乞請冊封惠恭王，同時報告景德王去世的情況。通過 768 年唐代文人獨孤及，為唐朝赴新羅的「弔唁兼冊封使」歸崇敬所寫的〈送歸中丞新羅弔祭冊立序〉中「新羅嗣王以喪訃，且請命於我矣」之句[114]，可知之前入唐的新羅使臣金隱居是「告哀使」。812 年，新羅憲德王遣「告哀使」金昌南入唐，上傳了哀莊王去世的訊息。840 年，文聖王遣「告哀使」向唐彙報了神武王逝世的實情。[115]百濟與渤海也曾向唐派遣「告哀使」。641 年 3 月，百濟義慈王遣使入唐，報告了武王去世的消息。818 年渤海宣王遣李繼常等，向唐憲宗稟告了僖王逝世的情報。[116]

以上就是文獻中，所有關於古代韓半島三國、渤海向唐派遣「告哀使」的記錄，但實際上不止以上六次。我們來看新羅的情況，632 年正月真平王去世，善德王即位，唐太宗遣使赴新羅追贈真平王官爵，並下賜 200 匹絲綢作為賻物。如果沒有新羅「告哀使」入唐作前提，這是不可能發生的。654 年 3 月真德王去世，武烈王繼位，這年閏 5 月 18 日，唐太

113 《唐會要》卷 95，新羅；《冊府元龜》卷 964，〈外臣部　封冊（2），開元 25 年正月〉。
114 獨孤及，〈送歸中丞新羅弔祭冊立序〉，《全唐文》卷 387。
115 《舊唐書》卷 199，新羅；《唐會要》卷 95，新羅。
116 《舊唐書》卷 199，渤海靺鞨。

宗遣張文收入新羅冊封金春秋為「新羅王」。[117]只有武烈王遣「告哀使」向唐彙報實情之後，才有唐朝的冊封。

還有，正史中沒有景文王向唐稟告憲安王逝世與自身繼位的記載，不過我們能從崔致遠的文章中，找尋到蛛絲馬跡。他撰寫的〈初月山崇福寺碑銘〉中，有「爰遣陪臣，告終稱嗣，遂於咸通六年，天子使攝御史中丞胡歸厚，以我鄉人前進士裴匡，腰魚頂豸為輔行，與王人田獻銛來錫命」之句，說的就是新羅遣使向唐彙報了憲安王去世，與景文王繼位的事實。於是唐懿宗在咸通 6 年（865），賜予「攝御史中丞」胡歸厚與新羅留學生「前進士」裴匡魚袋和獬豸冠，派遣他們與王人田獻銛一起入新羅下達冊封敕命，可間接確認景文王遣「告哀使」入唐的事實。

高句麗、百濟、渤海在大多數情況下，也會在國王去世之時，向唐派遣「告哀使」。高句麗寶藏王 643 年正月所派遣唐使，應該就是傳達榮留王去世消息的「告哀使」。百濟義慈王於 641 年 5 月派遣的入唐使節，就是報告武王去世及自身繼位消息的「告哀使」。渤海康王與定王、宣王與彝震王政權交替之際，也應向唐派過「告哀使」，古代韓半島三國與渤海，在前王去世、新王即位時，向唐朝派遣「告哀使」是一種慣例。

在古代東亞國際秩序中，唐朝對周邊國家在政治上的影響力是絕對的。所以韓半島三國相互之間，或是新羅與渤海之間爆發戰爭後，取得戰爭勝利的一方都要派「告捷使」向唐彙報，特別是受到唐朝軍事支援最多的新羅。650 年 6 月，金法敏入唐報告了擊破百濟軍隊的事實。656 年 3 月，新羅遣使彙報了前年進攻百濟，殺敵 3000 餘名的情況。660 年 7 月 29 日，新羅武烈王遣「弟監」天福入唐，稟告了羅唐聯合軍攻陷泗沘城、義慈王投降的實情。新羅取得了對渤海戰爭的勝利之後，也向唐派遣了「告捷使」。734 年，當時留唐宿衛的金忠信在呈給唐玄宗的上書裡稱：「臣所奉進止，令臣執節本國，發兵馬，討除靺鞨，有事續奏者，臣自奉聖旨，誓將致命。」[118]由此，可推測新羅派遣「告捷使」的事實。

「謝罪使」是對於唐朝的質責請求原諒所派遣的使節，主要出現在

---

117 《資治通鑑》卷 199，高宗永徽 5 年閏 5 月壬辰。

118 《三國史記》卷 8，聖德王 33 年 1 月；《冊府元龜》卷 973，〈外臣部　助國討伐，開元 22 年 2 月〉。

與唐關係緊張的時候。高句麗 626 年因進攻新羅，受到唐朝斥責而派遣了「謝罪使」。646 年與 647 年，面對唐朝的不斷進攻，高句麗寶藏王於 647 年 12 月，派遣王子任武等入唐謝罪。[119]百濟為改善與新羅的關係，面對唐朝的責問，於 629 年遣「謝罪使」入唐。

新羅與唐朝關係最惡化的階段，是 668 年高句麗滅亡之後的約十餘年。這一時期，兩國幾乎要爆發武力對決的全面戰爭，唐朝甚至剝奪了文武王的「新羅王」官爵。這一期間，新羅共派遣了四次「謝罪使」。高句麗滅亡之後，關於百濟故地領土權的爭奪問題，唐朝質責了新羅的反唐行為。文武王於 669 年，遣「角干」金欽純與「波珍飡」金良圖入唐辯解事件始末並向唐謝罪。[120]文武王又於 672 年 9 月遣「沙飡」原川與「奈麻」邊山入唐，解釋了上次不得不在百濟故土出兵的事由並謝罪。新羅為了表示謝罪的誠意，送還了 671 年所俘虜的「兵部郎中」鉗耳大侯、「萊州司馬」王藝等唐朝官員，以及「熊津都護府司馬」禰軍，而且進貢了金、銀、銅、牛黃、布等物。

之後，新羅接納了高句麗遺民，佔領了百濟故地，唐高宗剝奪了文武王的官爵，重新任命金仁問為「新羅王」。唐朝隨即派劉仁軌、李謹行等出兵，大舉進攻新羅。文武王於 675 年 2 月和 9 月兩次遣謝罪使承認錯誤，《唐會要》卷 95、《冊府元龜》卷 986 和《資治通鑑》卷 202 中皆稱「新羅前後相續來謝罪」。最後，唐朝終於恢復了文武王的官爵，並且撤回了主力部隊。

新羅還多次派遣「告奏使」。669 年，以「謝罪使」身份入唐的金欽純，於翌年 7 月帶回了唐高宗敕命新羅與百濟重新劃定疆界的聖旨。[121]接著，新羅認為唐朝的劃疆舉措不太合理，而於同年 9 月派遣了兩次「告奏使」。但是他們因為遭遇風浪全部在大海中漂流，最後只得回國。[122]893 年「納旌節使」金處誨在入唐途中沉沒於大海，新羅又派「梼城郡太守」金峻作為「告奏使」入唐。但由於凶年之中盜賊猖獗，入唐道路被阻絕，

---

[119]《三國史記》卷 22，寶藏王 6 年 12 月；《新唐書》卷 220，高麗；《資治通鑑》卷 198，太宗貞觀 21 年 12 月。

[120]《三國史記》卷 7，文武王 9 年 5 月。

[121]《三國史記》卷 7，〈文武王 11 年　答薛仁貴書〉。

[122]《三國史記》卷 7，文武王 11 年。

最後還以失敗告終。關於真聖王 897 年將王位讓給侄子金嶢一事，「賀正使」金穎入唐後詳細辯明，請求唐朝諒解。[123]於是，作為「賀正使」的金穎，又兼具了「告奏使」的使命。百濟於 645 年派遣扶餘康信入唐，辯解百濟並未與高句麗聯合；渤海於 736 年遣大蕃入唐朝貢，並且告稟突厥的軍事情報，扶餘康信與大蕃就是「告奏使」，「告奏使」一定帶來了本國國王表文及方物。根據以上內容，可整理韓半島三國與渤海派遣「告陳使」的記錄如〔表 2-5〕。

表 2-5　韓半島三國與渤海「告陳使」一覽表

告哀使		告捷使		謝罪使		告奏使	
入唐時間	使臣名	入唐時間	使臣名	入唐時間	使臣名	入唐時間	使臣名
百濟 641 年 5 月		新羅 650 年 6 月	金法敏	高句麗 626 年 12 月		百濟 645 年 1 月	扶餘康信
[高句麗] 643 年 1 月		新羅 656 年 3 月		[百濟] 629 年		新羅 670 年	（入唐途中漂流，失敗）
[新羅] 703 年 1 月		新羅 660 年 7 月	天福	高句麗 646 年 5 月		渤海 736 年 3 月	大蕃
新羅 737 年 12 月				高句麗 647 年 12 月	任武	新羅 893 年	金峻（入唐失敗）
新羅 767 年冬季	金隱居			新羅 669 年	金欽純，金良圖	新羅 897 年	金穎
[新羅] 784 年	金讓恭			新羅 672 年	原川，邊山		
[渤海] 794 年 1 月	大清允			新羅 675 年 2 月		孝恭王時代	
新羅 799 年				新羅 675 年 9 月			
[新羅] 804 年							
[渤海] 809 年 1 月							
新羅 812 年 4 月	金昌南						

123《三國史記》卷 11，真聖王 11 年 6 月；崔致遠，〈謝恩表〉，《東文選》卷 43。

告哀使		告捷使		謝罪使		告奏使	
入唐時間	使臣名	入唐時間	使臣名	入唐時間	使臣名	入唐時間	使臣名
[渤海] 812年12月							
渤海 818年3月	李繼常						
[新羅] 826年12月							
[渤海] 830年12月							
新羅 840年4月							
[新羅] 862年	富良（入唐途中溺沒）						
新羅 864年							
[新羅] 876年冬季							

（三）奏請使

「奏請使」是對唐朝有特殊請求時所派遣的使團。古代韓半島三國與渤海向唐朝所請求的事情，包括對國王、王母和王妃的冊封，貴族子弟入學國學，放還滯留於唐的本國人，請賜書籍與物品、尋求軍事支援等。

在以唐為中心的東亞國際秩序中，周邊國家在政權交替之時，往往會向唐朝報告前王去世與新王即位的情況，並請求冊封。舉新羅的例子，812年4月憲德王派金昌南入唐，祝賀新年並稟告哀莊王去世消息。這年7月，唐憲宗派崔廷為「弔祭兼冊封使」入新羅，冊封憲德王為「新羅王」。737年孝成王遣使，稟報聖德王去世與自身繼位的訊息後，唐玄宗即刻遣使追贈聖德王為「太子太保」，並冊封孝成王為「新羅王」。[124]文獻中並未明確指出，新羅遣使的目的是要求冊封新王，但是從冊封事實來看，

124 《三國史記》卷9，孝成王2年2月；《冊府元龜》卷964，〈外臣部　封冊（2）〉。

告哀時他們應該提出了請求，那麼可知大部份「告哀使」肩負了「奏請使」的任務。

與上面不同的是，文獻中清楚記載冊封請求的情況也有很多。767年，新羅惠恭王遣「伊飡」金隱居入唐請求冊封。[125]808 年哀莊王遣金力奇入唐，報告昭聖王突然的死訊，請求得到尚未收到的、關於昭聖王、王母以及王妃的冊封詔書。798 年，渤海康王向唐乞請繼承文王的「渤海國王」官爵。

除了國王，王母或王妃也需要接受唐朝的冊封。有遣唐使執行其他任務時，順帶請求對王母、王妃進行冊封的情形，時而也有專門為請求冊封王母、王妃而遣使入唐的情況。據《三國史記》卷 9〈新羅本紀・孝成王 4 年 3 月條〉與《冊府元龜》卷 975〈外臣部・褒異（2）・開元 28 年 3 月癸卯條〉的記錄，739 年 3 月孝成王納金順元之女金惠明為妃，唐朝於翌年 3 月遣使冊封其為王妃。這意味著 739 年 3 月之後不久，新羅曾派過向唐彙報孝成王納妃之事並請求冊封的使臣。

請求本國人入學唐朝國學的「奏請使」，以 640 年的高句麗、百濟、新羅遣唐使為代表，其後新羅、渤海又多次以此目的遣使。825 的新羅遣唐使金昕，率金允夫、金立之、朴亮之等 12 名學生入唐，金昕提出讓他們入唐國學學習的申請。[126]885 年入唐的金僅，為金茂先、崔渙、崔匡裕、楊穎等提出的入學請求，得到准許。[127]897 年的「賀正使」金穎亦率崔慎之、金鵠等 8 名學生，與祈綽、蘇恩等 10 名大小首領入唐，請求入學國學。渤海國的情況也是如此，714 年渤海高王遣使向唐申請渤海學生入學國學。[128]832 年，渤海遣唐使高寶英也提出申請，讓解楚卿、趙孝明、劉寶俊等學生入學國學。[129]837 年，渤海「賀正使」大明俊率 16 名學生請求入學，僅 6 名得到批准。

---

125 《三國史記》卷 9，惠恭王 3 年 7 月；《舊唐書》卷 199，新羅；《冊府元龜》卷 972，〈外臣部　朝貢（5）〉；同書卷 965，〈外臣部　封冊（3）〉。

126 《三國史記》卷 10，憲德王 17 年 5 月；《冊府元龜》卷 999，〈外臣部　請求，寶曆元年 5 月庚辰〉。

127 崔致遠，〈奏請宿衛學生還蕃狀〉，《東文選》卷 47。

128 《玉海》卷 153，唐渤海遣子入侍。

129 《舊唐書》卷 199，渤海靺鞨；《冊府元龜》卷 999，〈外臣部　請求，太和 7 年正月己亥〉。

向唐籲請放還滯留於唐的本國人，也可成為「奏請使」的使命。新羅通過643年1月、686年2月的遣唐使，向唐提出放還新羅求法僧慈藏、圓測的請求。825年的遣唐使在提請讓新羅學生入學國學後，還懇求放還學習期滿的太學生崔利貞、金叔貞、朴季業等。840年4月的遣唐使提出申請後，唐朝將期滿的105名新羅國學生一次性放回本國。897年，真聖王遣金穎入唐請求放還國學生金茂先、楊穎等，崔致遠所撰寫的〈奏請宿衛學生還蕃狀〉就是當時金穎向唐昭宗上呈的願書。不僅是新羅，645年入唐的百濟遣唐使扶餘康信也向唐請求放還本國僧人智照。[130]832年的渤海遣唐使高寶英也向唐申請返還李居正、朱承朝、高壽海等學生。

遣唐使們所申請的放回對象不僅包括求法僧和留學生，還包括亡命的政治犯、被海盜販賣作奴隸的本國國民等。除此以外，「奏請使」的任務還有向唐請求派人到本國。731年的渤海遣唐使馬文軌與葱勿雅為求誅殺或遣返大門藝而入唐。[131]822年的新羅遣唐使金柱弼懇求唐朝放還被海盜販賣作奴隸的新羅百姓。[132]前面提到的百濟遣唐使扶餘康信，為了給義慈王治病，曾向唐朝肯求派醫員蔣元昌入百濟。

「奏請使」還有向唐請求賜予書籍或土地的情形。686年，新羅神文王時期的遣唐使請求唐朝賜與《禮記》和文章。哀莊王時期的遣唐使朴如言乞請抄寫5卷本的《廣利方》帶回，得到允准。[133]738年渤海文王遣使請求抄寫《周禮》、《三國志》、《晉書》、《三十六國春秋》等書帶回。[134]735年的新羅遣唐使金思蘭，為從唐朝得到在浿江地區佈防新羅軍隊的准許，以牽制渤海而入唐。[135]

因遭受外侵而向唐求援，或圖謀擴張領土向唐求助的「請兵使」，也屬於「奏請使」的一種。古代韓半島三國中，在政治、經濟、軍事上處於最劣勢的新羅，為保全本國領土、實現三國統一，常常向唐請求軍事支援。643年9月，高句麗與百濟合力進攻新羅党項城，善德王兩次遣使

130《文館詞林》卷364；朝鮮史編修會，《朝鮮史》1-3，pp.393-394。
131《舊唐書》卷199，渤海靺鞨。
132《唐會要》卷86，奴婢。
133劉禹錫，〈代淮南杜司徒奏新羅請廣利方狀〉，《全唐文》卷603。
134《唐會要》卷36，蕃夷請經史。
135張九齡，〈勅新羅王金興光書（2）〉，《全唐文》卷285。

向唐求救。647 年，金春秋為謀求軍事援助而入唐。648 年 3 月，百濟攻陷了新羅腰車城等 13 座城池，新羅真德王於這年 9 月遣使入唐稟陳事實並請求救助。655 年，百濟、高句麗、靺鞨聯合攻下新羅北邊 30 餘座城池，武烈王遣使向唐求援。武烈王又於 659 年派金仁問入唐，請求兵力支援，結果唐朝派 13 萬軍隊入韓半島。666 年 4 月，文武王通過留唐宿衛的金三光、金翰林和金良圖向唐請求軍隊援助。

此外，高句麗榮留王於 623 年、625 年所遣使臣，分別向唐籲請頒授曆法和肯求准許佛道教徒入唐求法。644 年，高句麗寶藏王派遣官員 50 名入唐請求宿衛。百濟義慈王於 645 年通過遣唐使，企求保障百濟僧人在唐朝自由求法的權益。百濟還有過向唐自請出兵、協助討伐高句麗的情況。[136]渤海景王與哀王所遣使臣，還曾有過在大唐朝堂上請求變更席位的經歷，和調換賓貢及第者名次之要求。根據以上分析，可將文獻中比較明晰的奏請使記錄整理如〔表 2-6〕。

表 2-6　韓半島三國及渤海「奏請使」一覽表

國名	入唐時間	使臣名	奏請內容	其他活動
高句麗	623 年 12 月		請求頒授曆法	領受天尊像
高句麗	625 年		請求僧侶、道士的入唐求法活動	
新羅	625 年 11 月		牽制高句麗	[謝恩]
新羅	626 年 7 月		因高句麗、百濟侵略，向唐救援	
高句麗	640 年 12 月	桓權	請求學生入學國學	
百濟	640 年		請求學生入學國學	
新羅	640 年 9 月		請求學生入學國學	
新羅	643 年 1 月		放還慈藏	[賀正]
新羅	643 年 9 月		請兵，救援	
新羅	643 年 11 月		請兵，救援	
高句麗	644 年 9 月		要求宿衛	獻白金
百濟	645 年 1 月	扶餘康信	放還智照，求醫員蔣元昌入新羅，保障百濟僧自由求法權益	
新羅	647 年 12 月	金春秋，文王，大監某	請兵	宿衛，[賀正]

136《文館詞林》卷 364；朝鮮史編修會，《朝鮮史》1-3，pp.393-394。

國名	入唐時間	使臣名	奏請內容	其他活動
新羅	648 年 9 月		請兵，救援	
新羅	655 年 1 月		請兵	謝恩，賀正
新羅	659 年秋季	金仁問，文泉	請兵	
新羅	666 年	金三光，金翰林，[金良圖]	請兵	宿衛，[謝恩]
新羅	686 年 2 月		請求《禮記》與文章，放還圓測	
渤海	714 年		請求學生入學國學	[謝恩]
新羅	728 年 7 月	金嗣宗	請求學生入學國學	宿衛
渤海	731 年[4，5 月]	馬文軌，葱勿雅	請求誅殺或遣返大門藝	被扣留於唐
新羅	735 年 2，3 月	金思蘭	請求在浿江鎮駐屯新羅軍隊	謝恩
新羅	767 年冬季	金隱居	冊封惠恭王	告哀
新羅	784 年	金讓恭	[冊封宣德王]	[告哀]
新羅	808 年 7 月	金力奇	領受已故昭聖王，以及王妃、王母的冊封詔書	謝恩
新羅	812 年 4 月	金昌南	冊封憲德王	賀正，告哀
新羅	822 年 12 月	金柱弼，金昕	放還新羅人奴婢	賀正，宿衛
新羅	825 年 5 月	金昕	學生入學國學與放還	
渤海	832 年 12 月	高寶英	學生入學國學與放還	
新羅	836 年 12 月		放還國學學生，請求改善學生待遇	
渤海	837 年 1 月	大明俊	請求學生入學國學	
新羅	840 年 4 月		放還宿衛學生，[冊封]	告哀
新羅	864 年		冊封景文王	告哀
新羅	869 年	金胤	請求學生入學國學	[告哀，賀正]
新羅	885 年	金僅	請求學生入學國學	慶賀討平黃巢
新羅	891 年夏季	崔元	請求學生入學國學	祝賀唐昭宗即位
新羅	897 年	金穎	學生入學國學與放還	賀正

（四）慶賀使與弔慰使

最後可以列舉出的「不定期遣唐使」，還有「慶賀使」和「弔慰使」。「慶賀使」實際與過去一般使用的「進賀使」是相似概念，本書之所以堅持用「慶賀使」一詞，是因為 885 年新羅憲康王為祝賀唐朝平定黃巢之亂所派遣的金僅被明確稱作「慶賀副使」。891 年，真聖王為祝賀唐昭宗即位而派出的崔元，也被稱為「慶賀判官」。[137]

唐朝時，韓半島三國與渤海曾多次向唐派遣不同種類的「慶賀使」與「弔慰使」。619年，高句麗初次派出的遣唐使，應該就是祝賀唐朝建國的使節。626年唐朝打敗突厥的頡利可汗，628年高句麗榮留王遣使入唐表示慶賀。唐高宗於656年正月，廢掉太子李忠，立李弘為新太子，高句麗寶藏王於這年12月遣使，對冊封太子表示祝賀。[138]666年，唐高宗在泰山舉行封禪大典，寶藏王又遣王子福男出席同慶。新羅當時也為道賀，派金仁問參加泰山封禪儀式，725年聖德王又遣使慶賀唐玄宗在泰山封禪。[139]

羅唐聯合軍相繼滅亡百濟與高句麗後，唐朝舉行了各種慶賀大典，最重要的要數將百濟與高句麗國王、王子、大臣等作為捕虜帶至太廟，向先皇稟明戰功的「獻俘儀式」。如百濟獻俘儀式於660年11月1日在洛陽則天門進行；高句麗獻俘儀式於668年12月12日在長安大明宮含元殿舉行。當時，新羅遣金仁問、儒敦、中知、助州等入唐，慶賀平定百濟與高句麗。885年10月，「試殿中監」金僅被派入唐，祝賀鏟平黃巢之亂以及唐僖宗還都。[140]891年，新羅真聖女王遣崔元入唐，祝賀唐昭宗登基。[141]渤海的情形如下，807年渤海康王遣楊光信入唐慶賀端午節；[142]873年，漂流至日本薩摩國甑嶋郡的渤海遣唐使崔宗佐、大陳潤、門孫宰等，其實是為了祝賀唐朝平定徐州叛亂而被派遣的使節。[143]

如上所述，新羅與渤海在新王即位之初，一般都會遣使入唐請求冊封新王。當然，在唐帝駕崩、新皇登基之時，周邊國家也將派「弔慰兼慶賀使」如唐。805年，赴新羅冊封哀莊王、王母及王妃的唐使元季方，向新羅傳達了唐德宗駕崩消息後，新羅卻未立即派遣「弔慰使」，於是元

---

[137] 崔致遠，〈奏請宿衛學生還蕃狀〉，《東文選》卷47；〈謝恩表〉，《東文選》卷33。

[138] 《三國史記》卷22，寶藏王15年12月；《冊府元龜》卷970，〈外臣部　朝貢（3），顯慶元年12月〉。

[139] 《舊唐書》卷23，〈禮儀志（2）開元13年11月〉。

[140] 《三國史記》卷11，憲康王11年10月；崔致遠，〈奏請宿衛學生還蕃狀〉，《東文選》卷47；〈謝賜詔書兩函表〉，《東文選》卷33。

[141] 崔致遠，〈遣宿衛學生首領等入朝狀〉，《東文選》卷47；〈謝恩表〉，《東文選》卷33。

[142] 《冊府元龜》卷997，〈外臣部　悖慢〉。

[143] 《日本三代實錄》卷23，貞觀15年5月；同書卷24，貞觀15年7月。

季方以斷食示威，新羅最後致歉。[144]翌年 8 月新羅使臣的使行目的，就應是對前年唐朝的冊封表示感謝，對唐德宗的駕崩表達悼慰，以及祝賀唐憲宗的登基。627 年 6 月的新羅使節、650 年 6 月的金法敏以及 762 年的遣唐使，分別就是祝賀唐太宗、唐高宗、唐代宗即位，並且弔唁已故皇帝而被派遣的「弔慰兼慶賀使」。

650 年，高句麗寶藏王遣使弔唁唐太宗駕崩，並慶賀唐高宗登基。841 年，渤海彝震王遣使哀悼唐文宗駕崩，並祝賀唐武宗即位。通過以上的分析，我們可將古代韓半島三國與渤海慶賀使整理如〔表 2-7〕。

表 2-7　三國與渤海「慶賀使」一覽表

國名	入唐時間	使臣名	慶賀內容	其他活動
高句麗	619 年 2 月		唐朝建國	
高句麗	626 年 12 月		[太宗即位]	戰爭謝罪
百濟	626 年 12 月		[太宗即位]	[賀正]
新羅	627 年 6 月		[太宗即位]	
高句麗	628 年 9 月		擊破突厥	獻上封域圖
新羅	650 年 6 月	金法敏	高宗即位	獻上〈五言太平頌〉，告捷
高句麗	650 年		[高宗即位]	弔問
百濟	651 年		[高宗即位]	
高句麗	656 年 12 月			冊封太子
新羅	660 年 11 月	金仁問，儒敦，中知	討伐百濟	
新羅	665 年冬季	金仁問	封禪儀式	宿衛
高句麗	665 年 10 月	福男	封禪儀式	
新羅	668 年 12 月	金仁問，助州	討伐高句麗	
新羅	725 年 11 月			封禪儀式
新羅	762 年 9 月		[代宗即位]	弔問
渤海	805 年 4 月左右		[順宗即位]	[告哀]
新羅	806 年 8 月		[憲宗即位]	[謝恩，弔問]
渤海	806 年 12 月		[憲宗即位]	
渤海	807 年 4 月左右	楊光信	慶祝端午節	
新羅	820 年 11 月		[穆宗即位]	
渤海	820 年 12 月		[穆宗即位]	[賀正，謝恩]
渤海	827 年 4 月		[文宗即位]	賀正
渤海	841 年		[武宗即位]	弔問

144《新唐書》卷 201，元萬頃傳。

國名	入唐時間	使臣名	慶賀內容	其他活動
渤海	873 年	崔宗佐，大陳潤，門孫宰	平定徐州叛亂	漂流至日本薩摩國甑嶋郡
新羅	885 年	金僅	平定黃巢之亂	請求學生入學國學
新羅	891 年[夏季]	崔元	昭宗即位	

此外，還有一種「不定期遣唐使」類型——「送使」。「送使」是負責護送特定人員或運送物品到達唐朝的遣唐使，大多情況下的「送使」兼具其他使命，也有純粹作為「送使」的使節。668 年的新羅使節元器，就是將從高句麗投降至新羅的淵淨土，送往唐朝的「送使」。669 年「級飡」祗珍山與 670 年「大奈麻」福漢的使命，就是分別將磁石、木材運送至唐朝。737 年 8 月渤海大首領多蒙固的任務，就是將在渤海進攻登州時所抓獲的唐朝俘虜送還本國。[145]

護送不同國家使團安全到達目的地之使節，也是「送使」。632 年，新羅「送使」將唐使高表仁與日本遣唐使團護送到了對馬島。[146]763 年，代替日本「送使」判官平群蟲麻呂的船師——板振鎌束，將渤海使臣王新福護送回本國。[147]777 年作為渤海「送使」的史都蒙等人，將高麗朝臣殿繼送還本國。如上所述，古代東亞各國都存在「送使」，但「送使」與其他性質的使團相比，被派遣的次數並不是很多，因此本書不作深入分析。

第三節　遣唐使的入唐與歸國

一、入唐與入京

中國自先秦時代起，就為了接待四方各國的使節團而定立了相關組織與制度。周朝的「大行人」、秦朝的「典客」、隋唐的「鴻臚寺」、後周的「蕃部」等，都是主管外交事務的機構。[148]除設置官署外，對於外國

---

[145] 張九齡，〈勅渤海王大武藝書〉，《曲江集》；《渤海國志長編》卷 18，〈文徵　唐勅〉。
[146] 《日本書紀》卷 23，舒明天皇 4 年 8 月。
[147] 《續日本紀》卷 24，天平寶字 7 年 10 月乙亥；同書卷 34，寶龜 8 年 5 月癸酉。
[148] 《通典》卷 26，〈職官（8）鴻臚卿〉；《大唐六典》卷 18，鴻臚寺。

使臣的迎送儀式與入朝節次等，也有相應的規程。由於中國很早以來，各種文化制度就十分完備，而且唐朝的國策更為自由開放，為了有效接待周邊各國的遣唐使們，訂立出了比之前更加體系化的各類制度章程。《大唐開元禮》中所收錄的關於外國國王或使臣覲見唐帝的禮儀節次和迎送軌範，其精細縝密的程度達到了巔峰。

根據《大唐開元禮》的規定，外國使臣到達唐朝的領土以後，所有公開行為必須在唐朝的知照與指示下進行。換句話說，各國遣唐使在踏上唐土的瞬間開始到離唐為止，都在唐朝法律的框架內得到保護與監督。所涉及的範圍包括遣唐使入唐後與邊州的關係、入京節次、迎勞與客館安置、在長安所享受的待遇、覲見唐帝禮節、國書與貢物遞呈儀式、宴會與回賜儀禮、疾病與死亡等突發事件的應對措施等，還有歸國的流程與交通手段在內的所有行為。雖然在細節方面，隨時代與對象國的不同有若干差異，但從將世界分為「華」與「夷」的宏觀角度來看，中國的王朝——特別是唐朝的這些儀式與章程，對於所有外國使節團來說，毫無例外，一律適用。韓半島古代三國與渤海遣唐使在入唐之後，也要同等遵守唐朝的制度規定。

外國使團踏上唐土以後，首先需要得到管轄該地區的州或都督府，從唐朝中央朝廷獲得的入境許可。[149]依照《唐律疏議》卷 8〈越度緣邊關塞條〉的規定，在沒有得到唐朝官署允許的情況下，私自跨越國境，將受到徒刑兩年的處罰，此法律對外國人同等適用。那麼，各國遣唐使到達唐朝邊境關口或沿海口岸時，最先要做的是向相關縣廳、鎮廳呈上彙報使臣到達情況的文書。838 年到達揚州海陵縣長江口的日本遣唐使，所最先採取的行動，就是派「判官」長岑宿禰高名與「錄事」高丘宿禰百興，向鎮廳呈遞入境相關公文。[150]公文的具體內容無從得知，可推測為稟告入唐實情與申請入境，同時請求遵照唐制規定提供各種便利等內容。

---

[149] 金奎皓，〈唐朝의　異民族　管理와　問題點〉，《江原史學》7，1991，pp.107-108；榎本淳日，〈性靈集に見える竹符・銅契と文書について〉，《日本古代の傳承と東アジア》，佐伯有清先生古稀記念會，1995，pp.470-472。

[150] 圓仁，《入唐求法巡禮行記》卷 1，開成 3 年 7 月 2 日。

新羅真聖王時期，崔致遠作為遣唐使在入唐之時，向唐朝的某位太師侍中上呈了文書，獲得了水路與陸路的券牒，即通行證。並提出遣唐使所到之地的管轄官廳供給船舶、飲食和長途旅行所需驢馬、草料等物資要求，同時請求派遣軍士一路護送。[151]在得到唐朝入境許可之前，遣唐使不能自行離開到達地點，食宿與其他所需費用全部由使臣國自行承擔。

從遣唐使團那裡接受牒文的縣、鎮衙門，會將外國使團到達中國的實情向州、都督府一級的行政官廳報告，再由他們稟告中央朝廷，得到允許後方可入境。838 年，隨日本遣唐使一起入唐的日本僧人圓仁，在《入唐求法巡禮行記》中詳細記錄下了使團的入境全過程，縣、鎮官廳處理完牒文後，便要一直等待中央朝廷的回覆。「淮南節度使」李鄘於 819 年 11 月，向唐中央朝廷稟告了新羅遣唐使金士信一行漂流至楚州鹽城縣的消息，[152]也是為了得到入境准許。

從州一級的官廳那裡獲得許可入境的通報之後，遣唐使團會向唐申請食宿供給，還有請求提供搬運各種物品的船、車等交通工具。同時，管轄官廳還會派遣護送兼嚮導人員，保護與監視使團。食糧是按使臣國的遠近，分等級而供應的。依據 695 年的唐帝詔書，向天竺、波斯、大食國使節提供六個月的食糧，向尸利佛誓、真臘、訶陵國使節提供五個月的糧食，向林邑國使節提供三個月的食糧。[153]以外地區的使團，也是按照路程遠近的準則，對於靺鞨、新羅、吐蕃使團就是以距離 7000 里以上國家的標準供給。[154]吐蕃是在唐周邊蕃國中，與波斯一樣位於最西的政權，靺鞨位於最東北，新羅與之享受同一水準的食糧供給，大概有五、六個月的份量。

838 年，日本遣唐使在踏上唐土第 19 天的 7 月 20 日，在揚州獲得食糧供給。但由於待遇不如新羅，遣唐大使藤原朝臣常嗣向唐朝表達了抗議。[155]總之，他們入唐之後，到從管轄州衙揚州那裡領受入境許可為止，

---

151 《三國史記》卷 46，崔致遠傳。
152 《舊唐書》卷 199，新羅；《唐會要》卷 95，新羅。
153 《唐會要》卷 100，雜錄。
154 《唐會要》卷 100，雜錄。
155 圓仁，《入唐求法巡禮行記》卷 1，開成 3 年 7 月 20 日。

在到達點長江口停留了半個月以上。他們在這期間，還要接受管轄州衙官吏隨時的檢查。在到達當天的 7 月 2 日，鹽官元存行以慰問的名義對使團進行了視察，同月 9 日，海陵縣大使劉勉等 8 名唐朝官吏亦來到遣唐使的宿所，進行了慰勞與察看。[156]

遣唐使從唐政府獲得入境准許之後，也不是馬上可以自由前往長安，而且大使以下到水手為止的使團全體成員，也不是人人都有入京的資格。他們需要通過管轄州衙、都督府向中書省報告，一切遵照皇帝的勅旨行事。皇帝的詔書中，將明示遣唐使的入京行路以及人數等要求。

入京的人員數量由使團的規模與目的、對象國對唐的重要程度，以及當時唐朝的政治、經濟形勢等諸多條件來決定。研究新羅與日本的情況，大概有 40、50 名人員範疇的使團可以入京。812 年 4 月，新羅「賀正兼告哀使」金昌南一行共 54 名進入長安。[157]777 年的日本遣唐使最開始預定 65 名入京，後在中途得到唐朝通知要求縮減至 20 名，使團請求再增加 23 名，最終經過一番波折之後，43 名使團成員得到入京許可。[158]804 的日本遣唐使中，共有 50 名進入長安。[159]838 年的日本遣唐使第一、四船上有 35 名入京，[160]再加上航海途中脫離大部隊而漂流至海州沿岸的第二船人員，全部 50 名左右入京。[161]

另外，關於渤海遣唐使團的入京人數記載，最少時為 11 名，最高時竟達 120 名。歷史上，外國使團一下有 100 多名成員進入唐都長安的情況很少發生，因而我們推斷 731 年 10 月的 120 名、813 年 12 月的 97 名、815 年 7 月的 101 名渤海遣唐使進入長安的記錄，實際上可能指的不是入京人數，而是使團全體人數。除這些特殊情況外，渤海遣唐使也有大概 30 名左右一齊入京的文獻記載。792 年閏 12 月入京的楊吉福等共有 35 名，794 年 1 月有大清允等 30 餘名，795 年 12 月有阿密古等 22 名，814 年 1 月有高禮進等 37 名，816 年 2 月有高宿蒲等 20 名，818 年 3 月有李

156 圓仁，《入唐求法巡禮行記》卷 1，開成 3 年 7 月 9 日。
157 《冊府元龜》卷 972，〈外臣部 朝貢（5），元和 7 年 4 月〉。
158 《續日本紀》卷 35，寶龜 9 年 10 月乙未及乙卯。
159 《續日本後記》卷 12，延曆 24 年 6 月乙巳。
160 圓仁，《入唐求法巡禮行記》卷 1，開成 3 年 10 月 4 日。
161 小野勝年，《入唐求法巡禮行記の研究（4）》，鈴木學術財團，1969，p.380。

繼常等 26 名，837 年 1 月有大明俊等 19 名。此外，814 年 12 月有大孝真等 59 名，824 年 2 月有大聰叡等 50 名，827 年 4 月有 11 名進入長安。由此看來，在不同時代，渤海遣唐使被獲准的入京人數之標準參差不齊，平均大概 30 名的樣子。

入京者主要由「大使」、「副使」、「判官」、「錄事」和作為通譯官的「通事」等遣唐使核心官員構成，還有求法僧與留學生同行的情形。資料比較翔實的是 838 年的日本遣唐使記錄，當時第一船與第四船上有大使 1 名、判官 2 名、錄事 2 名、通事 1 名、求法僧 2 名，還有其他雜職人員等總共 35 名進入長安。[162]除入京者之外的使團其他人員，則在管轄州府的管理之下，直到入京使團回來為止，在使團最先到達的地方等候。這樣的事實，被詳細記載於圓仁的《入唐求法巡禮行記》裡。

入京使團的規模與行路被確定之後，他們將在唐朝官員的引導與保護下，按指定路線向長安進發。817 年，漂流至明州的新羅遣唐使金張廉一行在浙東，受到唐朝某官的護送進入長安。[163]882 年的遣唐使金直諒一行，在「淮南節度使」高駢所派「都頭」張儉的保衛與指引之下，觀見了從揚州逃至四川的唐僖宗。[164]真聖王時期，新羅遣唐使崔致遠曾向作為「太師侍中」的某人請求，派軍士護送他們一行。824 年，以大聰叡為首的 50 名渤海遣唐使，受到「平盧節度使」薛平所遣官吏的護衛進入長安。[165]838 年的日本遣唐使團在王友真的引導與監督下入京。

在唐朝，韓半島三國、渤海與日本等東方各國遣唐使，進入長安城時的必經之地是長樂驛。長樂驛在當時長安城東面的春明門與通化門東北面約 6、7 里處，是離長安城最近的驛站。從東面的河南、河北、河東、江南、淮南、山南等地區進入長安時，必須要通過長樂驛，這裡是旅行客們頻繁往來之所，是進出長安有名的迎送地。[166]

從東面邊州入京的遣唐使到達長樂驛後，唐帝會派勅使迎接。據《冊府元龜》卷 111〈帝王部・宴享（3）〉的記載，824 年在「平盧節度使」

---

[162] 圓仁，《入唐求法巡禮行記》卷 1，開成 3 年 10 月 4 日。

[163] 《三國史記》卷 10，憲德王 9 年 10 月；同書卷 46，崔致遠傳。

[164] 《三國史記》卷 46，崔致遠傳。

[165] 《冊府元龜》卷 111，〈帝王部　宴享（3）〉。

[166] 嚴耕望，《唐代交通圖考》第 1 卷，京都關內區，上海古籍出版社，2007，p.2。

派遣官員的護送下，渤海遣唐使大聰叡等 50 名到達長樂驛後，唐朝中央政府派中官來此，招待他們酒食。702 年，日本遣唐使到達長樂驛時，「五品舍人」出來宣讀詔書並慰勞了他們。[167]804 年的日本遣唐使，在長樂驛受到內使趙忠等的迎接，並乘坐他們牽來的馬匹進入長安。[168]高句麗、百濟、新羅遣唐使入京時與渤海、日本遣唐使一樣，在長樂驛受到皇帝敕使的迎接，並在他們的引導下進入長安城。647 年，新羅遣唐使金春秋入唐時，唐太宗派「光祿卿」柳亨在郊外迎接、慰勞金春秋一行，[169]當時柳亨所到的郊外，便是長樂驛附近。

長安城內，接待外國使臣住宿的館舍有幾處。首先我來看禮賓院，禮賓院初建於何時不得而知，《唐會要》卷 66〈鴻臚寺條〉載：「天寶十三載（754）二月廿七日，禮賓院自今後宜令鴻臚勾當檢校。」可知，禮賓院最遲於 754 年之前建立。原位於崇仁坊，814 年移至長興坊。[170]

另外的館舍，還有鴻臚客館與四方館。位於唐皇城承天門街最南端西邊的鴻臚客館，是接待外國賓客住宿的官館。[171]關於四方館，《大唐六典》卷 18〈鴻臚寺條〉稱：「於建國門外置四方館，以待四方使客，各掌其方國及互市事」。另據徐松《兩京城坊考》卷 1〈西京皇城條〉載，四方館遺址位於皇城內承天門街西，可知四方館與鴻臚客館相距不遠。從這一點來看，《大唐六典》所指四方館與鴻臚客館，也許為同一處。總結一下，長安城內設有像鴻臚客館與禮賓院這樣接待外國使臣的「官館」。鴻臚客館因位於皇城內，又被稱為「內館」。而禮賓院在皇城外，又被稱作「外館」或「外宅」。文獻中日本遣唐使到達長安城後，常下榻的外宅就是禮賓院。

遣唐使入京後，負責接待、宴會、迎送、客館安置、飲食供給的官署，是鴻臚寺下轄的典客署。[172]典客署的長官是典客令，官員有丞、掌

---

[167]《續日本紀》卷 35，寶龜 10 年 4 月辛未。

[168]《日本後紀》卷 12，延曆 24 年 6 月乙巳。

[169]《三國史記》卷 5，真德王 2 年；《冊府元龜》卷 974，〈外臣部　褒異（1），貞觀 22 年 12 月〉。

[170]《唐會要》卷 66，鴻臚寺。

[171]《玉海》卷 165，唐鴻臚客館；石見清裕，〈唐の鴻臚寺と鴻臚客館〉，《古代文化》42，1990，pp.48-50。

[172]《大唐六典》卷 18，鴻臚寺。

客、典客、府、史等，關於遣唐使的迎送與「客館」一般事務，由「正九品上」的掌客負責管理。[173]

二、謁見唐帝的儀式

各國遣唐使團的最終目的是覲見唐帝，獻上本國國王的表文與貢物，並得到唐帝的詔書與回賜，這一流程在遣唐使被安置於長安城「客館」之後開始。《大唐開元禮》卷 79〈賓禮〉分為「蕃國主」與「蕃國使」兩種情況，對謁見唐帝儀式與呈獻貢物的程序，做了詳細說明。但是，古代韓半島三國與渤海，沒有國王親自入唐的例子，因此我們根據《大唐開元禮》中「蕃國使入朝」的情況進行論述。

謁見唐帝儀式，從將遣唐使安頓於官館之後，分為「迎勞」、「見日通報」、「奉見」、「宴席」四個步驟進行。首先是皇帝使者迎接、慰勞遣唐使的「迎勞」儀式。遣唐使來到客館的前一天，唐朝「守宮」先要在客館門外道路之右南向，準備座次。迎勞之日，皇帝使者到達，遣唐使官員出門問曰：「敢請事。」敕使立於客館大門西側，答曰：「奉制勞某主（稱其國名）。」遣唐使大使出迎，與皇帝使者一起走上臺階，一東一西，面對而立，然後大使稽首，傾聽敕使宣制。皇帝的慰勞詔書，通常由中書省「通事舍人」宣讀。[174]最後，由遣唐使大使送敕使一行出客館門外，「迎勞」儀式全部結束。

得到慰勞的遣唐使們，接下來要等待的是確定皇帝「見日」的通報，「見日通報」儀式的程序與「迎勞」相同，僅是敕使所宣讀的聖旨內容由慰勞之語，改為「某日某主（稱其國名）見。」

謁見唐帝當日的「奉見」儀式過程，也嚴格按照規定進行。根據《大唐開元禮》，外國蕃主要在太極殿朝見皇帝，但代表蕃主的遣唐使入朝時，受皇帝接見的場所則不固定。依照《冊府元龜》〈外臣部〉的記錄，唐帝朝見外國使臣、舉行朝會與宴會的場所，隨時代不同而有差異。759年前在承天門、含元殿、太極殿、宣政殿、紫宸殿等處舉行朝會；760

---

[173] 石見清裕，〈唐の鴻臚寺と鴻臚客館〉，《古代文化》42，1990，pp.52。

[174] 《冊府元龜》卷 971〈外臣部・朝貢（4）條〉有例佐證，開元 5 年 10 月「日本國遣使朝貢，命通事舍人就鴻臚宣慰」。

年至 778 年在延英殿進行；這以後至 843 年為止，唐帝主要在麟德殿召見各國使臣並舉辦宴會。[175]新羅遣唐使主要在長安城東北大明宮內的紫宸殿、延英殿、麟德殿、含元殿等場所，謁見唐帝。713 年 2 月的新羅遣唐使也曾在門樓，即承天門覲見唐玄宗。[176]而對於渤海遣唐使，主要在延英殿與麟德殿朝覲唐帝。總之，遣唐使將於指定的奉見日，在中書省「通事舍人」的引導下，進入宮城謁見唐帝。[177]

「奉見」儀式在莊重威嚴的氛圍下舉行。首先，謁見日前一天，「尚舍奉御」、「守宮」、「大樂令」等負責設置遣唐使接見場所的帷幄、參席官員的座次，還有各種樂器演奏安排。第二天，遣唐使在宮門外等待，「符寶郎」與「通事舍人」按次序引導他們入場，立於宮門外西廂東面。這時，遣唐使大使持本國國書入宮，其餘官員在鴻臚寺受檢後，捧持選定的貢物，分兩列縱隊，站排於大使之後。唐帝在侍衛隊的護擁下登場，《太和之樂》響起，皇帝升御座。然後遣唐使入場，由宮廷南邊向北，行進至使團席次。在有兩個國家以上的使臣一起謁見唐帝時，也常有因入場順序先後而引發的爭鬥，見於《舊唐書》卷 195〈回紇傳〉中，回紇與黑衣大食國之間的「爭長事件」就是典型。

遣唐使進入宮門時，樂工會為大國的大使演奏《舒和之樂》，小蕃大使或大蕃大使以下使臣入場時，則不設樂。[178]大蕃與小蕃之等級全由唐中央裁斷，即根據與唐的親疏程度、對唐功勞之有無、蕃國文化水準與軍事強弱，甚至考慮到蕃國間的臣屬關係，[179]由鴻臚寺進行判定。[180]在以唐為中心的東亞國際秩序中，這種等差體現出各國的國際地位。

新羅除了高句麗滅亡後，與唐產生暫時的緊張關係外，是唐朝的友好鄰邦。新羅幾乎每年朝貢，唐朝也會在新羅國政交替時，遣「冊命使」

---

[175] 田島公，〈日本律令國家の賓禮——外交儀禮からみた天皇と太政官〉，《史林》68-3，1985，pp.39-46。

[176] 《三國史記》卷 8，聖德王 12 年 2 月；《冊府元龜》卷 971，〈外臣部　朝貢（4），先天 2 年〉。

[177] 石見清裕，〈唐代外國使の皇帝謁見儀式の復元〉，《史滴》12，1991，pp.5-33。

[178] 《大唐開元禮》卷 79，〈賓禮　受蕃國使表及幣〉；《通典》卷 131，開元禮纂類。

[179] 濱田耕策，〈唐朝における渤海と新羅の爭長事件〉，《東アジア史論集（下）》，吉川弘文館，1978，pp.319-360。

[180] 《舊唐書》卷 44，〈職官（3）　鴻臚寺〉；《大唐六典》卷 18，鴻臚寺。

冊封新即位的新羅王。而且唐與新羅曾結成聯合軍，先後滅亡了百濟與高句麗，在渤海侵攻登州之時，新羅在接到唐朝的出兵命令後，立刻派遣了援軍。不僅如此，黃巢之亂下的唐朝處於危機之際，新羅自請派兵支援，[181]可見在軍事上，羅唐關係之緊密。文化水準方面，唐朝亦稱新羅為「仁賢之邦」或「君子之國」。[182]在唐朝眼中，新羅的地位絕對不低。《三國遺事》卷 4〈慈藏定律條〉稱：「（新羅國）乃以真德王三年己酉始服中朝衣冠，明年庚戌又奉正朔，始行永徽號。自後每有朝覲，列在上蕃」，新羅一定位於唐所分類的「大蕃」之列。

前面說過，753 年正月初一，在大明宮含元殿舉行的賀正儀式上，新羅使臣居大食國之上的東畔第一位，日本使臣居吐蕃國之下的西畔第二位，於是大伴宿禰古麻呂向唐朝抗議，結果新羅與日本使臣的位置互換。然而《續日本紀》卷 19〈天平勝寶 6 年正月丙寅條〉所記錄的這一事件，出自日本遣唐「大使」大伴宿禰古麻呂向日本朝廷上奏的話語中，其意圖是彰顯自身的外交努力成果，因是一面之詞，故不能輕信。總之，8 世紀中葉，新羅遣唐使的地位處於大食、吐蕃、日本使臣之上，唐朝眼中的新羅為「大蕃」。

通過章懷太子李賢墓中的壁畫《禮賓圖》，也可確認新羅使臣在唐朝受到優待的事實。706 年，李賢陪葬唐高宗乾陵之時，在墓道的羨道位置，即墓道中部左右兩面牆壁上繪製了各有三名外國使臣登場的兩幅《禮賓圖》。其中東壁的《禮賓圖》裡，與西域人、北方遊牧民族官員站在一起的是一位頭戴鳥羽冠的新羅使臣。[183]雖然關於鳥羽冠人物的身份有日本人、渤海人或者高句麗人之說，[184]但從壁畫的繪製時期與李賢的生平等當時的歷史情形來考察，他是新羅人的可能性最大。

---

[181] 崔致遠，〈謝恩表〉，《東文選》卷 33。

[182] 權悳永，〈新羅君子國 이미지의 形成〉，《韓國史研究》153，2011，pp.159-190。

[183] 金元龍，〈唐李賢墓壁畫의 新羅使臣에 對하여〉，《考古美術》123‧124 合輯，1974，pp.17-21；文明大，〈실크로드상의 新羅使節像〉，《실크로드 學術紀行 中國大陸의 文化（1）——古都長安》，韓國言論資料刊行會，1990，pp.184-197。

[184] 金理那，〈唐美術에 보이는 鳥羽冠飾의 高句麗人——敦煌壁畫와 西安出土銀盒을 中心으로〉，《李基白先生古稀紀念 韓國史學論叢（上）》，一潮閣，1994，pp.503-524；盧泰敦，《禮賓圖에 보인 高句麗》，首爾大學校出版部，2003。關於《禮賓圖》中人物是渤海人或日本人的學說與史實相差太遠，這裡不作介紹。

圖 2-3　章懷太子李賢墓東面《禮賓圖》（中國陝西省咸陽市乾縣）

從〔圖 2-3〕《禮賓圖》人物排列的位置來看，三名唐朝官人在前，新羅使臣與西域人並列其後，北方遊牧民族官員站在新羅使臣之後。新羅使臣僅被畫在東面壁畫中，位於最前排左則的顯眼位置，在東西壁的《禮賓圖》所登場的六名外國使臣中，地位最高。從新羅遣唐使在唐朝所受到的大國使臣待遇來看，他們在謁見唐帝入場時，宮廷也會演奏《舒和之樂》。另外，渤海國的地位也比新羅低，897 年在唐朝所發生的新羅與渤海「爭長事件」，證明渤海無法超越新羅，[185]但渤海比日本、勃律、識匿、護密的地位要高。[186]高句麗、百濟國的國際地位，則無從考證。

總之，遣唐使大使入場，於指定位置站立好之後，樂曲演奏便停止。「中書侍郎」走近遣唐使「大使」，接受其由本國帶來的國書，轉而走向

---

[185] 崔致遠，〈謝不許北國居上表〉，《東文選》卷 33；《增補文獻備考》卷 171，交聘。

[186] 山內晉次，〈唐よりみた八世紀の國際秩序と日本の地位の再檢討〉，《續日本紀研究》245，1986；堀敏一，《中國と古代東アジア世界》，岩波書店，1993，pp.243-244。

唐帝，告稟國書內容。同時，相關官吏收領遣唐使由本國帶來的貢物，並放在舉行謁見儀式之殿堂指定位置。儀禮結束後，唐帝通過「通事舍人」傳話，與遣唐使進行問答。據《日本書紀》卷 26〈齊明 5 年 7 月戊寅條〉所引的《伊吉連博德書》可知，唐帝的問話內容主要是對國王的問候與對遣唐使的慰勞，在問到本國風俗等時，遣唐使將一一作答。在這種場合下，遣唐使也會就國書中所未包含的緊急案件與問題，向唐帝直接申呈。838 年的日本遣唐使謁見唐帝之前，通過禮賓使提出隨行的請益僧圓仁和尚巡禮天台國清寺的申請，而未獲得准許，大使藤原朝臣常嗣在謁見唐文宗時，再次請求此事就是一個例子。[187]相互問答之後，遣唐使會向唐帝行再拜之禮，在「通事舍人」的引導下退場，最後是唐帝升輿離開。

「奉見」儀式結束後，最後是唐帝的「宴請」活動，宴會按賜酒、飯食、歌舞的順序進行。如果有兩個國家以上的使臣，一起參加的情況，席位依照唐朝所定的大國、小國等級設置。歷史上，曾多次發生國家之間因座次問題而產生的諍訟，730 年突厥與突騎施使臣之間的名次爭執就是典型。[188]而且同一遣唐使團之內，也按職位高低嚴格排列座次。地位尊貴的人物位列殿堂上方，其他人只能坐在臺階下西邊迴廊的兩列橫排座席上。

唐代韓半島三國與渤海遣唐使入朝時，唐帝一定會為他們舉辦宴席。唐太宗於 647 年為新羅遣唐使金春秋舉行了盛大的宴會。[189]唐玄宗於 714 年 2 月為金守忠在朝堂舉辦了國宴。[190]739 年，渤海遣唐使大勗進入朝時，唐玄宗亦在內殿設宴款待。[191]以後，渤海喜王派遣的辛文德與高禮進，彝震王派遣的大明俊與大先晟等，也在麟德殿受到了唐帝的宴請。

宴會結束時，唐帝會按照等級對參席者進行賞賜，或向特定的人物賜酒。據《三國史記》卷 5〈新羅本紀・真德王 2 年條〉與崔致遠所撰寫的〈聖住寺朗慧和尚塔碑銘〉，新羅遣唐使金春秋在宴席上，從唐太宗那

---

[187] 圓仁，《入唐求法巡禮行記》卷 1，開成 4 年 2 月 24 日。
[188] 《舊唐書》卷 194，〈突厥（下）蘇祿〉；《資治通鑑》卷 213，玄宗開元 18 年。
[189] 《三國史記》卷 5，真德王 2 年。
[190] 《三國史記》卷 8，聖德王 13 年 2 月；《冊府元龜》卷 996，〈外臣部　納質〉。
[191] 《冊府元龜》卷 975，〈外臣部　褒異（3），開元 27 年 2 月丁未〉。

裡得到金、帛等豐厚賞賜。經過以上四項流程，各國遣唐使謁見唐帝的儀禮便落下帷幕。

三、歸國流程

從《大唐開元禮》卷 79〈賓禮・蕃主奉見條〉下的夾註「奉辭禮同」四字知曉，遣唐使們的歸國程序與入朝時相同。綜合新羅與日本遣唐使的事例分析，歸國前首先要再次謁見唐帝，與皇帝道別，領受唐帝下賜本國國王的聖旨與賜品，與入朝時從敕使那裡獲取「見日」通報一致，回國時的朝覲也要事先得到敕使的通告。

遣唐使向唐帝道別時，唐帝會按照他們在本國的官等，授予唐朝的官爵，大致與在本國的地位相當。838 年入唐的日本遣唐大使藤原朝臣常嗣，在本國的官銜是「正三品、行太政官、左大弁、守鎮西府、都督參議」，從唐朝領受的官職是「正三品」與「從三品」的「雲麾將軍、檢校太常卿兼左金吾衛將軍、員外置同正員」。[192]804 年，日本遣唐使判官「正五位上兼行鎮西府大監」高階真人遠成，在唐朝得到的是「從四品」與「正五品」的「中大夫、試太子中允」的官職。[193]

新羅遣唐使官員也是按照唐朝所規定的原則，得到與本國官等、官職相應的唐朝官爵。647 年的新羅遣唐使大使「伊飡」金春秋，受封唐朝「正二品」的「特進」官爵。651 年的「波珍飡」金仁問，獲得唐朝「從三品」的「左領軍衛將軍」官職。666 年入唐宿衛的「大阿飡」金三光，得到唐朝「正四品」的「左武衛翊府中郎將」官職。714 年的賀正使「級飡」朴裕，獲得「從五品」的「朝散大夫員外奉御」官銜。850 年入唐的「阿飡」元弘，得到了「正四品」的「太常寺少卿」官職。735 年在入唐途中溺亡的「大阿飡」金相，被唐帝追贈「從三品」的「尉衛卿」官銜。今天大概也是如此，在唐代的東亞，追贈因公殉職官員的官階時，升進一個等級是常例。日本與渤海之間就有這種情況，815 年的渤海大使王孝廉死於日本，日本朝廷所追贈的官爵，是比王孝廉生前「從三位」的官

---

[192] 圓仁，《入唐求法巡禮行記》卷 1，開成 4 年 2 月 26 日。

[193] 《朝野群載》卷 23；小野勝年，《入唐求法巡禮行記の研究（1）》，鈴木學術財團，1964，pp.431-432。

位高一個等級的「正三位」。[194]因此，如若金相順利抵達的話，大概會從唐朝得到「正四品」的官職。

綜合以上事例來看，唐朝向新羅遣唐使授予官爵時，新羅的官等「伊飡」與唐朝「二品」，「波珍飡」與「從三品」，「大阿飡」、「阿飡」與「正四品」，「級飡」與「從五品」是相互對應的。只有 772 年的遣唐使「伊飡」金標石，從唐朝領受了「從四品上」的「衛尉員外少卿」官職，而與眾不同。《三國史記》中，偶爾會有將「伊飡」與「阿飡」寫反的情況存在。我們之前曾分析過，新羅賀正使團的「大使」，全部是「阿飡」以下的官等，因此 772 年的「賀正使」金標石不是「伊飡」，實際是「阿飡」的可能性很高。金標石從唐朝得到的官職和「阿飡」元弘一樣，就是「從四品上」的「衛尉員外少卿」，這點可作證明。通過以上分析，我們可製作新羅官等與唐代官階對照表如〔表 2-7〕。

表 2-7 新羅官等與唐代官品對比表

新羅官等	伊伐飡	伊飡	迊飡	波珍飡	大阿飡	阿飡	一吉飡	沙飡	級飡	大奈	奈麻	大舍	舍知	吉士	大烏	小烏	造位
唐代官階	1品	2品	正3品	從3品	正4品	正（從）4品	正5品		從5品	正6品	從6品	正7品	從7品	正8品	從8品	正9品	從9品

渤海遣唐使官員們也從唐朝領受官爵，其是否與本國官階相互對應無法確認，以新羅與日本的情形推測，也應類似。新羅與渤海遣唐使從唐朝得到的官職，整理如〔表 2-8〕與〔表 2-9〕。

表 2-8 新羅遣唐使受唐官職一覽表

入唐時間	遣唐使名	官職名	唐朝官品	其他
647 年 12 月	阿飡 金春秋	特進	正 2 品	
647 年 12 月	文王	左武衛將軍	從 3 品	
650 年 6 月	金法敏	太府卿	正 3 品	
651 年	波珍飡 金仁問	左領軍衛將軍	從 3 品	

[194]《日本後紀》卷 24，弘仁 6 年 6 月癸丑。

入唐時間	遣唐使名	官職名	唐朝官品	其他
665年冬季	金仁問	右驍衛大將軍	正3品	食邑400戶
666年	金三光	左武衛翊府中郎將	正4品下	
705年3月	金志誠	尚舍奉御	從5品上	
714年2月	級飡　朴裕	朝散大夫員外奉御	從5品下	
716年3月	金楓厚	員外郎	正6品上至正6品下	
718年2月		守中郎將	正4品下	
719年5月	（途中死亡）	太僕卿（追贈）	從3品	絹100匹（賻物）
724年2月	金武勳	游擊將軍	從5品上	帛50匹
726年5月	王弟　金欽質	郎將	正5品上	
727年1月		奉御	正5品至從5品	緋袍銀帶魚袋
728年7月	從弟　金嗣宗	果毅	從5品至從6品	
730年2月	王侄　金志滿	太僕卿員外置同正員	從3品	絹100匹，紫袍銀細帶魚袋
731年2月	金志良	太僕少卿員外置	從4品上	帛60匹
733年12月	王侄　金志廉	鴻臚少卿員外置	從4品上	束帛
734年4月	金端竭丹	衛尉少卿	從4品上	絹60匹，緋蘭袍平漫銀帶
735年1月	金榮（死亡）	光祿少卿（追贈）	從4品上	
735年2、3月	金思蘭	太僕卿員外置	從3品	
735年12月	金（忠）相（死亡）	衛尉卿（追贈）	從3品	
744年10（12）月	王弟　某	左清道率府員外長史	正7品上	綠袍銀帶
763年4月		檢校禮部尚書	正3品	
765年4月		檢校禮部尚書	正3品	
772年5月	阿飡　金標石	衛尉員外少卿	從4品上	
774年10月		衛尉員外郎（員外衛尉卿）	從6品上（從3品）	
810年10月	金憲章	衛尉卿	從3品	
822年12月	金昕	金紫光祿大夫試太常卿	正3品	
850年	阿飡　元弘	太常寺少卿	正4品	

表2-9　渤海遣唐使受唐官職一覽表

入唐時期	遣唐使名	官職名	唐朝官品	其他
721年11月	靺鞨大首領	折衝（都尉）	正4品至正5品	
722年11月	大臣味勃計	大將軍	正3品	錦袍金魚袋

入唐時期	遣唐使名	官職名	唐朝官品	其他
724 年 2 月	賀作慶	游擊將軍	從 5 品上	帛 50 匹
725 年 4 月	首領謁德	果毅	正 5 品至從 6 品	
725 年 5 月	王弟大昌勃價	左威衛員外將軍，襄平縣開國男	從 3 品	紫袍金帶魚袋，帛 50 匹
726 年 4 月	王子大都利行	左武衛大將軍員外置，特進兼鴻臚卿（追贈）	正 3 品 正 2 品，從 3 品	絹 300 匹，粟 300 石
728 年 9 月	菸夫須計	果毅	正 5 品至從 6 品	
729 年 2 月	王弟大胡雅	游擊將軍	從 5 品上	紫袍金帶
729 年 8 月	王弟大琳	中郎將	正 4 品下	
730 年 2 月	智蒙	中郎將	正 4 品下	絹 20 匹，緋袍銀帶
730 年 5 月	烏那達利	果毅	正 5 品至從 6 品	帛
731 年 2 月		將軍	從 3 品	帛 100 匹
731 年 10 月	大取珍	果毅	正 5 品至從 6 品	30 匹
736 年 3 月	王弟大蕃	太子舍人員外	正 6 品上	帛 30 匹
737 年 4 月	公伯計	將軍	從 3 品	
737 年 8 月	大首領多蒙固	左武衛將軍	從 3 品	紫袍金帶，帛 100 匹
739 年 2 月	王弟大勗進	左武衛大將軍員外置同正	正 3 品	紫袍金帶，帛 100 匹
739 年 10 月	憂福子	果毅	正 5 品至從 6 品	紫袍銀帶
741 年 2 月	失阿利	郎將	正 5 品上	
743 年 7 月	大蕃	左領軍衛員外大將軍	正 3 品	
791 年 1 月	大常靖	衛尉卿同正	從 3 品	
794 年 1 月	大清允	右衛將軍同正	從 3 品	
795 年 12 月	靺鞨都督阿密古	中郎將	正 4 品下	
798 年 10 月左右	王侄大能信	左驍騎衛中郎將	正 4 品下	

我們最後來復原一下送別宴會的情景。先舉新羅遣唐使的例子，648 年閏 2 月金春秋離唐時，唐太宗為其舉行了「三品」以上官員參席的送別宴。827 年，唐帝為歸國的新羅、吐蕃使臣在麟德殿舉辦了宴會，儀式流程與入朝時的歡迎宴會幾乎一致，唐帝會在宴席上以遣唐使的官階等級，授予唐朝官爵與賞賜禮品。

依據《大唐六典》卷 18〈鴻臚寺・典客令條〉的記載，唐朝對外國使臣的賞賜分為五個等級，包括飲食、敷物供給、贈物下賜及疾病、死亡時的待遇等，被統稱為「蕃望」。「三等蕃望」賜予唐官階一至三品；「四等蕃望」賜予唐官階四至五品；「五等蕃望」賜予唐官階六至九品；蕃望一至二等，是不受唐朝官階限制的特別優待。離別時，遣唐使按唐朝所定等級獲得賞賜。

古代東亞王朝之間，所交換的禮物主要是「幣」，或稱「幣帛」。[195]唐朝對於周邊國家的賜物，也主要由帛、絹構成。724 年與 726 年，新羅遣唐使金武勳和金忠臣，從唐玄宗那裡分別獲得了帛 50 匹和 100 匹的賞賜；731 年的金志良受領了帛 60 匹的賜物；730 年與 734 年入唐的金志滿和金端竭丹，從唐玄宗那裡分別得到了絹 100 匹與 60 匹的賜品。

渤海遣唐使的情形也是一樣。724 年與 725 年入朝的渤海遣唐使賀作慶和大昌勃價，都得到了帛 50 匹的賞賜。731 年 2 月入朝的渤海「賀正使」某人與 737 年 8 月入唐的多蒙固，還有 739 年入唐的大勗進，都獲得了帛 100 匹的禮物。渤海武王派遣的大取珍與大蕃，都領受了帛 30 匹。9 世紀以後，渤海遣唐使所得到的賞賜，有取代了「帛」的「錦綵」。渤海僖王時期的遣唐使辛文德、高宿蒳、大誠慎與彝震王時期的兩次遣唐使，得到的都是「錦綵」。

通過〔表 2-7〕和〔表 2-8〕可知，除了一些特例外，唐朝大體賜予受封「三品」官爵之人絹或帛 100 匹，「四品」的 60 匹，「五品」的 50 匹，「六品」的 30 匹。受領聖旨、回賜的遣唐使在送別宴之後，敕使會歡送他們至郊外，大概長樂驛為止，然後根據指定路線在唐朝官員的引領與護送下歸國。

---

195 《說文》稱「幣，帛也」;《周禮》卷 1〈天官冢宰〉中有「六曰：幣帛之式」之句。

第三章　遣唐使的往返行路

遣唐使是周邊國家向唐王朝派遣的各種正式使節團，因此遣唐使的行路是從本國王京出發到達唐帝所居長安或洛陽後，再返回的旅程。但是韓半島南部的新羅、百濟，在地理上與唐朝有黃海之隔，兩國遣唐使不僅要經歷漫長的陸地旅途，還要跨越兇險的海路。

與此相反，高句麗、渤海和唐朝之間由陸地相連，以陸路就可往來於唐朝。觀察韓半島地形，以狼林山脈與太白山脈為主幹脊梁的眾多山脈，由東向西南延展開來。不僅如此，大部份江河亦是順著韓半島東高西低的地形，自東向西流入黃海。中國遼東與遼西地區的江河，大部份自北向南流入黃海。

自古以來，為了減少翻山越河的辛勞，而在山下修建與江河流向平行的道路。但是，韓半島和中國東北地區的江河與山脈大部份伸向黃海，這種地形條件對高句麗、渤海遣唐使的陸路通行造成極大阻礙。因此，高句麗、渤海的遣唐使主要也是利用黃海往來唐朝的。

關於韓國古代遣唐使從本國王京出發到出海港口走哪條路？乘船渡過黃海，主要會在中國的哪些地區登陸？不同國家、種類的遣唐使會在中華大地沿著怎樣的路線進入長安？完成使命後又會途經哪些地區歸國？還有旅程所需之時間與行路之傾向性選擇等問題，這些不僅是遣唐使研究，也是探究古代韓中交通史的重要課題。本章以相關資料比較豐富、相對容易研究的新羅與渤海遣唐使為中心，對他們的往返行程路線和旅行途中所遭遇的各種苦難進行考察。

第一節　行路的追尋

一、新羅使的往返行路

（一）唐恩浦路與會津路

從新羅王京慶州出發到達唐朝長安或洛陽的新羅遣唐使之往返行路，由從慶州至出入港口之間的陸路、跨越黃海的海路、在唐境的陸路和水路三部份構成。為了探尋慶州與出入港口之間新羅國內的陸路路線，我們還要考慮新羅遣唐使在中國的上陸地點。

三面環海的新羅自三國時代起，就在東海、南海與黃海沿岸，設置了多處港口。其中，面向東海與南海地區的港口，主要有憲康王時期，傳說中東海龍王之子處容來時，曾停泊的蔚山灣；法興王時期，新羅吞併金官伽耶後，所納入的洛東江下游金海地區；還有僖康王時期，金祐徵為躲避叛亂至清海鎮時，所乘船的黃山津[1]；景明王時期，入唐求法僧「元宗大師」璨幽回國時，所登陸的康州德安浦等。

就像入唐求法僧璨幽通過德安浦回到新羅那樣，新羅南海或東海沿岸的港口是通向中國大陸的，但入境、出境經由此地，卻不是通常選擇。因為這些港口位於偏遠的新羅東南面，對於要橫渡黃海的遣唐使們來說，出港要繞過南海，航行不便，還要面對更多的海上險情。再加上，會遇到每年從臺灣東面海域北上至日本列島與大韓海峽的黑潮（kuroshio）支流——對馬暖流，這給遣唐使船舶的運航帶來很多阻力。對馬暖流的流速隨經由地點與季節的不同，會有若干變化，大致約為 0.5-1.5 浬/小時（knot），[2]雖然在順風情況下可以通航，但也將對航行造成阻礙。不僅如此，百濟國領土位於韓半島西部與南部，其滅亡前，新羅船舶在未經許可的情況下，無法在南海全域與黃海南部地區自由航行。

---

1 《三國史記》卷 10，僖康王 2 年 5 月。推測黃山津可能是現在慶尚南道梁山與金海之間洛東江下游的浦口。

2 井上尚义，〈西日本海海域の海洋學的特性〉，《對馬暖流》，日本水產學會，1974，p.33。

有一些學者，根據憲康王時期龍王之子處容到達蔚山附近的傳說，與《唐國史補（下）》所載唐使元義方歸國時「發雞林洲」的文句認為，在新羅王朝所有時期，王京慶州附近的蔚山灣，都是通往唐代揚州、明州等地的海路出航港口與國際貿易港。[3]然而，「雞林」是唐朝對新羅整個國家的稱謂，「雞林洲」也不單單指慶州，而龍王之子處容是在與本人意志無關的情況下漂流至蔚山灣的，因此以上結論無法令人信服。所以，如蔚山灣這樣位於韓半島東海與南海沿岸的港口，對於往來日本來說，交通十分便利，但不適合作為遣唐使船舶的出入港口。於是，我們只好到黃海沿岸，即新羅的西海岸邊再去尋找。

新羅西海岸在地理位置上與中國接近，眾多文獻也記錄下了往來於唐與新羅間的各類人群，大多利用新羅西海岸港口的事實。據《續日本紀》卷 25〈天平寶字 8 年 7 月甲寅條〉載，764 年，唐朝使臣韓朝采為了探知他所護送的日本入唐學問僧戒融是否平安回到日本，回唐前，於新羅西津等候在新羅王京的「謝恩使」蘇判金容，接到日本大宰府的報牒後，向自己彙報消息。這裡的「西津」，便是新羅西海沿岸的某一港口。而且，新羅末期禪僧「大鏡大師」麗嚴常去靈覺山下的新羅西海沿岸，就是為了尋找時機，搭乘入唐船舶，[4]可見西海岸是使唐船舶的主要出入境地區。

當時新羅西海沿岸的港口，有京畿道華城市南陽灣的唐恩浦、忠清南道唐津郡的大津[5]、921 年「洞真大師」慶甫回國時所到達的全羅北道沃溝郡臨陂面錦江口的鎮浦[6]、924 年「靜真大師」兢讓回國時所到達的全羅北道扶安郡邊山半島南端的喜安縣沿岸[7]，還有全羅南道羅州市多時面榮山江口的會津等地。其中，唐恩浦與會津是往來新羅與唐之間的人們，最常利用的港口。

---

[3] 李龍範，〈處容說話의 一考察——唐代 이슬람商人과 新羅〉，《震檀學報》32，1969，pp.23-26；崔在錫，〈7 世紀中國派遣日本使臣・學問僧과 新羅〉，《韓國學報》84，1996，pp.2-27。

[4] 崔彥撝，〈菩提寺大鏡大師塔碑銘〉。

[5] 《增補文獻備考》卷 35，輿地考。

[6] 金廷彥，〈玉龍寺洞真大師塔碑銘〉；《東國輿地勝覽》卷 34，〈臨陂縣 山川〉。

[7] 李夢遊，〈鳳岩寺靜真大師塔碑銘〉。

新羅真興王於 553 年佔領漢江下游地區以後，在南洋灣開發的唐恩浦，成為羅唐交通的關門。唐恩浦有著優越的港口自然條件，地理上位於與中國大陸往來的有利位置，且與漢江的內陸水路直接相連。因而，唐恩浦在百濟、高句麗滅亡以後，立刻並一直成為新羅進出中國的第一港口。643 年，百濟與高句麗聯合攻佔新羅的党項城，切斷了新羅的入唐朝貢之路，善德王立即向唐朝派遣使臣，請求援助，[8]可見唐恩浦在羅唐交通線上的重要性。特別是朗慧和尚無染於 822 年，搭乘自唐恩浦出發的「朝正王子」金昕的船舶入唐，[9]可知唐恩浦正是遣唐使們入唐的出海之地。

不僅是入唐，遣唐使航船若從登州經由黃海道西端自唐回新羅時，唐恩浦也是海路的終點，即入境新羅的關門。668 年，唐將劉仁軌率水軍征伐高句麗時，自山東半島出航所到達的「党項津」就是唐恩浦。[10]而且根據《新唐書》卷 43〈地理志（7）〉末尾所引用的賈耽《道里記》（一名《皇華四達記》）中的「登州海行入高麗渤海道」之句，[11]從登州出發，經由遼東半島西南端的老鐵山，沿西海岸南下，途經菽島、麻田島、德物島到達唐恩浦，再以陸路向東南行 700 里，便可達新羅王京。那麼，唐恩浦自韓半島三國時代開始至新羅下代為止，都是新羅與唐海路交通線上的重要出入港口。

會津也是往來新羅與唐之間，所經常使用的港口。依照《祖堂集》卷 11〈東國慧目山和尚傳〉，求法僧玄昱搭乘 836 年入唐的「謝恩使兼宿衛」金義琮之船舶，於 837 年通過會津歸國。根據〈廣照寺真澈大師塔碑銘〉，早前跟隨「入浙使」崔藝熙入唐的「真澈大師」利嚴，於 911 年也經會津回國。還有〈五龍寺法鏡大師塔碑銘〉載，「法鏡大師」慶猷在 908 年 7 月，也於會津進入新羅國境。

不僅作為入境時的港口，會津也應是新羅下代遣唐使與入唐求法僧

8　《三國史記》卷 21，寶藏王 2 年 9 月；同書卷 28，義慈王 3 年 11 月；《資治通鑑》卷 197，太宗貞觀 17 年 9 月。

9　崔致遠，〈聖住寺朗慧和尚碑銘〉；《祖堂集》卷 17，兩朝國師無染傳。

10　《三國史記》卷 6，文武王 8 年 6 月 12 日。

11　內藤雋輔，〈朝鮮支那間の航路及其推移に就て〉，《朝鮮史研究》，東洋史研究會，1961，pp.369 370。

的啟航之地。896 年，「入浙使」崔藝熙於出海數日之後，便到達唐土，[12]因而可知，其必然橫渡黃海南端至浙江地區上陸，從與浙江最近、且是水陸交通樞紐的新羅西南端武州會津港出航的可能性最高。

通過以上考察，新羅西海沿岸兩處具有代表性的入唐港口能夠得到確認，一是新羅西北面的唐恩浦，一是西南面的會津。以此，我們可進一步探尋遣唐使在新羅國內至出海港口的兩條行路，即從王京慶州至唐恩浦的北路，與從慶州至會津的南路。根據《三國史記》卷 34〈地理志（1）〉載，從王京慶州至唐恩浦的路線稱為「唐恩浦路」，那麼即便在文獻中沒有明確稱謂，叫從慶州到會津這一段為「會津路」也無妨。

《三國史記》卷 34〈地理志・序文〉稱，新羅九州中，尚州位於王京的東北面，是通向唐恩浦的必經之處。可知，尚州是從首都慶州至唐恩浦之間陸路中的一站。要從尚州到唐恩浦，必須翻越小白山脈，當時小白山的翻山路有「竹嶺路」和「雞立嶺路」兩條，「竹嶺路」是通向新羅東北地區的道路，即現在豐基與丹陽之間的山路，南下經榮州、安東、義城、軍威，到達慶州。「雞立嶺路」是連接聞慶、延豐、忠州的山路，南下經咸昌、尚州、善山，到達慶州。[13]這兩條路中，新羅遣唐使們進進出出的是經過尚州的道路，即翻越雞立嶺經忠州到達唐恩浦的路線。因為《三國史記》卷 34〈地理志（1）〉稱尚州為從慶州至唐恩浦的要道，這條道路在朝鮮時代（1392-1910）成為「嶺南大路」的一部份。[14]在古地圖上，將這條路線的經由之地連接起來，就是從慶州出發，經永川、善山、尚州、咸昌，越過雞立嶺至忠州，再沿南漢江水路，經過麗州到達唐恩浦，或者從忠州，以陸路經過竹山到達唐恩浦。推測《三國史記》與《三國遺事》所載永川的「骨火館」與忠州附近的「褥突驛」，當是為往來於唐恩浦的遣唐使們提供食宿的驛站。[15]

當然也有不同的見解。日本學者井上秀雄以 660 年金庾信率軍北上，進攻百濟的路線為例，主張從尚州至唐恩浦的路線是首先翻越石門山

---

[12] 崔彥撝，〈廣照寺真澈大師塔碑銘〉。

[13] 朴相佾，〈小白山脈地域의　交通路와　遺跡〉，《國史館論叢》16，1990，pp.152-154。

[14] 崔永俊，〈朝鮮時代의　嶺南路研究，首爾—尚州의　경우〉，《地理學》11，1975，pp.54-66。

[15] 濱田耕策，〈新羅の迎賓機構〉，《古代文化》42，1990，pp.471-472。

嶺，再經清州與公州，最後到達唐恩浦。[16]但筆者認為，石門山嶺僅是金庾信從軍事戰略的優勢考慮而使用的路線，[17]當時一般是從尚州出發，越過雞立峴，再經忠州到達唐恩浦。文武王在討平高句麗的戰爭結束後，從漢城經過現在位於忠清北道忠州地區國原京的褥突驛，回到慶州的事實表明，[18]漢江下游與慶州之間行路的經由地不是清州，而是忠州。

另外，筆者推測從慶州至會津的南路，就是閔哀王時期，金陽借助張保皐的兵力，進攻慶州的路線，其大概的行路可以確定。興德王死後，在王位爭奪戰中失敗的金祐徵與金陽等，於 838 年 3 月領清海鎮軍士 5000 名，從莞島出發攻陷武州，又接著進軍南原，擊破官軍。[19]但是，金祐徵所率士兵由於長期征戰，十分勞苦，又回清海鎮休養之後，於這年 12 月再次出征，於武州鐵冶縣北面，大敗大監金敏周的官軍。於翌年正月十九日至大邱打敗金大昕、金允璘、金嶷勳等指揮下的王師，直入王京慶州，殺害閔哀王之後，金祐徵自立為神武王。[20]

清海鎮軍隊第一次登陸作戰時，攻陷武州後的進攻方向為南原，目標指向慶州，因為從武州至慶州必經南原。838 年 12 月，清海鎮軍隊第二次出征時，在武州鐵冶縣大敗金敏周的官軍後，再次經過南原向大邱進發。

從南原至大邱的話，要翻越小白山脈。南原與大邱之間的小白山翻山路，由連接南原與雲峯之間的「女院峙」和連接雲峯與咸陽之間的「八良峙」組成。清海鎮軍隊翻過山路，經大邱攻入慶州。當時金陽率領了 5000 名清海鎮軍士，又攜帶各種軍需物資，經光州、南原、大邱至慶州的行軍路線不可能是偏僻的小路，而是人流往來頻繁的官道。

根據以上推論可知，新羅遣唐使自韓半島南面出發所使用的港口——會津，位於清海鎮東北面榮山江口，會津與慶州之間的遣唐使往來之路，應該與清海鎮軍隊進攻慶州時的路線一致，即從武州（現在光州）出發，經由南原、大邱，到達慶州。[21]

---

16 井上秀雄，〈新羅王畿の構成〉，《新羅史基礎研究》，東出版，1974，pp.399-405。

17 鄭永鎬，〈金庾信의　百濟攻擊路　研究〉，《史學志》6，1972，pp.19-61。

18 《三國史記》卷 6，文武王 8 年 10 月 25 日。

19 《三國史記》卷 44，金陽傳。

20 《三國史記》卷 10，閔哀王元年 12 月及同王 2 年正月；《三國史記》卷 44，金陽傳。

21 井上秀雄在〈新羅王畿の構成〉（《新羅史基礎研究》，東出版，1974，pp.393-417）一文中

（二）黃海海路

1.海路的原點

為了找尋黃海海路，我們首先需要在黃海兩岸設定原點——起點與終點。新羅的出海原點，已確定為唐恩浦和會津。唐朝黃海沿岸，最具代表性的出入境地點是登州地區，其作為新羅與唐往來之關口的事實，在許多文獻中得以確認。唐宰相李吉甫在813年編纂的《元和郡縣圖志》卷11〈登州條〉載「西至海四里，當中國往新羅渤海過大路」，說明登州就是中國通向新羅與渤海的大路。貞元年間（785-804），賈耽撰寫的《道里記》中，也指出從唐至新羅的出發點為登州，並記錄下了詳細路程。[22]圓仁在《入唐求法巡禮行記》卷2〈開成5年3月2日〉的日記中寫道，往返的新羅使節與商人都在登州住宿，據此推測這裡存在「新羅館」。

新羅與唐之間的人員來往，從登州地區入境的事例還有很多。如660年，唐將蘇定方所率征伐百濟的軍隊，便從登州文登縣的成山浦出發，去往韓半島。[23]憲德王時期的「賀正使」金昕最先上陸的地方，位於今天山東省煙臺市北邊的芝罘島，然後再向長安進發。又據《宋高僧傳》卷4〈義湘傳〉載，新羅僧義湘以「總章二年附商船達登州岸」，即於唐總章二年（669）搭乘商船在登州海岸入境，然後去終南山至相寺求法。但依照《三國遺事》卷4〈義湘傳教條〉中「永徽初，會唐使舡有西還者，寓載入中國，初止楊州，州將劉至仁，請留衙內」之記載，說明永徽（650-655）初年，新羅僧義湘所搭乘的歸國唐使之船，最先到達之地是揚州。[24]但是「寓載入中國，初止楊州」一句，也可理解為到達中國後，最早的寄身之所是揚州，而入境港口不明。相比之下，《宋高僧傳》卷4「附商船達

指出，新羅時代羅州與慶州之間的交通路線是「羅州－光州－南原－居昌－合川－蒼嶺－梁山－慶州」，並稱其為「武州街道」。

22 《新唐書》卷43，地理志（7）。

23 《三國史記》卷28，義慈王19年；《三國遺事》卷1，太宗金春秋；《舊唐書》卷83，蘇定方傳；《新唐書》卷111，蘇烈傳；同書卷220，百濟。

24 金杜珍，《義湘——그의 生涯와 華嚴思想》，民音社，1995，p.59。

登州岸」之記錄則更明確，指出義湘就是在登州上岸，這一說法可能更為妥當。

登州位於黃海所環抱的山東半島之東北，地理上是與韓半島最近的中國國土。而且，登州三面環海，有眾多天然的優良港灣。登州龍口市的黃縣浦口，是新羅遣唐使們經常出入的港口之一，自古以來是中國至新羅與渤海的啟程之地。[25]黃縣北邊 20 里處，有當年司馬懿征伐遼東時所修築的大人故城，從中國往返新羅與百濟時，常常通過此地。[26]百濟遺民禰寔進 672 年客死於黃縣，就是在趕去救援熊津都護府的途中病死的。[27]如此可知，在新羅與唐的交通路上，黃縣浦口是經常使用的港口。現在，這一地區也與大連、煙臺等渤海沿岸的許多港口，有定期客船運航。

赤山浦也是羅唐交通重要的出入口岸。這座位於唐代登州文登縣清寧鄉赤山村的港口，東北有赤山如屏風圍繞，現在屬於榮成市石島鎮石島灣。據圓仁的《入唐求法巡禮行記》記載，839 年 6 月 27 日，他聽說張保皐的兩艘交關船到達了旦山浦，即赤山浦[28]，還目睹了唐朝使臣「青州兵馬使」吳子陳、崔副使、王判官等 30 人在這裡籌備前往新羅的行裝。[29]不僅如此，由九艘新羅船所構成的日本承和遣唐使團，歸國時也在此地出航，圓仁亦於 847 年 9 月 2 日搭乘新羅人金珍的商船從赤山浦返回日本。[30]可知，赤山浦是新羅與唐或日本與唐之間頻繁使用的港口。

下面要列舉的港口，是登州地區的成山浦與乳山浦。成山浦位於現在山東省榮成市成山鎮榮成灣，是山東半島的最東端。660 年，唐將蘇定方所領討平百濟的大軍，在此處出航穿越黃海；日本承和遣唐使團歸國時，也在此地暫作停留。依《入唐求法巡禮行記》卷 2〈開成 4 年 8 月 13 日〉之日記內容，當時渤海的交關船也都停泊在青山浦，即成山浦。[31]

---

[25] 《太平寰宇記》卷 20，登州。

[26] 《元和郡縣圖志》卷 11，登州。

[27] 拜根興，〈百濟遺民禰寔進墓誌銘關聯問題考釋〉，《東北史地》2008 年第 2 期，pp.30-31。

[28] 小野勝年，《入唐求法巡禮行記の研究（2）》，鈴木學術財團，1966，p.61。

[29] 圓仁，《入唐求法巡禮行記》卷 2，開成 4 年 6 月 27 日、28 日。

[30] 圓仁，《入唐求法巡禮行記》卷 2，開成 4 年 8 月 13 日；同書卷 4，大中元年 9 月 2 日。

[31] 小野勝年，《入唐求法巡禮行記の研究（2）》，鈴木學術財團，1966，pp.73-74。

乳山浦是一座位於今天山東省東南部乳山市乳山口鎮的天然良港，自古以來就是海口要衝。885年正月，金仁圭與崔致遠一行在此出海前往新羅。[32]847年閏3月，前往新羅的唐朝副使「試太子通事舍人、賜緋魚袋」金簡中與「判官」王朴等人，也從乳山浦登船跨越大海。[33]這證明成山浦與乳山浦，都是新羅與唐交通路上的主要港口。

綜上所述，登州地區分佈多處連接新羅與唐朝之間的國際港口。新羅遣唐使無論通過其中哪座港口進出，都要在登州官衙辦理唐朝的出入境手續。前文已有介紹，遣唐使一行抵達唐境後，所有的公開行為，都要遵循唐朝法律法規。遣唐使團首先要向管轄州衙或都督府，彙報到達實情，並等待官廳的處理，出國時也一樣。所以，無論在登州哪個港口出入境，新羅遣唐使都要上報給登州的官衙。登州府城南面有「新羅館」，[34]五代時還有「新羅知後官」李彥謨常駐登州的文獻記載，[35]雖是後代的記錄，但也能佐證新羅館的存在。

眾所周知，「知後官」為「留後知節度事」的縮略語，是遙領遠方節度使的官員，那麼住在登州的「新羅知後官」李彥謨所掌管的，應是常駐登州的新羅僑民、往來遣唐使們的相關事務。如此看來，通過山東半島出入唐朝的新羅遣唐使，必以登州作為第一關口，登州就是我們所追尋之羅唐間海路的一個原點。

當時的淮水、長江與錢塘江入海口也是新羅遣唐使頻繁進出之地。位於淮水下遊的楚州，自古便是水上交通要地，向南通過運河，與位於長江口的揚州相連。西北走淮水、汴河，經泗州、汴州，最終到達長安。沿淮水向東也可至黃海，水運可謂四通八達。在這種自然條件下，各類物產在此匯聚，商業貿易活動盛行，使之發展成為首屈一指的大都會。

特別是還有眾多新羅人聚居於此。楚州城內有新羅人集體居住的「新羅坊」，日本承和遣唐使團曾在楚州借到九艘新羅船，並雇傭了新羅人水手60餘人。[36]而且，位於楚州東北約35公里淮水北岸的泗州漣水縣也有

---

32 崔致遠，〈祭巉山神文〉、〈謝太尉別紙〉，《桂苑筆耕》卷20。

33 圓仁，《入唐求法巡禮行記》卷4，大中元年閏3月10日。

34 圓仁，《入唐求法巡禮行記》卷2，開成5年3月2日。

35 《冊府元龜》卷976，〈外臣部　褒異（3）〉。

36 圓仁，《入唐求法巡禮行記》卷1，開成4年3月17日；《續日本後紀》卷8，承和6年8

「新羅坊」。據《入唐求法巡禮行記》卷 4 記載，845 年 7 月 8 日，從楚州出發欲至登州的圓仁，來到了淮水岸邊的漣水縣，為返回日本，他找到了漣水縣的「新羅坊」，並請求獲得新羅人的援助。

不僅交通便利，而且還是新羅人大規模聚居之所，這些都是新羅遣唐使將楚州作為進出港口的有利條件。882 年，新羅憲康王時期的遣唐使金直諒便在楚州登岸，再至揚州，最後拜謁了因黃巢之亂而避身於四川成都的唐僖宗。[37]從而可知，楚州與山東半島的登州一樣，也是跨越黃海的新羅遣唐使們最先到達的地方。

揚州也是新羅遣唐使們出入唐朝的門戶之一。揚州位於長江下游，由運河與西北面的楚州、汴州相連，向南通過運河的支段江南河與杭州、明州相接，而且向西逆長江而上可達四川，沿長江東下便至黃海。揚州不僅是水路要塞，它還位於從中國東南直貫西北的「河南大路」之中央位置，北至洛陽、長安，南連杭州、明州、福州等地，可知揚州也是陸路要衝。憑藉這些水陸交通上的便利，揚州成為當時著名的國際貿易港，包括新羅、日本在內的各國商人，都匯聚於此。

新羅遣唐使們將揚州作為進入唐朝的關門。從真聖王時期的遣唐使金仁圭之職銜為「入淮南使」可以看出，金仁圭應該就是從淮南節度府的所在地，淮南最具代表性的港口城市——揚州入唐的。另外，宋代揚州還設有專供往返的高麗使臣留宿的「高麗館」，[38]說不定前身就是唐代的「新羅館」。

錢塘江出海口的杭州、明州，也是運河、海洋與「河南大路」相交匯的地區，既是水陸樞紐，又是國際貿易港口。而且，明州是與日本直線距離最短的地方，日本遣唐使們經常在此進出。據南宋王象之撰《輿地紀勝》卷 1〈兩浙東路・慶元府・景物條〉載：「梅岑山，即今普陀山，在昌國縣，四面環海，高麗、日本、新羅、渤海諸國皆由此取道守候風信。」因此，有包括遣唐使在內的許多新羅人，都由此往來中國。

月己巳。

37　《三國史記》卷 46，崔致遠傳。

38　《江南通志》卷 33，輿地志；小野勝年，《入唐求法巡禮行記の研究（4）》，鈴木學術財團，1969，p.416。

杭州灣之南部舟山群島中的普陀島前方海面，有一座「新羅礁」，象山縣與臨海市南部還有「新羅岙」、「新羅山」、「新羅嶼」等地名，[39]證明這裡曾是新羅人路過的地方。據〈廣照寺真澈大師塔碑銘〉載，896 年遣唐使崔藝熙在流入杭州灣的甬江之上游鄞江地區登岸入唐，《三國史記》卷 46〈崔致遠傳〉也記錄了 817 年新羅王子金張廉的乘船漂流至明州海岸，雖非本意，但也從此地上陸入京。

綜上所述，淮南與江南地區也有很多新羅遣唐使所利用的港口，如淮水下遊的楚州、長江口的揚州、錢塘江出海口的杭州與明州等。這些地方在地理上的共通之處，就是位於大江之畔，且與大海相臨，又是運河與大路的交叉要地，往來長安十分便利。正是擁有這些優勢，它們都發展成為商業繁榮的國際之都。總之，這些地區擁有交通上的自然優勢，又有人員流動快、物資交流活躍的人文地理因素，才能成為新羅遣唐使們出入唐朝的口岸。現在，我們找到了新羅與唐交通往來的海路原點，那就是韓半島西海岸的唐恩浦、會津，和中國北方的登州與南方江淮地區的楚州、揚州及江南的杭州、明州等地。

2.海路的追跡

前面我們已經考察了新羅與唐朝在黃海兩岸之港口，連接起來就是黃海的海上通路。為了確定新羅的唐恩浦與唐朝哪個地區的港口相連，我們先來看幾個事例。憲德王時期的遣唐使金昕，攜朗慧和尚無染等一起離開唐恩浦，渡過黃海，到達了現在山東煙臺市芝罘區東北的芝罘山，[40]證明金昕所走的是銜接唐恩浦與山東登州的航海路線。據賈耽《道里記》中對從登州出發至高句麗、渤海的航路記載，從登州啟航的船舶，要沿渤海灣之南的廟島列島，到達今天大連一帶後，接著進入鴨綠江口、大同江口，再經德積島，抵達唐恩浦。從以上兩個例子可知，新羅唐恩浦與唐朝登州地區以海路相連。

唐恩浦與登州之間的海路大致有兩條，一條是從唐恩浦出發後，沿

---

[39] 權悳永，〈江蘇省·浙江省地方의 新羅人遺跡과 그 社會〉，《中國東南沿海地域의 新羅遺跡調查》，海上王張保皐紀念事業會，2004，pp.323-344。

[40] 崔致遠，〈聖住寺朗慧和尚碑銘〉。

韓半島西南海岸北上，經遼東半島、廟島列島，以半圓形軌跡在黃海繞行的航線，我們稱之為「沿岸航路」。還有一條是在唐恩浦啟航後，至黃海道甕津半島或長山串附近，直線貫穿黃海，最後到達山東半島東面的「橫斷航路」。「沿岸航路」與賈耽《道里記》中所言海路一致，在航海與造船技術不發達的韓半島三國時代被經常使用，當時新羅人主要以這條航線與唐進行外交往來。

《三國史記》卷 4〈新羅本紀・真平王 47 年 11 月條〉載，625 年 11 月，新羅真平王派遣的入唐使節，因高句麗封鎖道路而無法朝貢，於是向唐申訴。可知，當時新羅與唐之間的海上通路處於高句麗的勢力範圍內。而且，唐太宗在給善德女王的詔書中稱，644 年遣唐使金多遂持聖旨回本國後，直到第二年 2 月為止也沒有任何消息，於是懷疑：「王比來絕無消息，為是被高麗斷截，為是不遣使來？」[41]還有，致力於與唐朝結成軍事同盟的金春秋一行，648 年在歸國途中，遭遇到了高句麗海上巡邏軍，從者溫君解替代金春秋被俘喪命，金春秋僥倖逃回新羅，[42]這些事實，都表明當時的新羅人要貫穿高句麗領海與唐交通。換句話說，如果新羅與唐之間的海路要跨越高句麗領海的話，那一定是「黃海北部沿岸航路」。

依照《新唐書》卷 43〈地理志（7）〉末尾所引賈耽《道里記》的記載，我們來確認一下這條從唐恩浦出發的航線，具體要經過哪些地方。首先，航船從唐恩浦西邊，現在的德積島出發後，北向江華島前進，這之間的海路上散在有大阜島、靈興島、永宗島等島嶼，當時人們均以這些小島作為在沿岸航海的參照物。抵達江華島後，再經喬桐島，順黃海道沿岸向西北，經海州灣與甕津半島，可達現在黃海道長淵郡的長山串，或夢山浦附近的長口鎮，這裡為新羅遣唐使所準備的客館遺址一直保留至朝鮮時代。[43]自長口鎮重新進入大海，經椒島，穿越大同江口，沿平安道西海岸北上，可至現在平安北道宣川郡的身尾島。然後，將船頭轉向西北再航行，可抵達鴨綠江口。從起點唐恩浦前海的德積島到鴨綠江口

41　〈貞觀年中撫慰新羅王詔一首〉，《文館詞林》卷 364；朝鮮史編修會，《朝鮮史》1-3，p.395。
42　《三國史記》卷 5，真德王 2 年。
43　《增補文獻備考》卷 10，輿地考；《新增東國輿地勝覽》卷 43，〈豐川都護府　山川〉。

的航程，以唐尺計算為 1000 里，[44]大約 534 公里左右。

再從鴨綠江口向西南出發，順遼東半島南端沿岸繼續航行，到達石城島，再經由長山群島至大連灣，即現在中國大連市的前海。從大連灣向西南再前行一點，可至遼東半島最西邊的都里鎮，位於今天旅順西南的老鐵山下。從鴨綠江口到遼東半島西邊老鐵山為止的航程，以唐尺計算為 800 里，大約 427 公里左右。從都里鎮出發，沿連接遼東半島、山東半島的廟島列島南行，入渤海海峽，再經現在的隍城島與長山島航行唐尺約 300 里，即 160 公里左右便可到達登州。從唐朝回新羅的話，沿此路線逆行即可。

順著黃海西北沿岸，以半圓形軌跡繞行於黃海的航線，被稱為「黃海北部沿岸航路」，[45]由於接近陸地，較其他航路相對安全。可利用沿岸地形作為航海的參照標識，最醒目的就是高山。當遇到惡劣天氣時，易於上岸躲避，減少海難傷亡。但這條航線也存在缺點，由於順大陸沿岸航路，迂回通過黃海，所以航行路途顯得漫長，也無法有效利用風向，所需時日較久。因而，新羅人走這條航線的話，在其間很多地方，都要補給長距離航海所需的物資。但若想在高句麗、渤海等敵國港口停靠的話，則絕無可能。不僅如此，如前文所述的那樣，在高句麗與渤海的領海很容易被抓，於是以遣唐使為主的新羅人探索出了另一條入唐航路，那就是下面要講的「中部橫斷航路」。

新羅真聖王時期，「阿飡」良貝一行奉命赴唐，當到達鵠島，即今天京畿道熊津郡白翎島之時，遭遇大風浪，便停泊十餘日，一直等到順風才渡過大海，抵達唐土。[46]良貝一行最先於何處上陸無從考證，從地理位置來看，容易讓人想到離白翎島最近的山東半島。如遣唐使良貝的例子一樣，從白翎島或黃海道最西邊橫渡黃海至山東半島的航線就是「中部橫斷航路」。

如要利用以上航線來往於羅唐之間，就先要從唐恩浦乘船，行至黃

44　《新唐書》卷 43，地理志（7）。唐代的 1 里大約為 534 米。

45　尹明喆，《高句麗海洋交涉史研究》，成均館大學博士學位論文；鄭鎮述，《韓國의　古代海上交通路》，韓國海洋戰略研究所，2009，pp.191-196；權悳永，《新羅의　바다：黃海》，一潮閣，2012，p.81。

46　《三國遺事》卷 2，〈真聖女大王　居陀知〉。

海道最西邊為止，然後北上。北上路線與上述北部沿岸航路相同，經德積島、江華島、喬桐島至長口鎮，而後由長口鎮西行進入大洋，橫斷黃海。[47]這條「橫斷路線」，可稱為從中國到韓半島距離最短的直航線路。這條航路自唐恩浦至長口鎮為止的區間是沿岸航海，從長口鎮到山東半島則為遠洋航海。

這條航路自何時起正式使用不能確定，但日本學者內藤雋輔曾指出，魏明帝景初年間（237-239），「帶方太守」劉昕與「樂浪太守」鮮于嗣，最先利用此路橫渡大海。韓國學者申瀅植認為，這條航線於 6 世紀中葉由百濟開拓。而另一位韓國學者鄭鎮述推測，這條航線為 475 年由北魏初次利用。[48]其實無論是 5 世紀後還是在此之前，都曾有人走過這條「中部橫斷航路」，但實現常態化應在 660 年蘇定方率 13 萬唐軍沿此路，經德積島進攻百濟以後，因為文獻中記錄在此之前入唐的新羅船舶，常會受到高句麗的阻礙。總之，如果羅唐間的交通利用這條航路的話，雖有在大洋中漂流遇難之險，但可遠離高句麗與渤海的海上威脅，而且由於路程變短，可縮短一半的航海時間，於是南北國時代的新羅人入唐時，主要利用的即是這條線路。

「寂忍禪師」慧徹於 814 年在取城郡，即現在的黃海道海州附近海岸，接受新羅官員最後的審查而出海。[49]遣唐使金昕於 822 年離開唐恩浦抵達山東半島的芝罘山，他們全都通過了這條「中部橫斷航路」。南北國時代的遣唐使與商人們，渡過黃海頻繁入唐時，從未在海上受到過渤海的阻撓，也證明了他們沒走順著渤海沿岸的「北部沿岸航路」，而行的是「中部橫斷航路」。

---

47 《增補文獻備考》卷 177，交聘。

48 內藤雋輔，〈朝鮮支那間の航路及び其推移に就いて〉，《內藤博士頌壽紀念　史學論叢》，1927；《朝鮮史研究》，東洋史研究會，1961，pp.383-385；申瀅植，〈韓國古代의　西海交涉史研究〉，《國使館論叢》2，1989，pp.20-21；鄭鎮述，《韓國의　古代海上交通路》，韓國海洋戰略研究所，2009，pp.252-276。

49 崔賀，〈大安寺寂忍禪師塔碑銘〉。

圖 3-1 新羅遣唐使的黃海海路示意圖[50]

中國登州地區與新羅唐恩浦之間，由兩條海路相連，而江淮一帶的楚州、揚州，江南的明州等地都相距不遠，與當時新羅西南端的代表性港口——會津之間，只有一條海路相通，這就是黃海南部的「斜斷航路」。學界過去把這條航線稱作「東支那斜斷航路」或「東中國海斜斷航路」。[51]但嚴格來說，東中國海（East China Sea，中國稱東海，本書其他各處出現的東海均指東中國海）是從韓半島濟州島到中國上海這條線以南，日本九州南端種子島至奄美大島和琉球列島的中繩島、宮古島，與臺灣連線以北的這片北太平洋沿海之名稱。[52]那麼，韓半島西海南端與中國楚州、揚州、明州相連的遣唐使航路，所經過的大部份地區並非東海，而是黃海地區。所以稱「東中國海斜斷航路」，不是很妥當。

50 本圖僅為示意圖，地理位置為大致範圍，航海路線存在想像成分。

51 孫兌鉉、李永澤，〈遣使運航時代에 관한 研究〉，《韓國海洋大學論文集》16，1981，p.21；金在瑾，〈韓國・中國・日本古代의 船舶과 造船術〉，《震檀學報》68，1989，p.194。

52 李錫祐，《韓國近海海象志》，集文堂，1992，pp.7-10。

據崔彥撝所撰的〈廣照寺真澈大師塔碑銘〉，「真澈大師」利嚴 896 年搭乘新羅使臣崔藝熙的船，去中國浙江時，乘著雪浪，幾日功夫就到了鄞江。鄞江是從唐朝明州即今浙江寧波市，流向杭州灣的江水，「真澈大師」所乘坐的新羅使船，幾日間便能到達鄞江，只有斜向橫斷黃海南端才有可能實現。還有，憲康王時期的遣唐使金仁圭，其正式職銜為「入淮南使」，也當是從新羅西南端出發，斜斷黃海，才抵達唐朝淮南地方，即位於長江口的揚州地區。

不僅如此，據李夢遊撰寫的〈鳳岩寺靜真大師塔碑銘〉載，900 年「靜真大師」兢讓坐上西去之船，如大鵬展翅一般向南飛翔，「信宿之間」，即兩、三日工夫就到了江淮地區，兢讓的船也一定是向西斜跨黃海南端的。在如此短時間內，穿越黃海南端到達中國江淮，其出航之地，只能是以榮山江下游的會津為中心的新羅西南海岸。

還有慧目山和尚玄昱所搭乘遣唐使金義琮的航船，於僖康王 2 年（837）9 月 12 日到達會津。[53]孝恭王時期的「法鏡大師」慶猷、「真澈大師」利嚴、「先覺大師」逈微等，自唐朝回國時，也是於會津登陸的。「大鏡大師」麗嚴所到之處，是會津附近的武州升平，即現在全羅南道的順天市。他也應是從中國長江或錢塘江出海口啟程，向東北斜渡黃海南端回國的。

《三國遺事》裡還有一個故事，講景德王時期的新羅商人長春在大海中遭遇暴風，漂流至中國南方某地，於當地做了農夫，後來在新羅僧人的幫助下，才順利歸國。[54]遇到前有溝渠，僧人就將長春夾在腋下跳過，傍晚從中國南方離開，戌時即晚上 8 點左右，就到達新羅了。雖然這只是一個傳說，不能相信，但暗示了新羅僧人帶著長春從中國南方很快就跨過大海回到了故鄉。可知長春所走的路線，並非順著中國與韓半島沿岸、圍繞黃海而行的「北部沿岸航路」或「中部橫斷航路」，而是從中國南方出發，直接穿越黃海南端的「南部斜斷航路」。

雖然以下是高麗時代的事情，但也可作為參考。1123 年，作為宋朝

---

53 《祖堂集》卷 17，東國慧目山和尚傳。

54 《三國遺事》卷 3，敏藏寺。

國家外交人員出使高麗的徐兢，在日記《宣和奉使高麗圖經》裡，翔實記錄下了這條航線經過的路途詳情。徐兢一行於當年 5 月 16 日從明州出發入定海縣後，利用東南風北上至長江入海口。然後，轉方向為東北，向大洋進發，經黑水洋橫斷黃海後，於 6 月 3 日通過黑山島，沿韓半島西海沿岸，上溯至禮成江。如果他們從榮山江口的會津入境的話，那麼就不需要在黑山島北上，通過現在全羅南道新安郡前海入港即可。

不僅如此，朝鮮時代李重煥撰寫的《擇里志》也稱，新羅向唐朝派遣使臣時，全部在離會津不遠的靈岩出航，經紅衣島、可佳島可達定海縣。[55]即便這些都是後代的記錄，但歷史是前後相貫通的。因此我們可知，新羅時期的「南部斜斷航路」是從會津出發，經由黑山島、紅衣島、可佳島，穿過黑水洋，到達長江或錢塘江出海口的路線。

這條航路從榮山江下游的會津，到長江或錢塘江出海口的距離約 600 公里，由於中間沒有可以寄留的地方，必須一口氣橫渡大海。與沿岸或近海航海相比，危險係數會高很多，所以在航海與造船技術到達一定水準的 9 世紀之後，才被普遍使用。

（三）長安行路

新羅遣唐使的「長安行路」，就是「登州－長安」或「江淮地方－長安」的路線。唐代以長安為中心的大路，即主要的幹線道路，如放射線一般向全國延伸。大路大致有七條，其中一條便是長安連接登州的陸路。這條路線中，連接登州、萊州、青州、淄州、齊州、鄆州、滑州、汴州的陸路，與貫穿楚州、揚州、明州的水路相會。然後由汴州向西，經鄭州、洛陽、陝州、華州到達長安，[56]從登州至長安的新羅遣唐使主要利用這條道路。

唐代寺院不僅是僧人的修行之處，舉辦佛事、接待客僧的場所，還是被用來作為向旅客提供食宿的空間。[57]寺院不僅只為本國人提供住宿，外國僧與外國使節也享受同樣待遇。日本僧圓仁在約九年半的入唐求法

---

55 李重煥，《擇里志》，〈八道總論　全羅道〉。

56 青山定雄，〈唐代の陸路〉，《唐宋時代の交通と地志地圖研究》，吉川弘文館，1963，pp.3-5。

57 道端良秀，《唐代佛教史の研究》，法藏館，1957，pp.421-440。

期間，住遍了散落於全國各地的寺院。日本承和遣唐使從 838 年 7 月 3 日開始，就在揚州海陵縣延海村的國清寺住了幾天。延曆遣唐使在回國途中，也曾被安置在明州轄內的某一寺廟。[58]

新羅僧人與遣唐使們在中國的旅途中，也以寺院為宿所，龍興寺與醴泉寺裡的「新羅院」，便是代表性宿地。[59]「新羅院」是新羅求法僧與官客們經常下宿的宿院，可能由新羅人營運，故名如此。龍興寺位於青州，醴泉寺位於淄州長山縣。換句話說，龍興寺與醴泉寺的「新羅院」，全都設在由登州連接長安的主幹道路上，這些寺廟與新羅遣唐使們的食宿問題密切相關。840 年 2 月，「普照禪師」體澄隨平盧使歸國，平盧鎮在唐代屬青州管轄，[60]1986 年改為山東省青州市益都縣，可推知體澄所隨行的新羅遣唐使，由長安經青州至登州歸國，青州與淄州無疑是登州通向長安的重要節點。

位於現在山東省諸城市的古代鄆州，也是新羅與唐往來使臣的必由之路。798 年 12 月，新羅元聖王去世，金俊邕即位，唐德宗立即封「司封郎中兼御史中丞」韋丹為「冊命使」趕赴新羅。當韋丹到達鄆州時，聽到了新國王金俊邕突然死亡的消息，於中途返回。[61]自長安出發的韋丹到鄆州之目的，是為了在登州乘船去新羅，鄆州也是長安與登州之間行路的中間節點。

通過以上事例，我們可以確定，新羅與唐朝使節所經過的鄆州、青州、淄州，全部位於登州至長安的大路上。雖然我們無法在史料中，找尋新羅遣唐使在長安與汴州之間，所留下的具體足跡，但「長安－洛陽－汴州」之路東西橫貫中原，至河北、山東、江淮方向的大路，全部由這條主幹線分出。可以認為，它是唐代最重要的交通道路，新羅遣唐使從長安至汴州，走的就是這條路。那麼，從登州開始的路線就是「萊州－青州－淄州－齊州－鄆州－滑州－汴州－鄭州－洛陽－陝州－華州－

---

[58] 圓仁，《入唐求法巡禮行記》卷 1，開成 3 年 7 月 3 日；《日本後紀》卷 12，延曆 24 年 6 月乙巳。

[59] 圓仁，《入唐求法巡禮行記》卷 2，開成 5 年 3 月 24 日、4 月 6 日。

[60] 金穎，〈寶林寺普照禪師塔碑銘〉。

[61]《三國史記》卷 10，哀莊王即位年；《舊唐書》卷 13，憲宗貞元 16 年 4 月；同書卷 199，新羅；《冊府元龜》卷 965，〈外臣部　封冊（3）〉；《唐會要》卷 95，新羅。

長安」，新羅遣唐使們以此往來於長安、洛陽。與從長安至江淮地區的行路相比，這條路線偏北，因此我們稱它為「長安北路」。

從江淮地區的楚州、揚州和江南的明州等地入唐的新羅遣唐使們，將沿著怎樣的道路前往長安呢？唐代江淮地區多沼澤與江河，與陸路相比，水運發達。因此，從楚州、揚州等地入唐的使節們，將以一半水路、一半陸路的路線到達長安。長安與汴州之間為陸路，汴州與江淮地區之間主要為水路。從江淮地方出發，走水路不僅比陸路便捷，也更為輕鬆。

首先，到達淮水口的新羅遣唐使們溯淮水而上，經漣水縣與楚州，可至泗州。然後在泗州向西北，利用連接黃河與淮水的運河——汴河，到達汴州。汴州到長安的路程，是與「長安北路」吻合的陸路。從揚州、明州等地入長安，走水路時，都要經過楚州。遣唐使若從揚州登陸，則沿連接揚州與楚州的運河——山陽瀆北上，到達楚州。從明州出發時，沿海路或陸路先至杭州，再沿相連「蘇州－常州－潤州」的運河——江南河，到達長江下游的揚州南岸，跨過長江，在揚州沿山陽瀆到達楚州。從楚州到汴州的路程如上所述，就是經泗州通過汴河至汴州。

但是，並非所有從泗州至汴州的遣唐使，都能利用汴河水路，因為汴河的地勢比北邊的黃河高，而南邊的淮水比黃河低，所以從泗州至汴州要逆流而上，會耗費很多的精力與時間。不僅如此，汴河之水主要由黃河而來，每年陰曆 10 月至翌年 3 月之間，黃河水量明顯減少，無法通航。[62]那麼，在這個時段從江淮地區出發往來長安的遣唐使們，不得不沿著乾枯的汴河，以陸路形式由泗州經宿州與宋州，到達汴州。

根據《續日本紀》卷 23〈天平寶字 5 年 8 月甲子條〉的記載，761 年，為接藤原朝臣河清回國，日本天皇派遣以高元度為大使的遣唐使團入唐，最後高元度沿「南路」歸國。他從長安出發，經蘇州回到日本。那麼，唐朝所指的「南路」，應是自長安至蘇州方向的道路。從長安到蘇州，要經汴州與泗州等地。北宋朱彧撰寫的《萍州可談》卷 2 中，稱「高

---

[62] 青山定雄，〈唐宋の汴河〉，《唐宋時代の交通と地志地圖研究》，吉川弘文館，1963，pp.240-244。

麗人泛海而至明州，則由二浙溯汴至都下，謂之南路」。因此，唐宋時代連接江淮、江南地區與長安的這條道路，被稱作「南路」，此路與新羅遣唐使之行路基本一致，本書稱其為新羅遣唐使的「長安南路」。

綜合以上內容，新羅遣唐使在新羅國內的行路為北邊的「慶州－唐恩浦」，與南面的「慶州－會津」之路。走「慶州－唐恩浦」一線的遣唐使們，要通過永川、尚州、雞立嶺、忠州等地。走「慶州－會津」一線，將經過大邱、南原、光州等處。《三國史記》的撰者金富軾，將前者稱為「唐恩浦路」，後者為「會津路」。

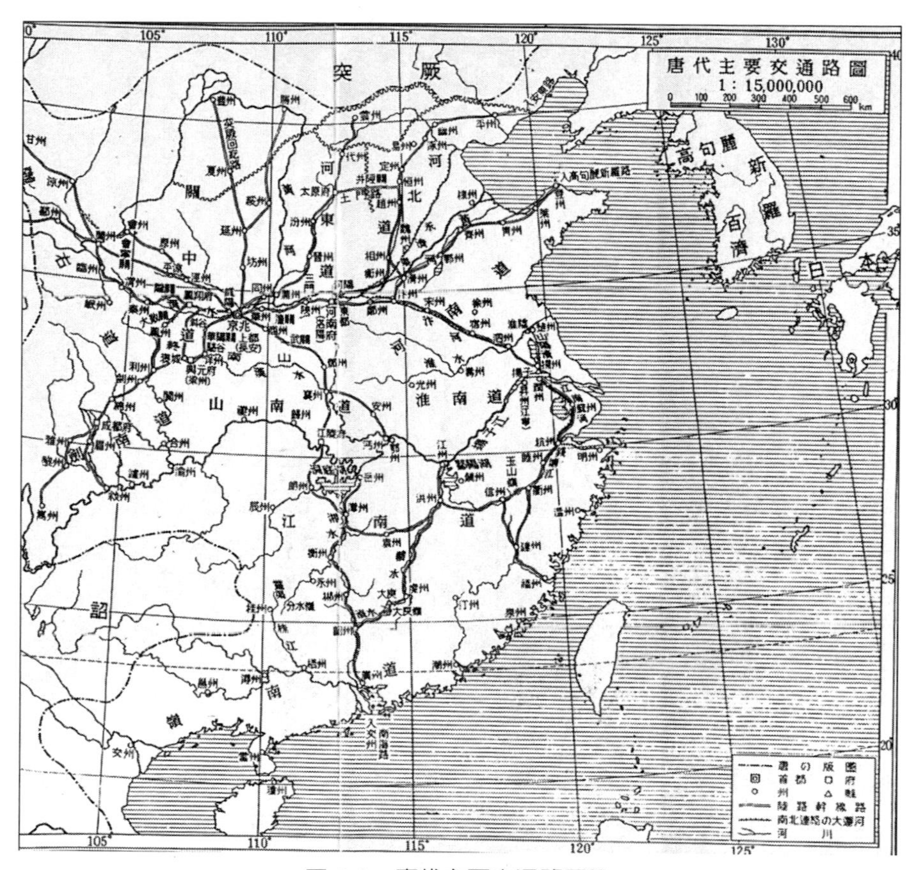

圖 3-2　唐代主要交通路圖[63]

[63] 青山定雄，〈唐宋の汴河〉，《唐宋時代の交通と地志地圖研究》，吉川弘文館，1963，pp.28。

唐恩浦與登州相連，會津與江淮地區相通，「唐恩浦－登州」航線，有順黃海北部沿岸的「北部沿岸航路」，與自黃海道西端跨越黃海的「中部橫斷航路」兩條。「會津－江淮」航線，是由韓半島西南端至淮水與長江，或到達錢塘江出海口的「南部斜斷航路」。

唐代長安至登州之間的陸路路線，為「登州－青州－淄州－齊州－鄆州－滑州－汴州－鄭州－洛陽－陝州－華州－長安」。文獻中有新羅遣唐使，在青州、淄州、鄆州等地明確的活動記錄。由江淮地區出發至長安，可利用江南河、山陽瀆、汴河等運河，以及淮水、長江、浙江等江河水路。汴州至長安的陸路，為唐朝最主要的幹線道路。因此，我們可以總結出，新羅遣唐使的行路大體可分為兩個方向。「北路」由慶州至唐恩浦，再由「北部沿岸航路」或「中部橫斷航路」到達黃海北部的登州，再進長安；「南路」由慶州至會津，再由「南部斜斷航路」到達黃海南部的江淮地區，再入長安。

二、渤海使的往返行路

（一）登州道

《新唐書》卷 219〈渤海傳〉記載：「龍原東南瀕海，日本道也；南海，新羅道也；鴨淥，朝貢道也；長嶺，營州道也；扶餘，契丹道也」。渤海以首都上京龍泉府為起點出發的交通路，有日本道、新羅道、朝貢道、營州道、契丹道等五條。其中「朝貢道」與「營州道」是渤海通往大唐的道路，「營州道」全為陸路，「朝貢道」則水陸相間。

在找尋往返於渤海與唐之間遣唐使的行路之前，我們首先對交通路的名稱作一番論評。據上面的《新唐書》卷 219〈渤海傳〉稱，從上京龍泉府出發，經西京鴨綠府入唐的交通路，被稱為「朝貢道」，大概入唐朝貢的渤海使節經常使用，故名如此。但是，「朝貢道」是唐朝人以自己的立場所起之名，在渤海入貢唐朝之前及以後，它一直作為東北亞地區通向中國大陸或韓半島的重要交通路線，被延續使用。如此來說，「朝貢道」是在特定時期、以特定目的、由特定之人所賦予的特殊名稱，沒有超越時代的普遍性。而且《新唐書》卷 219〈渤海傳〉中所提到的其他四條交通路，都以日本、新羅、營州、契丹等終點名稱命名，僅「朝貢道」除外。「朝貢道」是經由西京鴨綠府至登州的路線，故本書將所謂的「朝貢道」改為「登州道」進行論述。[64]

渤海「登州道」的路線可以通過《新唐書》卷 43〈地理志（7）〉末尾所引賈耽的《道里記》來推測。根據《道里記》的記錄，從渤海上京龍泉府出發，經顯州、神州、丸都縣城、泊汋城，可至鴨綠江口。其中，上京至神州的陸路距離為唐尺 1000 里，從神州至鴨綠江口則走自長白山發源而向西南流去的鴨綠江水路，唐尺距離為 830 里。

渤海國的驛站制度十分發達，遣唐使在陸路行走時，可利用沿途大大小小的驛站。在江東、官地、海房青、腰甸子、慶豐、蠻溝等地，曾發掘出 24 處石製遺跡，被考古學家認定為登州道上的驛站，即從上京龍泉府至舊國（敦化）區間道路上，所設置的渤海驛站遺址。[65]登州道的水陸交匯處，是現今位於吉林省臨江縣一帶的西京鴨綠府之治所——神州。渤海遣唐使在此乘船，沿鴨綠江水路而下，至離泊汋城 30 里的地方，下舫舟而轉乘大船，再跨越黃海。這個過程，是由《道里記》「自鴨綠江口，舟行百餘里，乃小舫泝流東北三十里至泊汋口，得渤海之境」這句話，推定而來的。

渤海遣唐使所走的黃海海路，與新羅遣唐使所利用的「北部沿岸航路」部份一致。即從鴨綠江口向西南，沿遼東半島南面沿岸航海，經石城島與長山群島，到達現在大連市前海，再向西南，至旅順西南老鐵山下的都里鎮。從鴨綠江口至遼東半島西端老鐵山的距離，為唐尺 800 里，約 427 公里。從都里鎮出發，再經過與遼東半島、山東半島相連的廟島列島之隍城島、龜欽島、長山島等航海唐尺約 300 里的距離，可到達登州。

我們已在上文分析過，新羅遣唐使入唐時常在登州入境，渤海遣唐使們的情況也是一樣。安史之亂後，管轄登州的「淄青平盧節度使」李

---

[64] 河上洋在〈渤海の交通路と五京〉(《史林》72-6，1989，p.83)中認為這條路為「登州路線」，李代熙在〈渤海의　驛站路〉(《歷史科學》1991-3，p.55）中稱其為「鴨綠道」。

[65] 李代熙，〈渤海의　驛站路〉，《歷史科學》1991-3，p.55；方學鳳，〈渤海의　驛站에　대하여〉，《先史와　古代》9，1997，pp.53-58。

正己，又兼任「海運押新羅渤海兩蕃使」。[66]日本僧圓仁曾見到渤海貿易船在登州成山浦停泊的情景，[67]在登州都督府城以東，有為渤海使臣與旅客們提供食宿便利的渤海館，[68]可知登州是渤海重要的對唐出入關門。

文獻中有關於渤海遣唐使，走從上京龍泉府至登州的「登州道」之具體記錄。據《續日本後紀》卷 11〈承和 9 年 3 月辛丑條〉的記載，828 年 12 月完成使命後歸國的渤海遣唐使，在塗里浦溺死。[69]塗里浦位於老鐵山下遼東半島西端都里鎮的附近，這裡就是登州道的中途地點，828 年的遣唐使，當是在回國途中的登州道上，遭遇暴風而溺亡於大海的。

往來渤海的唐朝使節，也經常使用「登州道」。713 年，入渤海的唐朝「冊封使」崔忻在返回途中，於現在遼東半島旅順附近的黃金山山麓，為紀念這次使行而留下了石刻碑記。旅順是登州道上的一處經由地，崔忻在鴨綠江下游乘船，沿遼東半島南面沿岸航海，在遼東半島南端的旅順黃金山山麓登陸，刻立紀念碑後，穿越渤海海峽回到登州。834 年入渤海的《渤海國記》作者「瀛州司馬」張建章，也是通過海路往返渤海的，[70]其所選擇的海路路線，也是「登州道」的一部份。[71]由上可知，「登州道」是渤海與唐之間重要的交通線路。

從登州到長安的路程，與新羅遣唐使所行的「長安北路」一致。渤海遣唐使們沿這條路線進出長安的事實，可在許多文獻記錄中得到確認。據圓仁的《入唐求法巡禮行記》，他於 840 年 3 月 20 日，在唐朝青州轄內的北海縣，遇到了完成使行任務而即將返回本國的渤海使臣一行。一週以後，圓仁到達青州，從「登州留後官」王李武那裡聽到消息稱，他在北海縣遇到的渤海使節現已到達登州，正在等待一起去渤海的

---

66 《舊唐書》卷 124，李正己傳。

67 圓仁，《入唐求法巡禮行記》卷 2，開成 4 年 8 月 13 日。

68 圓仁，《入唐求法巡禮行記》卷 2，開成 5 年 3 月 2 日。

69 根據《續日本後紀》卷 11〈承和 9 年 4 月丙子條〉的記載，渤海遣唐使溺死的地方是綠浦。這裡的綠浦可能是都里浦的別稱，也可能是都里浦附近某處。

70 《北夢瑣言》卷 13，張建章泛海遇仙；《渤海國志長編》卷 1，總考。據《新唐書》卷 58〈藝文志〉載，張建章著有《渤海國記》3 卷，1959 年在中國北京市德勝門外出土了《張建章墓誌》，亦稱其撰寫了《渤海記》，可知《渤海國記》與《渤海記》是同一部書。關於這一點，可參考朱國忱、魏國忠著，濱田耕策譯，《渤海史》，東方書店，1995，pp.68-69。

71 河上洋，〈渤海の交通路と五京〉，《史林》72-6，1989，pp.92-93。

唐朝使節。[72]通過圓仁的日記推測，這批渤海使臣可能是渤海王子大延廣一行，他們自長安出發，經青州到達登州，應當暫時留宿於渤海館中。這條路線，就是新羅遣唐使所走的、連接登州與長安之間的「長安北路」。他們與唐朝使節一起由登州出發，目的地是渤海的上京龍泉府，從登州至渤海上京，應該走的就是登州道。

「登州道」由三段區間構成，從上京龍泉府出發經顯州至神州的路程，為唐尺 1000 里的「渤海陸路」；從神州至鴨綠江口的路程，為唐尺 830 里的「鴨綠江水路」；從鴨綠江口沿遼東半島南端，穿越渤海海峽到達登州的路程，為唐尺 1100 里的「黃海海路」。「登州道」又與「登州－青州－淄州－鄆州－汴州－洛陽－長安」這條約 3000 里唐尺的遣唐使「長安北路」相連接，渤海遣唐使正是通過這些多樣漫漫之行路來往於唐朝。

（二）營州道

「營州道」是渤海上京龍泉府，與唐朝東北邊境要塞——營州相連的交通路。《新唐書》卷 43〈地理志（7）〉稱：「（營州）自都護府東北，經古蓋牟、新城，又經渤海長嶺府，千五百里至渤海王城，城臨忽汗海」，可知「營州道」中有一地點是渤海十五府之一的長嶺府。統轄瑕州與河州的長嶺府，被推定為現在吉林省華甸縣城東北的蘇密城，[73]渤海首都上京龍泉府與長嶺府之間，有崇州與渤海的建國地——舊國，即現今的敦化市。以這條線路入唐的渤海遣唐使們，從上京出發，沿忽汗河，即現在牡丹江上游，經崇州與舊國，向西南跨越松花江，可至長嶺府。

從長嶺府至營州的行程，根據《新唐書》卷 43〈地理志（7）〉所引賈耽的《道里記》，比較容易復原。即從長嶺府出發，向西南行進，可至現今撫順與瀋陽地區的蓋牟、新城，再向西南進發，可到達現在的遼陽市，當時安東都護府之所在地。關於長嶺府到安東都護府之間的經由地，中國學者朱國忱、魏國忠研究認為，是從長嶺府沿輝發河，先到達海龍

[72] 圓仁，《入唐求法巡禮行記》卷 2，開成 5 年 3 月 28 日。

[73] 朱國忱、魏國忠著，濱田耕策譯，《渤海史》，東方書店，1995，pp.205。

的山城鎮，過英額門，沿輝河至新城、蓋牟以及安東都護府。[74]據《新唐書》卷 43 中記載，從上京龍泉府至安東都護府的唐尺距離為 1500 里，約 800 公里。

從安東都護府至營州的路程是，向西經遼水，過汝羅的守捉與現位於遼寧省義縣的燕城郡，到達營州。從安東都護府至燕城郡的距離，為唐尺 500 里，從燕城郡至營州，為唐尺 180 里。[75]這條路上也設有驛站，渤海遣唐使將在驛站休息調整。

全長為唐尺 2180 里的「營州道」中，從長嶺府至營州為止的路途比較平坦，但中間有如松花江、輝發河、輝河、遼水等南北或西南流向的大小江河之阻礙，對於攜帶大量朝貢品與回賜品的遣唐使來說，這條道路並不順暢。而且，「營州道」鄰近契丹與奚的疆界，從政治情形來看，這條道路更加兇險。由於人為與自然因素的制約，對於渤海遣唐使來說，「營州道」的利用率與登州道相比，明顯要低。

從營州至長安走陸路，途中必經之地是幽州。645 年，唐朝攻伐高句麗時，李勣率陸軍從幽州出發，到達柳城即營州之後，兵分兩路進軍高句麗。在安市城敗於高句麗軍隊的唐太宗一行，跨越遼水，回到營州，為戰歿將士舉行了招魂儀式，然後再經臨榆關、幽州回到長安。隋文帝首次征討高句麗時，從幽州至營州，也走同一路線，可知幽州是中原至營州的必經之路。

由幽州至長安的道路十分發達。到達幽州的渤海遣唐使，向西南走「定州－恒州－相州－衛州」一線可達洛陽，從洛陽至長安的路線，與新羅遣唐使「長安北路」重合。幽州至長安的距離，為唐尺 2520 里；營州至長安的距離，為唐尺 3589 里。[76]

---

74 朱國忱、魏國忠著，濱田耕策譯，《渤海史》，東方書店，1995，pp.205。

75 《新唐書》卷 43，〈地理志（7）〉。

76 《舊唐書》卷 39，〈地理志（2）河北道　幽州都督府、營州上都督府〉。

第二節　旅程所需時日

一、新羅遣唐使的路程

（一）新羅使之北路

如前所述，新羅遣唐使北路由三段構成：「慶州－唐恩浦」的「唐恩浦路」，「唐恩浦－登州」的「黃海海路」，「登州－長安」的「長安北路」。從慶州至唐恩浦的「唐恩浦路」，經由尚州、雞立嶺、忠州等地，如果將這些地點，按照朝鮮時代地理書裡出現的道路相連，可以得到以下的路線：經過今天的永川、河陽、大邱、善山，沿洛東江北上，於洛東面附近渡江至尚州，再從尚州經店村，翻越鳥嶺，到達忠州。大邱至忠州的道路，是所謂「嶺南大路」的一部份，從古代至朝鮮時代為止，都是連接釜山與首都的主要幹線道路。[77]接著，從忠州沿南漢江水路至驪州，從驪州經利川，可達唐恩浦。或者從忠州出發時，不走南漢江水路，而是陸路向西北經竹山、龍仁，到達唐恩浦。

根據《新唐書》卷 43〈地理志（7）〉所引賈耽的《道里記》，從唐恩浦向東南 700 里，可達新羅首都。唐代的尺度分大尺與小尺，小尺 1.2 尺相當於大尺 1 尺，小尺僅在儀禮中使用，常用尺為大尺，故提到唐尺時，通常指大尺。唐制中 1 大尺為 0.297 米，1 步為 6 大尺，1 里為 360 步，因此唐尺的 1 里約為 534 米。由此推測，從慶州至唐恩浦的距離約 370 公里。

新羅遣唐使走完從慶州至唐恩浦的這 370 公里，需要幾天功夫呢？雖然不是很精確，但也可從元聖王時期赴新羅的唐使元義方一行，回國時的步行速度來大致推算。[78]根據《三國遺事》卷 2〈元聖大王條〉，唐朝使臣在離開新羅王京慶州一日後，新羅元聖王得知隨唐使一起的河西

[77] 崔永俊，〈嶺南大路——韓國古道路의　歷史地理的研究〉，高麗大學校出版部，1990，pp.59-163。

[78] 權悳永，〈8，9 世紀　君子國에　온　唐나라　使節〉，《新羅文化》25，2005，pp.103-104。

國人在王京芬皇寺的井中，抓住了三條護國龍並帶走了，於是元聖王親自趕到河陽館，找回了龍。從名稱上看，「河陽館」就是位於現慶尚北道慶山市河陽邑的客館，此地離慶州約 50 公里。從傳說內容來看，唐使臣在前一天離開慶州，到河陽為止大概總共花了兩天時間。50 公里即唐尺約 94 里的路程，如果需兩天的話，他們一天的步行速度就是 25 公里，唐尺約 47 里。

步行速度因地形、人數以及目的地等因素，會有很大變化，如要走翻越小白山脈這樣的險峻道路時，速度必然會減慢。根據《三國史記》卷 5〈新羅本紀・武烈王 7 年條〉，武烈王於 660 年 5 月 25 日，與金庾信、金真珠、金天存等一起，率百濟征伐軍五萬兵士離開慶州，6 月 18 日到達南川停。他們所走的正是遣唐使行路的一部份，從慶州至南川停，足足用了 25 天。但是，這只是人員規模龐大，又運送大量戰爭物資時的特殊情況。

新羅遣唐使之使行目的，與前文所提及元聖王時期唐使來新羅的目的一致，都是完成外交使命，因此可在路程所需時間上相互比較。「慶州－唐恩浦」一線的遣唐使行路中，除翻越小白山脈的山路外，全部是自然形成的鞍部地形，比周圍山地低，亦無傾斜，比較平坦。[79]測算新羅遣唐使走唐恩浦路所需時日，可將元聖王時期唐使臣從慶州至河陽之間的步行速度，擴大至全部區間。那麼，從慶州出發的遣唐使，至出航港唐恩浦為止，走 700 里路程大約需 15 日。

在唐恩浦乘船的新羅遣唐使，要經德積島、喬桐島，一般在黃海道西端北上，橫斷黃海到達山東半島。在造船與航海技術並不發達的時代，海上運航速度並不像陸地那樣，可以人為調整，而是完全被氣候所左右，根據天氣好壞，跨越黃海所需的時間具有明顯差異。天氣狀況良好且順風時，從山東半島經「一日一夜」可達新羅邊境。相反，如遇惡劣天氣，及風向、風勢不對的情況，船隻就得下碇停泊，無期限地等待，一直等到天氣合適才能重新啟航。

唐武宗滅佛時，外國僧侶全部遭遇放逐之難，日本求法僧圓仁為尋

---

[79] 崔永俊，〈嶺南路의　自然景觀〉，《地理學》28，1983，pp.2-3。

到回國的船舶，從登州到了楚州，於 847 年 5 月 14 日到達東海山田灣浦。候風至 18 日出海，但因等錯了風，以至於在海上漂流，至 5 月 23 日又回到東海山。[80]同年 6 月 28 日圓仁從楚州回登州時，也因未等到合適的風，在田橫島停留了半個月。[81]真聖王時期的遣唐使良貝，由於遭遇了惡風與波濤，在鵠島停留了十餘日。[82]如此可知，當時的航海受天氣條件的絕對制約，遣唐使橫斷黃海所需的時間也各不相同。本書為論述之便，對航海日程較詳細的 11 個日本遣唐使之航海距離與所需時間進行綜合整理，製成下表，借此推算新羅遣唐使的航海日數。

表 3-1　日本遣唐使的渡海日程

出航地	出航時間	航路、經由地	到達地	到達日期	距離	所要日數	出處
築紫大津浦	659 年 8 月 1 日	北路，百濟南端	越州會稽縣	659 年 9 月 16 日	1020 公里	36 日	《日本書紀》卷 26 齊明 5 年 7 月戊寅
越州	661 年 4 月 1 日	北路，檉岸山	耽羅島	661 年 4 月 17 日	625 公里	17 日	《日本書紀》卷 26 齊明 7 年 5 月丁巳
蘇州黃泗浦	753 年 11 月 15 日	南島路，阿兒奈波島、多禰島、益救島	薩摩國阿多郡秋妻屋浦	753 年 12 月 22 日	1470 公里	37 日	《唐大和上東征傳》，《續日本紀》卷 18 天平勝寶 6 年正月壬子
揚州唐頭	778 年 9 月 9 日	南路	肥前國松浦郡橘浦	778 年 9 月 23 日	760 公里	15 日	《續日本紀》卷 35 寶龜 9 年 10 月乙未
蘇州常耽縣	778 年 11 月 5 日	南路	薩摩國出水郡	778 年 11 月 13 日	865 公里	9 日	《續日本紀》卷 35 寶龜 9 年 11 月乙卯
肥前國松浦郡田浦	804 年 7 月 6 日	南路	福州長溪縣赤岸鎮	804 年 8 月 10 日	1140 公里	35 日	《日本後紀》卷 12 延暦 24 年 6 月乙未

80 圓仁，《入唐求法巡禮行記》卷 4，大中元年 5 月 14 日—23 日。
81 圓仁，《入唐求法巡禮行記》卷 4，大中元年 6 月 28 日。
82 《三國遺事》卷 2，〈真聖女大王　居陀知〉。

出航地	出航時間	航路、經由地	到達地	到達日期	距離	所要日數	出處
明州鄮縣	805 年 5 月 18 日	南路	對馬島下縣郡阿禮浦	805 年 6 月 5 日	850 公里	17 日	《日本後紀》卷 12 延曆 24 年 6 月乙未
明州鄮縣	805 年 5 月 18 日	南路	肥前國松浦郡鹿嶋	805 年 6 月 17 日	785 公里	29 日	《日本後紀》卷 12 延曆 24 年 6 月乙未
築紫博多津	838 年 6 月 13 日	南路	揚州海陵縣	838 年 7 月 2 日	930 公里	19 日	《入唐求法巡禮行記》卷 1 開成 3 年
登州赤山浦	839 年 7 月 22 日	北路，新羅西海岸	[築紫或者肥前國]	839 年 8 月 14 日	1215 公里	23 日	《入唐求法巡禮行記》卷 2 開成 4 年 7 月 22 日，《續日本後紀》卷 8 承和 6 年 8 月己巳
登州赤山浦	839 年 7 月 22 日	北路，新羅西海岸	肥前國松浦郡生屬島	839 年 8 月 19 日	1135 公里	28 日	《入唐求法巡禮行記》卷 2 開成 4 年 7 月 22 日，《續日本後紀》卷 8 承和 6 年 8 月甲戌

根據〔表 3-1〕，日本遣唐使跨越黃海或東海所需時間從 9 日至 37 日不等，平均每天的航海距離從 27 公里至 96 公里不等。造成較大差異的原因就是當時的航海受到天氣條件的絕對影響。總之，日本遣唐使渡黃海或東海一次，平均要花 24 天，一天的平均航海速度是 41 公里。這與日本《延喜式》所作規程的漕運船每天約 30 至 43 公里的航海速度相似。[83]

依照《續日本後紀》卷 9〈承和 7 年 9 月丁亥條〉的記錄，新羅船隻駕馭波濤的能力較強，大宰府擁有 6 艘新羅船，並將其中 1 艘調撥給了對馬島的官司使用。還有，日本的承和遣唐使在楚州租了 9 艘新羅船，並雇傭了 60 名新羅船員而安全回國，[84]這說明，當時新羅的造船與航海

83 杉山宏，〈延喜式における海路規定について〉，《海事史研究》49，1992，pp.12-17。

84 《續日本後紀》卷 8，承和 6 年 8 月己巳；圓仁，《入唐求法巡禮行記》卷 1，開成 4 年 3 月 17 日。

技術，遠高於日本。8 世紀以前日本遣唐使所走的北路，主要就是本書所講的「黃海中部橫斷航路」或「北部沿岸航路」，然後沿著由九州西南的奄美島、沖繩島等諸多島嶼聯成的南西諸島，而穿越東海的「南島路」，或走從九州西端五島列島橫斷東海到達長江或錢塘江出海口的「南路」，與唐往來。[85]〔表 3-1〕所示日本遣唐使的 11 次渡海行為中，9 次走的都是「南路」或者「南島路」。與之相反，新羅遣唐使多會選擇比較安全的「黃海北部沿岸航路」和「中部橫斷航路」。那麼，是否能將日本遣唐使一天的航海速度，套用在新羅遣唐使身上，是個疑問。

無論如何，當時的航海受天氣好惡的絕對制約。新羅遣唐使船舶與日本船相比，破損與遭難的危險雖低，航海時間與日本應無太大差異。839 年，日本承和遣唐使與新羅遣唐使一樣，乘新羅船舶，雇傭新羅船員，從山東半島沿新羅西海岸航海，返回本國，平均所需日數為 24 日以上。那麼可以認為，日本與新羅遣唐使在跨越黃海時，距離與所需日數之間的比率，沒有太大差異。

如前文所分析的那樣，從唐恩浦沿韓半島西海岸北上，經遼東半島南端與廟島列島，到達登州的「北部沿岸航路」之距離為 2100 里，約 1120 公里，從黃海道西端橫穿黃海至登州的「中部橫斷航路」之路程約為 600 公里。考慮到天氣等自然條件，以每日平均速度 41 公里的速度航海，走「北部沿岸航路」約需 27 日，「中部橫斷航路」約需 15 日。

從唐恩浦走「北部沿岸航路」或「中部橫斷航路」，到達登州的新羅遣唐使，需經陸路進入長安。據《舊唐書》卷 38〈地理志・登州條〉中「（登州）在京師東三千一百五十里，至東都二千七十一里」的記載，登州與長安相距 3150 里，與東都洛陽相距 2071 里。另外，依照 813 年李吉甫所編纂的《元和郡縣圖志》卷 11〈登州條〉的記錄，登州西北 3000 里為上都長安，2140 里為東都洛陽。兩種文獻中，登州至長安之距離有 150 里的差異，到洛陽有 69 里的差異。但在《舊唐書》〈地理志〉中，〈京兆府條〉內記長安至洛陽的距離為 800 里，〈河南府條〉內記為 850 里。依據《舊唐書》卷 38〈地理志・登州條〉，算出長安至洛陽的

[85] 森克己，《遣唐使》，至文堂，1967，pp.57-58。

距離為 1079 里，誤差較大。但是《元和郡縣圖志》卷 1〈京兆府條〉與同書卷 5〈河南府條〉所記長安至洛陽的距離都是 850 里，再據〈登州條〉所算出的長安與洛陽的距離為 860 里，只有 10 里的差異，比較可信。因此，本書以《元和郡縣圖志》的記錄為準，將登州至長安的距離看作 3000 里。

《大唐六典》卷 3〈戶部度支條〉載：「凡陸行之程，馬日七十里，步及驢五十里，車三十里」，即在中國陸路騎馬一日行 70 里，騎驢或步行一日 50 里，拉車一日 30 里。日本求法僧圓仁為去五臺山朝聖，於 840 年 3 月 12 日自登州出發，同月 21 日到達青州。[86]但據《元和郡縣圖志》「登州－萊州」之間為 240 里，「萊州－青州」之間為 345 里，合起來從登州到青州總 585 里。相反，據圓仁《入唐求法巡禮行記》卷 2〈開成 5 年 3 月 21 日條〉載，從登州至青州的距離為 540 里。這條道路是新羅遣唐使往來長安行路的一部份，這段總共 585 里或 540 里的路程，圓仁走了 10 日，平均每天 58 里或 54 里。

在長安資聖寺求法的圓仁，因唐武宗滅佛被驅遣回國之時，於 846 年 5 月 15 日離開長安，6 月 13 日到達汴州，[87]這條路線也是新羅遣唐使往來長安行路的一部份。文獻中關於長安至汴州的距離記錄也有些許差異，《元和郡縣圖志》卷 1〈汴州條〉記為 1280 里，《舊唐書》卷 38〈地理志〉記為 1350 里，《入唐求法巡禮行記》記為 1400 里。我們無法判斷哪條記錄比較準確，為行文方便而取平均值 1340 里，算出圓仁一日平均步行速度約為 48 里。

唐玄宗於開元 22 年（734）正月六日自長安出發，當月 26 日到達洛陽，[88]用了 20 日。這條路線也是新羅遣唐使往返行路的一部份，「長安－洛陽」的距離為 850 里，玄宗行次洛陽時的速度為每日平均 43 里。綜合以上各類型的步行速度，我們可以推算出，在唐朝每人每日的步行速度約為唐尺 50 里，與前述新羅國內 47 里的陸路步行速度接近。那麼，新羅遣唐使從登州至長安 3000 里的距離，需步行約 60 日左右。

---

[86] 圓仁，《入唐求法巡禮行記》卷 2，開成 5 年 3 月 12—21 日。
[87] 圓仁，《入唐求法巡禮行記》卷 4，會昌 6 年 5 月 15 日—6 月 13 日。
[88] 《資治通鑑》卷 214，玄宗開元 22 年正月。

通過北路往返羅唐間的新羅遣唐使們走唐恩浦路需 15 日，以「中部橫斷航路」跨越黃海需 15 日，從登州至長安需 60 日，總計 90 日即三個月左右。以相同路線再回新羅時，往返就是約六個月的路程。通過「北部沿岸航路」渡過黃海入唐的話，大約比上面再多花 15 天的時間。

（二）新羅使之南路

新羅遣唐使南路路線為「慶州－會津－黃海南部－楚州（揚州、明州）－長安」。首先從慶州出發，依次經過現在的大邱、咸陽、南原、光州，到達全羅南道羅州市多時面的會津。日本學者井上秀雄分析了五萬分之一比例尺的現代地圖與通過實地考察後認為，慶州至羅州間的交通路——「武州街道」的長度大約為 300 公里。[89]以元聖王時期唐朝使臣每日 25 公里的步行速度為基準，新羅遣唐使從慶州至會津約需 12 日。新羅遣唐使要在會津渡越黃海，到達直線距離約 600 公里的淮水或長江口。如果將前文所推論出的、日本遣唐使跨過黃海或東海時平均 41 公里的航海速度，用在走南路的新羅遣唐使身上，那麼，從會津橫斷黃海南部至江淮地區，約需 15 日左右。

從江淮地區至長安時，從楚州、揚州或明州出發到汴州為止主要走水路，從汴州至長安走陸路。無論從楚州、揚州還是明州出發，至汴州的水路途中，必然要經過汴河。汴河是連結汴州與泗州的運河，[90]是從河南到長安最重要的水運交通道路。據《元和郡縣圖志》卷 7 載，從汴州至宋州為 300 里，從宋州至泗州為 750 里，可知連結汴州與泗州的汴河總長為 1050 里。

又據《大唐六典》卷 3〈戶部度支條〉載，攜帶重物逆黃河而上時，日行 30 里；逆長江而上時，日行 40 里；逆「餘他河水」而上時，日行 45 里。空船利用以上江河逆行運航，每日行程分別是 40 里、50 里、60 里。順流的情況下，不計貨物重量，沿黃河日行 150 里，沿長江日行 100 里，沿「餘他河水」日行 70 里。汴河作為運河，可以被納入《大唐六典》

---

[89] 井上秀雄，〈新羅王畿の構成〉，《新羅史基礎研究》，東出版，1974，pp.393-417。

[90] 汴河是隋煬帝時代所開通的運河，開通當時名為通濟渠。之後，唐代稱作廣濟渠，唐宋時代一般稱汴河。

「餘他河水」之範疇。那麼以「餘他河水」的行路速度為基準，從泗州至汴州攜重物的話，行程約為 23 日，空船的情況下約為 18 日，從汴州順流下泗州約需 15 日左右，因此合計往返汴河總需 32 日或 38 日，單程平均所需日數為 16 至 19 日左右。

綜合《入唐求法巡禮行記》卷 4〈會昌 6 年 6 月 13 日至 22 日〉的日記來看，日本僧圓仁於 846 年 6 月 13 日在汴州乘船，沿汴河順流而下，同月 22 日到達泗州，可知，圓仁從汴州到泗州用時 10 日。在日本求法僧成尋的〈參天台五臺山記〉中，可以找到逆汴河而上的實例，成尋於宋神宗熙寧 5 年（1072）9 月 23 日，乘船自泗州出發，行船 19 日到達汴京。通過以上例子可知，從泗州逆流而上至汴州日行約 55 里，順流日行約 105 里，往返約 29 日左右。

如此推算出的日程與《大唐六典》所言的運河行程，存在若干差異，即逆流時比成尋的速度慢，順流時比圓仁的速度快，出現這種情況的原因是《大唐六典》之記載，並沒有限定特定的運河，只是將當時許多運河概括性地記述了一下。其實，汴河與江南的運河不同，其水流流速較快。日本僧成尋評價分佈於越州至楚州等八州的運河為「不流河」，而稱汴河為相反的「駛流河」。[91]

我們無法將以上事例中的運航速度，直接套用在往返汴河的所有情況之中，隨旅行團規模與目的地之變化，行進速度也會有所不同。因此，本書參考《大唐六典》所載的運航速度，與前文實例作了綜合，取了一個平均值作為在汴河的行進速度。如果這樣考慮妥當的話，逆汴河而上的日行速度約 50 里，需 21 日，順流而下的日行速度約 87 里，需 12 日。但在汴河水量減少的陰曆 10 月至翌年 3 月無法行航，不得不走沿汴河而行的陸路。「泗州－汴州」陸路距離為 1050 里，往返大約需要 21 日。

那麼，新羅遣唐使從淮水下遊的楚州出發，往返長安需要多久呢？據《元和郡縣圖志》卷 9〈泗州條〉，楚州至泗州的距離為 220 里。走水路要在楚州沿淮水逆流而上，一般利用江河的運航速度為日行 40 至 50

[91] 成尋，《參天台五臺山記》卷 3，熙寧 5 年 10 月 5 日。

里的話，需 5 日左右。按照之前的推論，從泗州至汴州需約 21 日，汴州至長安需要 27 天，於是從楚州到長安，總共需要 53 天。從長安回楚州的情況為，「長安－汴州」之間的陸路為 27 日行程，「汴州－泗州」的水路為 12 日行程，「泗州－楚州」之間的淮水水路約行 2 日，那麼總共需要 41 天。在無法利用汴河的冬季，汴州至泗州之間走陸路的話，從長安回到楚州，總共需要 50 日左右。

日本承和遣唐使開成 4 年（839）閏正月 4 日從長安出發，2 月 12 日到達楚州。[92]開成 4 年閏正月為小月，僅有 29 天，[93]因此他們從長安至楚州用了 38 天。845 年 5 月 15 日離開長安的圓仁，於 6 月 22 日到達泗州，用了 38 天。[94]如果從泗州順流而下，至楚州需要兩日的話，那一共就是 40 天。如此，按距離、速度計算所推測出來的、自長安至楚州的所需日數，與實例所用一致。後面還要講到的是，文獻中日本承和遣唐使從揚州至長安共用 58 日，除從揚州至楚州的 5 日行程外，[95]楚州至長安為 53 日。這與按距離、速度推測所得出的結果一致。

從長江下游的揚州至長安的所需日數，可以綜合楚州至長安的時間、揚州至楚州或揚州至泗州的時間簡單算出。根據《讀史方輿紀要》卷 22，「揚州－楚州」由全長 320 里的運河——山陽瀆連接，以《大唐六典》所載水路行程為準，走山陽瀆水路時間大約 5 日。如果「揚州－泗州」區間不走山陽瀆的水路，而利用 270 里陸路的話，就要先到盱眙縣跨越淮水到泗州。按照之前的推論，在唐朝每天的步行速度約為 50 里，走這條陸路約需 6 天。那麼來看「揚州－長安」所需日數，利用水路至汴州入京時為 57 日，歸國時為 46 日，與利用「揚州－楚州」陸路時相近。

實際上，日本承和遣唐使 838 年 10 月 5 日自揚州走水路，同年 12 月 3 日到達長安，[96]共用時 58 天。但是，按照 778 年 10 月回國復命的日

---

92 圓仁，《入唐求法巡禮行記》卷 1，開成 4 年 2 月 20 日、27 日。
93 日本內務省地理局，《三正綜覽》，帝都出版社，1932，p.212。
94 圓仁，《入唐求法巡禮行記》卷 4，會昌 5 年 5 月 15 日－6 月 22 日。
95 楚州與揚州之間由 320 里的山陽瀆連接，根據《大唐六典》，一般河水裡船隻航行速度為日行 60 至 70 里，從揚州至楚州大約 5 日。
96 圓仁，《入唐求法巡禮行記》卷 1，開成 3 年 10 月 3 日；同書開成 4 年，1 月 21 日。

本遣唐使之說法，他們 777 年 10 月 15 日或 16 日自揚州出發，翌年正月 13 日才至長安。[97]參考《三正綜覽》的記錄，777 年 10 月與 11 月為大月，12 月為小月，因此從揚州至長安共用 86 天。但這次情況比較例外，在他們向長安的進發途中，唐朝官員要從長安或揚州來檢查入京使臣的規模，因此日本使團在高武縣停留了一段時間。

另外，日本遣唐使從 778 年 4 月 24 日離開長安，至 6 月 24 日到達揚州共用了 60 天。[98]圓仁 845 年 5 月 15 日離開長安，6 月 1 日至洛陽，6 月 9 日至鄭州，6 月 13 日至汴州，6 月 22 日至泗州，6 月 28 日至揚州，共用 44 天。[99]經推算，日本承和遣唐使從離開長安，經楚州到達揚州，也花了大約 44 天工夫。綜上所述，從揚州至長安的路程為 57 天，返回時需 45 天，單程所需平均天數約為 51 天。

從錢塘江出海口登陸，往來長安的新羅遣唐使們，先沿連接杭州與潤州的江南河，跨過長江，到達揚州。依《元和郡縣圖志》之記載，推算杭州至潤州的距離，「杭州－蘇州」為 370 里，「蘇州－常州」為 190 里，「常州－潤州」為 170 里，「潤州－揚州」為 70 里，總計共 800 里水路。據《大唐六典》水路行程日行 60 里的速度來看，從錢塘江出海口至揚州大約需 13 日，那麼參考前文所推論出的從揚州至長安所需時間計算，錢塘江出海口至長安需要約 70 日，長安至錢塘江出海口需要約 58 日。

804 年，「判官」菅原朝臣清公所率領的日本遣唐使船舶中，第二船使團於 9 月 1 日自明州出發，11 月 15 日到達長安。完成使命後，他們於 2 月 10 日離開長安，4 月 3 日回到明州。[100]那麼，他們從明州至長安用了 74 天，原路返回從長安至明州用了 53 天，也與前面所推論出的結果相近。

我們整理從江淮地區往返長安的新羅遣唐使，單程平均所需日數如下，從楚州至長安需 46 日，從揚州至長安需 51 日，而且從杭州、明州等錢塘江口一帶至長安約需 64 日。再加上橫斷黃海與行走「會津路」的

---

[97] 《續日本紀》卷 35，寶龜 8 年 10 月乙未及壬子。

[98] 《續日本紀》卷 35，寶龜 9 年 10 月乙未。

[99] 圓仁，《入唐求法巡禮行記》卷 4，會昌 5 年 5 月 15 日—6 月 28 日。

[100] 《日本後紀》卷 12，延曆 24 年 6 月乙巳。

時間，結果雖然不相一致，大約需要 73 至 91 天左右。也就是說，新羅遣唐使通過南路往返長安，總共需要 5 到 6 個月左右。

（三）實際路程時間的檢證

中韓日三國各種文獻中，關於新羅、渤海遣唐使往來唐朝的資料，各有百數十條。雖大部份轉載中國的記錄，也有幾條中國史料之外，新羅國關於本國遣唐使情況的獨自記述。這些記載，對於推測新羅遣唐使往來唐朝所需時日，提供了重要線索，將新羅獨有史料與中國文獻相互對照，再與推算出來的遣唐使路程期日進行檢證，就能得到接近實際的結論。

進行這項檢證工作，需有一個前提。眾所周知，新羅遣唐使記錄，與日本遣唐使的情況不同，很少有詳細記述年月日的資料，大多以月為最小單位。若以月為最小單位，在日期上就會產生最大 28 乃至 29 天的偏差。為減少誤差與行文便利，本書對於以月為最小單位的史料，都將日期假定為該月的 15 日進行論述。

仔細分析《三國史記》中的新羅遣唐使關聯記錄，有時會發現對於同一遣唐使團，中國文獻中所載的月份有所不同。中國史料中新羅使臣某年某月朝貢的情況，應該指的是某年某月新羅遣唐使入朝的時間。由於沒有新羅遣唐使這方面情形的詳細文獻記載，我們只能通過日本遣唐使的具體實例來說明。659 年 7 月 3 日，從本國出發的日本遣唐使，同年閏 10 月 30 日到達東都洛陽，拜謁高宗。[101]777 年的日本遣唐使於 6 月出發，翌年正月十三日到達長安，[102]受到歡待。但是《冊府元龜》等中國文獻，則不考慮他們從本國出發的時間，只記錄 659 年 10 月或 778 年正月，倭國或日本遣使朝貢。[103]

與此類同，新羅獨自記下向唐遣使朝貢的某年某月，實際是新羅使臣從本國出發的時間，歸國時的記錄也一樣。如果說關於同一遣唐使團，

---

[101]《日本書紀》卷 26，齊明 5 年 7 月戊寅。
[102]《續日本紀》卷 35，寶龜 9 年 9 月乙未。
[103]《冊府元龜》卷 970，〈外臣部　朝貢（2），顯慶 4 年 10 月〉；同書卷 972，〈外臣部　朝貢（4），大曆 13 年正月〉。

新羅與中國文獻在時間上存在差異的話，那就是離開本國的時間與入朝時間之差，或是離開唐朝時間與到達新羅時間之異。還可以說，雙方關於同一遣唐使團時間記錄上的間隔，就是新羅遣唐使往來新羅與唐朝之間行路所需要的時間。

關於真平王 621 年首次向唐派遣的新羅遣唐使，《三國史記》卷 4〈新羅本紀〉記為這年 7 月遣使入貢，但是《冊府元龜》卷 970〈外臣部・朝貢（2）條〉則寫為同年 10 月新羅朝貢。[104]兩條記錄有三個月的差異，意味著新羅遣唐使從出發到入朝總共花了三個月時間。我們可用同樣的方法推測 631 年的新羅遣唐使入唐所需時間，《三國史記》卷 4〈新羅本紀〉載，631 年 7 月新羅遣使入貢，《資治通鑑》卷 193 則記這年 11 月 12 日新羅朝貢，[105]從而得知，631 年的新羅遣唐使從本國出發到入朝，共用了約四個月。

以此類推，《三國史記》卷 5〈新羅本紀・武烈王 3 年條〉載，656 年 7 月新羅遣王子、「右武衛將軍」金文王入唐朝貢，《冊府元龜》卷 970〈外臣部・朝貢（2）・顯慶元年條〉則記，這年 10 月新羅入貢。《三國史記》卷 9〈新羅本紀・惠恭王 8 年條〉載，772 年「春正月，遣伊飡金標石朝唐賀正，代宗授衛尉員外少卿放還」，在《冊府元龜》卷 976〈外臣部・褒異（3）條〉則為這年「五月丁卯，新羅遣金標石來賀正，授衛尉員外少卿放還蕃」，因此知曉金文王與金標石，在路上分別用了三個月和四個半月。

808 年的遣唐使金力奇 2 月從新羅出發，這年 7 月左右入朝。據《舊唐書》卷 199〈新羅傳〉與《唐會要》卷 95〈新羅傳〉載，這年 7 月金力奇朝貢，乞請唐朝對去世的昭聖王和王妃、王母的冊封詔書，那麼金力奇從 2 月出發至 7 月入朝，用了約五個月的時間。836 年的「謝恩兼宿衛」金義琮於正月從新羅出發，[106]最晚於 6 月左右入朝，因為這年 6 月唐玄宗下詔，依金義琮之請，向他和另一位留學生供應了衣服與食糧，

---

[104]《冊府元龜》卷 970，〈外臣部　朝貢（2）〉武德 4 年 10 月。

[105]《資治通鑑》卷 193，太宗貞觀 5 年 11 月。

[106]《三國史記》卷 10，興德王 11 年正月。

並允其滯留。[107]如前所述，外國使節向唐朝申請某事的時間，主要在覲見唐帝前後不久。那麼，金義琮入朝時間一定與唐玄宗下達詔書的 6 月左右臨近，金義琮自離開本國到入朝用了五個月。

836 年 4 月 11 日離開長安[108]的求法僧玄昱一行，於 9 月 12 日到達武州會津，[109]可知從長安至會津需要五個月時間，再加上所推算出的「會津－慶州」之間 12 日的行程，得出從長安回慶州，總共需要五個半月的結論。就像這樣，金義琮入唐與回國時，所花費時間沒有太大差異。643 年正月，入朝的新羅遣唐使上表，請求放還慈藏法師得到允准，同年 3 月與慈藏一起回到新羅，那麼他們從唐回到新羅，總共用了兩個或兩個半月時間。

唐朝所派冊封文武王的使節，於 661 年 9 月 1 日，在洛陽受領唐高宗的聖旨後出發，[110]同年 10 月 29 日到達新羅。武烈王死後，新羅立即向唐派出「告哀使」，與當時在新羅的唐使一起回到唐朝，新羅「告哀使」從洛陽至新羅王都慶州約兩個月，加上「長安－洛陽」800 里路程 15 天的時間，總計從長安到慶州要花兩個半月。另外，669 年的謝罪使「角干」金欽純與「波珍飡」金良圖於 770 年正月自唐長安出發，[111]同年 7 月到達新羅，[112]路途用時六個月。

通過對以上 10 次新羅遣唐使往來記錄的分析來看，他們從慶州或長安出發，入唐或歸國所需時間，從大約兩個半月至六個月不等。新羅與唐之間行路所需時間，出現如此之大偏差的原因，主要是當時交通條件惡劣所致。特別是跨越黃海時，天氣好惡佔絕對的主導因素。崔致遠歸國時，自 884 年 10 月至翌年正月，約三個月時間滯留在山東半島大珠山腳下，等待天氣轉好，[113]不是順風便不能出航。那麼，以上特定某位遣

107 《唐會要》卷 36，附學讀書。

108 《舊唐書》卷 199，新羅；《唐會要》卷 95，新羅；《冊府元龜》卷 966，〈外臣部　納質〉。特別是《唐會要》卷 95 的「(開成)二年四月十日日放還蕃，賜物有差」一句，明確金義琮 4 月 11 日被放還回國。

109 《祖堂集》卷 17，東國慧目山和尚傳。

110 《資治通鑑》卷 200，高宗龍朔元年 9 月癸巳。

111 《三國史記》卷 6，文武王 10 年正月。

112 《三國史記》卷 7，〈文武王 11 年　答薛仁貴書〉。

113 崔致遠，〈祭巉山神文〉、〈上太尉別紙〉，《桂苑筆耕》卷 20。

唐使的情況，就不能任意一律用在其他所有遣唐使身上，我們需要重新整理分析史料，來尋求解決問題的出路。

表 3-2 新羅遣唐使往來所要時間一覽表

類別	年代	使臣名	新羅出發	在唐入朝	唐朝出發	新羅到達	所要月數	其他
入唐	621 年		真平王 43 年 7 月	真平王 43 年 10 月			3	
入唐	631 年		真平王 53 年 7 月	真平王 53 年 11 月 12 日			4	
歸國	643 年				[善德王 12 年 1 月]	善德王 12 年 3 月	2	[與慈藏法師同行]
入唐	656 年	金文王	武烈王 3 年 7 月	武烈王 3 年 10 月			3	
歸國	661 年				文武王元年 9 月 1 日	文武王元年 10 月 28 日	2.5	自洛陽出發
歸國	670 年	金欽純			文武王 10 年 1 月	文武王 10 年 7 月	6	
入唐	772 年	金標石	惠恭王 8 年 1 月	惠恭王 8 年 5 月 27 日			4.5	
入唐	808 年	金力奇	哀莊王 9 年 2 月	哀莊王 9 年 7 月			5	
入唐	836 年	金義琮	興德王 11 年 1 月	興德王 11 年 6 月			5	
歸國	837 年	金義琮			興德王 12 年 4 月 11 日	興德王 12 年 9 月 12 日	5.5	到達會津

根據〔表 3-2〕可知，新羅遣唐使入唐時平均所需時間為 4.1 個月，歸國時為 4 個月。這個結果與前面通過距離、步行速度，以及航海速度關係計算導出的數值 3 個月相比，存在 1 個月的差異，原因大概是通過距離與速度推算出的天數，純粹是路程行走所需的時間。

各國遣唐使往來唐朝時，由自然或人為因素所導致的遲滯事件有許多。遭遇暴風、暴雪與暴雨的情況自不用說，唐朝定例實施的入境、入京手續，入京後謁見唐帝前的等待，以及回國的各種程序，都會在不同程度上，造成遣唐使旅程的延長。舉入唐行蹤有詳細記載的日本承和遣唐使之例來看，他們於 838 年 7 月 1 日到達揚州海陵縣淮南鎮，但並未從揚州府得到入境許可，於是一直等了 16 天，至 7 月 17 日才被放行。8 月 1 日到達揚州府的使團一行，直到 10 月 5 日，才從長安得到入京許可公文，於是大使藤原朝臣常嗣等 35 名這時才離開揚州，去往長安。[114]他們從入境開始直到被允許入京，總共等待了約兩個半月。

綜上所述，各國的各種使團入唐前後所停留的時間皆有不同，無論何種形態的制約出現，皆是偶然性的，新羅遣唐使的情況也不例外。文獻中所記載的新羅遣唐使旅程用時，包括了往來新羅與唐之間受自然或人為因素影響而產生的滯留時間，所以比之前通過距離、步行速度或航海速度所推論出的時間，平均多花了一個月左右。而且，各遣唐使團行程時間上出現一至兩個月程度的偏差，皆是自然或人為條件制約強度上的差異。考慮到這些因素，我們可以總結出，新羅遣唐使從新羅慶州至唐都長安，再回到慶州這一圈的用時約需八個月，單程約需四個月。

二、渤海遣唐使的路程

前文曾論述過，渤海遣唐使的入唐交通行路有「登州道」與「營州道」。「登州道」由陸路、鴨綠江水路與黃海海路構成，是唐尺距離為 5930 里的大長征。從《新唐書》卷 43〈地理志（7）〉稱「（神州）陸行四百里，至顯州……又正北如東六百里，至渤海王城」可知，從上京龍泉府到西京鴨綠府為止的陸路距離為 1000 里。渤海遣唐使走這段路程大約需要多少時間，我們找不到直接記錄，但是參考新羅與唐朝陸路上，每日步行速度約 50 里來看，從上京龍泉府至西京鴨綠府大約需要 20 日。

關於鴨綠江水路，《新唐書》卷 43〈地理志（7）〉稱，從現在的臨江縣至桓都縣為 200 里，從桓都縣到泊汋口為 500 里，從泊汋口到鴨綠江口為 130 里。那麼，通過陸路與水路交替，從現在吉林省臨江縣到鴨綠江口的唐尺距離為 830 里。按照前文所引的《大唐六典》卷 3〈戶部度支條〉之記載，攜重物沿黃河逆流而上時日行 30 里，沿長江的話為 40 里，沿「餘他河水」為 45 里，空船時分別為 40 里、50 里、60 里。順流時可

[114] 圓仁，《入唐求法巡禮行記》卷 1，開成 3 年 10 月 5 日。

忽略物重，沿黃河為日行 150 里，沿長江的話為 100 里，沿「餘他河水」為 70 里。鴨綠江水比較湍急，可與黃河相比，流速高於中國的運河與長江。那麼，推算出從臨江縣順流直下到鴨綠江口為止，大約需行 6 日，逆流而上時，約行 20 日。

從鴨綠江口出發，經遼東半島與渤海海峽，至登州為止的海路為唐尺 1100 里，約 590 公里。依照前文的推測，考慮到因風向與天氣因素所等待的時間，新羅與日本遣唐使的航海速度為每日約 41 公里。以此為基準計算，渤海遣唐使從鴨綠江口出發，沿海路到達登州需約 14 日。從登州至長安 3000 里的陸路，如新羅遣唐使的一般情況那樣，大約需走 60 日。

依據以上距離與行進速度，可推知渤海遣唐使入唐行路所需時日如下：從上京龍泉府至西京鴨綠府為 20 日，從西京鴨綠府至鴨綠江口的水路約行 6 日，沿遼東半島跨越渤海海峽的黃海海路需 14 日，從登州至長安的陸路需 60 日，所以總共需要 100 天左右。另外，從唐朝回渤海時，由於沿鴨綠江水路時逆流而上，比來時要多花 15 天程度。

與「登州道」相比，北邊的「營州道」自上京龍泉府至安東都護府為 1500 里，自安東都護府至營州為 680 里，自營州至長安為 3589 里，陸路總長 5769 里。[115]渤海遣唐使走「營州道」每日的步行速度不得而知，以新羅至唐朝每日約 50 里的步行速度推算，從上京龍泉府出發，經長嶺府、營州、幽州到達長安，約需 115 天左右。

這樣的話，渤海遣唐使沿「登州道」或「營州道」入唐都長安再返回本國，一次往復需約七至八個月，實際上這只是純粹的路程用時。如前面新羅遣唐使的情況一樣，渤海遣唐使也會因自然或人為因素的制約，平均遲滯一個月左右。那麼，渤海遣唐使從上京龍泉府至長安的往返用時，就大約為八至九個月程度。

---

[115] 上京龍泉府至營州的距離計算以《新唐書》卷 43〈地理志 7〉為依據，營州至長安以《舊唐書》卷 39〈地理志（4）·河北道·營州上都督府條〉為依據。

第三節　行路的選擇與旅途的苦難

一、遣唐使的行路選擇

（一）新羅使的行路選擇

新羅遣唐使通過「慶州－唐恩浦－登州－長安」的「北路」，或「慶州－會津－江淮地區－長安」的「南路」來往唐朝，平均需要八個月左右。但是，受到國內外政局與季節因素等影響，每次遣唐使團都會選擇便捷、安全的路線行進。因安史之亂與黃巢之亂等事變，中國河北、河南地區的政治局勢陷入混亂之時，新羅遣唐使會選擇「南路」。當後百濟甄萱掌控韓半島西南部之時，遣唐使們又不得利用「北路」。在黃巢之亂下中原板蕩的884年光景，「入淮南使」金仁圭選擇「南路」入唐；真聖王時代，甄萱控制了新羅西南海岸，遣唐使良貝只得以「北路」入唐，這些都是代表性的事例。

但是，政治要因對於新羅遣唐使的行路選擇所產生的影響，都只是暫時性的，導致唐與新羅特定地區交通阻塞的動亂時期，只是整個羅唐交涉歷史中的一小段。所以，對於遣唐使行路選擇有持續根本性影響的，還是季節因素，遣唐使們要以此判斷在一年中的何時可以入唐。實際上，如果仔細分析新羅遣唐使們的行蹤，我們將會發現往來時日與往返行路之間的相互關係。

根據崔致遠〈聖住寺朗慧和尚塔碑銘〉與《三國史記》卷44〈金陽傳〉之記載，金昕於長慶初即822年，在唐恩浦乘船到達山東半島東端的芝罘島，金昕是以朝正兼宿衛之目的而入唐的使節。另外，依照《舊唐書》卷199〈新羅傳〉、《唐會要》卷95〈新羅傳〉與《三國史記》卷10〈新羅本紀〉之記錄，822年12月新羅使臣金柱弼入唐朝貢。金柱弼於翌年正月向唐帝請求，為被海盜捉去賣為奴隸之新羅良民的自由歸國提供便利。[116]那麼，他於 12 月入唐，至少在長安居住到翌年正月。從這一點來看，金柱弼的入唐身份也是「賀正使」。

在前一章中我們已做過詳細考察，綜合來看關於金昕和金柱弼的中韓兩種體系的史料記錄，他們是在同一時間、以相同目的被派入唐，可推曉他們屬於同一個使團。特別是，他們的主要使命為賀正，每年只派遣一次，更確定了他們為同一使團成員。那麼可知，金昕與金柱弼於 822 年某月一起離開慶州至唐恩浦港口，載朗慧和尚一起上船，跨越黃海，到達登州轄內的芝罘島，於當年 12 月進入唐都長安，如此他們定是沿「北路」而入朝的。考慮到新羅與唐朝之間行路的所需時間，推斷金昕與金柱弼大概是於 8 月左右離開新羅的。

816 年的遣唐使金士信也試圖沿「北路」入唐。很早就入唐生活的金士信，於 812 年與唐使崔廷一起回到本國，又於 816 年再次入唐，不料在黃海遭遇惡風，11 月漂流至楚州鹽城縣海岸。[117]楚州是遣唐使所行「南路」中間的一站，如若金士信在唐初選擇「南路」的話，就不會有漂至楚州的意外事件之發生。於是，許多文獻中強調金士信漂流至楚州鹽城縣的記錄表明，這個終點是與金士信的遣唐使船按本來意圖應抵之處，所不同的地方。如果他們的原計畫路線中沒有江淮地區的話，原定到達地點是「北路」入唐的邊境口岸——登州地區的可能性很大。從到達楚州的 11 月開始，除去「慶州－長安」行路所需四個月中花在長安行路上的兩個月，可推算出金士信大概於 9 月左右離開新羅。

817 年 10 月漂流至唐代明州的金張廉，也與金士信的情況一樣。金張廉原計畫目的地也非江淮地區，大概由於暴風等不可抗力而漂至明州。[118]如果按金張廉一行的原本意圖所達之處不是「南路」入唐的邊境口岸——明州的話，那就應是「北路」的登州。從他們漂流至明州的時間為 10 月來看，金張廉大約於 8 月離開本國。雖不是遣唐使船，從大安寺寂忍禪師入唐時所搭乘的船舶，經由秦王石橋與取城郡來看，他們所

116 《唐會要》卷 86，奴婢。
117 《舊唐書》卷 199，新羅；《唐會要》卷 95，新羅。
118 《三國史記》卷 10，憲德王 9 年 10 月；同書卷 46，崔致遠傳。

行的也是「北路」，他們是由 8 月從新羅出發的。[119]

雖然只有零散的事例，但可知 8 月或 9 月從新羅出發的遣唐使們，選擇的都是「北路」。而且考慮到新羅與唐之間的路程約行四個月程度，這時的新羅使團大概會於年末或年初入朝。所以，於年末或年初入唐的遣唐使選擇「北路」的可能性很高。

陰曆 8、9 月換算為陽曆大致為 9、10 月，這時開始吹西北季風，西伯利亞高氣壓變弱，颱風的路徑為「東海－黃海南端－韓半島南部」，[120] 與航行方向相沖。而且，這一時間從本國出發的新羅遣唐使入唐後，汴河水量減少，不可能再行航。面對航海危險與汴河封閉這種不利條件，遣唐使們因此放棄「南路」，而選擇「北路」。

表 3-3　新羅遣唐使月別入唐時間一覽表

時代	1月	2月	3月	4月	5月	6月	7月	8月	9月	10月	11月	12月	總計
真平王						1	1		1	2	3		8
善德王	3				1			1			1	1	7
真德王	1					1			1		1	1	5
武烈王	1		1							1	1		4
文武王		1							1			1	3
神文王		1											1
孝昭王		1											1
聖德王	7	8	3	4	3	3	1	1	3	4		6	43
孝成王			1		1							1	3
景德王	3	3		4				1	1			1	13
惠恭王	1			2	1	2	1		1	2		1	11
宣德王	1												1
元聖王				1									1
哀莊王							1	1			1	1	4
憲德王	1	1	1	1	1					1	1	1	8
興德王	1	1		1		1					1	3	8
神武王							1						1

[119] 崔賀，〈大安寺寂忍禪師塔碑銘〉。

[120] 中央氣象臺，《韓國颱風 80 年報（1904-1983）》，1984，pp.21-35；中央氣象臺，《颱風白書》，1986，pp.24-27；이동규、권영철、위태권，〈韓半島에　接近하는　颱風（1960-1989）〉，《韓國氣象學會志》28，1992，pp.132-147。

時代	1月	2月	3月	4月	5月	6月	7月	8月	9月	10月	11月	12月	總計
文聖王		1		1									2
總計 （%）	19 (15.3)	17 (13.7)	6 (4.8)	14 (11.3)	7 (5.6)	8 (6.5)	5 (4.0)	3 (2.4)	9 (7.3)	10 (8.1)	9 (7.3)	17 (13.7)	124 (100)

〔表 3-3〕是將 179 次的新羅遣唐使中，能夠確定入唐年月的 124 次，以月為單位而整理出的圖表。從表中可以看出，約佔全體 43%的 53 次新羅遣唐使團，都是於 12 月至翌年 2 月之間入唐的。按照之前的推論，他們大部份應沿「北路」入唐的，但也不能說其餘 57%的遣唐使全是從「南路」入唐的。

韓船與西洋帆櫓船（gallay）所不同的是，帆是主要的動力裝置，櫓只不過是增強機動性的輔助設備，[121]韓船體系中的遣唐使船，對於風的方向便十分敏感。因為，西北季風一般會從陽曆 9、10 月份颳到來年 3 月，陽曆 3 月之前出發而 6 月左右入朝的 35 回新羅遣唐使（28%）將受到西北季風對黃海海上航行所造成的不利影響，因此放棄「南路」而選擇「北路」，至少「慶州－登州」這段路途利用「北路」的可能性很大。那麼，從 12 月至翌年 6 月之間入朝的新羅遣唐使，大部份沿「北路」進入唐朝，特別是 1 至 2 月入唐祝賀新年的新羅「定期遣唐使」——「賀正使」，走「北路」的比率更高。

新羅遣唐使的歸國行路與往返用時之間，又有怎樣的關係呢？文獻記載，837 年與貞育、虛懷等一起入唐的「普照禪師」體澄，於 840 年 2 月隨「平盧使」歸國。[122]憲康王時期，由淮南地區入唐的遣唐使金仁圭被稱為「入淮南使」，真聖王時期，從浙江地區入唐的崔藝熙被稱為「入浙使」，那麼「平盧使」就是對從平盧地區入唐的使節所加的名稱。「平盧」在晚唐時期是青州下轄的一個縣，為淄青節度府之所在地，青州位於遣唐使行路中「北路」的中間，因此與普照禪師體澄所同行的「平盧使」是沿著「北路」，於 840 年 2 月回到新羅的。

884 年遣唐使金仁圭所走的路線中，除長安行路之外的其他區間，也是沿著「北路」往來唐朝的。我們來看與金仁圭一起歸國的崔致遠之行

[121] 金在瑾，《우리 배의 歷史》，首爾大學校出版部，1989，pp.34-37。
[122] 金穎，〈寶林寺普照禪師塔碑銘〉。

蹤，他們從 884 年 10 月開始，就在登州境內的乳山浦等待出航，但是天氣一直不如人意，直到翌年正月才離開，3 月才到達新羅。[123]雖然下面不是新羅遣唐使的事例，但也可用來作為參考。839 年 6 月 28 日，日本求法僧圓仁在赤山法華院，遇到的唐使吳子陳一行，就是準備在赤山浦出航去新羅。847 年閏 3 月的入新羅告哀、弔祭兼冊立「副使」金簡中一行，也是在赤山浦出航的，[124]那麼他們一定也是選擇了「北路」進入新羅的。

也有選擇「南路」歸國的情況，如 836 年 12 月入朝的新羅遣唐使之例。這次的遣唐使團包括有宿衛王子在內，他們在唐朝至少停留到翌年 3 月為止。[125]另外，在這以前的 836 年 6 月左右，以謝恩兼宿衛身份入唐的金義琮，於翌年 4 月中旬左右離開長安，[126]9 月 12 日到達新羅武州會津。那麼從時間點來看，836 年 12 月新羅遣唐使團中的宿衛王子，正是為了接替金義琮而入唐的，完成交接後，遣唐使團攜金義琮一起於 4 月中旬離開長安，從他們自會津入境可知，所選擇的是「南路」。

也有許多入唐求法僧們，是搭乘在「南路」運航的船舶而回本國的，但是否為遣唐使船無法確定。無為寺先覺大師所乘之船，於 905 年 6 月到達武州會津，[127]五龍寺法鏡大師也於 908 年 7 月登陸會津歸國，[128]菩提寺大鏡大師於 910 年 7 月登陸武州升平歸國，[129]玉龍寺洞真大師與高達寺元宗大師分別於 921 年夏季和 7 月，各自到達全州臨陂郡和康州德安浦。[130]鳳岩寺靜真大師於 924 年 7 月，在武州喜安縣歸國。[131]除武州會津之外，武州升平、全州臨陂郡和喜安縣、康州德安浦全部都是韓半島西南部的港口，他們皆是沿「南路」歸國的。

綜合以上事例，我們會發現新羅遣唐使的歸國行路具有一定模式。

---

[123] 崔致遠，〈祭巉山神文〉、〈上太尉別紙〉，《桂苑筆耕》卷 20；《三國史記》卷 11，憲康王 11 年 3 月。

[124] 圓仁，《入唐求法巡禮行記》卷 2，開成 4 年 6 月 28 日；同書卷 4，大中元年閏 3 月 10 日。

[125] 《唐會要》卷 36，附學讀書。

[126] 《舊唐書》卷 199，新羅；《唐會要》卷 95，新羅；《冊府元龜》卷 966，〈外臣部　納質〉。

[127] 崔彥撝，〈無為寺先覺大師塔碑銘〉。

[128] 〈五龍寺法鏡大師塔碑銘〉。

[129] 崔彥撝，〈菩提寺大鏡大師塔碑銘〉。

[130] 金廷彥，〈玉龍寺洞真大師塔碑銘〉、〈高達寺元宗大師塔碑銘〉。

[131] 李夢遊，〈鳳岩寺靜真大師塔碑銘〉。

即吹西北季風的 1 月至 3 月之間，穿越黃海歸國的新羅遣唐使，大多利用「北路」，在颳西南季風的夏季，主要選擇「南路」歸國，但是如 839 年唐使吳子陳那樣，也有例外。「北路」的使用並非只限定在特殊季節，而是一條被普遍利用的路線，「南路」是從夏季至初秋，到達新羅的歸國遣唐使們所主要使用的行路。

特別是在颳西南季風的時候，若能乘上黑潮與對馬暖流，就能迅速穿越黃海南端。韓半島所處的東亞，颳典型西南季風的時間是在陽曆的 7 月上旬，6 至 9 月黃海南部的風力都比較弱。[132]如果沒有遭遇颱風等突發暴風，6 至 9 月是橫斷黃海南端的最佳時期。根據崔致遠《桂苑筆耕》卷 20 所收錄的〈謝再送月料錢狀〉之記述，當從高駢那裡得到歸國許可的崔致遠離開候館，踏上歸鄉之路時，軍資庫發放了 8 月份的祿俸，但他沒有辦法接受了。從這點來看，崔致遠是於 884 年陰曆 8 月辭退唐朝官職，9 或 10 月離開唐朝的。但是，他所供職的「淮南節度使」幕府位於長江口的揚州，他沒有直接沿「南路」立即穿越黃海，而是迂迴至山東半島，選「北路」歸國，這體現出利用「南路」在時間或季節上的限制。

入朝的各國遣唐使們，一般會在唐都長安停留兩至三個月。金春秋從 647 年 12 月到翌年 2 月為止，在長安滯留了約兩個月左右。786 年 4 月入唐的金元全於同年 5、6 月光景離開唐朝，也在長安住了約兩個月程度。我們再來看日本遣唐使的情況，777 年的遣唐使在長安住了三個月零十天，804 年的遣唐使住了一個月零二十天，838 年的遣唐使住了 2 個月。那麼於年初入朝的新羅遣唐使們，也應在 3 月或 4 月離開長安，踏上歸鄉之路。這個時間段，汴河水暢通，他們出航時颳的也是西南風。不僅如此，江淮有揚州、江南有明州等國際貿易港，與長安相比，在這裡比較容易購買到一些禁止賣向海外的各國貢品。日本承和遣唐使在長安購物受到諸多制約，於是歸國時，在揚州派遣專人購買到了所謂的違禁品。[133]就像這樣，由於交通與購物上的便利，年初與「賀正使」一起

---

[132] 文勝義，〈東亞細亞의 여름몬순계의 850mb 循環特性〉，《韓國氣象學會志》17，1981，pp.22-27；전경은，〈우리나라 西南海岸의 바람 特性에 관한 研究〉，《世宗大學校論文集》9，1982，pp.137-148。

[133] 圓仁，《入唐求法巡禮行記》卷 1，開成 4 年 2 月 20 日。

入朝的新羅遣唐使們，歸國時難道不會選擇比「北路」更具優勢的「南路」嗎？

（二）渤海使的行路選擇

前文已有所論述，渤海與唐之間的交通路為「登州道」與「營州道」，渤海遣唐使主要使用的是經西京鴨綠府順黃海北部沿岸，前往登州的「登州道」。「登州道」的一段區間是鴨綠江水路，但鴨綠江經常結冰或發生洪水，這時就很難運航。雖然沿鴨綠江也有陸路，但是陸路中間有長白山脈的阻隔，對於旅行者來說也是一條艱辛之路。[134]

我們拿現代資料來作參考，根據 1937 年出版的《滿洲地名大辭典》〈鴨綠江條〉，鴨綠江在冬季有四個月的結冰期，7 至 8 月有水患，一年中有一半時間失去了水運交通的利用價值。即使沒有發水，鴨綠江在結冰的 12 月至翌年 2、3 月都無法進行航運，因此「登州道」事實上在這一期間都是癱瘓狀態。

通過一些古代記錄，也能推測出這樣的事實。713 年赴渤海的唐朝「冊封使」崔忻，在沿「登州道」的歸國途中，於遼東半島旅順附近的黃金山山麓，立下關於這次使行的紀念碑，落款「開元二年五月十八日」，表明當時是 714 年 5 月 18 日。[135]如果他在 5 月到達遼東半島西端旅順的話，應於 4 月即陽曆 5 月左右從渤海上京龍泉府出發。崔忻 5 月左右離開渤海上京的原因，就是這時鴨綠江的冰化了，可以利用「登州道」的水路。

與崔忻有相似經歷的是，渤海「賀正使」崔宗佐與大陳潤一行。據《日本三代實錄》記載，他們為祝賀唐朝廷平定徐州一帶的叛亂，以兩艘船的隊伍在跨越黃海時遭遇暴風，於 873 年 5 月漂流至日本薩摩國甑嶋郡。[136]他們漂流至日本的時間為陰曆 5 月，也是趁著鴨綠江冰化了，於陽曆 4 月或 5 月由渤海首都出發。

鴨綠江水路的結冰與水患，對渤海遣唐使入唐所造成阻礙的事實，從〈渤海遣唐使月別入唐表〉中可以明顯看出。根據本書第 2 章〔表 2-1〕，

---

[134] 河上洋，〈渤海の交通路と五京〉，《史林》72-6，pp.90-91。

[135] 〈崔忻石刻〉，《韓國古代金石文資料集（3）》，國史編纂委員會，1996，p.395。

[136] 《日本三代實錄》卷 23，貞觀 15 年 5 月；同書卷 24，貞觀 15 年 7 月。

渤海遣唐使的月別入朝比率，比包括渤海在內的全體韓國古代遣唐使的月別平均入朝比率低的時期，為4月、5月、6月、9月和10月，其中9月與10月的入朝比率明顯偏低。

按照之前的詳論，渤海遣唐使從上京龍泉府出發，到進入唐都長安，大約需要四個月。但是4月、5月、6月，渤海遣唐使的入朝比率偏低，也就意味著12月至翌年2月之間，即陽曆的1至3月間，渤海很少委派遣唐使。9月與10月的入朝比率之低，也說明陽曆7、8月是渤海派遣唐使相對較少的時期。陽曆1月至3月，鴨綠江水路為結冰期，7月和8月又是發水期，可知渤海遣唐使的入唐情況與鴨綠江水路狀況有著緊密聯繫。

利用登州道從唐朝回渤海時，也會避開鴨綠江結冰時期。根據《入唐求法巡禮行記》卷2〈開成5年3月28日〉的日記內容，840年從登州去五臺山的日本僧圓仁，在青州北海縣所遇見的渤海王子大廣延一行，於3月28日左右到達登州準備回國，他們肯定也是要趁鴨綠江冰化時走水路的。12月至翌年2月間入朝的渤海遣唐使們，大多於2月至4月間離開長安的原因，也與鴨綠江水運密切相關。725年5月入唐宿衛的大昌勃價，於727年4月左右離開長安；[137]774年的渤海遣唐使於2月22日向唐帝辭別後，與質子大英俊一起踏上了歸國之路。[138]

如上所述，「登州道」鴨綠江水路這段區間的自然條件，影響著渤海遣唐使們在陽曆12月至2月或3月、7月至8月都很難選擇這條道路。

「營州道」大概是在無法使用登州道時，渤海使們所走的主要交通路線。但是前已提到過，「營州道」上有大大小小的江河與山峰阻擋，又與契丹、奚的國境相鄰，時常會受到敵國威脅，所以渤海遣唐使利用「營州道」的頻率並不高。

137《冊府元龜》卷975，〈外臣部　褒異（2），開元15年4月丁未〉。
138《冊府元龜》卷996，〈外臣部　納質，大曆9年2月辛卯〉。

二、旅途的苦難

（一）海上的苦難

從陸路至海路，總共 5000 公里以上的古代韓半島三國與渤海遣唐使的往返行路上，充滿了種種苦難，在一半是大海，一半是陸地的艱辛旅程中，於大海中溺死、漂流至他處、旅途中病死或被敵軍俘獲而丟掉性命的情況，時有發生。文獻記錄中能夠被確認的，最早犧牲的新羅遣唐使是金春秋的從者溫君解。促成新羅與唐締結軍事同盟之後，648 年歸國的金春秋一行，在黃海遭遇到高句麗巡邏軍，溫君解代替金春秋被高句麗軍隊捉去，而丟失了性命。[139]

新羅於 551 年奪取了屬於高句麗領土的竹嶺以北十座郡城後，兩國因領土主權問題頻頻發生對立。新羅在對唐外交上，與高句麗相比佔據優位，由於高句麗切斷了新羅入唐通路，阻礙到了羅唐關係的進展，這種兩國對決的局面，一直持續到高句麗亡國。這種形勢之下，在橫斷黃海南端的航路無法得到普遍利用的三國時代，新羅遣唐使入唐時，必須經過高句麗領海，那麼在黃海被高句麗軍虜獲的危險便不能斷絕。唐太宗在賜與善德王的詔書中稱：「去年，王使人金多遂還曰，具有璽書，以水軍方欲進路，令王遣大達官將領入船，來相迎引，訝王比來，絕無消息，為是被高麗斷截」，[140]便指明了高句麗阻礙新羅遣唐使往來的事實。金春秋一行歸國途中，在黃海遭遇高句麗軍隊，溫君解犧牲，金春秋乘小船逃走，這是高句麗施加海上威脅的典型案例。

到了南北國時代，渤海代替高句麗，成為新羅遣唐使遭受威脅的新源頭，而橫行於黃海的海盜們，也對遣唐使們的航海造成危機。據淡海真人三船所撰寫的《唐大和上東征傳》載，743 年中國台州、溫州、明州沿海一帶海盜猖獗，嚴重阻礙海上交通。821 年，唐朝平盧節度使薛平曾上奏唐穆宗，請求整治海盜掠取新羅百姓賣為奴隸的現象，可知這類事

---

139 《三國史記》卷 5，真德王 2 年秋。

140 〈貞觀年中撫慰新羅王詔　首〉，《文館詞林》卷 364；朝鮮史編修會，《朝鮮史》1-3，p.359。

件時常有發生。[141]

新羅海盜的活動亦很猖獗。869 年 5 月，新羅兩艘海盜船襲擊日本博多津，掠奪了豐前國的貢納品絹綿。[142]又於 893 年進攻肥前國和肥後國，894 年進犯了對馬島。[143]811 年新羅漕運船受到海盜攻擊，除金巴兄、金乘弟、金小巴等三人外，其餘船員全部死亡。[144]新羅朝廷對於海盜問題十分苦惱，景德王時代於海岸佈防軍隊，防治海盜掠奪，[145]828 年又於現在全羅南道莞島設置清海鎮，以防治海盜掠奪新羅人。在這種情形下，裝載貴重朝貢品與回賜品而往來於洋面的各國遣唐使船，成為海盜們最佳的襲擊目標，可以說遣唐使經常會受到海盜的脅制。

遣唐使在黃海所經歷的另一種苦難，是溺海與漂流。為了對「謝罪使」金欽純 670 年 9 月歸國時，所帶回的唐高宗聖旨中關於百濟故土劃分措置方案表示抗議，新羅遣使入唐，但航船在海中漂流，不得已而返回。緊接著，新羅又向唐朝派遣使臣也未成功，他們可能漂流他處或全部溺亡了。[146]831 年，與九名僧人一起入唐的王子金能儒一行，於 7 月歸國途中在黃海溺死。[147]862 年 8 月，「阿飡」富良一行在入唐時於黃海溺歿。[148]893 年，「兵部侍郎」金處悔在入唐途中漂流，導致溺死的結局。[149]還有 822 年之前不久，向唐朝進貢瑞節的新羅遣唐使入唐時，在黃海遇風浪而翻船，同乘的朗慧和尚無染與道亮抱著毀壞的船跳板，在海上漂流半月至劍山島。[150]船中其他遣唐使官人與各類人員，也和無染一樣，不是漂流就是溺死。

也有因船舶毀壞，遣唐使雖未溺死，卻遇風漂至他地的情況。816

---

141 《舊唐書》卷 16，穆宗長慶元年 3 月丁未；《唐會要》卷 86，奴婢；《冊府元龜》卷 170，〈帝王部　來遠，長慶元年 3 月〉。
142 《日本三代實錄》卷 16，貞觀 11 年 6 月 15 日。
143 《扶桑略記》卷 22，寛平 6 年 9 月 5 日；《日本紀略》卷 20，寛平 6 年 4 月 14 日。
144 《日本後紀》卷 21，弘仁 2 年 8 月甲戌。
145 《續日本紀》卷 25，天平寶字 8 年 7 月甲寅。
146 《三國史記》卷 7，〈文武王 11 年　答薛仁貴書〉。
147 《三國史記》卷 10，興德王 6 年 2 月、7 月。
148 《三國史記》卷 11，景文王 2 年 8 月。
149 《三國史記》卷 11，真聖王 7 年；同書卷 46，崔致遠傳。
150 崔致遠，〈聖住寺朗慧和尚塔碑銘〉。

年，新羅遣唐使金士信等在黃海遭遇惡風，漂流至楚州鹽城縣一帶。[151]翌年，王子金張廉也在大海中遇到暴風，漂流至明州附近，由浙東某官護送其到長安。[152]884 年的遣唐使金仁圭一行，在入唐途中苦戰暴風。本書第二章曾提到過，崔致遠的堂弟崔栖遠曾是金仁圭所率遣唐使中的「錄事」，崔致遠向高駢的呈文中稱：「伏以崔栖遠，遠涉煙波，大遭風浪，僅有微命，唯有空身」，[153]說明作為遣唐使「錄事」的崔栖遠在入唐時於海中遭遇風浪，保住了性命。而「大使」金仁圭與同乘的所有使團成員，無疑也經歷了這場事故。

與新羅相比，即使航海距離很短的渤海遣唐使，也在大海中經歷了同樣的苦難。828 年左右入唐的渤海賀正使一行，在歸國途中的塗里浦或綠浦，遭遇暴風全部溺亡。[154]渤海朝廷是通過下一次的遣唐使，才得知他們已經遇難的事實，可知 828 年渤海遣唐使一行無一人生還。為了慶賀唐朝平定徐州的叛亂，渤海向唐派遣了崔宗佐、孫門宰、大陳潤等 60 餘名使者，他們在航海途中遇到風浪，於 872 年 5 月漂流至日本薩摩國甑嶋郡，後在日本的照料下回國。[155]

以上就是在文獻中，能夠找到的關於古代韓半島三國與渤海遣唐使，在渡海途中溺海或漂流的所有記錄，但並不是遣唐使在海上遭難事故的全部內容。我們來看史料比較詳細的日本遣唐使的情況，共 17 回的日本遣唐使行有 7 回在海上遭難，[156]因此，很多人都像被任命為承和遣唐使團副使的小野篁一樣，由於害怕渡海溺亡，便以生病為藉口，連船也不乘了。[157]

當然，新羅與渤海遣唐使的海上遭難比率，遠遠低於日本。首先，日本遣唐使要利用的是橫斷東海或者黃海南部的所謂「南路」或「南島路」，而新羅與渤海遣唐使走的是比較安全的「北部沿岸航路」和「中部

---

151 《舊唐書》卷 199，新羅；《唐會要》卷 95，新羅。
152 《三國史記》卷 10，憲德王 9 年 10 月；同書卷 46，崔致遠傳。
153 崔致遠，〈謝賜弟栖遠錢狀〉，《桂苑筆耕》卷 20。
154 《續日本後紀》卷 11，承和 9 年 3 月辛丑、4 月丙子。
155 《日本三代實錄》卷 23，貞觀 15 年 5 月 27 日、7 月 8 日。
156 森克己，《遣唐使》，至文堂，1967，pp.31-68。
157 《續日本後紀》卷 7，承和 5 年 6 月戊申、12 月己亥。

橫斷航路」。而且，新羅造船與航海技術要比日本高超。在唐朝所持續的約三個世紀裡，古代韓國持續向唐朝派遣使臣，海上遭難事故肯定要比以上列舉的要多，比率較低的原因是史料不足。

我們都知道，關於古代韓半島三國遣唐使記錄最為體系化、內容最豐富的史書是《三國史記》，但是《三國史記》〈新羅本紀〉中，約 66%的遣唐使相關記載全是轉引中國的各類文獻，而沒有甄別其內容。特別是《三國史記》中，遣唐使往來次數最多的新羅中代記錄，有 90%以上都是從中國文獻直接轉抄來的。[158]而且渤海並未留下本國的歷史記錄，遣唐使相關記載不得不全依靠中國史書，中國文獻中全都是遣唐使平安入朝的記錄，入唐途中因漂流或溺海而無法入朝，或者歸國途中的遭難事故，都不在中國史書編纂者的關心範圍之內。

前面講到的 828 年渤海「賀正使」歸國時，在塗里浦溺死之事實是一個明顯的例子。如果僅看中國一方的記錄，就當作他們已在唐朝完成了使行任務，平安歸國了，但實際上，他們回國時全部溺死。872 年 5 月渤海「慶賀使」歸國時，漂流至日本薩摩國甑嶋郡的事件，在中國文獻中全無記載。由於中國史料存在這樣的特點，以此為基礎編纂的《三國史記》，也很少收錄古代韓半島三國遣唐使海上遭難事故的資料，更何況完全依靠中國文獻的渤海遣唐使之相關記錄。因此，關於韓國古代遣唐使的歷史記錄，由於中國方面的不全與韓國方面的絕對不足，海上遭難的事件沒有留存下來，比起史料，實際上有更多的遣唐使在航海中漂流他方或者溺亡。

遣唐使們在面對海上的危險時，需要向神佛祈禱以求得安慰，佛教的觀音菩薩受到人們廣泛的尊重。根據《法華經》第 25 品〈觀世音菩薩普門品〉的描述，在大海中遭遇暴風而船翻時，乘船者中只要有一人念誦觀世音菩薩的名字，同乘的其他人都會脫離危險，[159]因而當時人們航海前，都會向大慈大悲、救苦救難的觀音菩薩祈禱平安。韓國、日本的

---

[158] 權悳永，〈三國史記新羅本紀遣唐使記事의 몇가지 問題〉，《三國史記의 原典檢討》，韓國精神文化研究院，1995，p.95。

[159] 假使黑風吹其船舫，飄墮羅剎鬼國，其中若有，乃至一人，稱觀世音菩薩名者，是諸人等皆得解脫羅剎之難。

遣唐使與商人們，經常進出的地方是唐朝明州前海中的普陀山，裡面有供奉觀音像的普陀院，即「不肯去觀音院」。這裡是黃海南端航海者們的祈福之處，出海前必須到此禱告而求得菩薩的感應。[160]

圖 3-3　不肯去觀音院（浙江省舟山市普陀山）

我們以日本遣唐使的經歷來做一下參考，承和遣唐使團大使藤原常嗣剛啟航，就先畫觀音菩薩像，讓同乘的僧人誦經祈禱。[161]838 年 6 月 29 日的風浪很大，遣唐使擔心船會翻，於是便發願說如果平安到達陸地，就將畫寫妙見菩薩、藥師佛、觀音菩薩像進行供奉，他們最後在念誦觀音菩薩與妙見菩薩佛號之時找到了航路。[162]748 年，第五次試圖東渡的鑒真和尚在大海中遭遇惡風，船隻差點沉沒，人們在慌亂中，只想著念觀

160 徐兢，《宣和奉使高麗圖經》卷 34，海道。

161 圓仁，《入唐求法巡禮行記》卷 1，開成 3 年 6 月 24 日。

162 圓仁，《入唐求法巡禮行記》卷 1，開成 3 年 6 月 29 日；同書卷 1，開成 4 年 3 月 3 日。

世音菩薩聖號。[163]如此，人們在跨越大海時，往往借助觀音菩薩和妙見菩薩的力量保佑平安，日本長谷寺的觀音菩薩也是航海保護神，受到了廣泛的尊崇。[164]

不僅是日本人，古代韓國人也常向觀音菩薩祈禱航海安全。《三國遺事》卷 4〈敏藏寺條〉載，新羅景德王時期一個叫長春的海商，長久與家失去聯繫，他的母親寶開在敏藏寺觀音菩薩像前禱告了七日，然後長春就突然回到家了，這則傳說完美表現了海上平安與觀音信仰的密切關聯。根據《三國遺事》卷 2〈文虎王法敏條〉的記載，做了七次遣唐使的金仁問生前，國人於仁容寺設立觀音道場，就是為給頻繁穿梭於大海之間的金仁問祈福；他去世後，百姓又建起了紀念他的彌陀道場。

1996 年 7 月下旬至 8 月上旬，韓國探險協會尹明喆等三人，曾進行過直接橫越黃海南端的竹筏探險活動。他們除帶著航海用指南針、風速計、廣播、雙筒望遠鏡、全球定位系統（GPS）、無線電收發報機等現代尖端航海裝備之外，每位探險隊員都掛著觀音菩薩項鏈，竹筏上還供奉著手掌大小的觀音菩薩像。[165]這說明，現今為了祈求海上平安還得供奉觀音菩薩，十分有趣。

黃海沿岸的山神，也是來往唐朝的遣唐使們所朝拜的對象。跟隨新羅遣唐使金仁圭歸國的崔致遠，在出航前撰寫了〈祭巉山神文〉，內容就是向巉山神祈禱颸順風，讓自己平安回國。[166]日本遣唐使祈求海路安全的信仰對象，還包括新羅明神與赤山法華院的赤山神等。[167]此外根據《三國遺事》卷 2〈真聖女大王・居陀知條〉的記載，真聖王時期「阿飡」良貝在鵠島祭祀了「西海若」，即西海之神。還有，主宰風雨雷霧的海龍也是渡航者們的祈願對象。[168]新羅末期的普耀禪師在中國南方求得大藏經，回新羅途中遭遇暴風，於是他虔誠地向海龍祈求平安，海龍接受了

---

[163] 淡海真人三船，《唐大和上東征傳》。

[164] 森克己，《遣唐使》，至文堂，1967，p.66。

[165] 尹明喆，《뗏목探險 3000 里——東亞地中海號黃海文化探查記》，청노루，1996，p.26。

[166] 崔致遠，〈祭巉山神文〉，《桂苑筆耕》卷 20。

[167] 森克己，《遣唐使》，至文堂，1967，pp.67-68。

[168] 李龍範，〈處容説話의　一考察——唐代　이슬람商人과　新羅〉，《震檀學報》32，1969，pp.12-19。

他精誠的禱告，保佑他順利歸國，這則寫在《三國遺事》卷 3〈前後所將佛舍利條〉的傳說，展現了航海與龍信仰的緊密關聯。

（二）陸上的苦難

穿越黃海平安登陸唐土之後，遣唐使們的苦難仍在繼續。733 年 12 月入朝的「謝恩使」金志廉因旅途疲勞，翌年病死於唐朝，當時的情況是「遽令救療而不幸殂逝，相次數人」，可知客死他鄉的新羅遣唐使有許許多多。[169]聖德王的女婿金孝芳，為接替在唐宿衛的金忠信於 732 年 9 月左右入唐，不久之後就客死唐朝。[170]735 年 1 月，隨「賀正使」金義忠一起入朝的「副使」金榮也死在唐朝，唐玄宗追贈其為「光祿少卿」。[171]這年閏 11 月，聖德王從弟「大阿飡」金相也死於入唐途中，唐玄宗追贈其為「衛尉卿」。[172]金相是這年 12 月入朝的新羅使團中的一員，由此可知他死在了所需數月的唐朝陸路旅途之中。不僅如此，《冊府元龜》卷 974〈外臣部・褒異（1）・開元 7 年 5 月條〉載，新羅遣唐使在途中死亡，皇帝追贈了「太僕卿」的官職，與絲綢 100 匹的賻物，這次的遣唐使也應是在唐朝陸路旅途中死亡的。

另外，據張九齡代作的〈勅新羅王金興光書（2）〉記載，「賀正使」金義質與金祖榮在唐朝相繼死亡。他們與 735 年的遣唐使金義忠、金榮是否為同一人不得而知，但金義質、金祖榮死於唐朝是確鑿的事實。在張九齡為唐玄宗代寫的另一篇詔書裡稱，新羅使臣「水土不習，飲食異宜、奄忽為災」，[173]描述了新羅遣唐使們在唐朝陸路旅途中所經歷的苦難。

唐朝的陸上苦難並非僅針對新羅遣唐使，726 年 4 月入唐的渤海王子大都利行於在唐宿衛中的 728 年 4 月客死異鄉，[174]這只不過是渤海遣唐使在唐經受各種苦難中的一例。高句麗與百濟遣唐使，也在唐土經歷過各

---

169 張九齡，〈勅新羅王金興光書（1）〉，《全唐文》卷 284。

170 《三國史記》卷 8，聖德王 33 年 1 月；《冊府元龜》卷 973，〈外臣部　助國討伐，開元 22 年 2 月〉。

171 《三國史記》卷 8，聖德王 34 年；《冊府元龜》卷 975，〈外臣部　褒異（2）〉；張九齡，〈勅新羅王金興光書（2）〉，《全唐文》卷 285。

172 《唐會要》卷 95，新羅；《冊府元龜》卷 975，〈外臣部　褒異（2），開元 23 年 11 月〉。

173 張九齡，〈勅新羅王金興光書（3）〉，《全唐文》卷 285。

174 《冊府元龜》卷 975，〈外臣部　褒異（2），開元 16 年 4 月癸未〉。

種艱辛。

不僅有自然的災殃，遣唐使們還承受著人為造成的苦難。在本國與唐朝關係惡化之時，也有他們一踏入唐境，便被唐政府強制拘禁或流配的情況發生。644 年，攜白金入唐的高句麗使臣，由於在本國追隨與唐朝作對的淵蓋蘇文，結果轉到唐大理寺接受刑法處置。[175]730 年正月的渤海「賀正使」大朗雅，在唐朝違反國章，結果被流配至嶺南，736 年才被遣返回國。[176]為請求唐朝誅殺亡命的渤海大門藝，731 年入唐的渤海遣唐使馬文軌與葱勿雅被唐朝拘禁。[177]669 年入唐的新羅「謝罪使」金良圖被唐朝拘留，結果死於獄中。[178]

由上可知，古代韓半島三國與渤海遣唐使，在旅途中經歷了各種艱難險阻，然而文獻記錄的對象，僅限於遣唐使中的「大使」、「副使」等高級官員。但是，比他們人數更多的下層官員與水手等底層隨行者，所受到的惡劣待遇與苦難還會更深一層。我們來看文獻記錄比較詳細的日本承和遣唐使的情況，求法僧圓仁所目擊的病死者有「判官」1 名、「卜部」1 名、「水手」3 名、「挾抄」1 名、「船師」1 名，以及下級職務者 5 名等總 12 人。[179]大使藤原朝臣常嗣雖也染病，[180]但不至於死，可是判官以下的使團成員中，遭遇不幸者有很多。三國與渤海遣唐使的情形也當如此，雖然文獻中只記錄遣唐使高級官員的情況，實際上，使團成員在旅途中丟掉性命的更多。

各國遣唐使如若在唐朝染病死亡，唐朝會按事態輕重，作出適當舉措。據《大唐六典》卷 18〈鴻臚寺・典客令條〉之記載，外國使臣得病者，唐政府會派醫員供給湯藥。如有遣唐使死亡，死者是「大使」、「副使」或「蕃望三等」以上的官員，向皇帝彙報後，皇帝將供給喪事所需的各種物品。若希望遺骸返回本國，唐政府將備車運送至國境為止。若死者是首領及「蕃望四等」以下的官員，唐政府會派人將遺體用牛車運

[175] 《三國史記》卷 21，寶藏王 3 年 9 月；《資治通鑑》卷 197，太宗貞觀 18 年 9 月乙未。
[176] 張九齡，〈勅渤海王大武藝書（4）〉，《全唐文》卷 285。
[177] 《舊唐書》卷 199，渤海靺鞨。
[178] 《三國史記》卷 6，文武王 10 年正月；同書卷 44，金仁問傳。
[179] 知道姓名的死亡者有判官藤原豐竝、卜部諸公、水手佐伯全繼、船師佐伯金成等。
[180] 圓仁，《入唐求法巡禮行記》卷 1，開成 4 年 2 月 20 日。

至墓所。天寶 8 年（749）3 月 27 日以後的情況是，各國使團的大使死時，將會被賜錢 100 貫；副使或其妻死時，將得到賜錢 70 貫作為喪葬費用，並可從相關官廳處購入墓地。[181]

不僅如此，對於死亡的遣唐使，唐朝將依照其在本國的官銜，追贈唐朝官爵。735 年 2 月在唐死亡的「賀正副使」金榮被追封為「光祿少卿」，同年 11 月死亡的金相被追封為「衛尉卿」。719 年入唐時死亡的遣唐使某人被追贈「太府卿」官爵，並獲得賻物絲綢 100 匹。726 年入唐宿衛的渤海王子大都利行在唐朝死亡，唐朝追贈其「特進兼鴻臚卿」的官爵，並賜絹 300 匹、粟 300 石的賻物。[182]

就像這樣，即使從唐朝接受追贈的官爵，並得到豐厚的賻物，但也不夠補償他們的死亡。雖然遣唐使高級官員死亡時，唐朝會按其家屬意願，協助將遺骸運返本國，但實際中遺體被送還本國的記載，只有新羅金仁問與渤海大都利行的例子。其他遣唐使在異域經受疾病等折磨後死亡，靈柩若無法返回，便只得葬於唐土。總之，以新羅為首的各國遣唐使們，在完成使命的同時，也在經歷著海上與陸地的苦難。

---

[181] 《唐會要》卷 66，鴻臚寺。

[182] 《冊府元龜》卷 975，〈外臣部　褒異（3），開元 16 年 4 月〉。

第四章　遣唐使的活動與作用

古代韓半島三國與渤海遣唐使的國內外活動與作用，在韓國古代史上佔據著重要位置。他們與當時東亞世界的中心——唐帝國的往來，直接影響著本國國際地位的彰顯與維持。他們作為入唐的外交使節，為處理兩國間的各種遺留問題而奔走，歸國後作為本國官僚，引領著國內政治發展的方向。在傳統的東亞外交關係網絡之中，他們又是與唐朝以朝貢和回賜的形式，實現官方貿易運作的經濟使節，同時還是學習唐朝發達的學術與思想，將藝術與文明傳入本國後，又向包括唐朝在內東亞各國傳播的文化使節。

在唐朝與韓半島三國及渤海共存的 290 年間，大批韓國遣唐使往來於唐，全部加起來有數千名之多，而已知名字的人物，只是以遣唐使官員為主的百數十人。其中，新羅與渤海遣唐使留下的資料較多，但關於渤海遣唐使個人行跡的記錄稀少，這對於研究他們的歷史活動與作用造成了困難，所以本章以新羅遣唐使為中心，來考察他們的政治、外交、經濟、文化等諸多方面的活動。

第一節　參與國際外交和國內改革

一、遣唐使的政治活動

（一）參與政治的基礎

前面已經論述過，新羅遣唐使的官僚集團大部份由「六頭品」以上身份者構成，其中「大使」、「副使」等高級官員，主要由「真骨」出身者擔當，而「判官」、「錄事」等中下級官職，由「六頭品」身份者充任。

新羅國政依靠以血緣為基礎的身份制度——「骨品制度」而運轉，形成了一個等級森嚴的階級社會。「骨品」的劃分決定了他們的社會地位與政治前途，甚至日常生活也受到「骨品制度」的影響。「真骨」最高能升至「伊伐飡」官等，「六頭品」能升至第六官等的「阿飡」，「五頭品」能升至第十官等的「大奈麻」，「四頭品」只能升至第十二官等的「大舍」。官等的升遷受到「骨品」的限制，官等的高下決定了其所能夠擔任的官職。從這一點來看，以「真骨」或「六頭品」身份為主流的遣唐使官員，在仕途上有社會、血緣的背景基礎作為保障。

在任何時代，代表王權赴別國完成外交使命的使臣，是受到國王特別信任的高級官員。換句話說，只有國王的親近，才有做使臣的資格，[1]新羅遣唐使也不例外。武烈王時期，做過三回遣唐使的金仁問與「伊飡」金文王是武烈王之子；文武王時期又三次入唐的金仁問，此刻是文武王的弟弟；669 年面對唐朝大規模侵攻，而作為「謝罪使」入唐的金欽純是文武王的外叔；705 年的遣唐使金志誠雖不是「真骨」，但也是聖德王時代王權強化政策的重要推動者；[2] 732 年的遣唐使金孝芳則是聖德王的女婿。[3]南北國時代文獻中標記為「王弟」或「王子」的渤海、新羅遣唐使們，也是與國王有著至近關係之人。遣唐使官員都是得到國王深厚信賴的側近者，可以說，這一點是遣唐使與其他人相比，更加容易立身出世，仕途成長更為迅速的條件之一。

但是也不能說，血緣等外在因素是決定新羅遣唐使參與政治和立身出世的全部條件，代表本國國王與人民的外交使節，必須擁有一定水準的學識、教養及人格，甚至還要兼具外貌之美。647 年的遣唐使金春秋，不僅在外貌、風度、禮節與言辯上勝人一籌，而且表現了出奇的智慧。《三國史記》卷 5〈新羅本紀・太宗武烈王即位年條〉稱金春秋「儀表英偉」，《日本書紀》卷 25〈大化 3 年條〉稱其「美姿顏，善談笑」，《三國遺事》

1　申瀅植，〈統一新羅의　對唐關係〉，《韓國古代史의　新研究》，一潮閣，1984，p.335。

2　李基東，〈新羅中代　官僚制와　骨品制〉，《震檀學報》50，1980；《新羅骨品制社會와　花郎徒》，一潮閣，1984，pp.139-140。

3　根據《三國史記》卷 9〈宣德王即位年條〉與《三國遺事》卷 1〈王曆篇・宣德王條〉，宣德王金良相（亮相）是奈勿王的十世孫，其父是海飡金孝芳（方），其母是聖德王之女四炤夫人。可知金孝芳是奈勿王的九世孫，聖德王的女婿。

卷 1〈太宗春秋公條〉記載唐太宗目睹金春秋的風采後，讚其為「神聖之人」,〈聖住寺朗慧和尚塔碑銘〉稱其「杯觴則禮以防亂，繒彩則智以獲多」,意思是喝酒時守禮有節制,因皇帝欣賞自己的才智得到更多的賞賜。

遣唐使具有淵博的知識，能夠書寫流利的文章。哀莊王時期的遣唐使金陸珍，撰寫了〈鍪藏寺阿彌陀如來造像事蹟記〉；金憲章寫出了〈斷俗寺神行禪師塔碑銘〉；崔致遠在文學、歷史與哲學領域都有出眾的才華，留下了各類的文章作品。在新羅下代的遣唐使中，包括大量曾經在唐朝國學學習，考取「賓貢科」的留學生，他們的學識與教養是作為遣唐使的基礎。

日本遣唐使也是如此。654 年的遣唐使「押使」高向玄理與「副使」藥師惠日是很早就入隋留學的知識份子；702 年的「執節使」粟田真人能通經史、文采超群，又具備溫厚的容貌。[4]像藤原朝臣河清這樣的人物，不僅懂得禮節，而且風貌絕佳，唐玄宗甚至讓畫師為他作肖像。[5]除此之外的大部份遣唐使高級官員，也是當代一流的文章家與大學者。[6]中國南北朝時代所謂的「交聘使」，大多也具備廣博的知識與華美的文采，他們是當代有名的文人學者，又具備高超的辯才。[7]總之，遣唐使們的學識、教養、人格和風貌，是他們仕途暢通的內在條件。

遣唐使們成功完成使命歸國之後，將被晉升相應的官等與適當的官職。「謝恩兼請兵使」金仁問 653 年回國後，武烈王肯定他的功績，任命其為「押督州軍主」。[8]肩負「宿衛」與「請兵」任務入唐的奈麻金三光，於 668 年 6 月隨唐將劉仁軌所率征討高句麗的軍隊回國後，被晉升為「沙飡」。[9]金三光在兩年間升了三級官等，就是因為他請唐朝派出援軍，又將他們順利引導至韓半島沿海岸的功勞。

金俊邕、金彥昇在 789 年與 790 年，分別被任命為遣唐使時，獲得

---

4 《舊唐書》卷 199，日本。

5 《延曆僧錄》；加藤順一，〈朝野僉載に見える日本國使人——遣唐使人の容姿おめぐって〉，《藝林》38-3，1989，pp.41-45。

6 森克己，《遣唐使》，至文堂，1966，pp.94-100。

7 金鍾完，〈南北朝의 交聘關係〉，《東亞史의 比較研究》，一潮閣，1987，pp.155-158。

8 《三國史記》卷 44，金仁問傳。

9 《三國史記》卷 6，文武王 8 年 6 月 12 日。

了「大阿飡」的官等。752年的日本遣唐使大使藤原朝臣河清，與「副使」大伴宿禰古麻呂原來的官位，分別是「從四位下」與「從五位下」，當他們入唐臨行之前，官位分別被晉升為「正四位下」與「從四位上」。[10]從金俊邕與金彥昇被授予「大阿飡」官等的例子來看，他們應該與日本遣唐使的情形一樣，在被任命為遣唐使的同時，享受特殊的升遷優待政策。特別是金俊邕在歸國的790年，既被升為「波珍飡」，又被任命為宰相，享受到了更高一層的待遇。[11]此外，822年的「賀正使」金昕剛一歸國，就因不辱王命受封「南原太守」，[12]656年的遣唐使金文王與767年的「告哀兼請冊封使」金隱居回國後，全被任命為「侍中」，可知他們作為遣唐使的功績得到了認證。遣唐使出國與回國時，都享受到了官等或官職晉升等政治特惠。

新羅遣唐使官員主要以「真骨」或「六頭品」的身份，深受國王的信任，他們是兼具學德與風貌的當代精英。遣唐使完成任務後，得到官等與官職升進的報答，他們參與政治與仕途成長的生涯，比任何人都要容易與迅速。因此，在新羅被任命為遣唐使，成為在政治上出世的敲門磚，歸國後的仕途得到了一定的保障。在這樣的社會氛圍之下，遣唐使們積極介入到國內政建設活動中。

（二）國內的政治活動

在新羅與唐朝共存的近三個世紀之中，大量使臣被派遣入唐，有六名新羅國王曾經是遣唐使出身。最容易讓我們想到的是武烈王金春秋，他於647年入唐後，與唐太宗締結羅唐軍事同盟，654年真德王死後被閼川等群臣推戴為國王。金春秋的小兒子，日後繼承武烈王而即位的文武王金法敏也曾為遣唐使。他於650年6月入唐，向唐朝廷報告了在道薩城擊敗百濟軍隊的消息，並呈貢了稱頌唐高宗登基與唐朝光輝偉業的〈五言太平頌〉，後在唐朝得到「太府卿」的官職。654年，武烈王即位，金

10　《續日本紀》卷19，天平勝寶2年9月己酉、4年閏3月丙辰。
11　《三國史記》卷10，孝成王即位年。
12　《三國史記》卷44，金陽傳。

法敏以「波珍飡」的官等做了「兵部令」，[13]翌年 3 月被封為太子。660 年 6 月 21 日，金法敏率兵船 100 艘，在德物島與唐將蘇定方率領的百濟征伐軍匯合，並一起協商進攻百濟的日程，他參加了征伐百濟國的戰爭，並立下功勳。661 年武烈王死後，金法敏繼位成為新羅國王。

昭聖王金俊邕與憲德王金彥昇在元聖王時期，都有作為遣唐使活動之經歷。金俊邕是元聖王的長孫，仁謙太子最小的兒子。他於 789 年曾為遣唐使入唐，歸國後的 790 年被升作「宰相」，翌年 10 月又成為「侍中」，792 年 8 月因病辭任。據《三國史記》卷 10〈新羅本紀・昭聖王即位條〉之記載，金俊邕 792 年做了「兵部令」，可知其辭任「侍中」之後，馬上就被任命為「兵部令」。他於 795 年正月被封為太子，779 年繼元聖王之後即位為新羅國王。

790 年從唐回國的金彥昇，於翌年因鎮壓「伊飡」悌恭叛亂的功業被升為「迊飡」。794 年 2 月，繼崇斌之後被任命為「侍中」，795 年他在被晉升為「伊飡」的同時成為宰相。翌年 4 月，他將「侍中」之職讓給「伊飡」智原，自己做了「兵部令」。800 年 6 月，他的侄子金清明以 13 歲的年齡即位，史稱哀莊王，他成為「角干」。801 年 2 月，金彥昇兼任「御龍省私臣」，不久後升為「上大等」。808 年 7 月，金彥昇與「伊飡」悌邕一起發動叛亂，弒殺哀莊王後，自己登上王位，並在位 18 年。

宣德王金良相也有入唐宿衛之經歷。據《舊唐書》卷 12〈德宗本紀〉的內容，貞元元年（785）2 月，「檢校秘書監」金良相被唐朝冊封為「檢校太尉、使持節都督、雞林州刺史、寧海軍事、新羅王」。如果這一記載真實的話，金良相在被冊封為新羅王之前，已從唐朝得到了「檢校秘書監」這個「從三品」的官職，說明他曾有入唐經歷，金良相於何時以何目的入唐不得而知。根據本書第二章的論述，新羅遣唐使在唐朝所領受的「從三品」官爵，與新羅的「波珍飡」官等相對應。金良相於 764 年成為「阿飡」，771 年成為「角干」，773 年成為「伊飡」，由此推斷他可能於 765 年惠恭王即位之初作為遣唐使出訪唐朝。雖然無法確定其入唐的時間，但他曾有過遣唐使活動的經歷，則不容否定。

---

[13] 《三國史記》卷 6，文武王即位年。

金良相是奈勿王的十世孫，又是 732 年入唐後客死唐朝的金孝芳之子。他在 764 年以「阿飡」的身份被任命為「侍中」，768 年卸任。在〈聖德大王神鐘銘〉鑄成的 771 年仍為「角干」，擔任「肅正臺令」與「修城府令」等要職。774 年 9 月，他成為「上大等」，總攬國政。780 年，他趁金志貞叛亂之機弒害惠恭王後，自行稱王。

憲安王金誼靖也有入唐的經歷。金誼靖，從其名字、政治地位、血緣關係等方面的相似度來看，很可能就是 849 年成為「上大等」的「伊飡」金義正，再從金義正於文聖王時代初期兼任「侍中」的履歷來看，他與金義琮為相同人物的可能性很高。[14]金義琮於 836 年 1 月以「謝恩兼宿衛」之目的入唐，第二年 9 月自武州會津登陸回國。金義琮是在父親金均貞與金明之間的王位爭奪戰至白熱化之前的 836 年入唐的，翌年歸國後，在侄子文聖王的統治下擔任「侍中」與「上大等」，857 年 9 月依文聖王的遺詔登上王位。

除此之外的其他遣唐使官員回國後，雖未成為國王，但都積極活躍於新羅的政治、軍事舞臺。金仁問在新羅的軍事、外交活動中發揮了重要作用，他曾經七次作為遣唐使入唐，主導了 7 世紀中葉新羅的對唐外交動向，參與了 664 年 2 月與扶餘隆在熊津會盟等針對百濟的外交活動，[15]並以「神丘道行軍副大摠管」、「大幢將軍」或「將軍」的身份參加過征討百濟、高句麗的戰爭，他做過的最高官等是「大角干」。

660 年與金仁問一起入唐，翌年回國的「沙飡」儒敦，670 年以「大阿飡」的身份，被派遣到熊津都督府，與百濟進行關於人質問題的交涉。[16]曾於 647 年、656 年兩次入唐的金文王，在 658 年正月被任命為「侍中」，668 年 2 月協助「伊飡」品日，參加了援救泗沘城的軍事活動。金庾信的長男金三光於 683 年 2 月，以「波珍飡」的身份干涉了神文王的納妃行為，幾乎作為執政者，直接影響了政治最上層人物的活動，[17]他曾做過的

[14] 李基白，〈新羅下代의　執事省〉，《新羅政治社會史研究》，一潮閣，1974，p.182；李基東，〈新羅下代의　王位繼承과　政治過程〉，《歷史學報》85，1980；《新羅骨品制社會와　花郎徒》，一潮閣，1984，pp.170-171。

[15] 《三國史記》卷 6，文武王 4 年 2 月；同書卷 7，〈文武王 11 年　答薛仁貴書〉。

[16] 《三國史記》卷 6，文武王 10 年 7 月；同書卷 7，〈文武王 11 年　答薛仁貴書〉。

[17] 《三國史記》卷 47，裂起傳。

最高官等是「伊飡」。

「花郎」出身的金欽純 669 年作為「謝罪使」入唐之前，已經是參加征伐百濟與高句麗戰爭中的「將軍」或「大幢摠管」，文武王時代擔任「冢宰」。六次入唐的金良圖在武烈王與文武王時期，曾擔當「大幢副將」、「大幢摠管」與「將軍」等職。669 年，他以「波珍飡」身份與金欽純一起作為「謝罪使」入唐，後死在唐朝監獄。據《三國遺事》卷 2〈原宗興法條〉載，他曾出任武烈王的「宰相」。就像這樣，有行跡可查的韓半島三國時代的全部遣唐使官員們，其官等最少也能升至「大阿飡」以上，他們以「摠管」、「將軍」、「冢宰」、「宰相」、「侍中」的身份，積極參與著新羅的國內政治。

南北國時代遣唐使出身的官員們也是如此。705 年的遣唐使金志誠回國後，成為「執事侍郎」，其官等一直升至「重阿飡」。[18]713 年的遣唐使金貞宗於 732 年 12 月，以「伊飡」的身份被任命為「將軍」，737 年 3 月成為「上大等」，直到 745 年為止做了約八年的「上大等」。741 年 4 月，他以大臣資格與金思仁一起檢閱弩兵。[19]聖德王時期至少被派往唐朝兩次以上的金忠信，於 739 年以「伊飡」的官等成為「侍中」，757 年做了「上大等」，763 年辭任「上大等」後，進入南岳智異山斷俗寺隱居終生。

735 年，持唐玄宗將浿江鎮賜給新羅的聖旨回國的金義忠，在孝成王即位時，以「阿飡」的官等成為「侍中」。他於 739 年正月逝世，其官等最高升至「舒弗邯」。他的女兒滿月夫人是景德王的妃子，生下了惠恭王乾運，惠恭王即位後，滿月夫人開始攝政。767 年為請求冊封惠恭王入唐的「伊飡」金隱居，於 768 年 10 月成為「侍中」，770 年 12 月卸任。之後，他於 775 年 6 月發動叛亂失敗被殺。總之，新羅中代的遣唐使官員們，大部份也擔任「侍中」、「上大等」、「將軍」等這樣的高位官職。雖然金志誠以「重阿飡」的官等，只晉升至「執事侍郎」的官職，但這也是金志誠以「六頭品」的「骨品」身份限制，所能達到的最高官等與官職。

---

18 〈甘山寺阿彌陀如來造像記〉、〈甘山寺彌勒菩薩造像記〉。

19 《三國史記》卷 9，孝成王 5 年 4 月。

憲德王時期的遣唐使金憲章，在哀莊王時期以「伊湌」的身份擔任「侍中」。撰寫〈斷俗寺神行禪師碑〉的 813 年，他當時的官職是「國相」、「兵部令」兼「修城府令」。以後，金憲章的兒子金悌隆成為僖康王，他也被追封為「翊成大王」。憲德王時期做過兩次遣唐使的金昕，回國後曾任「南原太守」與「康州大都督」，後來以「伊湌」的身份兼任「相國」。再後來，金昕於 839 年閏正月成為「大將軍」，與金陽等率領的清海鎮軍隊在大邱對戰中敗北，於是離開官場，入小白山隱居，849 年 8 月逝世，享年 47 歲。[20]

黃巢之亂氣焰最盛的 882 年，與金直諒一起入唐的朴仁範，回國後以「守禮部侍郎」、「瑞書學士」、「翰林學士」等身份，一直供職於新羅的文翰機構。893 年，金峻在擔任「枿城郡太守」時被選為遣唐使，回國後擔任「西原京少尹」。崔致遠歸國後，歷任「侍讀兼翰林學士」、「守兵部侍郎」、「知瑞書監」、「大山郡與富成郡太守」後，最終隱居伽耶山海印寺。金穎在被選為遣唐使之前，擔任過「守錦城郡太守」與「守倉部侍郎」，[21]897 年自唐歸國後的行蹤不可考證。

新羅下代的遣唐使們也在各自「骨品」身份的框架內，積極活躍於新羅國內的政治舞臺。金憲章、金昕、金陽等以「真骨」身份擔任侍中、「國相」、「倉部令」、「兵部令」、「修城府令」、「都督」、「相國」、「大將軍」等高位官職。「六頭品」身份者一般被任命為「翰林學士」等文職或各種「侍郎」，又或為地方「太守」與「少尹」，參與新羅的政治事業。

二、真德王時期的官制改革

（一）官制改革的歷程

新羅官制起始於法興王時代所設置的「上大等」與「兵部」，後來真興王設立了「司正府」與「稟主」，真平王時期成立了「位和府」、「調府」與「禮部」，真德王時期又建了「執事部」、「倉部」、「左理方府」等，新

[20] 《三國史記》卷 44，金陽傳。

[21] 崔致遠，〈新羅賀正表〉，《東文選》卷 31；〈遣宿衛學生首領等入朝狀〉，《東文選》卷 47；〈月光寺圓朗禪師塔碑銘〉。

羅官制的基礎由此確立。武烈王與文武王時期，新羅官制得到了部份修正與補全，至神文王時期才真正實現完善。新羅官制體系以唐朝的「六典」組織為模本，[22]正式開始輸入唐朝的「六典」體制的時間是在真德王時代。

真德王於649年正月宣佈奉行「唐式章服」。[23]眾所周知，「章服」是帶有紋飾與符號的官服，廣義上為包括衣冠在內所有公服制度的概念。在古代階級社會，它是規定與體現政治體制與社會秩序的重要制度。特別是在新羅的「骨品制度」下，按骨品、官等及官職高下嚴格規定的衣冠制度接受中國模式，意味著新羅的社會規範與政治秩序發生了重組。從這個意義上來說，真德王時期的政治制度改革，從章服制度開始並非偶然之事。

採用中國式章服的第二年，新羅規定真骨貴族上朝時均要持象牙笏板。[24]臣下面對君主要手持笏板的制度，自中國周代起實行。雖然隨著時代不同，笏板的樣式與材質會有變化，但笏板在整個中國傳統王朝中都在使用。根據《唐會要》卷32〈輿服（下）·笏條〉的記述，唐武德4年（621）8月16日的詔書中規定，五品以上官員要用象牙笏板，五品以下官員用竹子或木材製作的笏板，樣式全部是上圓下方。新羅自650年起使用的笏板，也應與之類似。

新羅不僅使用中國的笏板，從那時起也放棄了本國固有的年號，開始採用唐朝年號。[25]新羅自法興王時期就有年號，從法興王即位的第23年，即536年開始使用「建元」年號以來，真興王時代有「開國」、「大昌」、「鴻濟」的年號，真平王時代有「建福」的年號、善德王時代有「仁平」的年號、真德王時代有「太和」的年號。新羅真德王時期的遣唐使邯帙許649年入朝時，唐太宗曾斥責新羅為何使用獨自的年號，他回答道：「曾是天朝未頒正朔，是故先祖法興王以來，私有紀年，若天朝有命，

---

22 李基東，〈新羅中代의 官僚制와 骨品制〉，《震檀學報》50，1980；《新羅骨品制社會와 花郎徒》，一潮閣，1984，pp.122-123。

23 《三國史記》卷5，真德王3年正月；《三國遺事》卷4，慈藏定律。

24 《三國史記》卷5，真德王4年4月。

25 《三國史記》卷5，真德王4年；《三國遺事》卷4，慈藏定律。

小國又何敢焉？」[26]新羅於650年開始採取唐朝年號，大概由於唐的外壓。無論如何，當時新羅所接受的唐朝笏制與年號之傳統，一直沿續至高麗、朝鮮時代。

接著，真德王又將唐朝的新正賀禮儀式用在新羅朝廷。根據《三國史記》卷5〈新羅本紀‧真德王5年正月條〉與《三國遺事》卷1〈真德王條〉的記載，651年正月初一，新羅國王在朝元殿接受百官的新正賀禮，這是新羅賀正禮最早施行時的情形。我們找不到關於真德王採納唐朝賀正儀式的具體文獻記載，但是參考新羅接受唐朝章服、年號與笏板制度的事例來看，651年的新正賀禮儀式也應模仿了唐制。

不止停留在章服、笏制、年號、新正賀禮這樣的宮廷儀禮方面，真德王時代的制度改革，還包括對於中央官署的設置與調整。首先，可舉「執事部」與「倉部」的例子，新羅朝廷於651年2月，將過去的「稟主」進行改編，設立了國王直屬最高官府「執事部」。「波珍飡」竹旨曾做過最早的「執事部中侍」，統領王政機要官署與其他官府。同一年，新羅設置「倉部」，分管「稟主」的另一功能——國家財政事務。[27]

不僅如此，在已有的「調府」與「領客府」各添加兩名長官——「令」，在「禮部」增添一名次官——「卿」，還有「大舍」兩名、「史」三名。651年，設立「左理方府」，掌管律令制定的事務。又在「賞賜署」中置「大舍」官職，並任命兩名「大舍」。此外，「國學」、「音聲署」、「工匠府」、「彩典」、「典祠署」等官署也在651年開始運行。

新羅「國學」成為完備的正式官府，時間是在神文王2年，即682年。但是據《三國史記》卷38〈職官志〉載，651年已在「國學」中設立了「大舍」官職，可以說「國學」自651年開始以兩名「大舍」為中心，實現了初步的運作。「音聲署」、「工匠府」、「彩典」、「典祠署」等也是一樣，651 年新羅對這些過去屬於禮部或其他部門的官署作了改革，配置了「大舍」或「主書」各兩名，從此這些官署才正式成為獨立機關發揮作用。軍制方面也進行了若干改革，真德王5年（651），在真

---

26 《三國史記》卷5，真德王2年冬。

27 李基白，〈稟主考〉，《李相佰博士回甲紀念論叢》，乙酉文化社，1964；《新羅政治社會史研究》，一潮閣，1974，pp.140-144。

平王 46 年（624）所創的「侍衛府」中設立「三徒」組織，以強化軍事能力。[28]652 年，在漢山州設置「弓尺」，與河西州的「弓尺」共同形成「二弓體制」。[29]

綜上所述，我們可總結真德王時期官制改革的特徵如下：首先，將之前集中在一起的職能以效率為本位進行細分，使官署獨立。如「稟主」被分為「執事部」與「倉部」，將「國學」、「音聲署」、「典祀署」等從「禮部」中獨立出來，在「工匠府」與「彩典」中設立實際行政操作者——「主書」。將集中處理各種事務官署分解，有利於提高辦事效率。

第二，官制改革的目標指向強化王權。統領諸官府並堅決執行王命的最高行政機關——「執事部」之設置[30]、彰示君臣之別的賀正禮之施行、笏板之使用、「侍衛府」之重組等舉措，都是為了恢復與重建善德女王時代所失去的王權，而執行的強化政策。

第三，真德王時期的政治制度改革以唐制為原型。唐朝章服制度的採納、牙笏與唐朝年號的使用、賀正式的舉行等等都是對唐制之模仿。而且「執事部」、「倉部」、「左理方府」都是與唐朝的門下省或尚書省、戶部、刑部等所相對應的官府，651 年添設「主書」的獨立官署——「工匠府」，也與唐朝工部相對應。如此說來，法興王與真平王時期設立的「兵部」、「位和部」、「調府」、「禮部」等官署還有些鬆散，直到真德王時代通過改革，才使新羅官制具備了唐朝的「六典」體制。

（二）金春秋的政治改革

真德王的官制改革，649 至 651 年這三年是最為雷厲風行的時期，與中央王權的積極推動緊密相關。新羅政治改革的實際主導者，是平定了 647 年的毗曇之亂，擁立真德王為新羅國王之後，掌握著政治與軍事實權的金春秋與金庾信一派。真德王政治改革開始的 649 年，正是遣唐使金春秋自唐歸來的次年。

---

28 李文基，《新羅兵制史研究》，一潮閣，1997，p.158。

29 《三國史記》卷 40，〈職官志　武官〉；李文基，《新羅兵制史研究》，一潮閣，1997，p.155-156。

30 李基白，〈新羅執事部의　成立〉，《震檀學報》25・26・27 合輯，1964；《新羅政治社會史研究》，一潮閣，1974，pp.149-174。

本書第一章中已做過詳細分析，647 年 12 月入唐的金春秋，一直在唐朝居住到翌年 2 月，其主要任務是與唐太宗締結羅唐軍事同盟。在唐滯留期間，金春秋參觀了唐朝國學中舉行的「釋奠禮」，親聽了國學生們的講論，而且向太宗請求按照唐制改變新羅的章服，得到了皇帝的允諾。648 年正月，金春秋出席了唐朝的賀正儀式。[31]此外，在長安逗留的約三個月時間裡，金春秋廣交唐朝高官，親眼目睹了唐朝的文明與制度。而且，他直接將與之一起入唐的兒子金文王留在唐朝作為宿衛，回國後連續派遣兩個兒子金法敏、金仁問入唐，歸國後通過他們，更能詳細瞭解唐朝的情況。

金春秋的在唐見聞，於其歸國之後，全部如實反映到了新羅政治體制的建設之中。關於這一點，最早已由韓國學者李丙燾提及，[32]本書再做進一步的分析。首先，金春秋向唐太宗請求使用唐朝章服的翌年正月，此制度開始在新羅實行，又過了一年，開始採用牙笏與唐朝年號。651 年啟動的新羅賀正儀式、官制改革，也與金春秋的入唐經歷有著不可分之關係。貞觀 22 年（648）正月初一在唐朝舉行的賀正儀式上，有結骨、吐蕃、吐谷渾、高句麗、吐火羅、康國、于闐、烏長、波斯、石國等諸國使臣列席，[33]金春秋一行也以新羅使節的身份在場。金春秋親身參與了表現君臣等級與皇室威儀的賀正典禮，他深感要想恢復因毗曇之亂而喪失掉的新羅王室權威，有必要在新羅也實行唐朝的賀正儀式。而且 651 年在國學設置「大舍」官職，也應當是金春秋於唐朝國學親聽講論與親歷「釋奠禮」後，其想法的實現。

金春秋在唐朝看到了職能細分、組織井然的「六典」體制後回到新羅，開始整頓本國臃腫無序的官制。即將「稟主」分離成「執事部」與「倉部」，從「禮部」獨立出「國學」、「音聲署」與「典祠署」，而且重組了「左理方府」、「工匠府」、「彩典」等官署，通過增添官職的方式，使組織不完全的「調府」、「禮部」、「領客府」、「賞賜署」等更成體系。

---

[31] 《三國史記》卷 5〈真德王 2 年條〉與《冊府元龜》卷 970〈外臣部・朝貢（3）・貞觀 22 年條〉所載的「新羅使」應該就是金春秋一行，本書第一章已做過推論。從他們的入朝時間為正月初一來看，他們參席了唐朝賀正式。

[32] 李丙燾，《韓國史（古代篇）》，震檀學會，1959，pp.505-506。

[33] 《冊府元龜》卷 970，〈外臣部　朝貢（3），貞觀 22 年正月〉。

「侍衛府」的整頓舉措也值得注目。唐代「衛府」有「左右衛」、「左右驍衛」等十二衛，履行上番宿衛、衛戍京師、帝王儀仗等職責。[34]金春秋在覲見唐太宗的過程中，多次出入唐朝宮城，直接目睹了唐朝軍士的風采，腦中會不由自主地構想，如何整治本國因毗曇之亂後衰落的侍「衛府」，於是設立了「三徒制度」，這是金春秋在唐朝思考出的解決方案。

圖 4-1　太宗武烈王陵碑龜趺與螭首（慶尚北道慶州市西岳洞）

日本也有以遣唐使、求法僧或留學生們入唐經驗為基礎的制度改革。作為遣隋使入華，在中國長期的逗留期間，學習了各種新文明體制而歸國的高向玄理與僧旻等，通過自身經歷，主持了「大化改新」，改革了日本國政。日本節度使制度也是 717 年的遣唐使回國後，以入唐見聞為依據，進行制定運行的。[35]真德王時代的官制改革，是以唐朝政治體制為框架推進的，是靠當時實權者金春秋一派而厲行的。總之，真德王官制改革的方向與構想都出自金春秋作為遣唐使的那段入唐經歷。

34　《舊唐書》卷 44，〈職官（3）武官〉；《唐會要》卷 71，十二衛。
35　大原良通，〈唐の節度使と日本の遣唐使〉，《史泉》77，1993，pp.41-54。

三、遣唐使的統一外交

韓國史上的 7 世紀中葉，是一段風雲激蕩的時代。這一時期的高句麗、百濟、新羅，國內政變頻發，圍繞韓半島霸權的三國角逐之戰達到白熱化。羅唐聯合軍依次滅亡了百濟、高句麗，新羅又驅走唐朝軍隊而實現統一，統一新羅的建立是 7 世紀中葉韓半島所發生的重大變局。

新羅依靠唐朝的軍事援助，才完成半島統一。618 年推翻隋朝掌控中原的唐朝，於 7 世紀 30 年代相繼征服東突厥、吐谷渾、高昌等西北面的周邊國家，40 年代將矛頭轉到東邊，當時最早的目標是高句麗。唐朝於 644 年 11 月向高句麗派出了大規模的遠征軍，此後對其進行了數次持續進攻都遭遇了失敗的結局。649 年，由於唐太宗的駕崩，中斷了一度對於高句麗的打擊。642 年大耶城戰鬥的慘敗，與高句麗、百濟的聯合，使新羅倍感危機。金春秋與唐太宗所締結的羅唐軍事同盟，正是 7 世紀中葉唐朝的「擴張政策」與新羅的「自救國策」相互契合的產物，最終決定了高句麗與百濟的滅亡，與新羅的三韓一統。這是新羅努力求存的結果，又是對唐外交的勝利，還是新羅人統一意志的實現。

7 世紀中葉，新羅對唐外交使命的執行者便是遣唐使們。這一時期，金春秋家門湧現了多名遣唐使。[36]從 647 年入唐，並與唐結成軍事同盟的金春秋開始，到他的兒子金法敏、金仁問、金文王等，均做過遣唐使。金春秋為一雪大耶城戰鬥之恥，為對抗百濟義慈王即位之後對新羅更加猛烈的攻勢，在真德王即位的 647 年，就派遣兒子金文王等入唐。金春秋從唐太宗那裡接受了「特進」的官階，並受到了熱情的招待，在滯留的數月間與唐結盟。雖沒有關於盟約內容的詳細記錄，但留下了唐朝允諾「平定兩國，平壤以南百濟土地賜予新羅，永為安逸」的大致綱領。[37]羅唐同盟至文武王時期仍舊有效，唐朝最終助新羅完成統一，這都建立在遣唐使金春秋外交活動的基石之上。

650 年，在金春秋奠定的對唐外交基礎上，他的小兒子金法敏入唐，

---

[36] 申瀅植，〈三國의　對中關係〉，《韓國古代史의　新研究》，一潮閣，1984，pp.316-317。
[37] 《三國史記》卷 7，〈文武王 11 年 7 月　答薛仁貴書〉。

向唐稟報前年 8 月在道薩城擊敗百濟的戰果，並呈獻歌頌唐高宗登基與唐帝國偉業的〈五言太平頌〉。從 651 年唐高宗寫給百濟義慈王的書信來看，當時金法敏向唐朝提出了制止百濟侵攻新羅、催促百濟歸還所佔新羅土地的請求，[38]這是想讓唐高宗記起金春秋與唐太宗訂立的盟約，並促使唐朝履行職責。於是可知，新羅通過金法敏向唐朝彙報擊破百濟軍隊之目的，是為了誇示新羅的國力，增強唐朝的信任，而實現兩國的結盟。

此後，金仁問從 651 年開始七次往來唐朝，主導了新羅的對唐外交政策。關於金仁問的入唐行跡，本書下一節中有詳論。他於 659 年以「宿衛兼請兵使」的身份入唐，彙報了百濟國內政局不穩的情形，並請求軍事援助。翌年 6 月，他隨唐將蘇定方所率領的 13 萬唐軍回國，而消滅了百濟。665 年是他整個生涯中的第六次入唐，第二年參加了唐高宗的泰山封禪儀式，然後留唐宿衛。668 年，在唐朝討平高句麗的軍隊出動之前歸國的他，結集新羅軍隊參加了對高句麗的戰爭。他於歸國前的宿衛期間，為唐制定征伐高句麗的戰爭計畫傾注了心血。金仁問在滅亡百濟、高句麗的戰爭中有不可磨滅的外交貢獻，可謂是三國統一的元勳。

金春秋的三子金文王也作為遣唐使，推動了新羅的統一外交。647 年隨金春秋一起入唐的金文王，和「大監」某人一起在唐宿衛多年。眾所周知，「宿衛」兼具「朝貢使」與「人質」的性質。[39]根據《三國遺事》卷 1〈太宗春秋公條〉的記錄，當時唐朝將金春秋作為人質，而金春秋卻極力奏請回國，最後留下兒子金文王成為宿衛。因此，金文王是代替金春秋，為防止羅唐軍事同盟的破裂而作為人質，留在唐朝的。他的歸國時間，在歷史記錄中並不明確，大概於 651 年金仁問入唐作宿衛時回國。回新羅後，他於 656 年再次以遣唐使的身份入唐，第二年回國擔任「中侍」，直至 665 年去世。

金庾信家門出身的遣唐使們，也在 7 世紀中葉新羅的對唐外交活動中，扮演了重要角色。666 年以宿衛目的入唐的金三光，是金庾信的長男，他將文武王的討伐高句麗的計畫轉達給唐朝，並向唐朝請兵，668 年，他

38 《舊唐書》卷 199，百濟；《三國史記》卷 28，義慈王 11 年。
39 申瀅植，〈新羅의 宿衛外交〉，《韓國古代史의 新研究》，一潮閣，1984，pp.379-387。

隨唐朝的高句麗遠征軍一起回到新羅。金庾信的弟弟「角干」金欽純，也曾在 669 年與「波珍飡」金良圖一起，作為「謝罪使」而被派往唐朝。當時，圍繞著高句麗滅亡之後，高句麗與百濟故地主權的歸屬問題，唐朝與新羅到了將要引爆全面戰爭的臨界點。金欽純在真平王時期曾為「花郎」，在武烈王與文武王時期以「將軍」、「大幢摠管」的身份直接參與了征討百濟與高句麗的戰爭，是當時的名將。金欽純作為「謝罪使」入唐的 669 年，金庾信已是 75 歲高齡了，可知金欽純的年紀也很大了。但在羅唐關係最危急的時候，金欽純被委任為「謝罪使」入唐，表明他有能力擔負起這項重大使命。

金欽純入唐後，為新羅一時的敵對行為而謝罪，但唐朝並不接受。一起入唐的金良圖被投入唐朝監獄，金欽純手持唐高宗命新羅歸還唐朝已佔百濟故土的聖旨，於第二年 7 月無功而返。金欽純對唐外交失敗的結局，就是 671 年劉仁軌率領唐軍侵襲新羅。拋開外交得失不論，金欽純不顧年老體衰，在重要時刻為緩和與唐朝的武力衝突，而作為遣唐使的價值，是不容否定的。

金庾信的庶子金軍勝在 7 世紀中葉，也有作為遣唐使的入唐經歷。依《三國史記》卷 42〈金庾信傳（中）〉之記載，金庾信為給攻擊平壤的蘇定方軍隊轉運軍糧，派遣懂漢語的金仁問、金良圖和金庾信之子金軍勝到達唐營。如果金軍勝的漢語水準與多次入唐的金仁問、金良圖相當的話，我們雖無法得知他是怎樣學會漢語的，但可推測他曾有過遣唐使經歷的可能性很高，大概他也是多次往來於唐朝的遣唐使，甚至做過宿衛。

討論這一時期的新羅遣唐使，所不能繞過的人物是金良圖。據《三國史記》卷 44〈金仁問傳〉的記載，「波珍飡」金良圖曾六次入唐，最後死在長安的監獄之中。關於其前五次入唐的具體經過，沒有留下記錄，我們只能通過片段材料，瞭解一下金良圖的大致生涯。661 年 2 月，金良圖以「大阿飡」身份，協助「大幢將軍」品日攻打泗沘城，參加了消滅百濟殘餘勢力的戰爭，後因戰敗回到新羅。同年 4 月，武烈王向擔負戰爭失敗責任的幾位將軍問罪之時，[40]金良圖因此事之連累，官等從「大阿飡」降至「阿飡」。在這之後，金良圖於同年 12 月至次年 2 月間，與金庾信一起向攻擊高句麗平壤城的蘇定方軍隊轉運軍糧，此後約六年間，沒有關於其國內活動的記錄。668 年 6 月，組建高句麗討伐軍之時，他與「角干」金仁問、金欽純、金天存、金文忠等一起，以「大幢摠管」的身份參加了滅亡高句麗的戰爭，當時的官等為「大阿飡」。

668 年 9 月 21 日，聯合唐軍消滅高句麗的文武王在漢城論功行賞時，金庾信被晉升為「太大角干」，金仁問被晉升為「大角干」，對以「伊飡」官等有「將軍」職銜者，或官等在「角干」、「蘇判」以下者，全部官升一等。金良圖參戰當時是以「大阿飡」官等領「大幢摠管」之職，晉升一級便是「波珍飡」。第二年，金良圖與「角干」金欽純一起作為「謝罪使」入唐，在長安被扣留，後死於獄中。[41]

我們只能在文獻中確認金良圖生涯中，最後一次的入唐事實，即 669 年的「謝罪使」經歷。關於他前 5 次的入唐過程，我們只能通過當時新羅國內外之政局，與其在國內的活動來推測了。首先，他作為遣唐使可能性比較大的時期，是在沒有留下國內活動記錄的 660 年 6 月以前，以及 662 年 2 月至 668 年 6 月之間。如果某人成為遣唐使去了唐朝而不在國內，便沒有國內活動的記錄。本書第三章中曾分析過，新羅遣唐使往返一次唐朝的路程，大約需要 8 個月左右，而且他們在長安或洛陽停留 2 至 3 個月也是通例。這樣算來，作一回遣唐使，就大約有 1 年的時間不在國內。從金良圖的行蹤來看，國內活動 1 年以上的空白期，正是 660 年 6 月以前和 662 年 2 月以後的約 6 年間。所以可知，金良圖在這些時期數次作遣唐使入唐，開展對唐外交活動。

所推測出來的金良圖入唐活動時期，全部是新羅準備正式征伐百濟、高句麗之時，這一階段新羅遣唐使的主要任務是聯合唐朝軍事力量一起進攻兩國。660 年以前所針對的是百濟，以後矛頭指向高句麗，金良圖正是執行請兵使命，而活躍於新羅對唐外交活動中的遣唐使。

---

40 《三國史記》卷 5，文武王 8 年 4 月 19 日。
41 《三國史記》卷 6，文武王 10 年正月；同書卷 44，金仁問傳。

特別是 660 年羅唐聯合軍滅亡百濟之時，金良圖在外交層面作出了巨大貢獻。據《三國史記》卷 42〈金庾信傳（中）〉的記載，660 年唐將蘇定方率軍與新羅一起滅亡百濟後，他曾對金庾信、金仁問、金良圖三人說：「今以所得百濟之地分，錫公等為食邑，以酬厥功，如何？」可知，金良圖在百濟討平戰爭中與金庾信、金仁問有同等功勞。

羅唐聯合軍掃平百濟之際，金庾信擔任新羅軍隊的總司令官，軍功一等。忠清南道扶餘郡扶餘邑定林寺址五層石塔塔身所刻〈大唐平百濟國碑銘〉中記載，金仁問與金良圖在蘇定方麾下，各自以「神丘道副大摠管」與「右武衛中郎長」的官職，參與到對百濟的戰爭中。金良圖於 660 年以前，大概在 659 年與金仁問一起入唐，同唐朝制定討伐百濟的軍事方針，與金仁問一起率領唐軍回國，為羅唐軍隊成功聯合，做出了不可磨滅的外交貢獻。從這點來看，蘇定方認為金良圖是與金庾信、金仁問並肩征討百濟的元勳之一，便可理解了。

我們推測，關於討平高句麗之事，金良圖也曾入唐進行過外交活動。如前所述，在金良圖國內活動空白期的 662 年 2 月至 668 年 6 月間，新羅派遣金仁問、金三光、金漢林、汁恒世、元器等入唐執行使命或宿衛，金良圖與 666 年宿衛的金三光、金漢林一起赴唐的可能性很大。

根據《三國史記》卷 6〈新羅本紀・文武王 6 年 4 月條〉的記載，金天存之子金漢林與金庾信之子金三光一起入唐宿衛，請求唐朝出兵一起征伐高句麗。金三光是金庾信與武烈王女兒知昭（照）夫人所生最小的兒子，但知昭夫人 655 年才嫁給金庾信，[42]可見 666 年與金漢林一起入唐宿衛的金三光當時只不過十一、二歲。從金漢林的官等與金三光一樣都是「奈麻」來看，他的年齡也不大。以如此低齡，肩負起請求唐朝共同出兵這項重大使命，似乎不太可能，因此為護送並輔助他們至唐朝協商軍事問題，還應配備一位遣唐使。當時金仁問正居於唐朝，選擇除金仁問之外，具備豐富對唐外交經歷的第二號人物作為「請兵使」，非金良圖莫屬了。如果以上推論成立的話，那麼不僅是在消滅百濟的戰爭中，金良圖在征討高句麗時也作為遣唐使，入唐執行了請兵的外交任務。661

---

[42] 《三國史記》卷 5，文武王 2 年 10 月。

年 4 月降等為「阿飡」的金良圖，於 668 年 6 月重新晉升為「大阿飡」，9 月又晉升為「波珍飡」，這必然與他的對唐外交功勞有關。如此看來，金良圖作為遣唐使，聯合唐朝滅亡百濟與高句麗，為新羅的三國統一做出了巨大的外交貢獻。

除以上所提及的人物外，還有邯帙許、鄭恭、天福、儒敦、中知、汁恒世、元器、祗珍山、福漢、原川、邊山等，在新羅的三韓統一戰爭前後，以遣唐使之身份，進行了各種類型的對唐外交活動。雖然他們入唐次數不多，使命的政治重要性也無法同金春秋、金庾信家族出身的遣唐使們相比，但是他們的熱情與努力，也為唐朝能夠實現軍事與政治的後援，發揮了重要作用。

7 世紀中葉的新羅所面對的頭等國家大事，是得到唐朝的支援，來對付高句麗與百濟。因此，當時遣唐使的使命主要集中在請兵、救援、告捷等軍事層面，居功至偉的是金春秋、金庾信家族的人物。最終，新羅借助了唐朝的軍事力量，相繼滅亡百濟、高句麗建成統一國家，以金仁問與金良圖為首的 7 世紀中葉新羅遣唐使，可謂是促成三韓統一的實際功臣。

第二節　金仁問的外交與政治活動

一、對唐外交與國內活動

（一）對唐外交的主角

金仁問是韓國歷史上家喻戶曉的人物。他是武烈王的兒子，文武王的弟弟，在風雲變幻的 7 世紀中葉的任何重要時刻，都能見到他作為外交使節或武將而活躍的身影。特別是他曾以遣唐使的身份七次入唐，在新羅實現三國統一的過程中功勳卓著，金春秋與金庾信身處在金仁問光環下的影子裡，就不再那樣光彩奪目了。

金仁問初登歷史舞臺是在 651 年，其時 23 歲。根據《三國史記》卷 44〈金仁問傳〉的記載，永徽 2 年（651）金仁問入唐宿衛，獲得唐高宗嘉賞，接受「左領軍衛將軍」的官職，一直留唐宿衛至 653 年回國。這是他首次入唐的情況。

金仁問第二次入唐，是在剛歸國的這年 11 月。《三國史記》卷 5 與《三國史節要》卷 9 中稱，武烈王 3 年（656）5 月左右，金仁問自唐回國。前文講過，金仁問初次入唐歸國時間是 653 年，三年之後再次歸國，表明其間曾經再次入唐。655 年 3 月，金法敏被封為太子，武烈王之子金文王以及大臣老且、仁泰、智鏡、愷元等全部升官，獨缺金仁問。[43]金仁問是武烈王的嫡子，他在官等晉升者名單中缺席的理由是當時不在國內。因此可推定，金仁問第二次入唐時間是在 653 年至 655 年 3 月之間，據文獻記載，新羅於 653 年 11 月、655 年正月各派過一回遣唐使。

圖 4-2　萬年宮銘碑陰記題名（下部）

43 《三國史記》卷 5，太宗武烈王 2 年 3 月。

我們再來看中國方面的史料。唐高宗於永徽 5 年（654）3 月，巡遊萬年宮（九成宮）時，樹立了一通〈萬年宮銘碑〉，現保存在中國陝西省麟遊縣九成宮原址。碑陰銘刻著同行三品以上官吏、學士共 48 名的官職與姓名，其中有「左領軍將軍金仁問」的人名題記，[44]可見金仁問 654 年 3 月在唐朝。因此，《三國史記》卷 5〈新羅本紀・真德王 7 年 11 月條〉所載，「獻金總布」的遣唐使就是金仁問，[45]他 653 年 11 月獻金總布後留在唐朝，654 年 3 月陪同唐高宗行次萬年宮。

656 年 5 月從唐回國的金仁問，又於 659 年 4 月第三次入唐。此時新羅已經受百濟的多次侵擾，試圖借助唐的力量以雪恥，正好百濟末代君主義慈王政治專權、驕奢淫逸，使朝廷分裂、民心渙散。善於洞察的武烈王認為，這是征伐百濟的絕佳時期，於是 659 年派金仁問入唐乞請軍事支援。金仁問向唐高宗彙報了百濟的政治情形，唐高宗立即封蘇定方為「神丘道行軍大摠管」，金仁問為「副大摠管」，撥 13 萬軍隊進攻百濟。

660 年 7 月，羅唐聯合軍攻陷百濟最後的首都——泗沘城，躲入熊津城的義慈王最終投降，蘇定方將義慈王、王子、大臣等作為俘虜押回唐朝。當時，金仁問也與「沙飡」儒敦、「大奈麻」中知等隨蘇定方入唐，這是金仁問第四次入唐。唐朝於這年 11 月 1 日，在洛陽則天門舉行了獻俘儀式，金仁問作為聯合軍新羅方面的總代表出席。[46]留在唐朝的金仁問於翌年 6 月奉唐高宗之命，為掃平高句麗而調集新羅軍隊，回到了新羅。

662 年 7 月，金仁問生涯中第五次入唐。661 年 6 月，新羅武烈王去世，文武王即位。唐朝派遣「弔問兼冊封使」入新羅，翌年正月冊封文武王為「開府儀同三司、上柱國、樂浪郡王、新羅王」。領受唐朝冊封的文武王於 662 年 7 月，派弟弟金仁問入唐貢獻方物，以對於冊封的「謝

---

[44] 毛鳳枝，《關中金石文字存逸考》卷 10，萬年宮銘；岑仲勉，《金石論叢》，中華書局，2004，pp.266-267；拜根興，〈中國所在韓國古代史關聯金石文資料의現況과 展望〉，《新羅文化祭學術發表會論文集》，23，慶州市新羅文化宣揚會，2002，p.195；〈唐朝與新羅往來研究二題——以西安周邊所在的石刻碑誌為中心〉，《當代韓國》2011-3，pp.39-45；權悳永，《新羅의 바다：黃海》，一潮閣，2012，pp.300-301。

[45] 權悳永，〈唐九成宮의 金仁問親筆書跡〉，《新羅史學報》34，2015，pp.301-330。

[46] 《舊唐書》卷 4，高宗顯慶元年 11 月戊戌；《資治通鑑》卷 200，高宗顯慶元年 11 月戊戌。

恩使」身份入唐的金仁問，在唐並未久留而馬上歸國。663 年 7 月，他以「將軍」的身份參與了討伐倭國與百濟聯合軍的戰爭。[47]

665 年 8 月，唐朝將軍劉仁軌將文武王與扶餘隆召集至就利山會盟，然後帶領新羅、百濟、倭國、耽羅使臣回到唐朝，金仁問便於此時一起入唐，這是金仁問第六次入唐。入唐後的金仁問於第二年正月，侍從唐高宗參加了泰山封禪儀式，以功勞受封「右驍衛大將軍」，並接受食邑 400 戶。

在唐滯留期間的金仁問，於 668 年為征集與唐軍聯合的新羅軍隊，在「行軍大摠管」劉仁軌到來之前先行歸國，這年 6 月 12 日，與到達韓半島西南党項津的劉仁軌軍隊匯合。金仁問以「大幢摠管」的身份親率新羅軍隊與唐軍合勢後，於 9 月 21 日攻陷平壤城。李勣擒高句麗寶藏王、王子福男、德男以及高句麗大臣們為俘虜，押送回唐朝。當時金仁問與助州、仁泰、義福、藪世、天光、興元等隨李勣一起入唐，這是他生涯中最後一次入唐。

高句麗滅亡後，因韓半島領土主權紛爭，使羅唐關係急劇冷卻，特別是文武王佔領百濟故土之後，吸納高句麗遺民，多次與唐對抗。674 年，唐高宗剝奪了文武王的「新羅王」爵位，賜封在唐的金仁問為「新羅王」，金仁問與劉仁軌所率領的討伐新羅大軍一起準備回國。[48]新羅一面防備唐軍進攻，一面遣使入唐謝罪，唐高宗最終恢復了文武王的爵位，金仁問在歸國中途又不得不返回唐朝。

金仁問在 7 世紀中葉風雲變幻的東亞國際形勢下，主導了新羅的對唐外交，位於韓半島東南部的新羅至 7 世紀中葉能夠成為三國的霸主，是由於唐帝國在背後的支持，而在新羅對唐外交中發揮了決定性作用的人物便是金仁問。為了羅唐之間的友好關係，金仁問約有 34 年的大半生時光都在唐朝度過。往返一次唐朝約需八個月時間，計算下來，他一生中約有四年半的時間都花在來去的路上。慶州至長安約 2570 公里，[49]金

---

[47] 《三國史記》卷 42，金庾信傳（中）。

[48] 《三國史記》卷 7，文武王 14 年；同書卷 44，〈金仁問傳〉；《唐會要》卷 95，新羅；《冊府元龜》卷 986，〈外臣部　征討〉。

[49] 這個距離是以遣唐使北路為基準計算出來的。即「慶州－唐恩浦」的距離是唐尺 700 里，約 370 公里，「唐恩浦－登州」的距離是 600 公里，「登州－長安」的距離是唐尺 3000 里，約

仁問六回往返加一回入唐的路程合計 33410 公里，他正是在這條長征之路上完成了 7 世紀中葉新羅的對唐外交使命。

（二）國內政治活動

金仁問一生為對唐外交事業獻身，但也在空隙中以「都督」或「將軍」身份，參與國內活動。依據現存記錄，他在新羅最早獲得的官職是「押督州軍主」。《三國史記》卷 44〈金仁問傳〉記載，他被任命為「押督州軍主」之時，正是初次完成遣唐使任務後回國的 653 年。但是結合〈萬年宮銘碑陰記〉與《三國史記》卷 5〈新羅本紀・太宗武烈王 3 年條〉的記錄來看，金仁問被委任為「押督州軍主」的時間是 656 年。656 年，金仁問第二次順利完成遣唐使命後回國，武烈王表彰其功績，任命其為「押督州軍主」。接著，金仁問在獐山城修築要塞，武烈王又賜其食邑 300 戶。[50]

獐山城築造了多久不得而知，從〈金仁問墓碑文〉中「千□之雉堞，高墉似錦越」的語句來看，獐山城高大堅固、延綿不絕，[51]因此不可能在短時日完工。於是推斷，金仁問自唐歸國的 656 年 5 月以後，至 659 年 4 月第三次入唐之間，約三年時間都在擔任「押督州軍主」。

作為「押督州軍主」的金仁問，於 659 年 4 月入唐乞師，後隨唐軍一起回國滅亡百濟。之後的 660 年 7 月，與蘇定方一起再次入唐，翌年 6 月歸國，7 月入「大將軍」金庾信麾下，以「大幢將軍」身份與真珠、欽突一起，為協助唐朝平定高句麗，而向平壤城進發。金仁問一行在向北進軍途中的 9 月 27 日，擊破聚集於甕山城的百濟復興軍，第二年正月，為攻打平壤城的唐朝蘇定方軍隊轉運軍糧。從平壤歸來途中，遭遇高句麗軍，殺敵萬餘名，俘虜「小兄」阿達兮等五千名，收繳兵器萬餘件。

1600 公里，合計 2570 公里。

[50] 《三國史記》卷 44，金仁問傳；〈金仁問碑〉，《韓國金石文集成（7）》，韓國國學振興院，2014，p.19。

[51] 韓國大邱大學博物館的專家與學者金若洙都認為獐山城就是慶尚北道慶山市龍城面谷蘭里的龍山城，現在的龍山城高度為 1.5 至 2 米，總周長為 1.481 公里，城內面積為 140435 平方公里。（大邱大學校博物館，《慶山龍山城地表調查報告書》，1993；金若洙，〈慶山地域의 山城址와 獐山城의 位置에 대하여〉，《鄉土史研究》9，1997，p.40-42。）

以此功勞，金仁問獲得屬於「本彼宮」的財貨、田莊與一半的奴婢，作為獎賞。[52]

百濟滅亡以後，百濟「前將軍」福信、僧侶道琛從日本迎回王子扶餘豐，擁立其為百濟王，以豆率城、任存城、周留城為根據地，展開了百濟復興運動。新羅從 663 年 5 月起，與劉仁軌、孫仁師所率唐軍聯合攻擊百濟復興軍。當時剛從唐朝回來的金仁問，以「將軍」身份與金庾信、天存、竹旨等並肩作戰。羅唐聯合軍在白江口燒毀前來支援百濟的倭國兵船千餘艘，並攻陷周留城與豆率城，瓦解了百濟復興運動。[53]

回到新羅王京的金仁問在唐朝的施壓下，於 664 年 2 月與「伊湌」天存一起到達熊津，和唐敕使劉仁願、熊津都督扶餘隆在熊嶺築造祭壇，舉行盟約儀式。[54]從熊津歸來後，金仁問 7 月和品日、軍官、文穎等率領一善州、漢山州的軍隊，與熊津都護府軍隊合勢攻打高句麗突沙城。[55]665 年 8 月，唐朝再次要求新羅與百濟訂立盟約，於是文武王至就利山與扶餘隆、劉仁軌等盟誓，確定領土邊界。熊嶺結盟時的新羅代表金仁問，也參加了這次的就利山盟約。

668 年，金仁問以「大幢摠管」之職，參與了羅唐聯合軍滅亡高句麗的戰爭。接著，唐軍統帥李勣將高句麗寶藏王、王子及大臣作為俘虜帶回唐朝，金仁問也一起入唐。此後，他再也沒有回到新羅，668 年的蕩平高句麗之戰是金仁問在新羅留下的最後行跡。

一生大部份時光在唐度過的金仁問，在新羅的六、七年裡，以「押督州軍主」的身份，修築了獐山城；以「摠管」和「將軍」之職，直接參與了滅亡百濟與高句麗的戰爭。征伐百濟時，其官職為「神丘道副大摠管」，征伐高句麗時，其官職為新羅「大幢摠管」。不僅如此，他還與百濟復興軍作戰，為攻打平壤的唐朝軍隊運送軍糧。總之，金仁問在國內親歷並指揮了新羅在 7 世紀中葉韓半島三國爭奪霸權中的大小戰鬥，並以大多獲勝的功績，主導了新羅的對唐外交政策。

---

52 《三國史記》卷 6，文武王 2 年；同書卷 44，金仁問傳。

53 《三國史記》卷 6，文武王 3 年；同書卷 7，文武王 11 年 7 月。

54 《三國史記》卷 6，文武王 4 年 2 月，同書卷 7，文武王 11 年 7 月。

55 《三國史記》卷 6，文武王 4 年 7 月。

二、政治糾紛與亡命

（一）逆首與忠臣

671年薛仁貴寫給文武王的長文書信，收錄在《三國史記》卷7〈文武王11年7月條〉中。書信的開頭寫道：「兄為逆首，弟作忠臣，遠分花萼之陰，空照相思之月，興言彼此，良增歎詠」，在書信的後半部份，薛仁貴教訓與唐對抗的文武王道：「嗚呼，昔為忠義，今乃逆臣」，將新羅文武王直指為「逆賊之首」。

薛仁貴用花與花萼比喻兄弟之間相互思念、卻無法見面的感受，也說明了兄弟倆人地理相隔的關係。既是文武王的弟弟，又在遠方之人，只有668年入唐並一直生活在唐朝的金仁問。因此，薛仁貴所指的弟弟就是金仁問，與其兄文武王相比，薛仁貴認為金仁問是忠臣。[56]

那麼，薛仁貴所說的「逆賊」與「忠臣」，到底有怎樣的深層含義呢？「逆賊」指抗拒君主的旨意，顛覆朝廷、圖謀叛亂之人；「忠臣」指對君主與朝廷忠心耿耿之人。「逆賊」與「忠臣」，一個反抗朝廷，一個忠誠朝廷。薛仁貴念頭中的君主與朝廷，就是唐朝皇帝與唐王朝。但這並不是從表面上來看，由於薛仁貴是唐朝的臣子，為新羅提供軍事援助，所以也要強迫新羅一心向著唐朝廷。

7世紀初推翻了隋朝而掌握中原的唐朝，至7世紀中葉成為四方仰視的強大帝國，傲然屹立在東亞世界的中心。周邊各國都遣使入唐朝貢，並接受唐朝冊封，新羅也不例外。在以朝貢與冊封所構成的羅唐關係下，新羅在形式上以唐之臣下的身份自處。舉例來說，文武王在〈答薛仁貴書〉開頭便寫道：「先王於貞觀廿二年入朝，覲見太宗文皇帝，並接受敕命」，書信後半部份又曰：「（百濟與新羅）彼此俱是帝臣」，可知新羅自比為唐朝之臣國。

新羅文武王在〈答薛仁貴書〉中，實際向唐朝辯明自身「終無反叛

---

[56] 權悳永，〈悲運의 新羅 遣唐使들——金仁問을 中心으로〉，《新羅의 對外關係史研究 新羅文化祭學術發表會論文集》15，1994，pp.244-245。

之心」，表達「必當國蒙盡忠之恩，人受效力之賞」的決心，「反叛」或「盡忠」的對象都是唐朝。所以薛仁貴因文武王違背唐帝意願，動員軍隊與唐對抗，而稱之為「逆首」，金仁問順從唐帝旨意，故為「忠臣」。

那麼，文武王具體是怎樣違逆了唐朝旨意的呢？647 年，金春秋帶兒子金文王等入唐，與唐太宗締結軍事同盟。二人所訂立的盟約內容是，新羅與唐朝合力平定百濟與高句麗後，平壤以南的百濟故土歸屬新羅，平壤以北的高句麗故土歸屬唐朝。[57]在如此約定之下，羅唐聯軍合力在 660 年、668 年分別滅亡百濟與高句麗後，唐朝的態度突然發生改變，即在三國之內都設置了「都護府」或「都督府」，將韓半島作為羈縻州進行直接統治。於是，文武王想起了金春秋與唐太宗所立之盟約，拒絕唐朝對於韓半島的支配，與唐朝的侵略行為進行抗爭。因此，新羅開始進攻唐朝操縱下的熊津都護府，吸納高句麗遺民對抗唐軍，爆發了所謂的「羅唐戰爭」。

在當時國際秩序框架下，文武王的這種行為，是對唐朝的明顯挑戰與叛逆。換句話說，文武王反對唐朝使用光復百濟來牽制新羅的「韓半島分割政策」，他希望能夠按照羅唐同盟的約定，讓百濟故土歸於新羅。以唐的立場來看，文武王就是唐朝廷的叛逆者。與文武王相比，薛仁貴稱金仁問為忠臣，是因為金仁問與文武王不同，他老實接受了唐朝對韓半島的「分割統治政策」。從上文的分析，可知 671 年金仁問的政治路線與立場，即金仁問不與文武王的「反唐政策」同調，而擁護唐朝對韓半島的分割支配，從唐的角度看當然是忠臣。

（二）夢想與挫折

薛仁貴將金仁問視為忠臣，金仁問是擁護唐朝通過光復百濟以牽制新羅的親唐派人物，儘管也有對其不同的評價與見解。例如，韓國金壽泰將《三國遺事》卷 2〈文虎王法敏條〉中金仁問投獄之事，和《三國史記》卷 44〈金仁問傳〉的相關記錄比較分析後認為，由於新羅文武王的反唐行為，金仁問不顧自身已被投入唐朝監獄的處境，通過入唐求法的

---

[57] 《三國史記》卷 7，〈文武王 11 年 7 月　答薛仁貴書〉。

義湘，預先將唐朝即將侵攻新羅的事實偷偷傳回新羅朝廷，而且誠懇拒絕了唐朝將自身封為新羅王，這個取文武王而代之的任命，所以不能算作親唐派人物。[58]

但是我們仔細考察後就會發現，《三國遺事》卷 4〈義湘傳教條〉的記載與《三國遺事》卷 2〈文虎王法敏條〉的記載不同，向義湘密報唐朝準備入侵新羅的人物是金欽純，而非金仁問。而據〈文虎王法敏條〉中「明年，高宗使召仁問等，讓之」的內容來看，這裡的「明年」指 669 年，[59]當時「角干」金欽純與「波珍飡」金良圖正入唐謝罪。[60]接著又道「乃命強首先生作請放仁問表，以舍人遠禹奏於唐，帝見表流涕，赦仁問慰送之……及仁問來還，死於海上」，這與金仁問 668 年之後一直在唐生活、694 年才去世於長安的事實不符。而這條人生軌跡，卻與 669 年作為「謝罪使」與金欽純一起入唐、被扣押投獄的金良圖相似，所以〈文虎王法敏條〉的記錄，是把金良圖的故事以訛傳訛、張冠李戴地安到了金仁問頭上。

還有就是 674 年唐朝封金仁問為新羅王後，派其回本國之時，而金仁問堅決辭讓的態度，表明他是反唐人物，這點分析也很牽強。金仁問當初沒有痛快領受「新羅王」的封爵，進行了誠懇辭讓，但最終還是沒有辦法地接受了。如果金仁問效忠文武王的話，絕不會答應唐朝封自己為新羅王，這是他作為文武王忠誠、純厚的臣子所不該有的行動。進一步說，如果金仁問與文武王同心一致的話，唐朝就不會以金仁問來代替文武王了。唐朝既然選擇了金仁問，就是相信他能夠貫徹唐朝對於韓半島的「分割統治政策」，這事實證明了金仁問的政治路線與文武王之不同，他就是親唐派人物。[61]

那麼，為何金仁問與文武王面對唐朝時，持有不同的政見呢？雖然，唐朝一面拉攏與一面壓迫的手段，可被當作其中的一個原因，但最主要應是金仁問覬覦新羅王權的野心在作怪。前後七次入唐的金仁問，比任

---

[58] 金壽泰，〈羅唐關係의　變化와　金仁問〉，《白山學報》52，1999，pp.661-674。

[59] 金壽泰，〈羅唐關係의　變化와　金仁問〉，《白山學報》52，1999，pp.662 中認為明年是 670 年，但根據原文前面是總章元年（668）的內容，故明年應該是 669 年。

[60] 《三國史記》卷 6，文武王 9 年 5 月。

[61] 金貞淑，〈金周元世系의　成立과　그　變遷〉，《白山學報》28，1984，p.153。

何人都瞭解當時的國際政局與唐朝的軍事實力，但是新羅文武王卻要一味與強大的唐帝國對抗。從當時的國力對比來看，倘若羅唐之間開戰的話，新羅必敗，文武王戰敗的話，必定王位不保。金仁問當然看到了高句麗寶藏王與百濟義慈王的前車之鑒，雖然我們不知道金仁問以往的政治傾向，當高句麗滅亡後，羅唐矛盾白熱化之時，金仁問預見到新羅的失敗與文武王即將退位，才積極支持唐朝。

懷有不純意圖的金仁問是否得到唐朝的完全信任，還是唐朝僅做了個順水人情？就目前來說，唐朝並不是他的絕對靠山。當時新羅國內也有追隨唐朝的政治勢力存在，如 673 年謀反而投靠唐朝的「阿飡」大吐[62]、668 年或 669 年與熊津都護府百濟女子結婚並掌控漢城州的「漢城州都督」朴都儒[63]、670 年奪取百濟某地而背叛新羅後失敗被殺的「漢城州摠管」藪世[64]等。大吐自不用說，朴都儒與唐朝傀儡政權熊津都護府相勾結而背叛新羅，藪世也背叛了文武王，他們都是親唐派人物。特別是藪世，他曾於 668 年與金仁問一起入唐，其親唐的嫌疑更重。將國內外條件充份考慮過後，金仁問決定借唐朝之手，實現對新羅王權的野心。

到了 674 年，金仁問的野心離達成越來越近。當時採取「和戰兩面政策」佔領百濟與高句麗故土的文武王，在國家各處增築城牆。他撥給「大阿飡」徹川兵船 100 艘，讓其守衛西邊大海，防禦唐朝進攻；[65]又繼續不斷地接受高句麗遺民，侵佔百濟故土。於是，唐高宗於 674 年撤銷了文武王的官爵，任命在唐朝的金仁問為新羅王，並下令劉仁軌、李弼、李謹行等率領軍隊，與金仁問一起入新羅取代文武王的王位。

面對剛被冊封為「新羅王」的金仁問正向新羅而來的事實，文武王立即向唐朝派遣「謝罪使」敬呈貢物，並誠懇地承認過錯。當時唐朝正一心防禦吐蕃，劉仁軌將主力部隊調回了唐朝，[66]於是文武王的官爵重新

---

62 《三國史記》卷 7，文武王 13 年 7 月。

63 《三國史記》卷 7，文武王 11 年 7 月。

64 《三國史記》卷 6，〈文武王 10 年 12 月條〉記載藪世謀反事件的內容為「漢城州摠管藪世，取百濟國，適彼事覺，遣大阿飡真珠誅之」，中間缺了六個字，從前後文意來看，我們可以推測藪世應該是奪取了百濟之人或百濟土地，而背叛了新羅。

65 《三國史記》卷 7，文武王 13 年 9 月。

66 徐榮教，《羅唐戰爭史研究》，亞細亞文化社，2006，pp.67-97。

得到認證，懷抱王位野心向新羅前進的金仁問，最終不得不返回唐朝。一直留在唐朝的金仁問 679 年被封為「鎮東大將軍行右武衛大將軍」，690 年被封為「輔國大將軍、上柱國、臨海郡開國公、左羽林軍將軍」，最後於 694 年 4 月 29 日客死長安，享年 66 歲。[67]

第三節　經濟與文化活動

一、對唐貿易活動

（一）遣唐使與官方貿易

研究前近代東亞國家對中國的貿易活動，最容易想到的是古代韓國的對唐貿易，以貿易主體為標準，可分為「官方貿易」與「私貿易」兩種形態。官方貿易是代表兩國的官員之間正式交換物品的貿易形式，主要以朝貢、回賜這樣的傳統東亞外交儀禮來實現，通常被稱為「朝貢貿易」。相反，私貿易是以營利為目標的個人之間進行商品交換的行為模式。

在古代東亞律令體制下，國際貿易只承認國家間公開進行的官方貿易，一切私貿易在法律上是禁止的。根據《唐律疏議》卷 8〈衛禁條〉，錦、綾、羅、穀、紬、絹、絲、布、真珠、金、銀、鐵等是禁止買賣的物品名單，與邊疆關塞的「外化蕃人」即外國人私自交易其他物品也是嚴令禁止的。如果進行私自交易被發現，將買賣量按照絹來換算，「1 尺」判兩年半的徒刑，「3 匹」則加重一等級，「15 匹」以上判處流刑。如果外國人進入唐朝國境進行交易，與本國人越境交易罪責相同。[68]836 年 6 月京兆府奏請，禁止中國人私下與新羅或渤海人通交買賣。[69]不僅如此，在當時道路不暢、交通手段簡陋的韓半島三國或渤海，與唐朝的私貿易並不會盛行。

但也不是說 9 世紀以前完全不存在私貿易。試想一下京兆府所奏請

---

67 《三國史記》卷 44，金仁問傳。
68 《唐律疏議》卷 8，衛禁。
69 《冊府元龜》卷 999，〈外臣部　互市〉。

的內容，〈交易禁止令〉正反映了當下存在新羅與渤海商人私下與中國人進行貿易的現象。《宋高僧傳》卷 4〈義湘傳〉記載文武王時期的僧人義湘乘坐商船入唐，《三國遺事》卷 3〈敏藏寺條〉記載景德王時期的商人長春在大海中遭遇暴風，漂流至中國南方，[70]這些事實都說明當時存在著私貿易。雖然 9 世紀以後，新羅與渤海同唐朝的私貿易活動比較頻繁，[71]但也嚴格遵照唐朝的規定進行，與活躍的官方貿易相比規模很小。

官方貿易在整個唐代以多樣的形態展開，貿易事務的擔當者正是頻繁入唐的使節們。遣唐使在性質上首先是外交使節，他們最主要的使行目的或名份是促進本國與唐朝的親善與友誼。但是除政治目的外，特別是東亞社會保持安定的 8、9 世紀，新羅與渤海遣唐使還肩負起輸入唐朝先進物質精神文明與經濟交流的使命。

前近代東亞世界的遣唐使一般被稱為「朝貢使」，他們代表本國國王覲見唐帝，呈獻表文與貢物，唐帝向蕃國國王轉達回信以及所謂的「回賜品」，對使節團成員也依官等高低有差別地進行封賞。這種通過貢物與回賜品來實現的、兩國間的物物交換，是古代東亞世界最普遍的官方貿易形態。用現代概念來講，貢物是官方輸出品，回賜品是官方輸入品。朝貢貿易的詳細過程是，各國遣唐使將貢物運至邊州接受檢閱，相關官員將物品的種類與數量仔細登記之後，向鴻臚寺報告，鴻臚寺估定價值後決定回賜品的種類與數量，在遣唐使歸國之際完成回賜。[72]

通過遣唐使完成的官方貿易，還可在唐朝所開設的官市中進行。我們來參考一下唐以後北宋蘇軾的〈論高麗買書利害箚子〉一文，宋朝為給高麗使臣提供便利，讓各種行鋪在使臣所居客館中陳列商品，與使臣

---

[70] 關於景德王時期長春的神奇經歷，收錄在引用了《敏藏寺記》、《雞林古記》、《海東傳弘錄》等書的《法華靈驗傳（下）· 普門品》之「黑風吹其船舫」條目中。關於《法華靈驗傳》與《海東傳弘錄》兩書的詳細解說，參考許興植，〈真靜國師의　生涯와　時代認識〉，《高麗佛教史研究》，一潮閣，1986，pp.847-854。

[71] 金庠基，〈古代의　貿易形態와　羅末의　海上活動에　就하야——清海鎮大使張保皐를　主로　하야（1）〉，《震檀學報》1，1934，pp.101-103；佐伯有清，〈9 世紀の日本と朝鮮——來日新羅人の動向おめぐって〉，《歷史學研究》287，1964，pp.1-13。

[72] 《大唐六典》卷 18，〈鴻臚寺　典客令〉；《舊唐書》卷 44，〈職官（3）鴻臚寺〉；石見清裕，〈唐の鴻臚寺と鴻臚客館〉，《古代文化》42，1990，pp.53-54。

們交易。[73]宋朝使臣來高麗時，高麗朝廷也為他們提供市場進行交易。1123年，赴高麗的宋朝使節徐兢曾說道：「高麗故事，每人使至則聚為大市，羅列百貨。丹漆繒帛，皆務華好，而金銀器用，悉王府之物，及時鋪陳，蓋非其俗然也。」[74]那麼推測古代韓半島三國、渤海與唐的貿易也曾採用這種形式。

還有通過「互市」的官方貿易形式。「互市貿易」是唐朝為綏撫北方遊牧民族等周邊諸蕃，而在邊境開放市場，高價多量購買馬匹、金、銀、銅等特產的貿易形態。[75]這必須在兩國訂立協議之後才能實現，起中間作用的是各國以遣唐使為首的各種官吏。790年6月，回鶻使臣移職伽通過與唐的互市，用馬匹換來絲綢30萬匹。[76]815年11月，吐蕃使臣請求互市，得到唐朝准許。[77]從以上事例來看，互市主要是以各國的正式使節為媒介而開展貿易的，新羅與渤海偶爾也可作為互市貿易的對象。836年6月，淄青節度使請求皇帝不要禁斷新羅、渤海人帶熟銅入境進行貿易，[78]這說明唐朝與新羅、渤海之間存在互市。當時將熟銅或其他物品帶來，進行互市貿易的中介人物，參照吐蕃、回鶻的例子，大概是新羅與渤海的遣唐使們。

還存在一種非官方的貿易形式，那就是遣唐使為本國王室或個人購入所需的唐物。遣唐使個人的交易活動，在原則上是禁止的。根據《唐律疏議》卷8〈衛禁條〉，以外國使節身份入境的個人，如若私自進行市場交易的話，將按交易物品量，依據偷竊他人物品之罪進行處罰。唐朝甚至規定使節團在行路途中，不得與一般百姓接觸，如果不是缺少急需物品的情況，不得與州縣官員有所往來，這都是為了嚴防私人買賣。[79]然而，遣唐使們可在唐朝官方許可的情況下，公開買賣物品。根據《冊府元龜》卷971〈外臣部・朝貢（4）條〉的記載，713年入唐的靺鞨王子

---

[73] 《東坡集》；《海東繹史》卷56，〈藝文志（15）中國文（3）〉。

[74] 徐兢，《宣和奉使高麗圖經》卷3，貿易。

[75] 張澤咸，〈唐朝與邊境諸族的互市貿易〉，《魏晉南北朝隋唐史》1993-1；鄭炳俊，〈唐代의 互市와 張保皐의 對唐貿易〉，《中國史研究》69，2010，pp.215-235。

[76] 《冊府元龜》卷999，〈外臣部 請求，貞元6年6月〉。

[77] 《冊府元龜》卷999，〈外臣部 互市，元和10年11月〉。

[78] 《唐會要》卷86，市；《冊府元龜》卷999，〈外臣部 互市，開成元年6月〉。

[79] 《唐律疏議》卷8，衛禁。

向唐帝請求去市場交易貨品，得到准許。《冊府元龜》卷 999〈外臣部・請求條〉與〈外臣部・互市條〉亦載，716 年奚國使臣請求在長安兩市或西市交易貨物，得到允許。而且，717 年日本遣唐使不僅在長安東市、西市開展貿易活動，並在地方州縣交易除禁止輸出國外的各類物品，這都是在唐朝的許可下實現的。[80]

除了唐朝公認的貿易之外，使臣們進行私下貿易的現象也普遍存在。838 年日本遣唐使大使藤原常嗣為了購入藥品與香料，派遣「監國信」春道永藏與「判官」長岑高名去揚州偷偷採購物品。[81]使節團的這種私下秘密交易行為，不僅僅在唐朝，在其他任何時代、任何國家中都存在。據《舊唐書》卷 149〈歸崇敬傳〉與《冊府元龜》卷 654〈奉使部・廉慎條〉記載，唐朝自古以來，凡赴新羅的使臣都會用資金購入新羅物品，回來後通過交易獲取更多利潤。中國南北朝時代的「交聘使」在對象國逗留期間，購買該國各種東西帶回國內，都是很常有之事。[82]韓半島三國與渤海遣唐使的情況也是一樣。新羅遣唐使入唐後，一定會用金銀購買張薦的詩文。[83]還有新羅人受本國宰相委託購買白居易文章的例子，[84]文獻中的「新羅人」應該就指新羅遣唐使。

前面提到過，日本遣唐使們會為購買香藥，派專人去揚州、楚州、明州等當時最具代表性的國際貿易港口，那裡是從印度、波斯、阿拉伯等國來的各類商品之集散地。那裡也是新羅遣唐使頻繁出入之所，他們大概也會在此購入一些官方或私人需要的各種物品。這種交易行為是通過使節團在朝貢制度範疇之內所實現的，大致上可被認作是官方貿易的一種類型。[85]

---

80 東野治之，〈奈良時代遣唐使の文化的役割〉，《佛教美術》122，1979，p.40。

81 圓仁，《入唐求法巡禮行記》卷 1，開成 4 年 2 月 20 日。

82 金鍾完，〈南北朝의 交聘關係〉，《東亞史의 比較研究》，一潮閣，1987，pp.165-166。

83 《新唐書》卷 161，張薦傳。

84 《舊唐書》卷 166，白居易傳；《新唐書》卷 119，白居易傳。

85 盧德浩，〈羅末新羅人의 海上貿易에 관한 研究——張保皐를 中心으로〉，《史叢》27，1983，p.5。

（二）對唐貿易的商品

結合上文的分析，各國遣唐使們通過多種形式的貿易活動，實現了本國與唐朝的物物與財貨交換。至於韓國古代遣唐使具體完成過多少種類、數量的物品交易，由於資料不足，無法詳細知曉。因此本書以有籍可尋的新羅、渤海對唐輸出品（朝貢品）與輸入品（回賜品）為例，對交易物品的種類作一番分析。

表 4-1 新羅對唐輸出品一覽表

入唐時間	遣唐使名	目的	品種目錄
653 年（真德王 7 年）	金仁問	[賀正]	金總布
669 年（文武王 9 年）	祇珍山		磁石
672 年（文武王 12 年）	原川，邊山	謝罪	銀、銅、針、牛黃、金、40 升布、30 升布
723 年（聖德王 22 年）			果下馬、牛黃、人參、美髢、朝霞綢、魚牙綢、鏤鷹鈴、海豹皮、金、銀
730 年（聖德王 29 年）	金志滿	宿衛	小馬、狗、金、頭髮、海豹皮
731 年（聖德王 30 年）	金志良	賀正	金、銀、牛黃
733 年（聖德王 32 年）	金志廉	謝恩兼宿衛	小馬、狗、金、銀、布、牛黃、人參、頭髮、海豹皮
744 年 4 月（景德王 3 年）		謝恩	馬
748 年（景德王 7 年）			金、銀、60 總布、魚牙綢、朝霞綢、牛黃、頭髮、人參
773 年（惠恭王 9 年）		賀正	金、銀、牛黃、魚牙綢、朝霞綢
799（昭聖王元年）		告哀兼賀正	人參
810 年（憲德王 2 年）	金憲章		金銀佛像、佛經、幡
869 年（景文王 9 年）	金胤、崔賀	謝恩	馬、麩金、銀、牛黃、人參、魚牙錦、朝霞錦、40 升白氎布、30 升紵衫段、頭髮、金釵頭五色綦帶和班胸、各種幍、鈴、筒、緋纈皮、針和針筒

表 4-2　新羅對唐輸入品一覽表

入唐時間	遣唐使名	目的	品種目錄
621 年（真平王 43 年）			畫屏風、錦彩
724 年（聖德王 23 年）	金武勳		錦袍、金帶、彩素布
731 年（聖德王 30 年）	金志良	賀正	綾彩、帛
733 年（聖德王 32 年）	金志廉	謝恩兼宿衛	白鸚鵡、紫羅繡袍、金銀鈿器物、瑞紋錦、五色羅彩
786 年（元聖王 2 年）	金元全	[謝恩]	羅錦、綾彩、銀榼、銀椀、錦彩、綾羅、繡羅裙衣

表 4-3　渤海對唐輸出品一覽表

入唐時間	遣唐使名	目的	品種目錄
722 年（武王 4 年）	味勃計		鷹
726 年（武王 8 年）	大都利行	宿衛	貂鼠皮
729 年（武王 11 年）	大胡雅	宿衛	鷹、鯔魚
730 年（武王 12 年）	木智蒙，烏那達利		馬、海豹皮、貂鼠皮、瑪瑙杯
737 年（武王 19 年）	公伯計		鷹鶻
738 年（文王 2 年）		[謝恩]	貂鼠皮、乾文魚
739 年（文王 3 年）	大勗進	宿衛	鷹
740 年（文王 4 年）			貂鼠皮、昆布
741 年（文王 5 年）			鷹鶻
746 年（文王 7 年）		賀正	馬
749 年（文王 13 年）			鷹
750 年（文王 14 年）			鷹

入唐時間	遣唐使名	目的	品種目錄
777 年（文王 41 年）			鷹
814 年（僖王 2 年）	高禮進		金銀佛像、鷹鶻
841 年（彝震王 11 年）		[慶賀]	瑪瑙櫃、紫瓷盆

根據〔表 4-1〕與〔表 4-2〕，新羅的輸出品大體有金、銀、銅、磁石等「礦物類」，布、帛等「織物類」，牛黃、人參等「藥材類」，馬、狗、鷹等「動物類」四種。唐朝的輸入品除綾羅等「絲綢類」為主外，還有各種精巧的「細工品」，儀仗用的劍、戟等「武具類」，以及書籍等。其中新羅的金、銀、牛黃、人參與唐朝的絲綢是最具代表性的兩國官方貿易物品。而且時代越往後，新羅的輸出品種就會越多樣、越高級。[86]

根據〔表 4-3〕，渤海的輸出品總歸還是本國的土特產。包括多棲息在遼東與高句麗故地的貂鼠之皮毛、海東青，還有以品質優良著稱的渤海馬等陸地動物，以及鯔魚、章魚、海豹皮、海帶等海產物。也有用瑪瑙、寶石製作的酒具，金銀佛像等細工品。對於這些貢品，唐朝主要以絹、帛、彩練等絲織物回賜。

另外，高句麗還曾進獻過白金，但由於兩國關係惡化，唐朝沒有納受。百濟國呈獻過光明甲、光明鎧、鐵甲雕斧、金髹鎧等武具類貢品。與新羅、渤海的待遇一樣，唐朝用絲綢等織物予以回贈。如 637 年百濟武王派太子扶餘隆入唐進獻鐵甲雕斧，唐朝回賜彩帛 300 段。[87]

中國陶瓷器也是遣唐使們常收穫的回賜品，或者喜歡購入的唐物。1973 年在慶尚北道慶州市朝陽洞出土過一件唐三彩鍑，還有 1965 年在慶尚北道義城郡收集到一件唐朝白瓷，都是 8 世紀左右的唐朝製品，應該是以官方貿易形式經新羅遣唐使之手而傳入新羅的。[88]不僅如此，韓國國立中央博物館收藏的一件銅官窯水注、1960 年慶州市拜洞出土的銅官窯雙耳壺與鉢、黃海道龍妹島出土的水注、忠清南道扶餘郡扶蘇山出土的

86 申瀅植，《三國史記研究》，一潮閣，1981，p.253。
87 《三國史記》卷 27，武王 38 年 12 月；《舊唐書》卷 199，百濟。
88 三上次男，〈韓半島出土の唐代陶磁とその史的意義〉，《朝鮮學報》87，1978，pp.2-36。

青瓷缽，還有仁川附近出土的青瓷水注等等，都是 9 世紀後半葉至 10 世紀上半葉的文物。[89]其中有一部份當是新羅遣唐使所帶回的。

圖 4-3　唐三彩三腳附骨壺（慶尚北道國立慶州博物館）

一批又一批遣唐使不斷帶回的唐物，對韓半島三國與渤海的產業與生活造成了一定程度的影響。特別是曾傳入歐洲的絲綢，作為唐朝名貴製品的代表，應當刺激了韓國古代織造產業朝高級化發展。可舉新羅的例子來看，5、6 世紀新羅只能生產布、帛一類織物，8、9 世紀以後，其工藝水準到達了可生產魚牙綢、朝霞綢等高端織品的程度，[90]這應受到了通過官方貿易輸入的唐朝絹織物之影響。雖然消費對象只限於高級貴族，但遣唐使們每次所帶回的成百上千匹的唐朝絲綢織錦，無疑以某種方式提高了古代韓國人的衣著品味與生活水準，而且唐朝的各種儀仗類物品與金銀細工品，對強化王室與貴族權威起到了重要作用。還有通過遣唐使們所帶回的唐代禮書、佛經等，不僅健全了韓國古代社會的法制與規範，還鞏固擴大了作為官方意識形態的佛教信仰。

[89] 三上次男，〈韓半島出土の唐代陶磁とその史的意義〉，《朝鮮學報》87，1978，pp.17-35。
[90] 朴南守，《新羅手工業史》，新書苑，1996，pp.71-72。

唐朝使節們大量購買新羅商品，回國後能賺取更多利潤，[91]可見新羅製品在唐朝廣受好評。752 年新羅金泰廉一行赴日時，帶去大約 120 種物品，以日本貴族作為販賣對象。[92]新羅遣唐使除朝貢品外，也會攜帶一些新羅的各類製品，高句麗、百濟、渤海遣唐使的情形也與新羅大致相同。遣唐使向唐朝輸出商品，反映出本國發達的產業狀況。由於回賜品數量是由朝貢品價值來決定的，因此各國都在努力生產製作一些精巧的高價物品。為了換取更多的唐物，遣唐使們通常會帶一些高檔的本國物品出發，這種交易需求成為推動古代韓半島三國與渤海產業發展的催化劑，而在其中發揮巨大作用的正是遣唐使們，他們真正打開了韓國古代對唐貿易的窗門。

二、韓中文化交流

（一）唐朝書籍的輸入

在遣唐使活動中，文化交流是不可或缺的項目，大體可分為唐文化輸入與本國文化向唐傳播兩類，接受唐朝先進文化佔據了交流內容的絕大比重。

首先，遣唐使們從唐朝帶回了佛經、史書、文集等各類書籍在本國傳播。643 年正月的遣唐使，迎接新羅入唐求法僧慈藏回國，臨行前唐太宗賜給慈藏佛經 400 函以及佛像、袈裟、佛舍利等物。[93]他帶走的佛經，大概是 631、635 與 637 年，由智通、褚遂良、皇太子李治等人三次所主持集結的經典。[94]從 400 函的數量看，應當囊括了至隋代的全部經藏共 688 部 2533 卷。如此卷帙浩繁的佛教經典，大概不會是贈給慈藏個人，而是通過遣唐使賜予新羅王室的。703 年的遣唐使金思讓在唐朝得到《最勝王經》，第二年帶回國內。[95]《最勝王經》又稱《金光明經》，是佛教護國三

---

[91] 《冊府元龜》卷 654，〈奉使部　廉慎，歸崇敬〉。

[92] 池田溫，〈天寶後期の唐・羅・日關係をめぐって〉，《卞麟錫教授還曆記念　唐史論叢》，1995，pp.209-225。

[93] 《三國遺事》卷 3，前後所將舍利。

[94] 黃有福、陳景富，《中朝佛教文化交流史》，中國社會科學出版社，1993，pp.86-87。

[95] 《三國史記》卷 8，聖德王 3 年 3 月。

部經之一，自 5 世紀初首次漢譯以來，在中國共被翻譯了六次。其中 703 年唐代義淨所譯《金光明最勝王經》10 卷是最後的譯本，金思讓所帶回的《最勝王經》應該就是義淨譯本。[96]

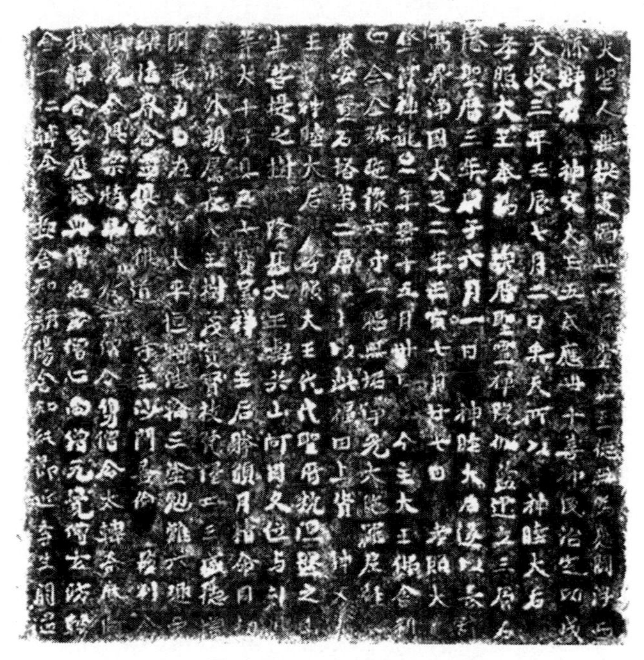

圖 4-4 〈皇福寺石塔金銅舍利函銘〉拓本

金思讓歸國第二年入唐的金志誠，也從唐朝請回了佛經。根據〈皇福寺石塔金銅舍利函銘〉記載，706 年 5 月 30 日聖德王為神文王、神睦太后和孝昭王祈禱冥福，在兩層石塔中奉安佛舍利四枚、純金阿彌陀像一尊，還有《無垢淨光陀羅尼經》一卷。[97]《無垢淨光陀羅尼經》是宣揚阿彌陀佛西方淨土信仰的經典，[98]704 年由天竺沙門彌陀山譯成漢文。唐朝 704 年翻譯的佛經，706 年 5 月 30 日就被奉安至新羅的皇福寺石塔，

[96] 金相鉉，〈輯逸金光明經疏——金光明最勝王經玄樞所引元曉疏의 輯編〉，《東洋學》24，1994，pp.259-262。

[97] 黃壽永，《韓國金石遺文》，一志社，1981，pp.140-141；許興植，《韓國金石全文（古代篇）》，亞細亞文化社，1984，pp.123-124。

[98] 金英美，〈新羅下代의 阿彌陀信仰〉，《新羅佛教思想史研究》，民族社，1994，pp.163-202。

其間定有人將其從唐朝帶回。這一期間雖然有許多人入唐，但最有可能將《無垢淨光陀羅尼經》傳至新羅的是 705 年 3 月入唐的金志誠。不光在時間上恰當，還存在一個有力證據是金志誠晚年為給過世的父母祈求冥福，曾在甘山寺造了阿彌陀像與彌勒像各一尊，與《無垢淨光陀羅尼經》信仰關係極深。那麼，不僅是《無垢淨光陀羅尼經》，一併奉安於皇福寺石塔中的佛舍利與阿彌陀像，也可能是遣唐使金志誠從唐朝帶回的。

827 年 3 月，「高句麗入學僧」釋丘德獻給新羅興德王的若干函佛經，很可能是他從 826 年 12 月入唐、與他一起回來的新羅「告哀使」那裡獲得的。851 年 3 月遣唐使「阿飡」元弘帶佛經與佛舍利歸國。[99]雖然只有以上幾例，但證明新羅遣唐使從唐朝攜回了各種佛經與佛具。特別是金思讓與金志誠將唐朝去年剛譯好的佛經，今年便帶回新羅，可見通過遣唐使輸入唐朝文明的迅猛速度。

除佛經外，遣唐使們還在唐朝敏銳求得各種史書、禮書、醫書及文章等，並帶回國內。647 年入唐的金春秋帶回了唐太宗親撰的〈溫湯碑文〉和〈晉祠碑文〉，還有剛完成的《晉書》。[100]溫湯碑是 648 年，唐太宗為追憶唐高祖於 623 年 2 月在驪山狩獵時發現溫泉之事，而樹立的碑石；晉祠碑是 646 年，唐太宗為紀念唐高祖起兵後在山西太原西南面的懸甕山山麓的晉祠，祭祀晉國始祖唐叔虞而樹立的碑石。《晉書》是房玄齡、李延壽等奉唐太宗之命編纂的、紀錄兩晉歷史的史書，唐太宗御書了其中關於對晉宣武帝、陸機、王羲之的論贊部份。

686 年新羅神文王所遣使臣，帶回了武則天集錄唐朝「吉凶要禮」與《文館詞林》涉及規誡的內容所彙編成的文籍 50 冊。當時，唐朝的禮記類典籍有唐太宗時期編寫的《貞觀禮》100 卷，和唐高宗時期於此基礎上修訂的《顯慶禮》130 卷，[101]遣唐使所請回的不知是哪種，但都代表了唐朝禮學研究的最高水準。《文館詞林》是許宗敬等於 658 年所編成的、總共 1000 卷的巨型勅撰詩文叢書，僅有 23 卷殘帙流傳至今。[102]

---

[99] 《三國史記》卷 11，文聖王 13 年 3 月；《三國遺事》卷 3，前後所將舍利。

[100] 《三國史記》卷 5，真德王 2 年；《舊唐書》卷 199，新羅；《新唐書》卷 220，新羅；崔致遠，〈聖住寺朗慧和尚塔碑銘〉。

[101] 《舊唐書》卷 21，禮儀志（1）。

[102] 黃渭周，〈文館詞林의　實體〉，《韓國의　哲學》19，1991，pp.51-77。

還有，遣唐使朴如言從唐朝求得了醫書《廣利方》五卷。根據劉禹錫為「淮南節度使」杜佑代寫的〈為淮南杜相公論新羅請廣利方狀〉，[103]新羅「賀正使」朴如言向「淮南節度使」請求抄寫《廣利方》五卷帶回本國，杜佑不敢擅自做主，於是彙報唐帝。雖不知最終結果如何，杜佑的奏請內容反映出了新羅百姓渴求藥方的誠懇之心。從杜佑把藥方將怎樣造福新羅的理由，闡述得如此淋漓盡致來看，唐帝一定會准許朴如言將藥方抄走帶回國的。

劉禹錫所代寫奏請書中的《廣利方》，指的是唐德宗親自參與編纂的 5 卷《貞元集要廣利方》。這本醫書於貞元 12 年（796）2 月剛一完成，就頒發至全國州府。[104]劉禹錫 793 年考中「博學宏詞科」後，於 800 年進入「淮南節度使」杜佑的幕下作「掌書記」，802 年被任命為「京兆府渭南縣主簿」，後晉升「監察御史」。他與王叔文、柳宗元等一起發起的政治改革失敗後，於 805 年左遷為「朗州司馬」。因而，劉禹錫在「淮南節度使」杜佑手下作幕僚的時間在 800 至 802 年之間，將《廣利方》的頒佈與劉禹錫的幕下活動時間聯繫起來看，新羅「賀正使」朴如言當是於 800 年左右，即昭聖王時期或哀莊王初年入唐的遣唐使。據史料顯示，有一批昭聖王元年（799）冬入唐的新羅使節團，向唐朝進貢了 9 尺長的人參。朴如言應該就是這次遣唐使大使，任務是將元聖王去世、昭聖王即位的事實向唐朝彙報，並於 800 年正月，參席了賀正儀式。主要使命完成後，他到了淮南節度府所在的揚州，並抄寫了《廣利方》。他為新羅求得的《廣利方》，是在唐朝頒佈了僅僅五年的最新醫學著作。

新羅遣唐使們不僅帶回了佛經、禮書、史書與醫書，還蒐集了曆書與唐代文人的各類文集與文章。674 年歸國的宿衛王子金德福，將所學的唐朝新曆帶了回去，新羅由此制定了新的曆法。[105]金德福學習到的新曆，是在隋《開皇曆》的基礎上，唐麟德 2 年（665）由李淳風所制的《麟德曆》，[106]他把《麟德曆》及相關曆書也帶回了國內。據《新唐書》卷 161

---

103 劉禹錫，〈為淮南杜相公論新羅請廣利方狀〉，《劉賓客文集》卷 17。

104 《通典》卷 33，〈職官（15）州郡（下）〉；《唐會要》卷 82，考（下）。

105 《三國史記》卷 7，文武王 14 年正月。

106 李基白、李基東，《古代史講座（古代篇）》，一潮閣，1982，p.392。

〈張薦傳〉載，新羅與日本使臣入唐後，不惜花重金購買張薦的文章，而且《舊唐書》卷 166 和《新唐書》卷 119 的〈白居易傳〉都寫道，新羅國宰相託人代購白居易的文章，能夠完成囑託的只有遣唐使們。850 年入唐的新羅遣唐使元弘在唐大中年（847-859）初，曾懇請考取「博學宏詞科」第一名的馮涓寫一篇〈重修鳴鶴樓記〉，讓自己帶回國。[107]714 年入唐宿衛的金守忠於三年之後，帶回了孔子與「十哲」、「七十二弟子」的畫像，供奉在新羅國學，連同畫像應該也有儒家經典。

高句麗與渤海遣唐使們，也於唐朝購入各種書籍。623 年，請求唐朝頒曆的高句麗遣唐使帶回了曆書。643 年，為學道教而來的高句麗遣唐使攜回了道教經典。738 年的渤海遣唐使向唐朝懇求抄寫《唐禮》、《三國志》、《晉書》、《三十六國春秋》，得到許可。[108]他們將這些典籍抄本帶回了渤海。

就像這樣，古代韓半島三國與渤海的遣唐使們，從唐朝購入各種書籍向本國傳播，特別是新羅遣唐使們還神速求得剛剛譯完的佛經與甫一頒佈的醫典。佛教與儒教的經典、史書、醫書、曆書等各種唐朝新刊書籍，通過韓半島三國與渤海遣唐使之手，飛速傳回本國，他們是站在新文化潮流最前沿的先驅者。

（二）文化技藝的學習與人員的交流

遣唐使們不僅將唐朝書籍帶回國內，還在唐朝學到了各種文化技藝，代表人物就是宿衛王子們。宿衛帶有人質性質，與其他遣唐使相比，是長期在唐滯留、侍衛唐帝的特殊外交使節。[109]他們在唐生活數年，努力學習唐朝文化。如前所介紹的鑽研新曆法後回國的金德福，還有在唐期間有空就拜師研習陰陽數術，寫成《遁甲立成法》的金巖，得到了中國數術家的極讚。[110]他們有的還入學唐朝國學，掌握最新的學術思想後歸國。

---

107 岡田英弘，〈新羅國記と大中遺事について〉，《朝鮮學報》2，1951，pp.115-118。
108 《唐會要》卷 36，蕃夷請經史。
109 申瀅植，〈新羅의　宿衛外交〉，《韓國古代史의　新研究》，一潮閣，1984，pp.353-390。
110 《三國史記》卷 43，金庾信傳（下）。

除宿衛者外，遣唐使官員和各種職役人員也在短暫的留唐期間，磨練了自身的學術與技藝。遣唐使官員們與唐朝文人進行交遊活動，可以提高自身的漢語與詩文水準。唐朝詩人賈島與新羅使節合作的聯句詩〈過海聯句〉，就是兩國文人共同進行文學創作的典範。[111]而且，遣唐使們應該可以直接閱覽唐朝皇室所收藏的浩瀚圖書，唐玄宗允許日本遣唐使大使藤原朝臣河清閱讀皇宮裡的所有「四庫」書籍，[112]對於新羅或渤海遣唐使來說，必然也平等享有這項權利。新羅遣唐使金卿在唐逗留兩年，歸國臨行前，唐朝詩人陶翰在贈別詩中云：「禮樂夷風變，衣冠漢制新」，[113]這正是遣唐使們在唐朝努力學習漢文化後報效祖國的結果。新羅佛像雕刻工藝，變得愈加精美、熟練，新羅墓制在三國統一之後，也變為橫穴式石室墳，這些都與遣唐使所習得的唐朝文化不無關係。[114]

除遣唐使官員之外，同行而來的醫師、藥師、卜人等，也在唐朝留居期間，通過唐人或新刊書籍、研磨自身的專業技藝。在文獻中，可找尋到日本遣唐使的相關例子。838 年以遣唐使「醫師」身份入唐的菅原梶成，在唐期間尋訪高人請教醫經中的疑問。[115]以「陰陽師」身份入唐的春苑玉成在唐得到《難義》一卷，返日後以其作為教授陰陽寮學生的教材。[116]隨行人員們的這種文化交流活動不僅存在於日本遣唐使中，對於韓半島三國與渤海遣唐使們也是一樣。如此這般，韓國古代遣唐使們入國學研參學問、與唐文人進行交遊、閱覽皇室書庫、尋訪專家、購入專書，將唐朝先進的物質文化與學術技藝傳回本國。

遣唐使們還推動了兩國文化、學術、宗教界的人員交流。在與唐朝沒有定期交通往來的當時，遣唐使船與商船為渡唐留學生、求法僧提供了便捷，他們所主要利用的便是遣唐使船。求法僧搭乘使團船舶往來中

---

[111] 《全唐詩》卷 971；《海東繹史》卷 47，〈藝文志（6）本國詩（1）〉。

[112] 思托，《延曆僧錄》〈勝寶感神聖武皇帝菩薩傳〉；池田溫，〈天寶後期の唐・羅・日關係をめぐって〉，《卞麟錫教授還曆記念　唐史論叢》，1995，p.228。

[113] 陶翰，〈送金卿歸新羅〉，《全唐詩》卷 146；《海東繹史》卷 50，〈藝文志（9）中國詩（1）〉。

[114] 松原三郎，〈新羅佛における唐樣式の受容――二つの問題について〉，《佛教藝術》83，1972，pp.41-52；姜仁求，〈新羅の墓制變遷と紀年問題〉，《古文化談叢》30（上），1993，pp.285-302。

[115] 《日本文德天皇實錄》卷 5，仁壽 3 年 6 月辛酉。

[116] 《續日本後紀》卷 10，承和 5 年正月甲午。

國之傳統，自三國時代開始。圓光於 600 年，搭乘新羅遣隋使「奈麻」諸文與「大舍」橫川的船舶歸國。智明與曇育也於 602 年、605 年，分別搭乘遣隋使上軍與惠文的船舶回國。慈藏的門人僧實等，隨遣唐使神通的船舶入唐，並搭乘 643 年正月入唐的遣唐使船返國。還有，645 年有許多的百濟求法僧，搭乘遣唐使扶餘康信的船舶入唐，僧侶智照又隨扶餘康信回到百濟。[117]

南北國時代的入唐求法僧們，也常是搭乘遣唐使船而往來於唐朝的。新羅惠通於 664 年隨遣唐使鄭恭歸國。[118]道義禪師於 784 年搭乘遣唐使金讓恭之船入唐。[119]朗慧和尚無染於 822 年搭乘「賀正使」金昕的船舶入唐。雙峰和尚道允於 825 年搭乘「入朝使」船入唐。渤海僧侶貞素於 827 年隨渤海「賀正使」入唐。梵日於 836 年搭乘金義琮的船舶入唐。慧目山和尚玄昱曾隨遣唐使金義琮一起歸國。特別是 831 年的遣唐使金能儒入唐之時，隨行帶了 9 名僧侶。[120]此外，圓朗禪師大通於 856 年隨「賀正使」入唐，「了悟禪師」順之、太子寺朗空大師、廣照寺真澈大師等，也全都利用過遣唐使船。

與入唐求法僧一樣，渡唐留學生主要也隨遣唐使們往來唐朝。640 年，受唐太宗大力發展儒學政策之鼓舞，韓半島三國的遣唐使們開始帶領貴族子弟入學唐朝國學。825 年，新羅遣唐使金昕率金允夫、金立之、朴亮之等 12 名預備國學生入唐，金昕歸國時，又將在唐朝國學畢業的崔利貞、金叔貞、朴季業等帶回國。[121]根據《唐會要》卷 36〈附學讀書條〉的記載，836 年的「謝恩使兼宿衛」金義琮也偕同宿衛學生入唐，同年 12 月入唐的遣唐使亦是如此，這些留學生們最終進入唐朝國學。840 年的遣唐使請求唐朝放還滯留期限已滿的新羅留學生，放還的 105 名學生中一部份隨遣唐使一同回國。869 年的金胤也曾帶領李同等 3 名留學生入

117〈貞觀年中撫慰百濟王詔一首〉，《文館詞林》卷 364；朝鮮史編修會，《朝鮮史》1-3，pp.393-394。

118《三國遺事》卷 5，惠通降龍。

119《祖堂集》卷 17，雪岳陳田寺元寂禪師傳。

120《三國史記》卷 10，興德王 6 年 2 月；《冊府元龜》卷 972，〈外臣部　朝貢（5），太和 5 年 2 月〉。

121《三國史記》卷 10，憲德王 15 年 5 月；《冊府元龜》卷 999，〈外臣部　請求，寶曆元年 5 月〉。

唐。[122]885 年的「慶賀使」金僅也曾率金茂先、崔渙、崔匡裕等，入唐進國學學習。[123]891 年的遣唐使崔元向唐請求讓崔霙等學生入學國學。[124]897 年的金穎也率崔慎之、金鵠等 8 名學生入唐，並啟請入學國學。金穎歸國時，還將之前隨金僅入唐的金茂先等學生帶回了國。[125]

渤海的入唐留學生們主要也隨本國遣唐使而往來唐朝。714 年，渤海 6 名留學生隨遣唐使入唐。[126]837 年，16 名學生與「賀正使」大明俊同行入唐。[127]832 年的「謝恩使」高賓英入唐時，解楚卿、趙孝明、劉寶俊等 3 名學生與之同行，返回時李居正、朱承朝、高壽海等學生也相伴回國。[128]

唐朝時入華求學的古代韓半島三國與渤海的求法僧、留學生們，回國後為本國佛教與儒學的發展做出巨大貢獻。而為他們提供往來交通便利，並為他們在唐朝能夠自由鑽研學術、參與文化活動爭取保障的人物，正是遣唐使。換句話說，入唐求法僧與渡唐留學生，大部份是靠遣唐使才能達成心願的。

通過遣唐使與唐朝實現人員交流的對象，不僅局限於本國求法僧與留學生，日本求法僧福因、惠齋、惠光、惠日等，都是在新羅遣唐使歸國時，隨行先到達新羅，然後回本國的。日本渡唐留學生戒融，也是跟隨渤海遣唐使經由渤海，才回到了日本。從歷史上有許多唐朝、印度和林邑國的僧侶與手工藝人隨日本遣唐使到日本歸化的事實來看，[129]也許製作了新羅眾生寺塑像與栢栗寺大悲像的唐朝名匠，也是伴隨新羅遣唐使而至新羅的。[130]中國文獻記載，曾有不知是新羅還是日本的遣唐使，聘請《蕭茂挺集》作者、當時一流文人蕭穎士（707-759）回本國擔任國

122 《三國史記》卷 11，景文王 9 年 7 月。
123 崔致遠，〈奏請宿衛學生還蕃狀〉，《東文選》卷 47。
124 崔致遠，〈遣宿衛學生首領等入朝狀〉，《東文選》卷 47。
125 崔致遠，〈遣宿衛學生首領等入朝狀〉、〈奏請宿衛學生還蕃狀〉，《東文選》卷 47。
126 《玉海》卷 153，唐渤海遣子入侍。
127 《唐會要》卷 36，附學讀書。
128 《舊唐書》卷 199，渤海靺鞨；《冊府元龜》卷 999，〈外臣部　請求，太和 7 年正月己亥〉。
129 森克己，《遣唐使》，至文堂，1966，pp.169-179。
130 《三國遺事》卷 3，〈三所觀音　眾生寺　栢栗寺〉。

師，雖最後並未成行，[131]但從這段故事可以窺視遣唐使在東亞人員交流方面所發揮的作用。

古代韓半島三國與渤海的遣唐使，不僅向本國輸入唐朝文明，還將本國文化向唐傳播，雖然例證不夠充分，也能找出幾個。如新羅景德王曾遣使向唐代宗進貢萬佛山模型；810 年的遣唐使金憲章，將新羅的金銀佛像、佛經與佛幡帶入唐朝；814 年的渤海遣唐使高禮進，也將渤海的金銀佛像各一尊傳入唐朝。

如此這樣，韓國古代遣唐使通過購入唐朝書籍與自身在唐朝研磨學問，將唐朝先進的文化與制度移植回本國，並將本國的藝術珍品介紹到唐朝。遣唐使們為入唐求法僧與留學生往來兩國提供便利，促成了兩國之間學術與宗教文化的間接交流。韓半島三國與渤海的遣唐使們可謂是古代韓中文化交流的主要媒介。

131 《太平廣記》卷 164；《舊唐書》卷 190（下），蕭穎士傳；《新唐書》卷 202，蕭穎士傳。

終章

一、遣唐使的重構

遣唐使是唐周邊國家向唐朝派遣的各類正式使節之總稱。唐朝所存在的 7 世紀上半葉至 10 世紀初的近 300 年間，曾有包括古代韓半島三國與渤海在內的周邊 170 餘國，向唐朝派遣過使節團，進行所謂的朝貢活動。據筆者統計，高句麗與百濟各派遣過 26 回，新羅派遣過 178 回，渤海派遣過 119 回的遣唐使。特別是新羅一國，向唐朝派遣使節團的次數最多，這些事實散見於《三國史記》、《三國遺事》、《舊唐書》、《新唐書》、《唐會要》、《資治通鑑》、《冊府元龜》、《續日本紀》等韓、中、日三國史書，及各種金石文、高僧傳與文集中。由於韓國古代遣唐使的相關記錄十分多樣，又如此分散，於是不同系統的史料所記錄的內容也不盡相同。為了研究韓國古代遣唐使，首先需要對各種文獻進行史料批判。

關於三國時代遣唐使的相關文獻中，高句麗與百濟的史料出於同一系統，即大部份出自中國正史與《冊府元龜》的記載，不是很混亂。但有關新羅遣唐使的資料就比較駁雜，需要相互比較檢討，才能訂正誤謬。首先，《三國史記》〈新羅本紀〉與中國的許多史書中均稱，金春秋於 648 年冬或 12 月入唐，通過參考史料價值較高的〈金仁問墓碑碑文〉、《三國史記》〈金庾信傳〉以及新羅採用唐衣冠制的時間進行分析，才得出了金春秋一行入唐時間應為 647 年 12 月的結論。於是我們知道《三國史記》與《冊府元龜》中，648 年正月新羅使臣入朝的記錄實為衍文，其所指的就是金春秋一行。還有就是將《冊府元龜》與《三國史記》中，645 年正月新羅使朝貢的記錄，與《文館詞林》所收錄的唐太宗〈貞觀年中撫慰新羅王詔一首〉進行比較可知，前兩書的相關記錄皆有錯誤。

《三國史記》中收錄的武烈王、文武王時期的遣唐使相關記錄，大部份所依據的是韓國古文獻，其史料價值不僅高，敘述方式與前後的文獻判然有別。即便如此，還是犯下將武烈王元年（654）派遣的「謝恩使」與翌年正月入唐的「賀正使」當做兩次使節團的錯誤，實際上兩者為同一次使行。

南北國時代的新羅遣唐使相關文獻，主要是《冊府元龜》和史料依存於《冊府元龜》的《三國史記》之記錄，我們也發現了些許錯誤。例如，將 714 年 2 月入唐宿衛的金守忠與「賀正使」朴裕誤認為是同一使節團成員，《唐會要》中將長安 3 年（703）入朝的新羅遣唐使誤寫作長壽 3 年（694）。716 年與 717 年，729 年與 730 年的遣唐使記錄，在《三國史記》與《冊府元龜》中存在一些差異。關於前者，《冊府元龜》的記錄準確，關於後者，《三國史記》的記錄妥當。還有關於 735 年遣唐使的記錄一共有五種，各自內容存在若干差異。將這些複雜的記錄綜合整理後，我們發現 735 這年共有三次新羅遣唐使入唐。第一次是這年正月入唐的「賀正使」金義忠與金榮，第二次是「謝恩使」金思蘭，第三次是於這年 11 月死於唐朝的聖德王從弟——「大阿飡」金相。

新羅下代遣唐使的相關記錄，以 846 年為分界，前後資料性質不同。前者的史料依據為中國正史〈新羅傳〉與《冊府元龜》，《三國史記》的記錄也主要照抄中國，而後者在中國文獻中基本找不到，只有《三國史記》、新羅金石文及崔致遠的文章裡，充其量有一些零星記載。

新羅下代的遣唐使相關史料也同樣存在一些問題。如《三國史記》記載，809 年 8 月金昌南入唐，但參考各種中國史書與張九齡所作〈勅新羅王金重熙書〉一文，可證金昌南是 812 年入唐的遣唐使。又如，804 年帶真鑒禪師慧昭入唐的「歲貢使」與《冊府元龜》所載這年 11 月的新羅使、822 年 12 月入唐的金柱弼與同年帶朗慧和尚無染入唐的「賀正使」金昕、870 年 2 月入唐宿衛的金因與帶「朗空大師」行寂同行的金緊榮、882 年的遣唐使金直諒與新羅「探候使」朴仁範、884 年的遣唐使金仁圭與崔致遠堂弟崔栖遠，其實雙雙都在同一趟使節團，而文獻中分別記載，讓人誤以為是兩趟。

渤海遣唐使的相關記錄大部份見於《舊唐書》、《新唐書》及《冊府元龜》中，然而內容極為簡略。846 年以後的中國文獻中，完全沒有提到過渤海遣唐使，只有唐玄宗給渤海武王的四通聖旨，以及《續日本紀》、《續日本後紀》、《日本三代實錄》、《入唐求法巡禮行記》、《高麗史》中有片段記載，還有就是唐使崔忻的石刻記和崔致遠的文章等，彌補了一些渤海遣唐使史料。通過分析崔忻的石刻記，我們發現過去認為 713 年入唐的靺鞨王子為渤海遣唐使的說法是錯誤的。通過唐玄宗的詔書，我們可以簡單復原渤海攻擊登州前後時期渤海遣唐使之行跡。還有《日本三代實錄》中，記錄了其他文獻中所沒有的 873 年渤海遣唐使的情況。

通過對古代韓半島三國及渤海遣唐使相關記錄的廣泛蒐集與史料批判，我們發現了超乎預料的大量遣唐使資料。以相形之下研究成果較豐富的新羅遣唐使為例，這次所確認的入唐次數比以前整理的多了 40 餘回。在新羅與唐共存的 290 年裡，以平均 1.6 年一次的速度，共派遣了 178 次遣唐使。高句麗與百濟各派遣了 26 回遣唐使，高句麗平均每 1.9 年派遣一次，百濟平均每 1.6 年派遣一次。渤海共派遣了 119 回，平均每 1.7 年派遣一次。

二、遣唐使團的復原

雖然古代韓半島三國與渤海頻繁遣使入唐，但關於其組織規模、人員構成、運作情況等的具體記錄幾乎沒有。遣唐之目的都是入唐完成使命，因此使團在運作制度上都應遵循統一的方式與原理。在這個前提下，我們參考唐朝的政治制度，與記載較為詳細的日本遣唐使之實際狀況，再綜合關於其他國家遣唐使的片段記錄，將遣唐使團成員按職能分為四組。

一是執行遣唐使團基本任務的官員階層，以「大使」、「副使」、「判官」、「錄事」、「通事」為代表。遣唐使官員集團由本國具有一定等級官位與官職的人物組成，他們是遣唐使團的核心成員，遣唐使組織以他們為中心組建。

二是遣唐使團中負責將遣唐使官員運送至唐朝的，操縱船舶運航的專門技術人員。從最上層總管船舶運航一切事務的「海師」，到最下層搖櫓的「榜人」即水手，按技能劃分，有「船工」、「柁師」、「挾抄」等，還包括觀測風向地理、祈禱海上安全、主管祭祀活動的「卜人」。

三是護衛或侍從個別遣唐使官員的從者，或稱「傔從」，還有保障使團往來安全的弓士集團，大部份由武士構成。

四是與遣唐使基本目的沒有直接聯繫，附隨使團入唐的求法僧與留學生等。他們雖然不是使團的必需成員，人員數量亦不確定，但在很多情況下，遣唐使團會攜領他們，他們有時也會為使團提供幫助，因此可算作「不定期」的遣唐使成員。

這四類人員並非遣唐使團的常設組織，而是在有入唐任務時聚合，使命結束後便解體的臨時集團。使團官員也不是常任官僚，不受過多的法律制約。即便組織鬆散，遣唐使官員的選任也遵循一定原則。以新羅遣唐使為例，遣唐使人員構成因使命不同而有所變化，在「謝恩使」、「奏請使」、「慶賀使」、「告陳使」等肩負特別任務的使團情況下，「大使」由官等在「大阿飡」以上的高官擔任。而在禮節性派遣「賀正使」的情形下，所任命的「大使」一般是「阿飡」以下的官員。總之，新羅遣唐使官員通常由「六頭品」以上人物充任，其中「真骨」擔任「大使」或「副使」等高級官員之職，「六頭品」充當「判官」、「錄使」等中下位官職。神文王之後時期的史料不多，但我們大體可知三國時代的新羅遣唐使「大使」多為「真骨」出身，且由 20 至 30 歲年齡層朝氣蓬勃的青年組成。

作為遣唐使官員，不僅要具備社會身份等外在條件，而且還需有個人能力這樣的內在品質。換句話說，遣唐使為與唐朝官員進行交遊，或開展靈活的外交活動，必須要有學問素養。如關於中國的淵博知識，並且精通漢語。以新羅為例，在人員的國際交流方面尚不發達的韓半島三國時代，由於符合內在條件的人不多，擔負遣唐使命的僅為一些特定人物，如金仁問七次入唐、金良圖六次入唐。至新羅中代，就湧現出大批一去唐朝就宿衛數年的貴族子弟，緩解了遣唐使人員不足的狀況，如金忠信、金思蘭等。到了新羅下代，不僅有宿衛王子，還有大量入唐留學生，並在唐朝考取「賓貢科」後歸國。他們有的入唐留居十年之久，在國學鑽研學問，學習唐朝先進的文明事物，並能熟練運用漢語。不僅如此，他們還與唐朝文人交遊，結成深厚友誼，新羅下代的入唐留學生裡考中「賓貢科」的人數最多。

遣唐使種類繁多，我們需對其進行類型上的劃分。首先，按照派遣時間是否規律，分為「定期遣唐使」與「不定期遣唐使」，「定期遣唐使」就是「賀正使」。「賀正使」是每年元旦參加在唐朝皇宮正殿廣場上舉行的賀正儀式，祈禱皇室繁盛並向唐帝祝壽的祝賀新年之使節。但是，通過對新羅與渤海「賀正使」入唐時間的調查情況來看，並不全是正好在唐朝舉行賀正式時入朝的。作為「賀正使」，1 月入朝的情況僅佔全體的 35%，其他從 10 月至翌年 5 月不等，在時間上具有相當的靈活性。

「賀正使」作為典型的韓國古代遣唐使，入唐次數佔到全體的一半程度。入唐之時，他們會攜帶本國國王的國書與貢物。國書又稱「賀正表」，目前我們所能看到的，有崔致遠代真聖女王所寫的〈新羅賀正表〉與洪皓《松漠紀聞》中所載的〈渤海賀正表〉。貢物又稱方物或土物，以本國土特產為主。新羅貢物主要是金、銀、牛黃、人參等，渤海主要是馬、貂鼠皮、海豹皮等。

不受時間上的限制，因特別使命而派遣的「不定期遣唐使」分為許多類型。接受唐朝施惠後，進行答謝的是「謝恩使」；於國內或與唐之間發生某事之時，告知事件真相、辯明是非的是「告陳使」；向唐請求特定事體的是「奏請使」；向唐皇祝賀慶事或慰問凶事的是「慶賀使」或「弔慰使」；護送人員或運送物品入唐的是「送使」等。

「謝恩使」在對唐朝的弔問與冊封、授官與追贈、下賜物品或領土的關懷表達感恩時派遣，入唐時也攜帶謝恩表和貢物。「告陳使」分為稟告前王死訊的「告哀使」、彙報戰爭勝利消息的「告捷使」、詳細陳述事件是非曲直的「告奏使」、承認所犯過錯並祈求原諒的「謝罪使」等。「奏請使」的使命包括請求對國王、王母及王妃的冊封，為貴族子弟申請入學唐朝國學，籲請放還在唐滯留的本國國民，仰求賜予書籍、物品以及懇請軍事援助等。「慶賀使」是在唐朝舉行封禪、唐帝即位、太子冊封、叛亂平定等慶事發生時而派遣的使節。「弔慰使」的任務是弔問唐帝駕崩。「送使」的職責是護送唐朝使節回國或運送磁石、木材等物品入唐。

各類遣唐使到達唐朝後所有的公開活動，如入京、迎勞、接待、客館安置、唐帝謁見、呈獻國書與貢物、宴會、回賜、疾病或死亡等突發事件的處理，以及歸國手續與方式，都要遵循唐朝法律規程來進行。首先，遣唐使要去到達地所在的州府或都督府，得到唐帝的入境許可。發放入境許可後，唐朝政府會為使團配備糧食、宿所、運送物品的工具、護送人員兼嚮導等。供應使團的糧食消費量，也依國家遠近分為不同等級，對於新羅、渤海遣唐使，發放大約五至六個月份量的食糧。接下來，要選定入京人員與入京路線，僅允許包括新羅遣唐使「大使」、「副使」、「判官」、「錄事」、「通事」等在內，一次 40 至 50 名左右的人員入京，渤海的情況允許 30 名左右人員入京。在進入長安途中，長樂驛為必經之地，他們將在此接受皇帝勅使的迎接，入長安城後，將被安置在外國使臣下榻的鴻臚寺或禮賓院。

唐帝謁見儀式，自遣唐使被安頓至客館後開始準備。根據《大唐開元禮》，遣唐使至謁見唐帝為止的日程分為四個階段，以「迎勞」、「見日通報」、「奉見」、「宴席」的次序進行。其中，「奉見」是遣唐使命中最重要的環節，呈獻國書、貢物，並就兩國間的未決問題與唐帝進行問答。兩個國家以上使節共同入朝之時，將按國家大小排列席次，儀仗程序也不盡相同。高句麗與百濟的情況不得而知，可從章懷太子墓壁畫中新羅使臣的站位、日本遣唐使「副使」大伴宿禰古麻呂的言語中推測，新羅遣唐使所受到的是大國待遇。渤海遣唐使與新羅相比，雖然處於下位，但在日本、護密等國的上席。

遣唐使離開唐朝的程序也與入朝時一樣。唐朝將依照遣唐使的本國官銜，分等級賜予他們唐朝官爵與禮物，並由他們轉達對新羅王的答書與回賜品。新羅與渤海遣唐使大體上從唐朝接受自「從六品」至「正二品」的官爵。禮品主要是絹、帛，「三品」的標準為 100 匹，「四品」為 60 匹，「五品」為 50 匹，「六品」為 30 匹，依次類推。

遣唐使往來唐朝的行路，是從本國王都出發，到達唐都長安或洛陽後，再返回的這圈路線。從地理上來看，由於黃海處於新羅與唐之間，新羅遣唐使的行路由一半陸路與一半海路構成。從慶州到進入港口這段為新羅陸路，跨越大海這段為黃海海路，從中國黃海沿岸進出港口到長安這段，兼具中國陸路與水路。新羅對唐的出入關門為黃海沿岸的唐恩浦與會津，唐朝的出入關門為山東半島的登州和江淮的楚州、揚州及江南的明州等地。唐恩浦與會津各位於慶州的西北面與西南面，登州與江淮及江南地區各位於長安的東北面與東南面。新羅與唐之間的新羅遣唐使行路有「北路」與「南路」兩個方向的路線可供選擇。

「慶州－唐恩浦」之間遣唐使的經由地點為尚州、雞立嶺、忠州等地，「慶州－會津」之間經過現在的大邱、南原、光州等地。《三國史記》的編纂者將前者稱為「唐恩浦路」，後者稱為「會津路」。唐代「長安－登州」的具體線路為「登州－青州－淄州－齊州－鄆州－滑州－汴州－鄭州－洛陽－陝州－華州－長安」的陸路，在青州、淄州、鄆州等地都留下了新羅或唐使節團的足跡。「江淮地區－長安」的路程則先利用江南河、山陽瀆、汴河等運河與淮水、長江、錢塘江等江河至汴州，「汴州－長安」的路線與「登州－長安」的陸路重合。

由地理位置上看，「長安－登州」路線與新羅唐恩浦連接，「長安－江淮、江南地區」路線與新羅會津連接。「唐恩浦－登州」的海路，常會走自黃海道西端跨越黃海的「中部橫斷航路」，「會津－江淮、江南地區」的海路，常會走自韓半島西南端指向淮水、長江或錢塘江口方向的「南部斜斷航路」。因此，新羅遣唐使行路大體分為兩條，「慶州－唐恩浦－黃海中部橫斷－登州－長安」的「北路」，以及「慶州－會津－黃海南部斜斷－江淮、江南地區－長安」的「南路」。

渤海的入唐交通路線分為「登州道」與「營州道」。「登州道」為「渤海上京龍泉府－顯州－神州－丸都縣城－泊汋城－鴨綠江口－遼東半島－渤海海峽－登州」的路線，其中從上京至神州即今吉林省臨江縣為止是陸路，從臨江縣至鴨綠江口為鴨綠江水路，從鴨綠江口至登州為黃海海路。「登州－長安」的路線與新羅遣唐使的長安行路相同。「營州道」是由渤海上京出發，到達唐朝東北邊境要塞營州的路線，中間經過長嶺府。營州與長安之間，還要通過幽州、汴州。「登州道」由陸路與水路混合構成，而「營州道」僅為陸路。

上面所推測的行路距離，根據各區間遣唐使的行進速度計算，「慶州－長安」走「北路」入唐或歸國約需 90 日，走「南路」約需 72 至 90 日，「渤海上京－長安」約需 100 餘日。但此數值是理想狀態下所算出的純粹路程用時，遣唐使行路中會受到各種自然、人為因素的影響。實際上，遣唐使一次往返長安的時間，大約要比計算出來的多兩個月。因此，新羅、渤海遣唐使往返一次長安所需時間一般在八至九個月左右。

遣唐使會考慮到當時的國際政局與往來用時等因素，選擇合適的路線入唐。國內外政治、社會環境不是影響遣唐使行路選擇的主要原因，起決定作用的是季節。陰曆 7、8 月左右從新羅出發，於年末或年初入朝的新羅遣唐使大部份會利用「北路」，理由是避免西北季風與颱風南下所帶來的不利影響。相反，夏季至初秋歸國的遣唐使主要會選擇「南路」，可以利用西南季風和中國運河、黃海的海流，還考慮到江淮、江南地區有商業發達的國際貿易港口，便於購買商品等因素。

走「登州道」往來唐朝的渤海遣唐使將利用長度為唐尺 830 里的鴨綠江水路，但到了鴨綠江結冰的冬季或常有洪水的 7、8 月份，就無法正常使用這條路線了。在此期間，只能走一段區間的陸路來替代鴨綠江水路，或走「營州道」入唐，但渤海遣唐使利用營州道的情況不多。

遣唐使們要在一半陸路、一半海路與水路，往返需八至九個月的行路途中經歷各種苦難，如在大海中溺死或漂流，因水土不服在唐朝陸路途中病死，或被敵軍捕獲丟掉性命等。其中，穿越黃海是最危險的過程。盤點新羅遣唐使的海上遭難事故，有 831 年帶了九名僧侶入唐的王子金能儒在歸國途中漂歿，862 年的「阿飡」富良一行在入唐途中溺歿等七、八起事故。所知道的渤海遣唐使海難悲劇，也有 828 年渤海「賀正使」歸國途中淹死於塗里浦等兩起。從留有詳細記錄的日本遣唐使情況來看，約 1/3 的使行都在海中經歷了各種災難，因而韓半島三國與渤海遣唐使所遭受的海上險情，一定比文獻記錄中的要多得多。

遣唐使們為避免海上遭難，求得護佑，一般都會供奉佛教觀世音菩薩、黃海兩岸的山神或海神、龍王等。新羅人為給七次入唐的金仁問祈福，在其生前設置了觀音道場。景德王時代，為祈求海商長春能夠平安歸來，母親寶開在敏藏寺觀音像前禱告了七日，這些記載都反映出航海安全與觀音信仰的關係。日本遣唐使團還曾向赤山明神祈禱，和遣唐使金仁圭一起回國的崔致遠，還曾向巉山神祈求順風。

三、遣唐使的再發現

不顧 8、9 個月陸路、海路、水路的漫長行程，途中將要面臨的各種苦難，以及人員、經濟上的多重負擔，古代韓半島三國與渤海還是一如既往地不斷遣使如唐，其中必有緣由。在以唐朝為中心的東亞國際秩序裡，遣唐使的派遣，能夠保全本國的存在與確立國際地位，且通過官方貿易進行經濟交流，還將輸入唐朝先進的物質精神文化，把遣唐使的這些作用發揮到極致的國家便是新羅。

新羅實現三國統一並非純粹依靠自力，唐朝的軍事援助起到了莫大之功，將唐軍請入韓半島作戰過程中，功勞最大者便是遣唐使。自 647 年的遣唐使金春秋利用對唐交涉為三國統一奠定基礎以來，他的兒子金法敏、金仁問、金文王等都繼承而貫徹執行了其父的外交路線，其中金仁問曾七次入唐。金三光、金欽純等金庾信家族成員，以及曾六次入唐的金良圖等都為對唐外交的成功展開做出過巨大貢獻。新羅遣唐使作為對唐外交的主角，是三國統一的實際功臣。

不僅是外交活動，遣唐使們回國後亦積極參與到國內政治建設之中。舉新羅遣唐使的例子來看，遣唐使高級官員主要由「真骨」與「六頭品」身份、深受國王信任的人物擔當，無論學識還是風采，都屬當時的精英集團。以如此的社會地位為背景，完成任務歸國後，這些遣唐使官員們大部份都會加官進爵，其升遷比任何人都容易、迅速。被任命為新羅的遣唐使，是立身出世的關鍵與契機，是歸國後仕途亨通的保障。新羅遣唐使中有六名後來成了新羅國王，其他人也在「骨品制度」的框架下，得到了「上大等」、「侍中」、「兵部令」、「都督」、「將軍」、「執事侍郎」、「翰林學士」等各種官職。

被唐朝先進物質精神文明制度所照亮的遣唐使們，積極參與國內政治建設，為國家運轉帶來新的變化，最具代表的就是遣唐使金春秋所推動的真德王時代官制改革。真德王時期，首先開始施行唐朝衣冠制度，接著「真骨」貴族上朝時均要使用牙笏，最後採用唐朝年號，並實行新正賀禮儀式等依照唐制進行的宮廷儀禮改革。而且創置「執事部」、「倉部」、「左理方府」，在「調府」、「領客府」添置長官——「令」，在「禮部」、「賞賜署」增加「卿」、「大舍」、「史」等官員，並基本實現「國學」、「音聲署」、「工匠府」、「彩典」、「典祠署」等官署的獨立運作，儘管不夠完善。不僅如此，還為強化軍事機能，將「侍衛府」改編為「三徒」，在漢山州設置「弓尺」，與「河西州弓尺」一起形成完備的「二弓體制」。這些真德王時期的官制改革均以唐朝「六典」制度作為範本，將官署事務以能效為本位進行細分，從而強化王權。

這樣的官制改革自 649 年開始至 651 年結束，而 649 年正是金春秋完成遣唐使命自唐歸來的第二年。金春秋在從 647 年 12 月至翌年 2 月入唐逗留期間，參觀了唐朝國學，出席了 648 年正月舉行的唐朝賀正儀式。為覲見唐太宗，他數次出入宮城，直接目睹了唐代衛軍的氣勢與威嚴。在長安的日子裡，金春秋與唐朝高官進行交遊，親身體驗了各類政務分明、組織有序的以「六典」體制為首的物質精神文明制度。真德王時代官制改革的方向與構想，和當時掌握實權的金春秋之入唐經歷密切相關。

金春秋之外，遣唐使金志誠參與過聖德王的政治改革運動；早年做過遣唐使的「上大等」金忠信推動過景德王時代一系列漢化政策的實行；作為哀莊王叔父並攝政的金彥昇主導過哀莊王初期的律令制度及漢化改革，他曾是元聖王時期的遣唐使。以留學生身份入唐、考取「賓貢科」在唐朝做官的崔致遠回國後，向真聖女王上奏了〈時務十餘條〉，試圖改革時政。他們所引領的政治改革與金春秋一樣，都是被入唐時所見聞的文明制度刺激後開始的。遣唐使是新羅政治改革的先導者與主倡者，遣唐使參與政治活動的情況不僅發生在新羅，我們可推測在高句麗、百濟與渤海也皆同。

不僅是政治，在國內經濟、文化領域，也能看到遣唐使們活躍的身影。在私人貿易不發達的 9 世紀以前，韓半島三國與渤海的對唐貿易形式主要是官方貿易。官方貿易形態除以朝貢、回賜方式實現的所謂朝貢貿易之外，還有依靠官市及互市而完成的兩國交易。各國通過官方貿易，將絲綢、書籍及各種細工品從唐朝輸入本國，並向唐朝輸出金、銀、鐵、牛黃、人參、貂鼠皮、海豹皮等土特產。這種官方貿易通過遣唐使進行，他們打開了韓國古代對唐貿易的窗門。

遣唐使活動中不可或缺的是文化交流，分為對唐文化的吸收與本國文化向海外傳播兩類，遣唐使在將唐朝先進文化輸入本國方面做出了巨大貢獻。首先是在唐朝迅速購入漢譯佛經及各種文集、儒經、史書、禮書、醫書、曆書等，回去後向本國普及。而且他們在唐逗留期間，可以通過閱覽皇室書庫、與唐朝文人交遊、入學國學、探訪專家、購入專門書籍等方式，研習唐朝先進文化、學術與技藝，歸去後造福本國。遣唐使入唐時多帶領求法僧與留學生，讓他們在唐朝教育機關接受培養，歸國時還會向唐朝請求放還國學畢業生或高僧們，使他們回去後能建設祖國。

雖然與輸入唐朝文化相比微不足道，遣唐使們也在某種程度上實現了本國文化向唐朝的傳播。新羅景德王向唐代宗進獻了精巧的模型——萬佛山，由遣唐使完成寶物呈遞，讓唐朝也認識到新羅精湛高超的工藝技術水準。還有憲德王時期的遣唐使金憲章，向唐朝呈獻了新羅製造的金銀佛像、佛經、經幡等；渤海僖王時期的遣唐使高禮進，亦向唐朝進貢了渤海製造的金銀佛像。就像這樣，兩國文化通過遣唐使為媒介實現了交流，他們是古代韓國與唐朝文明互鑒的橋梁。

綜上所述，古代韓半島三國與渤海的遣唐使們向外主導了對唐外交活動，對內積極參與國內建設，指揮了入唐經驗基礎下的政治改革。不僅如此，他們正式打通韓國古代對唐貿易之路，在輸入唐朝各種先進物質精神文明，並在將韓國古代文化向中國傳播的過程中充當了直接或間接的媒介。韓國遣唐使是古代韓中外交舞臺上的主角，引領了整個古代韓半島歷史的前進。

譯後記

樓正豪

「老師，我把您的韓國遣唐使一書譯成中文吧。」2015 年 8 月在同權悳永教授一起探訪位於成都最繁華之春熙路上的大慈寺時，我萌生了這一想法。據《佛祖統紀》載，唐代大慈寺的始創祖是名為金無相的新羅王族。明皇避蜀後，在成都立寺為國崇福，御書大聖慈寺額，敕金無相為第一代住持。我猜想他原先可能是在長安大明宮玄宗身邊的宿衛王子，後來沒有回國，而入四川出了家，身份由遣唐使變成了金和尚。

權教授是開創韓國遣唐使研究的著名學者，他的《古代韓中外交史：遣唐使研究》一書是我在高麗大學讀碩士時所用過的教材。雖然書中將高句麗、渤海使節歸入古代韓國遣唐使之列的做法，與中國歷史學界主張的民族劃分立場相違，但我相信爭議問題可以限定在學術研究的範疇之內進一步探討，而不會傷及我與權教授的個人情誼。畢竟權教授的觀點是在不同國情之下產生的另一種認知，雖一時不能取得共識，在互相尊重的前提下還可求同存異。

也許是冥冥之中的因緣，2006 年 9 月我剛至韓國初學語言的學校，正是權教授執教的釜山外國語大學。因為我從西安來，韓語課上作發表時常介紹唐都長安的新羅遺跡，課前準備時，在圖書館論文檢索系統裡找到過權教授的文章，講的是我從來也不瞭解的新羅外交家金仁問一生七次入唐的事蹟。當時我知道權教授是本校老師，但礙於我的韓語水平太差，不好意思敲門造訪，心裡卻想著哪一天能認識這位老師該多好。也許在釜山外大近一年上下學的路上，我與權教授已經打過無數次的照面了吧。

後來我考上高麗大學韓國古代史專業的碩士，每天學習的功課都和唐朝與新羅兩國的交往有關，埋頭啃讀了《在唐新羅人社會研究》一書，作者權教授更成為我心中的學問偶像。2009 年，機會就這麼悄悄地來了，韓國史學系決定聘請權教授來高麗大學專門為我們開一門《韓中古代外交史》課，權教授每兩周坐 KTX（韓國高鐵）從釜山來首爾一次，為我們講一個下午的課，再坐 KTX 回去，想必回到家裡都是晚上十點後了。我和權教授相逢的場面當然可用一見如故來形容，我正式成為了他的學生，這大概是老天想讓我們見面而精心設計的方法吧。

當時權教授已經 51 歲了，竟一輩子沒用過手機，在三星電子產業那麼發達的韓國，這是不可想像的事。即使我剛到韓國，語言不通，也得申辦一部 LG 手機用來交友。權教授以後終於用上了手機，那大概是在 2012 年暑假來中國考察時。我們去河南魯山尋找百濟遺民難元慶墓誌的火車上，我第一次教會了權教授怎麼發簡訊，當他收到兒子從韓國發來的回訊時，笑得很開心。從 2012 年開始的每個寒暑假，我和權教授都是在中華大地上踏查探幽的最佳拍檔，當然老師會包攬所有費用。新冠疫情爆發後，訪古之旅被迫中斷，我們只能通過郵件互道平安了。

翻譯《古代韓中外交史：遣唐使研究》這本書是對權教授的感恩。入職浙江海洋大學以後，我利用業餘時間，斷斷續續譯了五年纔完工。全書史料豐富、體大思精，本人能力有限，難免會有誤譯之處，請讀者們多多包涵。

在此，首先感謝陝西師範大學的拜根興教授為本譯著傾情作序。雖然過去我與拜教授同住在一個城市，且仰慕很久，但那時不敢唐突打攪，最後由權教授牽線，纔與拜教授結下持久深厚的師生情誼。這使我更加相信，這輩子如果你想認識誰，只要願望真切，老天總會創造機會，所謂念念不忘，必有迴響。接下來，真心感謝臺灣中央研究院的劉序楓教授能為我這個素不相識的年輕人聯繫到秀威資訊科技股份有限公司，還要感謝一直鼓勵我沉下心來譯書的馮立君、胡耀飛、蔡偉傑、陳章等諸多朋友。最後感謝遠在臺北的秀威資訊編輯鄭伊庭老師，無論多晚給她發 E-Mail，她都會在當天耐心回覆。

《古代韓中外交史：遣唐使研究》終於有了中文版，我也體會到了因成就感帶來的快樂。

2022 年 4 月

索引

二劃

三劃

四劃

五劃

六劃

七劃

八劃

九劃

十劃

十一劃

十二劃

十三劃

十四劃

十五劃

十六劃

十七劃

十八劃

十九劃

二十劃

二十一劃

二十二劃

二十三劃

二十四劃

二十五劃

讀歷史 148　史地傳記類　PC0999

古代韓中外交史：遣唐使研究

作　　者 / 〔韓〕權悳永
譯　　者 / 樓正豪
責任編輯 / 鄭伊庭，楊岱晴
圖文排版 / 蔡忠翰
封面設計 / 王嵩賀

發 行 人 / 宋政坤
法律顧問 / 毛國樑　律師
出版發行 / 秀威資訊科技股份有限公司
114 台北市內湖區瑞光路 76 巷 65 號 1 樓
電話：+886-2-2796-3638　傳真：+886-2-2796-1377
http://www.showwe.com.tw
劃撥帳號 / 19563868　戶名：秀威資訊科技股份有限公司
讀者服務信箱：service@showwe.com.tw
展售門市 / 國家書店（松江門市）
104 台北市中山區松江路 209 號 1 樓
電話：+886-2-2518-0207　傳真：+886-2-2518-0778
網路訂購 / 秀威網路書店：https://store.showwe.tw
國家網路書店：https://www.govbooks.com.tw

2022 年 7 月　BOD 一版
定價：480 元

讀者回函卡

國家圖書館出版品預行編目

古代韓中外交史 : 遣唐使研究/權悳永著 ; 樓正豪譯. --
一版. -- 臺北市 : 秀威資訊科技股份有限公司, 2022.07
面 ; 公分. -- (史地傳記類)(讀歷史 ; 148)
BOD 版
ISBN 978-626-7088-74-6(平裝)

1.CST: 外交史 2.CST: 外交政策 3.CST: 唐代 4.CST: 韓國

732.4133 111006286